中国人民大学刑法学博士文丛（18）

挪用犯罪新论

A New Study on the Misappropriation Crime

黄福涛 著

中国人民公安大学出版社
·北 京·

图书在版编目（CIP）数据

挪用犯罪新论/黄福涛著．—北京：中国人民公安大学出版社，2012.4

（中国人民大学刑法学博士文丛）

ISBN 978－7－5653－0722－5

Ⅰ．①挪…　Ⅱ．①黄…　Ⅲ．①挪用公款—职务犯罪—研究—中国　Ⅳ．①D924.392.4

中国版本图书馆CIP数据核字（2011）第260049号

挪用犯罪新论

中国人民大学刑法学博士文丛

黄福涛　著

出版发行：中国人民公安大学出版社
地　　址：北京市西城区木樨地南里
邮政编码：100038
经　　销：新华书店
印　　刷：北京泰锐印刷有限责任公司

版　　次：2012年4月第1版
印　　次：2012年4月第1次
印　　张：14.75
开　　本：880毫米×1230毫米　1/32
字　　数：397千字

书　　号：ISBN 978－7－5653－0722－5
定　　价：45.00元

网　　址：www.cppsup.com.cn　www.porclub.com.cn
电子邮箱：zbs@cppsup.com　zbs@cppsu.edu.cn

营销中心电话（批销）：010－83903254
警官读者俱乐部电话（网购、邮购）：010－83903253
读者服务部电话（书店）：010－83903257
法律图书分社电话：010－83905745

总　序

以刑法规范及其发展完善为主要研究对象的刑法学，是法学体系中一个极为重要的部门。而刑法学的发展和完善，很大程度上取决于刑法学研究和教育的发展状况。因此，我们既要促进当下各种刑事法思想与理论的交流，力促百花齐放、百家争鸣，又不能忘记对年青一代人才的培养，以期薪尽火传、承传不灭。这就对我国的法学教育和法学研究提出了更高的要求。

中国人民大学刑事法律科学研究中心是专门从事刑事法研究的新型综合性学术研究机构，经教育部 1999 年 11 月批准，成为首批全国普通高等学校人文社会科学百所重点研究基地之一，也是刑事法领域唯一的国家级重点研究机构。“中心”依托中国人民大学雄厚的人文社会科学基础与人大法学院坚实宽广的法学学科实力，以具有辉煌业绩和良好传承的国家重点学科——刑法学科为龙头，涵盖刑事实体法、刑事程序法与刑事证据法、刑事侦查与刑事物证技术、刑事法律史等刑事法律学科群中的诸多领域。中国人民大学刑法学博士生在“中心”的严格要求和精心培养下，勤于学习，勇于探索，撰写的学位论文大多具有锐意创新之处。但在目前学术著作出版难的状况未彻底改观的情况下，其中仅有少数论文得以公开出版，这不得不说是一大憾事。有鉴于此，中国人民大学刑事法律科学研究中心本着繁荣学术、扶植青年的宗旨，在中国人民公安大学出版社的鼎力支持下，精心挑选、组织出版了这套“中国人民大学刑法学博士文丛”。

本文丛以通过答辩的刑法学博士学位论文为选题范围，从中挑选一些有代表性并有较高学术价值和现实意义的论文加以编辑出版。从论文的选题和内容来看，作者或者是对刑事法中前沿问题的系统分析，论证严谨，见解独到；或者是对传统理论的深刻挖掘，论涉古今，言及中外；或者是对外国刑法理论的专门研究，援引西土精华，璧合本土资源；或者是对某一理论的中外比较，两两相互对照，取其精去其糟，其学术价值和现实意义不容低估。固然，这些论文看起来或许还有些青涩与稚嫩，许多观点也可能还值得商榷，但每一篇论文都闪烁着作者思想的火花，同时浸透了导师的心血，因而值得一读。并且，我们真诚欢迎读者对论文提出批评，因为认真而负责的批评，正是作者得以进步的阶梯、学术得以繁荣的途径。

回首过去，中国人民大学刑事法律科学研究中心由于各方厚爱和自身的艰苦努力，在刑事法研究方面打下了一些基础，取得了一些成绩。展望未来，来日方长，我辈不敢稍有怠慢或休歇，学如春起之苗，要让其增，务要不断浇灌，只有更进一步，方能更上一层楼。在这里，唯愿这套“中国人民大学刑法学博士文丛”，能够源源不断地为气氛正热而任重道远的刑事法研究贡献一份绵薄之力。

中国人民大学刑事法律科学研究中心

2008 年 3 月

目　录

Contents

导言：一个走向独立且不断发展的犯罪类型

一、选题的初衷

博士论文的选题很长时间困扰着笔者。博士论文的写作如同任何一项工作一样，要做好，下工夫是关键。但在俯首写作之前，一项重要工作不容忽视，这便是如何发挥自己的长处而避免短处，发挥优势而避免劣势，发掘兴趣而避免“无病呻吟”，需要认真地思考。从笔者自身而言，博士攻读期间一直在司法实务部门一线工作，接触司法实务问题较多，对刑法适用的关注多于刑法理论的研究，再加上自我抽象思维欠佳，所以综合考虑，笔者更对司法实务中的问题感兴趣，对刑法适用问题感兴趣，更容易完成论文写作，也更容易突出自身的优势和实务研究的价值。基于这种想法，在2009年中国人民大学刑法学博士论文开题报告中，笔者选择了“涉众型经济犯罪研究”作为博士论文选题。涉众型经济犯罪是近年来中央领导层高度关注的一类犯罪现象，其主要表现为诸如非法吸收公众存款、集资诈骗、非法传销、生产销售有毒有害食品等违法犯罪活动。此类活动严重损害了广大人民群众的生命财产利益，破坏了我国和谐有序的社会秩序。因此，各级司法机关自2006年开始加强对此类犯罪的法律适用、发案特点、犯罪原因以及犯罪对策的研究，同时将此类犯罪作为专项工作的对象重点惩治，切实符合“保增长、保民生、保稳定”的任务要求。最高人民检察院将“非法集资等涉众型经济犯罪的司法实践及法律适用问题”作为2009年检察应用理论研究重点题目，北京市人民检察院将“涉众型经济犯罪的刑法认定与司法处理”作为北京市检察系统2009年重点调研课题。因此，在导师田宏杰教授并不十分赞同的情况下，笔者选择了“固执己见”。事实证明了导师的担心，涉众型经济犯罪是一类犯罪现象的集合，是一类在犯罪原因学、犯罪对策学、政府管理学中具有极大意义，而在规范刑法学上缺乏类型化、系统化研究价值的犯罪类型，所以在写作中，在导师指导下虽不断修正论文提纲，但仍然难以形成体系，论文写作也一度中断。最后，鉴于不能如期完成论文，也为了保证博士学位论文的研究水平和质量，经过与导师长时间的协商、交流，在导师的建议下决定改换题目，从头再来。最开始拟定的题目为“刑罚执行监督研究”，导师认为这一题目会落入纯粹检察学的研究领域，难以符合刑法学博士学位论文的学术定位。经过多次交流与思考，加上自身虽在司法实务部门工作，但对刑罚执行监督仍然相对陌生，因此在开题报告临近之前选取了挪用犯罪这样一个在理论研究上具有独立地位、在司法实践中疑难和新型问题层出不穷的犯罪类型进行全新研究。

二、选题的意义

挪用犯罪是一类具有特殊行为样态的犯罪类型。不仅在行为本质上、行为结构上、行为要素上显著区别于其他犯罪，而且其特殊的立法模式以及司法实践中常见多发的疑难问题，使得对于此类犯罪的研究不仅具有刑法理论上的究源价值、刑事立法上的考察价值，而且具有极强的司法指导价值。以类型化、系统化的研究方法，采用体系解释方法，研究具有同一属性特征或者行为特征的系列犯罪，是近年来我国刑法学分则罪名研究中较多采用的一种方法。正如德国著名法哲学家阿图尔·考夫曼指出的那样，对事物的本质思考是类型化的思考。而挪用犯罪众多的特殊之处决定了选题的意义。

一是挪用犯罪的立法例特殊。在国外，挪用犯罪专门的立法例较少，而是大多放在业务侵占罪、渎职犯罪、盗窃罪等罪名中调整和规范，在《联合国反腐败公约》中也只是在第17条与贪污或者其他侵犯财产的类似犯罪放在一起，并没有像贿赂、滥用职权、资产非法增加、洗钱、窝赃、妨碍司法等犯罪一样具有独立的法条设计。从我国古代来看，很早便有了官员挪用公物犯罪的立法例，但是并未形成体系，也并未使用“挪用”这一词语，在立法上也多以盗窃罪论罪处罚。[①] 即使在当今进入法治文明社会的我国，挪用犯罪研究走向独立并创新发展也不过三十年的时间，并且挪用犯罪在我国的立法化、犯罪化趋势仍没有停止下来。面对近年来日益猖獗的证券公司、保险公司等单位违规操作、背信谋利、擅自使用受托财产或者资金的现象，立法者将该种行为立法化、犯罪化，从而增加了挪用犯罪的种类，也解决了单位不能成为挪用犯罪主体的争议。

二是挪用犯罪的立法背景特殊。挪用犯罪虽然在许多国家刑事法规范中不具有独立完整的规范意义，但并不是说危害公私财产法益的挪用行为便缺少了有效调整和规制的手段，许多国家为适应民事法律关系复杂、财产权益有效保护以及现代企业制度的建立等社会经济发展的形势，也在通过各种方式不断修正和完善、惩治和规范挪用行为的罪状和罪名。在我国，挪用犯罪从贪污罪、侵占罪、盗窃罪独立出来形成单一的犯罪类型，并不是单纯的推陈出新，特立独行，而是有着深刻的社会背景。例如，随着经济发展和财产关系的复杂，刑法所保护的财产法益也突破了传统范围，刑法不仅要保护财产权整体权能不受侵害，也要保护其中的具体权能不受侵

① 我国刑法理论界公认的挪用犯罪立法源于秦朝。《睡虎地秦墓竹简·法律答问》记载：“府中公金钱私赀用之，与盗同法。”唐律第142条规定：“诸贷所监临财物者，坐赃论；若百日不还，以受所监临财物论。”

害。随着侵害部分权能现象的不断出现，刑法为突出和有效发挥其惩罚犯罪、保护社会的基本功能，更必须作出反应。此外，随着现代企业制度在我国的建立，公私企业内部员工违背职责、违反忠实义务、滥用权力（权利）谋取私利的行为大量出现，不仅损害了所在公司企业的财产利益，而且严重破坏了社会的诚实信用。因此，作为一类背信类犯罪，挪用犯罪自然引起了以保护社会法益、维护公众安全为己任的刑事法律规范的重视。

三是挪用犯罪的行为样态特殊。挪用犯罪，简单理解是没有将财物按照原定用途使用而擅自用于他处的犯罪。从行为样态看，挪用行为不同于非法占有类犯罪，如侵占罪、职务侵占罪、贪污罪，行为人虽然有将财物挪出本单位使用的行为，但主观上并不具有非法占有的目的，而是具备日后归还的意图；也不同于欺诈类犯罪，如诈骗罪、合同诈骗罪、金融诈骗罪等；也不同于毁坏财物犯罪，而是一类在行为样态上具有独立的行为手段、行为要素构成、行为意志支配、行为法律结果的行为样态，依照社会行为说、目的行为说判断能够独立存在和显现的法律动作。从行为的违法性本质看，此类行为不仅在结果上无价值，而且在行为上的无价值更为突出。

四是挪用犯罪的政策融入特殊。从挪用犯罪的立法看，刑法中没有任何一类犯罪像此类犯罪那样在罪状结构、法定刑设置以及立法解释、司法解释中广泛贯彻刑事政策的价值与要求。比如，挪用对象的限定，将非特定财物排除在外，超过三个月未还的入罪化，对于因客观原因不退款的挪用公款升格法定刑，携款潜逃的无论挪用时是否具有归还故意一概认定为贪污罪，在挪用犯罪认定上开始由职务说向职权说转变，等等。挪用犯罪背后的刑事政策问题值得研究讨论。

五是挪用犯罪的单位主体特殊。长期以来，我国刑法第 272 条、第 273 条、第 384 条将挪用犯罪的主体限定为具有特定身份和职权的自然人。对于能否以挪用犯罪来追究单位的刑事责任，理论界存在肯定说、否定说与区别说三种不同的观点。[①] 基于罪刑法定原则，否定说在我国刑法理论界和司法实务界成为通说。但《刑法修正案（六）》显然打破了这一局面，从而为特定单位挪用单位财产或资金构成单位犯罪提供了法律依据。《刑法修正案（六）》新增加了背信运用受托财产罪、违规运用资金罪，该两罪虽然没有使用“挪用”的词语而创制使用了“运用”的词语，但显然“运用”包含了“挪用”的含义。运用，是指动用、动支、提取、挪用等行为。[②] 因此，对于商业银行、证券交易所、期货交易所、证券公司、期货经纪公司、保险公司或者其他金融机构，违背受托义务，擅自挪用客户资金或者其他委托、信托的财产，情节严重的，构成刑法第185条之一的背信运用受托财产罪；对于社会保障基金管理机构、住房公积金管理机构等公众资金管理机构，以及保险公司、保险资产管理公司、证券投资基金管理公司，违反国家规定挪用资金的，则构成违法运用资金罪。

六是挪用犯罪的司法诉求特殊。伴随着单位人员挪用单位资金或者特定款物违法犯罪现象的增多，加上立法上的“真空”和不

① 肯定说认为，虽然刑法没有明确规定单位可以成为挪用公款罪的主体，但在单位非法将资金直接拆借给其他私有公司、私有企业时，仍然可以依照共同犯罪的原理，视其具体案情对有关直接责任人员以挪用公款罪论处。赵秉志主编：《中国刑法案例与学理研究》（贪污贿赂罪·渎职罪），法律出版社2001年版，第97页。否定说则以单位犯罪化有违罪刑法定原则为由予以否定，认为单位挪用公款的案件，如果以挪用公款罪追究有关责任人员的刑事责任，势必与罪刑法定原则相违背。杨聚章、田立文：《关于挪用公款罪的几个问题》，载高铭暄、马克昌主编：《刑法热点疑难问题探讨》（下册），中国人民公安大学出版社2002年版，第1227页。区别说认为，共犯时可成立单位犯罪，而批准者个人从中收受贿赂的，可按受贿罪论处。黄海龙：《关于挪用公款罪的若干问题》，载赵秉志主编：《刑法新探索》，群众出版社1993年版，第472页。

② 薛瑞麟主编：《金融犯罪再研究》，中国政法大学出版社2007年版，第42页。

确定性规定，新的法律适用难题层出不穷，不断考验着司法机关工作人员的适用法律水平和执法水平。挪用犯罪成为司法实践中多发且疑难问题层出不穷的一类犯罪，迫切需要加强理论研究和规范研究以破解法律适用难题。

三、本书研究的基本方法：类型学研究方法

类型学是一种非常重要的社会学研究方法，并逐步成为一种重要的犯罪学和刑法学研究方法。社会学古典理论三大奠基人之一的马克斯·韦伯作为类型学的积极倡导者，就视社会学为“建立类型概念，并追求经验事实的普遍规律的一门科学”。马克斯·韦伯致力于考察“世界诸宗教的经济伦理观”，并在研究中形成了自己独特的研究方法，即“理解”及“理想类型”的方法，也有学者称之为“类型学研究方法”。[①] 对于类型化研究社会学问题的意义，社会学的另一位重要奠基人迪尔凯姆在《社会学方法的准则》一书中也指出：社会学应当有一个分支学科来研究社会总的构成及其划分。分类不仅使我们能把已有的全部知识初步条理化，而且还有助于我们形成新的知识。[②] 作为一种重要的研究方法，类型学研究方法逐渐被引入犯罪学研究和刑法学研究领域。犯罪类型学的研究在国外早期的专门性著作，主要有美国犯罪学学者朱利安·罗巴克1967年出版的专著《犯罪类型学》，美国犯罪学学者马歇尔·巴伦·克林纳德和理查德·昆尼1986年出版的专著《犯罪行为体系：一种类型学》，以及恩斯特·泽利和卡尔·温德勒1949年出版的著作《犯罪人类型》等。目前国内研究犯罪类型学的专著较少，主要有孙昌军、徐绫泽的著作《犯罪类型学研究》。虽然专门研究和

---

① 陈景良：《反思法律史研究中的类型学方法》，载《法商研究》2004年第5期，第136页。

② ［法］迪尔凯姆著：《社会学方法的准则》，狄玉明译，商务印书馆2004年版，第93～97页。

系统研究犯罪类型学的专著较少，但选择不同标准和条件类型化研究某一特定犯罪现象显然是犯罪学研究的重要方法。例如，依据犯罪人的不同情况，研究未成年人与成年人、老年人犯罪，女性犯罪与男性犯罪，白领犯罪与非白领犯罪，职务犯罪与非职务犯罪等，美国犯罪学家 E. H. 萨瑟兰教授 1949 年出版的《白领犯罪》就将白领犯罪大体上定义为体面的有社会地位的人在其职业活动过程中实施的犯罪行为；[①] 依据有无被害人，研究有被害人犯罪和无被害人犯罪；依据地域不同，研究城市犯罪类型、农村犯罪类型、城乡结合部犯罪类型；等等。在刑法学研究上，类型学研究方法也被广泛采用。首先刑法分则的十章犯罪便是依照犯罪行为侵害客体的同一性和差异性划分的，是犯罪行为类型学研究的重要内容。其次选择相同点进行不同犯罪共性问题研究是中观视角研究刑法分则和法律适用问题的重要方法，如目前国内研究较多的证券犯罪、知识产权犯罪、金融诈骗犯罪、单位犯罪、身份犯罪、职务犯罪等，便是选择同一共性特征对不同罪名的类型化研究，以区别于微观具体层面对个罪的研究，类型学的研究方法关注的是中观层面类罪共性特征与个性问题的研究，是对某一犯罪类型的研究与讨论。为了更准确地理解和认识犯罪的类型，还必须与犯罪分类区分开来。犯罪分类与犯罪类型，是深入认识复杂犯罪现象的重要逻辑方法，二者都是依据一定的标准对犯罪现象的划分，但二者又有所不同，不能将二者混淆。犯罪分类，是指依照各种不同的标准或者从不同的角度对法律上所规定的或者现实中存在的全部犯罪进行的划分或归类。[②] 二者的区别在于：一是犯罪分类着眼于对所有犯罪进行周延性的划分，上位犯罪类别下的犯罪分类必须穷尽所有犯罪，否则便

---

① ［美］E. H. 萨瑟兰著：《白领犯罪》，赵宝成、徐静磊、胡旭、于国旦译，中国大百科全书出版社 2008 年版，第 7 页。

② 李永升：《犯罪分类问题研究》，载王牧主编：《犯罪学论丛》（第二卷），中国检察出版社 2004 年版，第 12 页。

是不周延的、不科学的，如暴力犯罪 + 非暴力犯罪 = 全部犯罪，共同犯罪 + 单一犯罪 = 全部犯罪；而犯罪类型是特定人依据一定标准，对具有同一特征的犯罪现象进行抽象整合后作出的类别划分，只注重犯罪现象的共同性特征，不照顾分类的周延性，如有组织犯罪、女性犯罪、未成年人犯罪、网络犯罪。二是犯罪分类依据一定标准将整体的犯罪种类，分为若干小类，是总分的解构模式，更多采用了演绎的逻辑方法；而犯罪类型是来自对犯罪现象的归纳抽象，更多采用了归纳的逻辑方法，犯罪类型不会受犯罪整体和分类的影响，而可直接来自犯罪现象。三是犯罪分类因为要考虑分类的周延性，所以对分类标准较为严格；而犯罪类型的标准则可以是仁者见仁、智者见智，如网络犯罪、街头犯罪等都可以成为研究犯罪的类型。四是犯罪分类着重对上位犯罪概念的把握和诠释；而犯罪类型则是对下位犯罪现象的抽象与升华。

挪用犯罪具有典型共性特征，这为挪用犯罪的类型学研究奠定了基础。在我国刑法中，挪用犯罪的立法例具有典型的共性特征，保持了较为一致的连贯性。首先，在行为要素上，擅自挪作他用是挪用犯罪的共性行为要素。刑法第 272 条第 1 款、第 273 条、第 384 条的规定，以及第 185 条之一的背信运用受托财产罪、违法运用资金罪，其行为的核心要素是挪作他用，运用虽然与挪用在字面含义上有所不同，但从真正含义上却具有本质上的共通性和相似性。认知和解释刑法规范内容，不仅要注意特定要素含义的相对性，如暴力在抢劫罪、暴力干涉婚姻自由罪、暴力取证罪、暴力危及飞行安全罪中的外延表现不同，在不同语境和罪刑规范下被赋予了特定的内涵，而且同时也要注意发现虽然使用用语上有所不同，但内涵和外延表现上具有极大的相似性，或者存在一定的从属关系、包容关系，这种规范意义上的统一性、协调性也应当引起规范刑法学和体系解释方法的重视。其次，在主观目的上，以非法使用为目的是隐性的主观共性层面。再次，在罪状结构上，1997 年刑法新增的三种挪用犯罪在罪状结构上较为相似，尤其是挪用资金罪与挪用公款罪，三种罪的入罪情形以及升格法定刑情形的立法规定几乎完全相同，这种独特的立法例情况在我国刑法分则罪状中是不多见的。最后，从侵犯的法益看，挪用犯罪从本质上是一种权利抑或权力的滥用，侵害了自然人和特定单位业务上的廉洁性，同时这种权利或权力滥用的行为又对自然人所在单位或委托人的财产权益构成损害，而且这种损害区别于以非法占有为目的的侵占类犯罪，是对所有权人占有、使用、收益权能的全部或者部分选择性侵害，具有显著的特殊性。总之，挪用犯罪用语与结构的统一性是类型化研究的前提，用语和结构的相对性是个别化研究的基础。

运用类型学的方法研究挪用犯罪，必须坚持刑事一体化的思想。刑事一体化思想，其哲学实质在于刑事学科研究的整体观方法论……刑事一体化思想就是主张从刑事学科系统整体的高度来把握各相应刑事学科研究的内在规律。[①] 储槐植教授认为刑事一体化的内涵是刑法和刑法运行内外协调。所谓内部协调，主要指刑法结构合理，外部协调实质为刑法运作机制顺畅……刑事一体化作为刑法学研究方法，重在“化”字，即深度融通。[②] 刑事一体化思想因主张刑事法律的内外协调统一，以实现最佳的社会效益和法治效益而为我国学者所广为倡导，建立和运行有序、规范、高效的刑事一体化机制也为国家和社会所认同。储槐植教授主张刑法学不应只关注刑法本身，即罪刑的内部关系而从刑法之中研究刑法，还要将刑法放入“关系”中去研究。正是由于之前对刑法前后关系、上下关系、左右关系研究的空白，所以近年来我国刑事一体化的研究成果主要围绕刑法与刑事执行法、刑法与犯罪原因、刑法与犯罪矫治、

---

① 高维俭：《刑事一体化思想若干问题研究》，载《当代法学》2006 年第 2 期，第 3 页。

② 储槐植著：《刑事一体化论要》，北京大学出版社 2007 年版，第 25 页。

刑法与刑事侦查等展开，[①] 而对刑法内部的一体化研究较少，或者虽然进行研究，但并没有意识到是在刑事一体化思想的指引之下。在刑法内部，刑事一体化的思想可以表现在许多方面，如总则与分则的指导与被指导关系、犯罪论与刑罚论的关系、犯罪构成要件或犯罪构成体系要件之间的关系，以及以不同标准选择的类型犯罪在规范意义上的关系等。因此，类型学研究方法实质上仍然是通过研究整体与部分的辩证关系来更准确、更细致、更科学地认知犯罪和解读刑法罪状，从而更好地适用法律。所以，以类型化研究挪用犯罪，必须坚持刑事一体化的思想，将具体犯罪的研究和规范解读放在犯罪整体的关系中讨论，在研究整体中深化对个体的认知，在研究共性特征过程中深化对个体行为的把握。

运用类型学的研究方法，应当合理适用体系解释方法，以补充文义解释和伦理解释的不足，同时规范和引导合理的司法能动。体系解释是一种重要的刑法解释方法，与文义解释、伦理解释、历史解释、目的解释、比较解释一道构成刑法规范的解释方法体系。相比于其他解释方法，体系解释的主要功能在于依法律体系上的关系去探求法律规范意义，并维护法秩序的统一性。“法律条文只有当它处于与它有关的所有条文的整体之中才显出其真正的含义。”[②] 体系解释把刑法用语的含义放置在整个法律体系中，通过协调法律的上下文、刑法的相关条文以确定其合理的含义。它能维护法律体系及概念用语的统一性，避免断章取义，使刑法整体协调起来。但是，应当明确的是，体系解释并不是最优先适用的解释方法，按照

---

① 例如，《刑事一体化视野下的死刑复核制度》、《刑事一体化与犯罪心理学的研究》、《刑事一体化视野下的犯罪学研究》、《论刑事和解制度在中国的构建——刑事一体化的分析路径》、《论刑事一体化视野下未成年人犯罪的预防》，等等。

② ［法］亨利·莱维·布津尔著：《法律社会学》，许钧译，上海人民出版社 1987 年版，第 70 页。

陈兴良教授所设定的位阶关系，顺序依次为文义解释、逻辑解释、体系解释、历史解释、比较解释、目的解释。他认为，在文义解释有争议时，运用逻辑解释又不能得出合理的解释结论时，就必须运用体系解释方法去探求法律规范意义。但它仅是文义解释的辅助方法和检验方法，刑法用语既具有统一性，又具有相对性，不能以体系解释作为解释的唯一依据。① 在坚持文义解释、逻辑解释优先的情况下，挪用犯罪特殊的类型化、单一化立法结构和要素，使得通过体系解释方法认知挪用犯罪的规范含义具有了可能性，并能产生积极的解释效果。例如，对“归个人使用”的理解，根据2002年4月28日第九届全国人民代表大会常务委员会第二十七次会议通过的《全国人民代表大会常务委员会关于〈中华人民共和国刑法〉第三百八十四条第一款的解释》，有下列情形之一的，属于挪用公款“归个人使用”：（1）将公款供本人、亲友或者其他自然人使用的；（2）以个人名义将公款供其他单位使用的；（3）个人决定以单位名义将公款供其他单位使用，谋取个人利益的。该解释对挪用公款“归个人使用”进行了界定，那么能否将其适用于挪用资金罪“归个人使用”的认定呢？通过体系解释的方法，应当是可以的，这一解释比2000年7月20日发布的《最高人民法院关于如何理解刑法第二百七十二条规定的“挪用本单位资金归个人使用或者借贷给他人”问题的批复》更为清楚、准确和全面，② 更有利于司法人员参照执行和正确适用法律。又如，1998年4月29日发布

---

① 陈兴良主编：《刑法方法论研究》，清华大学出版社2006年版，第188页。

② 2000年7月20日发布的《最高人民法院关于如何理解刑法第二百七十二条规定的“挪用本单位资金归个人使用或者借贷给他人”问题的批复》指出，“公司、企业或者其他单位的非国家工作人员，利用职务上的便利，挪用本单位资金归本人或者其他自然人使用，或者挪用人以个人名义将所挪用的资金借给其他自然人和单位，构成犯罪的，应当依照刑法第二百七十二条第一款的规定定罪处罚”。

的《最高人民法院关于审理挪用公款案件具体应用法律若干问题的解释》第5条规定的“挪用公款数额巨大不退还的”，是指挪用公款数额巨大，因客观原因在一审判决前不能退还的。刑法第272条挪用资金罪升格法定刑的情形规定，“挪用本单位资金数额巨大的，或者数额较大不退还的，处三年以上十年以下有期徒刑”。对此相似规定，对于不退还的理解，能否参照挪用公款罪的司法解释，认为挪用资金数额较大不退还是指“挪用资金数额较大，因客观原因在一审判决前不退还”？依照体系解释的方法，应当是允许的。一直以来，我国将包括挪用公款罪在内的职务犯罪作为重点惩治对象，反腐倡廉是党和国家的基本方针。反映在刑事立法上，一是严密刑事法网，形成惩治腐败的职务犯罪体系，并通过司法解释的方式不断推进法律条文的精细化、明确化、具体化，使包括挪用犯罪在内的职务犯罪更具有可操作性，为司法机关严厉打击职务犯罪提供了有力的法律武器。二是设置较高法定刑，挪用公款罪的法定刑明显高于挪用资金罪和挪用特定款物罪。正是在这一背景下，通过体系解释方法，借鉴挪用公款罪有关条文和语义的解释，有助于对挪用资金罪、挪用特定款物罪条文和语义的理解和把握。特定单位背信运用受托财产罪和特定单位违法运用资金罪也可以在共性要素上运用体系解释的方法相互借鉴和参考，在共性行为整体范畴内解释和理解法律条文和规范用语，以实现在整体中研究部分，在部分中抽象整体。

第一章　挪用犯罪立法比较论

第一节　我国挪用犯罪的古代立法及古今比较

一、挪用犯罪的古代立法

以“挪用”为基本行为样态和罪名基本要素的立法例，是我国现代立法的特例。以“挪用”为中心的罪名体系确立于 1997 年刑法修改之后，但这并不能否定我国古代对特定主体违背职责、滥用权力、擅自将财物改变使用用途挪作他用行为的立法和惩治，我国古代立法者已经注意到这种特殊行为的权力滥用性和法益侵害性的本质。挪用犯罪的立法随着社会的发展和立法水平的提高不断走向精细化、专门化、特定化，为此类犯罪尤其是官员挪用行为犯罪的惩治和规范建立了较为完备的法律体系，为挪用犯罪的现代立法和研究提供了宝贵的本土法律资源。

在我国古代刑事法律中，“挪用”被表述为“私贷”、“私借”、“挪移出纳”、“假借”等，具体罪名有“监主以官物贷人”、“假借官物不还”、“私借钱粮”、“私借官奴畜产”等，而刑罚处罚上或以“盗论”，或以“准盗论”，或以“监守自盗论”。目前，我国刑法理论界一致认为挪用犯罪最早的相关立法源于秦朝。《睡虎地秦墓竹简·法律答问》记载："府中公金钱私赍用之，与盗同法。"① 这是目前公认的挪用犯罪的最早相关立法，即私自借用公家金钱使用的，与盗窃一样论罪处罚。此外，它还指出："可（何）为'府中'？唯县少内为'府中'，其他不为。"② 在汉朝，私自挪用国家财物出借，被认为是一种变相的贪污行为，也是受到明文禁止的。"……假人罚金二两。其钱金、布帛、粟米、马牛殹，与盗同法。"③ 该条规定了国家款物挪用的具体范围。而下面两条设定了挪用犯罪成立的时间——二十日："诸有叚于县道官，事已，叚当归，弗归，盈廿日，以私自叚律论，其叚别在它所，有物故毋道归叚者，自言在所县道官，县道官以书告叚在所县道官收之，其不自言，盈廿日，亦以私自叚律论。其叚前已入它官及在县道官廷……"④ 此后，各朝都将官员挪用国家财物行为作为官员职务犯罪的重要内容予以立法规定和严厉惩处，并不断创新发展着惩治挪用犯罪的手段和方法。

唐《永徽律》对挪用行为犯罪规定非常详细，主要规定在卷十五《厩库律》和《职制律》之中。主要规定了以下挪用行为：（1）贷所监临财物。唐《永徽律》第142条规定："诸贷所监临财物者，坐赃论；若百日不还，以受所监临财物论。强者，各加二等。若卖买有剩利者，计处以乞取监临财物论。强市者，笞五十；有剩利者，计利准枉法论。即断契有数，违欠不还，以受所监临财物论。即借衣服、器玩之属，径三十日不还者，坐赃论，罪止徒一年。"

---

① 睡虎地秦墓竹简整理小组编：《睡虎地秦墓竹简》，文物出版社1990年版，第101页。

② 睡虎地秦墓竹简整理小组编：《睡虎地秦墓竹简》，文物出版社1990年版，第101页。

③ 张家山二四七号汉墓竹简整理小组编：《张家山汉墓竹简》，文物出版社2001年版，第105页。

④ 张家山二四七号汉墓竹简整理小组编：《张家山汉墓竹简》，文物出版社2001年版，第106页。

（2）私役所监临。唐《永徽律》第143条规定：“诸监临之官，私役使所监临，及借奴婢、牛马驼骡驴、车船、碾硙、邸店之类，各计庸赁，以所受监临财物论。即役使非供已者，计庸坐赃论，罪止杖一百。其应供已驱使，而收唐直者，罪亦如之。若有吉凶，借使所监临者，不得过二十人，人不得过五日。其于亲属，虽过限及受馈、乞贷，皆勿论。营公癖借使者，计庸赁，坐赃论减二等。即因市场剩利及悬欠者，亦如之。”（3）监临主守私借官奴婢、畜产。《唐律疏议·厩库》规定：“请监临主守，以官奴婢及畜产私借，若借人及借之者，笞五十；计庸重者，以受所监临财物论，驿驴加一等。即借驿马及借之者，杖一百，五日徒一年；计庸重者，从上法。即驿长私借人马驴者，各减一等，罪止杖一百。”（4）监主贷官物。《唐律疏议·厩库》“监主贷官物”条规定：“诸监临主守，以官物私自贷，若贷人及贷之者，无文记，以盗论；有文记，准盗论”。（5）监临主守私借官物。唐《永徽律》第213条规定：“诸监临主守之官，以官物私自借，若借人及借己者，笞五十；过十日，坐赃论减二等。”《唐律疏议》对挪用特定的公物作了单独而明确的规定，即公有的奴婢、牛马驼骡驴、车船、碾硙、邸店等，并且对挪用该类特定公物的行为规定了较重的刑罚；《唐律疏议》没有把这5种挪用公物的行为一起规定在相当于我们现在职务犯罪的《职制律》中，而是根据这5种挪用行为侵犯对象的不同分别规定在了《职制律》、《厩库律》和《杂律》中，与整个体例保持一致。

《宋刑统》、《大明律》、《大清律》沿袭唐律，虽所挪用的对象更为具体、条文更为精细，但并未超出唐律的犯罪行为设定和罪名的法律适用。《宋刑统·厩库》中只规定了“以官奴婢畜产借人及自借”，与《唐律疏议·厩库》“监主借官奴畜产”条的规定几乎完全相同。此外，《宋刑统·厩库》还增加了“假借官物不还”条，规定“诸假请官物，事讫过十日不还者，笞三十”，即有理由借用官物，但事情办完后过期10天不归还的，要受到“笞三十”

的刑罚。明律除沿用了唐律挪用犯罪的一些罪名外，还增加了一些新的挪用犯罪种类。《大明律》“私借钱款”条规定：“凡监临主守，将系官钱粮等物私自借用，或转借与人者，虽有文字，并计赃以监守自盗论。”“库秤雇役侵欺”条规定：“凡仓库务场院秤斗级，若雇役之人，侵欺借贷，移易系官钱粮，并以监守自盗论。”“挪移出纳”条规定：“凡各衙门收支钱粮等物，已有文案勘合，若监临主守不正收支，挪移出纳，还充官用者，并计赃，准监守自盗论，罪止杖一百，流三千里，免刺。”①“即是说，官吏不依照规定正收正支，而是挪东补西，挪夏税作秋粮，移秋粮作夏税之类移此就彼，还充官司之用的行为，用现代语言表示就是挪用公粮的行为。”② 与唐律相比，《大明律》在挪用公物犯罪规定上的不同主要有：在罪名上，《大明律》很少把挪用公物的行为认定为“坐赃”罪或“受所监临财物”罪等其他罪名，而直接以挪用官物作为其罪名；在犯罪对象上，《大明律》规定挪用公物的对象比《唐律疏议》的规定详细而具体，没有宽泛的公物概念，并且《大明律》明确把钱和物合并在一起作为挪用的对象，这在《唐律疏议》中没有规定；在共同犯罪问题上，《大明律》规定了挪用犯罪的共同犯罪，但采用了特殊主体和非特殊主体分别定罪处罚的原则，而《唐律疏议》却没有相应的规定。③《大清律》延续了《大明律》的规定，在《户律·仓库》内对“私借钱粮”、“库秤雇役侵欺”、“挪移出纳”进行了规定，违反者皆以监守自盗论，此外还规定了“私借官物”、“私借官车船”、“私借官畜”、“私借驿马”等挪用

---

① 张晋藩主编：《中国法制史通史》（第七卷），法律出版社1999年版，第469～470页。

② 周其华著：《中国刑法罪名释考》，中国方正出版社2005年版，第879页。

③ 王胤颖：《刑法中应增设挪用公物罪》，载《法学》2005年第10期，第36页。

公物行为，尤其是增加了私役人员禁止行为的规定。较之以前的立法，《大清律》重点突出了对于官吏私役所部人员行为的禁止，除保留了传统立法中的“私役所部民夫匠”外，还增加了“私役铺兵”、“私役弓兵”的规定。《大清律》“私役弓兵”条规定：“凡私役弓兵者，一人笞四十，每三人加一等，罪止杖八十。”律后注：“巡检职任巡查奸宄，故设有弓兵，专司盘诘。乃乘应公务之人，若私事役使者……罪止杖八十。”①《大清律》“私役铺兵”条规定与此相同，即“凡各衙门一应公差人员，不许差使铺兵挑送官物及私己行李。违者，笞四十”。律后注：“铺兵乃递送公文之役，非供公差私役之人。各衙门一应公差人员，经过所在急递铺分，不许私自差使铺兵挑送官物及私己行李。”②

二、挪用犯罪之古今比较

从我国古代刑事立法情况来看，已经有了对官员滥用权力擅自挪用公款、公物谋取个人利益行为的立法例，并逐渐形成体系，深深影响了我国现代关于挪用犯罪的刑事立法。从古今挪用犯罪的立法和发展变化来看，我国古今挪用犯罪的立法具有一脉相承的关系，并随着社会的发展和立法者认识的提高呈现出“与时俱进”的时代精神。这种一脉相承的关系主要表现在：

1. 从立法思想看，重视官员职务犯罪的打击一直是刑事法律的重点

我国古代统治者为维护统治，力图通过治吏以治民，通过法律约束官吏公正执法、廉洁履行职责，以提高官吏行使公权力的效能，缓解社会矛盾。因此，反映在刑事立法上便是将官吏犯罪作为

① 沈之奇撰：《大清律辑注》（上），李俊、怀效锋点校，法律出版社2000年版，第498页。

② 沈之奇撰：《大清律辑注》（上），李俊、怀效锋点校，法律出版社2000年版，第525页。

重点内容予以详细规定。中国历代统治者在漫长的政治实践以及对前朝兴亡的历史经验教训的总结中，明白了必须要建立一支高效、廉洁的官吏队伍的道理。为防止官吏违法滥权，保证官僚机器的正常运转，经过历史长期的积淀，历经奴隶社会、封建社会、现代社会的发展，逐渐形成了一套系统、完备的官吏职务犯罪法律体系。早在皋陶造律时便有“恶而掠美为昏，贪以败官为墨，杀人不忌为贼，《夏书》曰：‘昏、墨、贼、杀，皋之刑也。’”① 该墨即为贪污受贿，贪墨等同杀人越货之“贼”罪要处以死刑。官吏职务犯罪最早的文献见于商朝，如《尚书·伊训》有关“官刑”的记载：“制官刑，儆于有位，曰：‘敢有恒舞于官、酣歌于室，时谓巫风；敢有殉于货色、恒于遊畋，时谓淫风；敢有侮圣言、逆忠直、远耆德、比顽童，时谓乱风。惟兹三风十愆（指上述十种具体罪名），卿士有一于身，家必丧；邦君有一于身，国必亡。臣下不匡，其刑墨，具训于蒙士。’”② 随后，各朝各代都将惩治官吏利用职务的犯罪作为刑事律文的重点内容，并通过严刑峻法予以严厉打击。唐朝尤其重视以法治吏，在惩治官吏贪赃方面，其设禁之严密、法条之详尽，超越历代，并为宋、元、明、清所沿袭。唐朝反贪法律主要散布在唐律之《名例律》和《职制律》中。在具有法律总纲性质的《名例律》中，首次辟专章将六种非法攫取公私财物的行为归纳到一起，冠以“六赃”之名。宋初以重法治赃吏，太祖、太宗年间官吏坐赃者弃市，以赃论罪之官，虽遇赦不得叙，永为定制。③ 明朝以严法治吏，鼓励百官忠于职守，通过严刑峻法予以保障。《大诰》中所列举的各种案例，八成以上属惩治官吏，如《大诰续编》，共八十七条，属打击官吏贪污作恶案件的，竟占七十余

---

① 《左传·昭公十四年》。

② 《尚书·伊训》。

③ 张晋藩：《中国古代惩贪治吏的历史借鉴》，载《政法论坛》1990 年第 4 期，第 3 ~ 9 页。

条。《大明律》中规定，官吏贪污六十两银子以上的枭首示众，情节严重的处以剥皮之刑；对于监守自盗财物者不分主从，并赃并罪，赃一贯以下杖八十，满四十贯即处斩。综观古代立法，仅唐律中可作为贪赃罪处理的行为，即有近二十种罪名，如果加上明、清律及其条例中所增设的，就更多了。封建国家制定这些罪名，用以规范官吏的行为，防止官吏贪赃枉法，其中最多的是受贿、行贿，少数是贪污和挪用。[①] 进入现代社会，国家工作人员职务犯罪依然是刑事法律的重要内容，逐渐形成包括挪用公款罪在内的职务犯罪规范体系，保障和约束着官员职务行为的行使和履行。从古今职务犯罪的立法来看，古今刑事立法在立法意图、政策指导、罪名设计、刑罚处罚等方面呈现出一脉相承的发展脉络。

2. 从立法例看，挪用行为入罪的立法例古已有之，成为现代挪用犯罪立法的源泉

从前面的古代立法状况我们发现，挪用犯罪并不是现代立法的创举，相反其在我国有着深厚的法制土壤和丰富的立法经验。所以在借鉴和移植他国立法经验之前，反思和汲取我国古代刑事立法的优秀成果、加强本土化研究会更有助于我国现代刑事法律的完善与发展。我国古代立法者很早便注意到了官员私借、私贷财物，私役奴婢、畜产等物和人对官员职务廉洁性和国家财产安全的严重侵害性，从而将其作为治吏的重要内容。从最早的秦朝《睡虎地秦墓竹简·法律答问》中的“府中公金钱私赍用之，与盗同法”到清朝“私借钱粮”、“库秤雇役侵欺”、“挪移出纳”、“私借官物”、“私借官畜”、“私役民夫抬轿”、“乘官马船车载私物”等规定看，历朝历代法律规范对官员擅自挪用公物或使用公职人员的违法行为进行了严格规范。从古今挪用犯罪的立法状况来看，我国刑法中挪用犯罪尤其是挪用公款罪的罪状设计、罪名来源并未超出古代对人、财、物“挪用”行为规范的立法思想和立法模式，而真正有

① 高绍先著：《中国刑法史精要》，法律出版社 2001 年版，第 302 页。

所突破的除了单位挪用犯罪的背信运用受托财产罪和违法运用资金罪外，便是普通自然人的挪用资金罪。相比较而言，我国刑法对挪用资金罪的规定有现代立法例的作用。①

3. 从罪名来看，挪用型犯罪是从侵财类犯罪和贪污犯罪中发展而来的

在古代，挪用犯罪不独立成为一类罪名，或以盗论，或以准盗论，或以受所监临财物论，或以坐赃论，作为一种变相的贪污行为认定。从其发展来看，我国古代最早是将挪移公款、公物的行为，“与盗同法”，即以盗论罪，如秦朝最早将公金钱私赍用之，汉朝私自假，假人罚金二两，如假人的财物毁损灭失，与盗同法。这说明从官员擅自挪用财物行为本身来看，是官员违背自身职责，滥用手中权力，背着国家和上级官吏，采取秘密的方式将财物私借或私贷，以获取个人利益的行为，因此基于对国家财产侵害的方式来看应当属于一种窃取型侵财犯罪，属于“盗”的行为方式，或者以“盗”罪处罚更为合适。在人类社会，侵害财产法益的基本行为方式主要表现为四种：一是窃取型，即通过秘密的不为他人所知的方式，采用平和的方法窃取财物。二是骗取型，即通过虚构事实、隐瞒真相，使财物所有人陷入认识错误主动交付财物。三是暴力型，即通过实施暴力或以暴力相威胁获取财物。四是毁坏型，即基于加害的目的，故意采取砸、烧、扔、砍、浇、划等方法使财物的使用价值尤其是经济价值降低。鉴于盗抢行为的多发性和严重的社会危害性，我国古代一直将其作为刑事立法的重要内容，如《法经》的一项重要思想便是“王者之政，莫急于盗贼”；唐律专门设有贼盗律专篇。官员擅自挪用国家款物的行为从侵犯财产的行为样态来

---

① 周其华著：《中国刑法罪名释考》，中国方正出版社2000年版，第507页。

看，应当属于窃取，即盗。[①]《晋书·刑法志》说："取非其物谓之盗。"因此，挪用犯罪在我国古代源于"盗"罪。进入隋唐以后，立法者越来越重视官吏挪用行为的职务违法性，主要将挪用行为作为职务犯罪进行调整和规范，对官吏私借、私贷、私役等挪用人财物的行为以贪贿犯罪处理。以唐律为例，一是以盗论或准盗论，如监临主守私贷官物。《厩库律》第212条规定："诸监临主守，以官物私自贷，若贷人及贷之者，无记，以盗论；有文记，准盗论，立判案，减二等。"二是以坐赃论。《厩库律》第213条规定："诸监临主守之官，以官物私自借，若借人及借之者，笞五十；过十日，坐赃论减二等。"三是以受所监临财物论。《厩库律》第208条规定："诸监临主守，以官奴婢及畜产私自借，若借人及借之者，笞五十；计庸重者，以受所监临财物论，驿驴加一等。即借驿马及借之者，杖一百，五日徒一年，计庸重者，从上法。"明清时期则将"私借钱款"、"库秤雇役侵欺"、"挪移出纳"等行为以监守自盗论。进入现代社会，新中国并没有采用清末民国时期将挪用犯罪纳入侵占罪范畴的立法模式，而是首先延续了古代挪用犯罪的立法模式，即对于国家工作人员挪用公款的，以贪污论，如1985年最高人民法院、最高人民检察院下发的《关于当前办理经济犯罪案件中具体应用法律的若干问题的解答（试行）》明确规定："挪用公款归个人使用，超过六个月不还的，或者挪用公款进行非法活动的，以贪污罪论处。"随后，才出现单独的挪用公款罪、挪用资金罪以及之前独立的挪用特定款物罪。从挪用犯罪的罪名发展体

---

① 这里要注意的是，采取秘密方式在被害单位不明知的情况下挪用财物是一种常态，但并不能否认挪用行为的公开性以及被害人的明知，比如单位一把手以单位名义挪用单位资金谋取个人利益的。但这并不能否定挪用犯罪的窃取样态属性。张明楷教授认为，盗窃行为并不限于秘密窃取，窃取可以是公开的。盗窃，是指以非法占有为目的，违反被害人的意志，采取平和的手段，将他人占有的财物转移为自己或者第三人占有的行为。张明楷：《盗窃与抢夺的界限》，载《法学家》2006年第2期，第128页。

系来看，挪用犯罪最先脱胎于“盗”罪，之后被更为具体的贪污罪、受贿罪涵盖，直到最后因犯罪本质和行为样态的单一走向了独立。

4. 从罪状来看，古代国家公有款物的挪用与现代立法较为相似，揭示了挪用犯罪的共性特征

我国当前关于挪用国家公有款物的犯罪主要有刑法第273条的挪用特定款物罪和刑法第384条的挪用公款罪。从罪状来看，刑法第273条规定，挪用用于救灾、抢险、防汛、优抚、扶贫、移民、救济款物，情节严重，致使国家和人民群众利益遭受重大损失的，对直接责任人员，处三年以下有期徒刑或者拘役；情节特别严重的，处三年以上七年以下有期徒刑。刑法第384条规定，国家工作人员利用职务上的便利，挪用公款归个人使用，进行非法活动的，或者挪用公款数额较大、进行营利活动的，或者挪用公款数额较大、超过三个月未还的，是挪用公款罪。与之相比，古代挪用犯罪的立法罪状也体现出挪用犯罪的某些共性特征。

一是挪用的职权性。古代立法十分重视违法行为与职权之间的关系，只有滥用手中职权谋取不法利益才能以职务犯罪予以惩治。在唐律中有关挪用犯罪的规定，要求主体必须是“监临主守”，如唐《永徽律》第212条：“诸监临主守，以官物私自贷，若贷人及贷之者，无文记，以盗论；有文记，准盗论，立判案，减二等。”《唐律疏议》规定：“监临主守，谓所在之处，官物有官司执当者”，从文义理解便是官物的执掌者或管理者、使用者。清律对此有较为详细的解释，“称监临者，内外诸司统摄所属，有文案相关涉及，虽非所管百姓，但有事在手者，即为监临，称监守者，该管文案吏典，专主掌其事，及守掌仓库、狱囚、杂物之类官吏，库子、斗级、攒拦、禁子，并为主守。其职虽非统属，但临时差遣，管领提调者，亦是监临主守。”① 从中可以看出，监临主守就是指

① 《大清律集解附例》（卷一），上海古籍出版社2002年版，第301页。

有上下统属关系，有职责和权力管理百姓及各种公务的管理者。库子、禁子等差役人员，及运输漕粮的车户、船户等受雇的民人，虽非官吏，但如果其职责所在，也属监临主守范围。这种以职权论不以身份论的主体身份认定模式，也是现阶段我国职务犯罪认定所主要主张的。

二是挪用的擅自性。古代立法采用“私借”、“私役”、“私贷”等词语，用于揭示官吏违反职责，未经允许擅自借用、借贷财物和役使奴婢、匠工及畜产，行使越权之事。私借是将国家财物私自借予他人；私贷是将国家财物私自借予他人，并收取一定利息收益；私役是将为国家提供劳役服务的女婢或匠工擅自决定为自己提供服务，将为国家公共事务服务的牲畜为自己服务。这些词语的使用，表明了官吏挪用行为的擅自性，在一定程度上揭示了行为的本质。

三是挪用财物的公物性。古代立法中官吏所私借、私贷的财物都是公物，是在监临主守统摄管理下的公有财物，包括作为公款的“公金钱”，作为公物的“公家驱使之牛马驼骡驴、车船、碾硙、邸店”等。从财物的性质看，既包括钱粮在内的动产，也包括邸店在内的不动产。此外，在古代隶属官府的官吏、奴婢、人夫也被视为官府的财产，私借“所部的官吏、奴婢、人夫”一样以犯罪论处，如唐《永徽律》第247条“役使丁夫杂匠”的规定：“诸丁夫、杂匠在役而监当官司私使，及主司于职掌之所私使兵防者，各计庸准盗论。”我国现行刑法所规定挪用特定款物罪、挪用公款罪的对象相比于古代挪用犯罪的对象，在性质上仍然保持了公物性质或公益性质，只是在范围上有所减小，只包括用于救灾、抢险、防汛、优抚、扶贫、移民、救济的款物和作为一般意义上的公款，一般性公物和“人”不再作为挪用犯罪的对象。同时，因为使用、管理特定款物的行为不再是一种纯粹的职务行为，便将挪用特定款物行为纳入一般侵财类犯罪之中。

四是挪用时间的意义。在古代立法中，立法者已经开始注意到，私借、私贷财物和私役人员因时间长短不同造成的危害程度不同，并应因此适用轻重不同的刑罚，如唐《永徽律》规定："诸假请官物，事讫过十日不还者，笞三十，十日加一等，罪止杖一百，私服用者，加一等。"与现行刑法挪用公款罪、挪用资金罪只将时间长短作为入罪的情形不同，古代立法在不同条文中挪用时间的作用不同，有的为量刑情节，有的为入罪情节。前述引文便是入罪情节，而量刑情节，如唐《永徽律》中规定："诸监临主守之官，以官物私自借，若借人及借己者，笞五十；过十日，坐赃论减二等。"

5. 从处罚来看，立足行为的社会危害性区别对待

古代立法者是十分重视立法的明确和精细的，对不同情形适用不同刑罚，这种立法思想也深刻反映在挪用犯罪的立法之中，并深刻影响了现代挪用犯罪的立法与司法。主要表现为：

一是挪用与贪污处罚不同。古代立法者已经深刻认识到官吏私借、私役、私贷行为与官吏监守自盗、受财枉法、受财不枉法在法益侵害上的差异，因此规定了轻重不同的处罚标准，如《汉书·陈咸传注》规定："律，主守而盗，直十金，弃市。"① 又如，唐朝时的"诸监临主守自盗及盗所监临财物，加凡盗二等，三十疋绞"。主管官员及守库吏役自盗库内财物，即为"监守自盗"；"盗所监临"，是指官员盗窃所管辖人员财物，二者处罚相同，皆"加凡盗二等"："一尺杖八十，每多一疋加一等，五疋徒二年；五疋以上，又每五疋加一等，至三十疋绞。"② 可见，官吏监守自盗最高刑可至死刑。而从挪用犯罪的规定来看，挪用犯罪一般是以坐赃论，或者受所监临财物论，这些罪名的法定刑明显低于监守自盗，同时有的挪用犯罪也以监守自盗论或准监守自盗论，而后者的法定刑也同样低于贪墨公物的监守自盗罪。例如，明律中的"挪移出纳"条规定："凡各衙门收支钱粮等物，已有文案勘合，若监临主

---

① 《历代刑法考·汉律摭遗卷二》引《汉书·陈咸传注》。

② 《唐律疏议》卷十九，《贼盗三》。

守不正收正支，挪移出纳，还充官用者，并计赃，准监守自盗论，罪止杖一百，流三千里，免刺。”

二是借贷与借用处罚不同。我国现行刑法将营利活动的挪用和一般活动的挪用进行了区分，形成非法活动型、营利活动型和超过未还型三种挪用犯罪情形，其中营利活动型较之超过未还型没有挪用时间的限制，数额较大的资金或公款一经挪用即构成犯罪，从中反映出立法者对于挪用资金或者公款用于营利活动较之一般借用行为行为人主观恶性程度不同的认识。古代立法者也注意到了这种差别，予以两者适用轻重不同的刑罚，如唐《永徽律》第 142 条规定：“诸贷所监临财物者，坐赃论；若百日不还，以受所监临财物论。强者，各加二等。若卖买有剩利者，计处以乞取监临财物论。强市者，笞五十；有剩利者，计利准枉法论。即断契有数，违欠不还，以受所监临财物论。即借衣服、器玩之属，经三十日不还者，坐赃论，罪止徒一年。”从中可以看出，立法者对于监临财物者借贷财物的，以坐赃论，若百日不还，则以受所监临论。对于何为坐赃及坐赃的处罚，《唐律疏议》规定：“坐赃者，谓非监临主司，因事受财，而罪由此赃，故名‘坐赃致罪’。犯者，一尺笞二十，一疋加一等；十疋徒一年，十疋加一等，罪止徒三年。”可见，坐赃罪的最高处罚为徒刑三年。对于受所监临财物而言，唐《永徽律》第 140 条规定：“诸监临之官，受所监临财物者，一尺笞四十，一匹加一等；八匹徒一年，八匹加一等；五十匹流二千里。与者，减五等，罪止仗一百。乞取者，加一等；强乞取者，准枉法论。”可见，受所监临财物的最高刑为流二千里，乞求获取和强行索取的更要加重处罚。而反观官吏私借财物的行为，如上文私借衣服、器玩的，唐《永徽律》规定超过三十日不还的才以坐赃论，并且最高刑罚为一年；又如，唐《永徽律》对监临主守假借官物的规定，超过十日不还的，以坐赃论还要减二等。

现代挪用犯罪在保持古今一脉相承关系的同时，基于社会的发展和立法水平的提高，其立法较之古代有了一些新变化，挪用犯罪的犯罪圈也较之前有所不同。一是专门的立法化。虽然我国古代挪用行为犯罪的立法化早已有之，也规定了较为详细的罪状和法定刑，但一直未形成独立的立法例，而是放在了本质为盗窃的“以盗论”或“准盗论”，或者本质为贪污贿赂的“坐赃”、“受所监临”、“监守自盗”等罪中。现行刑法与古代立法的一个重大区别便是挪用行为犯罪的专门化，其不仅在行为样态上具有独立性、典型性，而且在罪名、罪状和法定刑上都与贪污贿赂犯罪区别开来，具有了独立的立法价值和意义。二是犯罪种类的变化。我国古代历来重视官吏犯罪的惩治，体现在挪用犯罪种类上便是突出规定了官吏挪用官府金钱、财物以及役使他人的行为。所以其在犯罪种类上主要包括三种类型，即私借公物罪、私贷公物罪和私役人员罪，其中公物包括金钱、畜产、邸店等为国家或官府所有的财物，人员包括为国家或官府服务的官吏、奴婢、人夫等。我国古代挪用犯罪的立法状况充分体现了统治者对统治阶级利益的重视程度，通过从严治吏，切实维护国家利益和统治阶级利益不受侵犯。我国现行刑法中的挪用公款罪显然是这一立法思想的延伸。现行刑法在保留了挪用公款罪、挪用特定款物罪的同时，还因为现代企业制度的兴起和单位法人化的趋势、挪用犯罪的主体不断扩大、刑法所保护的法益得以增加等因素，增加了挪用资金罪。随后《刑法修正案（六）》又增加了特定单位背信运用受托财产罪和违法运用资金罪，从而使得挪用犯罪的种类在一方面有所收缩的同时，在另一方面又得以扩大。三是犯罪对象的变化。前面已经提到，我国古代立法中挪用犯罪所涉及的对象主要包括公物和为官府所使用或奴役的人员，而随着社会的进步和物质文明的发达，挪用一般性公物的行为已经不具有古代社会挪用犯罪的严重社会危害性，故不再将侵害一般性公物的行为予以犯罪化，而是通过行政处分、行政处罚等方式予以调整，现行刑法只保留了作为货币的金钱和用于特定用途的财物作为犯罪对象。当然，突破传统立法领域的犯罪并没有受此限制，如刑法第185条之一的背信运用受托财产罪的对象便是客户资金或者其他委托、信托的财产。对于将一般性公物排除在犯罪对象之外的观点，在刚刚过去的一段时间内仍有不少学者持反对态度，而否定意见获得越来越多的支持与肯定。[①] 至于包括官吏、奴婢、工匠等人员，在我国古代一直是私役的对象，一直是官吏利用职权为个人利益私自使用的对象，也一直是古代官吏犯罪立法的重要内容，直至封建王朝的最后一个朝代——清朝，也并未发生变化并明显有所增加，如《大清律例》私役人员犯罪便有“私役铺兵”、“私役弓兵”、“私役部民夫匠”等规定。“私役部民夫匠”条规定：“凡有司官私役使部民，及监工官私役使夫匠出百里之外，及久占在家使唤者，一名笞四十，每五名加一等，罪止杖八十。”律后注：“私役者，不因公务，而以私己之事役使也。有司于部民，监工于夫匠，权势相临，易于私役，故特著此条。”[②] 随着君主专制制度的瓦解，部民夫匠已经获得了作为人的基本权利和自由，不存在被奴役、被压迫的社会条件和专制制度，因此此类对象自进入现代社会以来就永远地被排除在挪用犯罪对象之外。四是犯罪主体的变化。与犯罪种类变化相伴的是犯罪主体的变化。古代立法将挪用犯罪的

---

① 支持意见认为应当设立挪用公物罪，其必要性在于：一是有利于树立保护公物的法律意识；二是有利于完善我国刑法的内容；三是有利于司法实践对挪用公物类犯罪的惩处；四是中国历史上有对挪用公物罪的规定。王胤颖：《刑法中应增设挪用公物罪》，载《法学》2005 年第 10 期，第 34 页。而反对意见则立足于罪刑法定原则和公物的性质，认为公物虽是用公款购买的，但是，公款一旦转换为公物，二者的性质和作用便发生了变化。公款用于生产、经营活动，可以专门增值，而许多公物却都是处在逐渐消耗和折旧过程之中。因而，挪用公物与挪用公款在数额相同的条件下，其实际危害程度是不完全相同的，把公物折价与挪用同等数额的公款相提并论，难以实现罪责刑相适应原则。王作富：《挪用公款罪司法认定若干问题研究》，载《政法论坛》2001 年第 4 期，第 82 ~ 83 页。

② 沈之奇撰：《大清律辑注》（上），李俊、怀效锋点校，法律出版社 2000 年版，第 214 页。

主体限定为具有一定管理和使用职权的官吏，即“监临主守”。而现代立法中挪用犯罪的主体不仅包括国家工作人员，国有公司、企业或者其他国有单位委派到非国有公司、企业以及其他单位从事公务的人员，还包括公司、企业或其他单位的人员；除了自然人还有特定单位，包括商业银行、证券交易所、期货交易所、证券公司、期货经纪公司、保险公司或者其他金融机构。

总之，我国现行刑法规定的挪用犯罪源于我国古代的立法例，并保持了较为一致的连贯性、统一性。因此，了解挪用犯罪的历史起源和发展，从古代立法中获取有益经验，对解读和完善现行挪用犯罪的刑事立法规定有着重要的意义。

第二节　我国挪用犯罪的近代立法及其比较

一、我国挪用犯罪的近代立法概况

按照史学界对我国历史划分的通行观点，中国历史发展的阶段可分为古代、近代和现代或当代。古代是指 1840 年以前的历史，近代是指 1840 年至 1949 年，而 1949 年至今被称为现代或当代。作为重要的历史片段，近代是指中英鸦片战争开始到南京国民政权覆亡之间的一段时间，历经清王朝晚期、中华民国临时政府时期、北洋军阀时期和国民政府时期，是中国半殖民地半封建社会从逐渐形成到瓦解的历史，也是中华民族历经苦难的一段历史。这一时期，法律制度无论是立法思想、立法内容还是立法技术都经历了多次根本性的调整和变动。在这种较为频繁和较为根本的调整和变动中，传统的犯罪类型在罪状表述、犯罪归类、罪名设计等方面都发生了较为根本的变化，这当中也包括本书研究的挪用犯罪。

（一）清末《大清新刑律》

《大清新刑律》主要借鉴了日本刑法中侵占罪、业务侵占罪的立法模式。作为首次打破中国古代诸法合体封建传统形式，采用西方近代刑法体例的《大清新刑律》，其总则共17章，88条，具体包括法例、不论罪、未遂罪、累犯罪、俱发罪、共犯罪、刑名、宥减、自首、酌减、加减例、缓刑、假释、恩赦、时效、时例、文例。至于分则，“惟其次序，仍以直接有害国家存立之条件者，居于首项（第一至八章）；其害社会而间接以害国家次之（第九至二十五章）；其害个人而间接害及国家社会者次之（第二十六至三十六章），是盖按各罪配列之次序，而斟酌以定之”。[①]《大清新刑律》主要借鉴日本刑法的体例和内容，从而在挪用犯罪的立法化上一改传统的古代立法模式，以侵占罪、业务侵占罪定罪处罚。该律第391条规定：侵占自己依法令、契约照料他人事务之管有物，共有物或属于他人所有权、抵当权及他物权之财物者，处三等至五等有期徒刑。第392条单独侵占罪规定：侵占公务上或业务上之管有物、共有物或属于他人所有权、抵当权及他物权之财物者，处二等或三等有期徒刑。与此相似，日本现行刑法第252条第1项规定：侵占自己所占有的他人之物的，处5年以下惩役。第253条规定了业务侵占罪。日本刑法仍然将挪用犯罪以侵占罪或业务侵占罪定罪处罚。对此，我们可以从大塚仁教授对特有业务人挪用保管资金的补充说明中得到证实。业务上的保管人违反其本旨，把保管资金用于完全不能挪用的用途的，如街道负责人把街道的公共资金用于不属于街道行政公共事务的对街道会议员的慰劳宴请及其他用途的（大判昭9·12·12集13·1717），公务员把预算上正规的支付充当不被认可的支出不正当地进行虚假支付的（最判昭21·6·27集11·6·1751）等，都成立业务上横领罪（即业务侵占罪）。保管人随意在自己的算计中把其保管的金钱贷予他人的（最判昭

---

① 《大清刑律分则草案》之“酌拟刑律分则草案缮具清单”。转引自李秀清：《法律移植与中国的近代化——以〈大清新刑律〉为中心》，载《法制与社会发展》2002年第3期，第136页。

33·10·10集12·14·3246)，如公司的经理把其占有的公司资金使用于赠贿的（大判明45·7·4录18·1009）等，把保管金使用于违法目的的，也是同样。① 北洋政府时期的《暂行新刑律》除关于帝室罪全章及关于内乱罪的死刑不予适用外，其余均以沿用，在挪用行为犯罪的立法与认定上也仍沿用《大清新刑律》侵占罪、业务侵占罪的立法模式。

（二）南京政府时期《中华民国刑法》

南京政府时期的刑事立法活动大体经历了三个阶段：第一阶段，从1928年到1936年，集中立法阶段，成果主要有1928年《中华民国刑法》、1935年《中华民国刑法》；第二阶段，从1937年到1945年，以制定单行法规和法令为主；第三阶段，从1946年到1949年，国民党挑起全面内战，南京政府颁布了《戡乱时期危害国家紧急治罪法》。从两部刑法典来看，在挪用行为犯罪的立法和归类上仍然采用了《大清新刑律》的侵占罪模式。1928年《中华民国刑法》第30章仍然规定了侵占罪，其中又分为单独侵占罪、业务侵占罪和遗失物侵占罪。该法第357条业务侵占罪规定："对于公务上或业务上所持有之物，犯前条第一项之罪者，处六月以上五年以下有期徒刑，得并科三千元以下罚金。本条之未遂罪罚之。"学者对此罪设立的理由解释说："侵占公务上管有他人财产的，就是旧律中的监守自盗，但侵占自己管有物罪，究属同了劫夺他人所持有的去归于自己的不同，所以由贼盗分析在这一章里面。业务上管有他人财物的，像经营质业的人管有的质物，经营仓库业运输业的人，所被人委托的财物等，凡这都是因各种业务，并管有他人的财物，虽不是监守自盗的官员可比，但这侵占的情没有纤芒

① ［日］大塚仁著：《刑法概说》（各论），冯军译，中国人民大学出版社2003年版，第299页。

的轻重，所以断定同一的处分。”① 与《大清新刑律》不同的是，1928 年《中华民国刑法》新规定了公务员图利犯罪，这也是规制挪用行为谋取私利的重要罪名。② 1935 年《中华民国刑法》对侵占罪和公务员图利犯罪的规定延续了 1928 年刑法，所不同的是加重了法定刑。③ 南京政府时期的刑事立法主要被我国台湾地区延续，基本保持了相同的篇章体例结构和内容。

（三）民主革命时期根据地立法

作为我国现代刑事立法的前身，民主革命时期根据地的一些法律规范中率先使用了“挪用”词语并以贪污罪论处。例如，《晋察冀边区惩治贪污罪条例》第 3 条规定：“有下列行为之一者为贪污罪……挪用公款财物供私人营利者。”1933 年在中华苏维埃共和国中央执行委员会颁布的《关于惩治贪污浪费行为》中规定：“凡挪用公款为私人营利者，以贪污罪论。”1939 年通过的《陕甘宁边区惩治贪污条例（草案）》规定：“擅移公款，作为私人营利者，以贪污罪论。”而因为公司、企业尚没有作为独立的拟制人格存在，实践中也就不存在挪用资金的行为，而或者以贪污论处或者不以罪论处。

二、挪用犯罪的近现代立法比较

这一时期，刑事立法借鉴了西方尤其是大陆法系国家刑事立法

---

① 章一鸣鉴定：《白话笺注中华民国刑法详解》（中册），中华法学社 1929 年版，第 181 ~ 182 页。

② 1928 年《中华民国刑法》第 136 条规定：“公务员对于主管或监督之事务，直接或间接图利者，处三年以下有期徒刑，得并科五千元以下罚金。”

③ 1935 年《中华民国刑法》对公务员图利罪法定刑加重到处一年以上七年以下有期徒刑得并科七千元以下罚金，对业务侵占罪也提高了法定刑，由原先的“处六月以上五年以下有期徒刑得并科三千元以下罚金”提升至“处一年以上七年以下有期徒刑得并科五千元以下罚金”。

的体系和模式，基本上没有延续中国古代刑事立法的体系结构和犯罪内容。体现在挪用行为犯罪的规定上，其改变了以往片段性、多样性的具体立法模式，而开始从行为共性本质上进行概括和统一，形成了较为统一的立法例，这无疑反映了立法技术的重大提高。与我国现今立法相比，这一时期挪用犯罪的立法主要呈现以下特点：

一是延续了将挪用行为"以盗论"的立法传统。虽然近代立法在立法思想、篇章结构以及具体内容、用语等方面发生了重大变化，但作为侵害人类最一般伦理道德的自然犯仍然保持了较大的统一性和连贯性。在古代立法中，挪用犯罪最早是以盗论，之后以准盗论、以受所监临论、以坐赃论、以监守自盗论，从行为本质上看古代立法者将违背职责擅自挪用公物的行为视为一种秘密的窃取行为，而从主观上看行为人擅自挪用的意图便是一种非法占有的意图，而不论其是否日后归还。将某一用途的财物挪作他用本身便是一种财物处分的行为，而不再具体细分为侵害的是占有、使用、收益抑或处分权能，因此以盗论或以准盗论就不难理解，这种认识也一直延续到近代。立法者虽然将利用职务或者基于委托非法占有财物的行为从盗窃罪中独立出来，区别于一般的取得式盗窃行为，从大盗窃罪概念变为小盗窃罪概念，但仍然没有将以非法使用为目的的处置所占有财物的挪用行为和以非法占有为目的处置所占有财物的占有行为予以区分，而是将二者统一规定在侵占罪、业务侵占罪或贪污罪之中。在我国现今刑事立法中，立法者看到了挪用行为与侵占行为在行为本质和社会危害性上的不同和差异，设置了不同罪名和法定刑，从而使得对行为的认识和判定更为准确、科学，也更符合罪责刑相适应原则的要求。

二是在行为对象上仍不限于公款、资金或特定款物。在我国古代挪用犯罪的立法中，挪用的行为对象非常广泛，既包括作为货币的金钱，又包括作为公物的"公家驱使之牛马驼骡驴、车船、碾硙、邸店"等动产和不动产，还包括属于官府管理的奴婢、人夫和在官府任职的士兵、下属等。随着君主专制制度的瓦解，人作为独立自由的社会个体存在，因此以人为挪用或侵占对象的犯罪不再存在。在近代立法中，侵占罪、业务侵占罪的对象为一般性财物，挪用公款公物的行为也以贪污罪论。而在我国现今立法中，挪用公款罪、挪用资金罪的对象为作为货币的金钱，挪用特定款物罪的对象为用于救灾、抢险、防汛、优抚、扶贫、移民、救济款物，对于一般性财物不再以犯罪论。

三是没有区分以非法使用为目的和以非法占有为目的。以非法使用为目的，是未经允许或违背法律规定，擅自使用他人财物的主观意图。在这一意图支配下，其外在可以表现为盗用、挪用、非法使用等行为方式。香港刑法中有擅用运输工具罪，也称擅取运输工具罪、偷开交通工具罪，是指未经同意或未获其他合法权限而取用他人运输工具，以供本人或他人使用的行为。①《德国刑法典》第248条b规定了“未经授权使用交通工具”罪：“违背汽车或自行车所有人意愿，擅自使用的，处3年以下自由刑或罚金，但其他条款处罚较重的，依该条款。”可见境外立法已经注意到以非法使用为目的的盗用行为与以非法占有为目的的侵占行为在本质与社会危害性上的差异与不同。在近代立法上，立法者并未区分出同是基于违反职务的，以非法使用为目的的挪用行为与以非法占有为目的的侵占行为，在本质与社会危害性上的差异与不同，而是将其统一规定在业务侵占罪当中。而在现代我国立法中，则进行了进一步划分，从传统业务侵占罪中分化出职务侵占罪与挪用资金罪、贪污罪与挪用公款罪、挪用特定款物罪，并规定了轻重不同的法定刑。

第三节　我国挪用犯罪的现代立法及其反思

1949年10月1日，新中国成立，开启了社会主义法制建设的

---

① 宣炳昭著：《香港刑法导论》，陕西人民出版社2008年版，第158页。

进程。新中国对于挪用犯罪的立法可以分为四个阶段：一是新中国成立后至 1979 年刑法颁布以前；二是 1979 年刑法颁布以后至 1997 年刑法修改以前；三是 1997 年刑法修改以后至 2006 年《刑法修正案（六）》发布以前；四是 2006 年《刑法修正案（六）》发布至今。每一阶段挪用犯罪都呈现出不同的立法特点和发展趋势，最终在我国刑法中确立了独立的立法例地位。

一、第一阶段：新中国成立后至 1979 年刑法颁布以前——延续根据地立法

这一时期挪用犯罪仍然主要延续了南京国民政府时期的根据地立法，以贪污罪论处挪用公款公物的行为，并主要限于对挪用公款公物行为的惩处，对于其他财产的挪用并没有专门规定。国务院 1955 年发布的《关于贯彻保护侨汇政策的命令》以及内政部、财政部 1962 年颁布的《优抚、社会救济事业费管理使用暂行办法》等，都规定了对挪用公款行为予以刑事制裁的条款。例如，《关于贯彻保护侨汇政策的命令》第 2 条规定："任何个人或团体不得向侨眷强迫借贷，不得积压侨汇，不得擅自检查侨批和以任何借口变相侵犯侨汇。凡有侵犯侨汇事情发生，必须分别情节论处；对于有意挪用、侵吞、冒领、盗取侨汇和敲诈侨眷的不法分子，必须依法制裁。"而对于挪用行为如何入罪，当时立法者将其以变相贪污认识，擅自挪用公款公物的行为就是一种贪污腐败的行为，与侵吞公款公物并无不同，如 1972 年国务院颁布的《中国人民银行出纳制度》规定："严禁挪用库款和以白条抵作库款。凡管理人员私自动用库款即以贪污论处。"另外，国务院发布的《金银管理条例》、《国家金库条例》、《楼堂馆所建设管理暂行条例》都作了类似规定。

从这一时期看，挪用犯罪立法主要延续了根据地立法。新中国成立之初，国家废除了六法全书，开始制定和适用社会主义法律制度，这使得一方面新中国从根本上否定了包括刑法在内的国民党所有法律制度的法律效力，终结了在大陆地区挪用犯罪以侵占罪、业

务侵占罪论处的历史。另一方面因为废除了六法全书，新中国法律制度只能从零开始，一点一滴建立，苏联法律制度作为当时重要的域外立法经验得以广为借鉴，同时作为重要的本土经验——民主革命时期根据地立法经验也得到了继承和吸收。新中国成立之初挪用犯罪的立法，也主要源于对这种本土经验的继承和吸收。

与此同时，出现了挪用犯罪现代立法的最早模型。我国现行刑法规定的挪用资金罪和挪用公款罪具有非常典型的罪状设计特点，即特定人员利用职务之便挪用单位资金或公款归个人使用，用于非法活动或营利活动或超过三个月未还。这种罪状模式实际上在这一时期已经出现，成为之后立法的最早模型。中国工商银行在《关于中国工商银行系统工作人员经济违法犯罪案件的处理意见》中规定："挪用银行各项费用款，供个人使用，超过六个月不还或挪用公款进行非法活动的，以贪污论处。私自动用银行库款、营业款和金银的，从动用时起，就以贪污论处。"除罪状较为一致的规定外，这里还区分了银行各项费用款的挪用与银行库款、营业款和金银的动用，前者以贪污论处要求成立一定的条件，即超过六个月不还或挪用公款进行非法活动，而后者从动用时起，就以贪污论处。说明了银行库款、营业款和金银是银行资金的主要部分或主要金融资金，这些款项的动用势必使银行正常业务遭受重大影响，甚至面临破产，从而严重破坏国家正常的金融秩序，损害广大储蓄人的合法财产权益。同时，从规定中也应看到挪用与动用的区别。挪用是挪而私用，而动用并不限于挪而私用，还可以挪而公用，违法违规使用等，动用的外延比挪用要广。

这一时期挪用犯罪没有独立化有着深层次的原因，一是挪用公款公物的行为仍以贪污论，二是没有出现新的挪用犯罪类型。出现第一种情况，主要是因为立法者对挪用行为性质的认识，这种认识是与我国古代和近代立法密切联系的。我国古代立法一直将挪用公款公物的行为以盗窃罪论或以准盗窃罪论或以监守自盗论、以受所监临论、以坐赃论，挪用行为从来没有独立出来成为一类典型的行为样态，擅自挪出使用的行为与盗窃、贪污的处分行为并无不同。这种思想在我国古代长期存在，并基本上得到了维系，也深深影响了新中国初期的立法者。而另一方面，又不能忽视新中国成立初期的另一重要社会现实。新中国成立初期，国家开始了轰轰烈烈的生产资料所有制改革运动，从而确立了社会主义公有制的经济基础。为保护改革成果，巩固社会主义制度政权，新中国加大了对侵犯公有财产犯罪的打击和惩治力度，因此将挪用公款公物的行为视为严重侵害公共财产所有权的变相侵吞行为、变相贪污行为，予以从严惩处。而对于没有出现挪用资金罪等新类型的原因，主要在于生产资料所有制改革所带来的非公经济的严重削弱。据统计，这种变化表现在："首先，在国民收入中，1956 年同 1952 年相比，国有经济的比重由 19.1% 上升到 32.2%，集体所有制经济由 1.5% 上升到 53.4%，公私合营经济由 0.7% 上升到 7.3%，私营经济则由 6.9% 下降到 0.1% 以下，个体经济由 71.8% 下降到 7.1%。前三种社会主义公有制经济已达 93%。其次，在工业总产值中，1956 年同 1952 年相比，国营工业的比重由 41.5% 上升到 54.5%，集体所有制工业由 3.2% 上升到 17.1%，公私合营工业由 4% 上升到 27.2%，私营工业由 30.7% 下降到 0.04%，个体手工业由 20.6% 下降到 1.2%。前三种社会主义公有制工业已达 98.8%。再次，在商业领域中，以社会商品零售总额为例，国营经济所占比重由 16.2% 上升到 34%，合作社经济由 18.2% 上升到 30.1%，国家资本主义及合作化经济由 0.4% 上升到 28.3%，私营经济由 65.2% 下降到 7.6%。前三种社会主义公有制经济达到 92.4%"。[①] 而挪用资金罪恰恰是"经济成分"为非公经济的公司、企业或其他单位中的工作人员利用职务便利侵犯非公经济的行为。非公经济地位和比重的削弱，直接导致了侵犯非公经济的犯罪行为得不到重

---

① 陈文辉主编：《中国经济结构概论》，山西经济出版社 1994 年版，第 30 页。

视，从而也难以上升到专门立法的高度。

二、第二阶段：1979 年刑法颁布以后至 1997 年刑法修改之前——初步立法阶段

在我国，挪用行为的单独立法首先是从挪用特定款物罪开始的，其次才是公款挪用行为的立法化。在 1979 年之前，我国刑法自 1954 年起草至 1963 年共历经 33 稿，历次稿本均未规定挪用犯罪，直至 1979 年刑法的颁布。1979 年我国第一部刑法第 126 条将挪用国家救灾、抢险、防汛、优抚、救济款物，情节严重的，致使国家和人民群众利益遭受重大损失的行为规定为挪用国家特定款物罪。关于增设这一犯罪的原因，据参加立法工作的高铭暄教授回忆说，“是根据近几年来在某些地区（如河南）出现的新情况制定的”。[①] 在这一时期，一些地方的国家机关、单位将国家拨给的救灾、抢险、防汛、优抚、救济款物挪用于兴建楼堂馆所、用作招待费等现象较为严重，破坏了国家财政经济管理制度，从而构成了挪用特定款物行为犯罪化的基本现实背景。高铭暄教授对该罪的立法原意解释道：“国家拨放的救灾、抢险、防汛、优抚、救济款物，体现着党和国家对人民群众、特别是灾区人民的热情关怀；这些款物对于保障人民群众生命财产安全，安定人民群众正常生活，恢复生产，重建家园，起着重大的作用。为此必须专款专用，不允许在任何借口下予以挪用，否则便是对人民的犯罪。”[②]

对于公款被挪用行为性质的认识，在这一时期终于有了转变，挪用公款行为开始成为一种独立行为样态而具有了立法上的价值和意义。国家工作人员利用职务挪用国家公款公物谋取私利的行为，

① 高铭暄著：《中华人民共和国刑法的孕育和诞生》，法律出版社 1981 年版，第 171 页。

② 高铭暄著：《中华人民共和国刑法的孕育和诞生》，法律出版社 1981 年版，第 210 页。

无论是在我国古代还是在当今世界其他国家，都是一种较为普遍存在的渎职行为，也是严重损害国家财产法益的侵财行为，所以在社会主义社会的建设中也无法做到根本杜绝，其也不能像通奸、辱骂尊长、妻妾失序、同姓为婚、亵渎神明以及侵害君主权威等犯罪随社会进步而失去惩处必要或可能。随着改革开放国策的贯彻和深入，一方面商品经济的迅猛发展带来了人们思想的活跃，另一方面一些国家工作人员开始滥用职权、以权谋私，严重侵蚀着国家和人民的利益。为惩治犯罪、保护人民，保障改革开放顺利进行，必须对严重危害公共财产所有权的挪用公款行为进行打击和遏制。为适应这种形势的需要，我国加快了挪用公款犯罪立法化的进程。1982年8月27日，中共中央办公厅转发了全国人大法制委员会机关党组起草的《全国人民代表大会常务委员会关于惩治贪污罪贿赂罪的补充规定（草案)》，把个人挪用公款列为犯罪。遵循这种思路，1985年最高人民法院、最高人民检察院下发了《最高人民法院、最高人民检察院关于当前办理经济犯罪案件中具体应用法律的若干问题的解答（试行)》（以下简称《解答》)，其中规定："挪用公款归个人使用，超过六个月不还的，或者挪用公款进行非法活动的，以贪污论处。"为便于准确理解，该解答对挪用公款案件中，挪用款项是否归还的处理问题，挪用的期限、数额计算、情节认定等问题，进行了必要的说明和解释。《解答》规定，挪用公款如果归还了，性质是挪用，是违反财经纪律行为，可给予行政处分，如果不归还，则性质是贪污；挪用公款归个人使用，超过六个月不还的，如果系供本人或他人进行营利活动，或挥霍享受，应以贪污罪论处。进行上述活动，数额巨大，挪用虽未超过六个月，亦应以贪污罪论处。挪用公款进行非法活动的，无论挪用时间是否超过六个月，应以贪污罪论处；追究贪污的数额应按最后未还的实际挪用金额认定。挪用公款以贪污罪论处的数额标准适用贪污罪的数额标准。为解决实践中出现的新问题和修正自身存在的缺陷，1987年3月14日最高人民法院、最高人民检察院发布了《"关于挪用公款归个人使用或者进行非法活动以贪污论处的问题”的修改补充意见》。该意见强调了挪用公款与贪污公款在要件要求上的不同：一是挪用公款归个人使用，超过六个月不还，必须数额较大才以贪污罪论处；二是如果在案发前归还的，一般不以贪污罪论处；三是挪用公款归个人使用，数额巨大，不论挪用是否超过六个月，应以贪污罪论处，但揭发前已归还的，一般不以贪污论处，挪用公款供个人进行非法活动，数额较大的以贪污罪论处；四是数额上，挪用公款案件和贪污案件在情节和社会危害上有不同，所以挪用公款案件的数额标准明显高于贪污罪数额标准。虽然最高人民法院、最高人民检察院对挪用公款案件以贪污罪论的规定日益详细和全面，解决了实践中的一些矛盾，但以贪污罪论的传统法律规定模式，以及最高人民法院、最高人民检察院凌驾立法之上的越权解释，受到了越来越多的质疑和批评，有违罪刑法定原则和罪责刑相适应原则。①为从根本上化解分歧，深刻反映行为本质，符合罪刑法定原则和罪责刑相适应原则要求，1988 年 1 月第六届全国人民代表大会常务委员会通过了《全国人民代表大会常务委员会关于惩治贪污罪贿赂罪的补充规定》（以下简称《补充规定》），首次对挪用公款行为进行单独立法。该规定第 3 条指出：“国家工作人员、集体经济组织工作人员或者其他经手、管理公共财物的人员，利用职务上的便利，挪用公款归个人使用，进行非法活动的，或者挪用公款数额较大、进行营利活动的，或者挪用公款数额较大、超过三个月未还的，是挪用公款罪，处五年以下有期徒刑或者拘役；情节严重的，处五年以上有期徒刑。”作为第一次通过立法方式规定挪用公款罪的立法文件，《补充规定》详细规定了挪用公款罪的主体、主观方

---

① 张传汉、郝力辉：《非法挪用公款宜独立成罪》，载《政治与法律》1987 年第 2 期；侯国云：《对非法挪用公款公物的行为应如何定性》，载《刑法学动态》1987 年第 4 期；易平文：《略谈挪用公款以贪污论处与贪污罪的异同》，载《人民检察》1987 年第 9 期。

面、行为对象、客观行为、用途要件等犯罪构成要素和法定刑，对之后挪用资金罪的创设产生了重要影响，从此挪用公款行为有了自己的“名分”。[①] 随后，1989 年 11 月最高人民法院、最高人民检察院又作出《最高人民法院、最高人民检察院关于执行〈关于惩治贪污罪贿赂罪的补充规定〉若干问题的解答》的司法解释，对挪用公款归个人使用、超过三个月未还、挪用公款罪的数额标准、挪用公款数额较大不退还的以贪污罪论、挪用公物的问题等问题进行了解释和规定，从而进一步明确了挪用公款罪的罪状和使用条件，促进了司法实践的统一，为国家工作人员公款挪用行为的惩治提供了刑法保障。[②]

在挪用公款罪从贪污罪中分离出来之后，非国家工作人员挪用单位资金的行为也走向犯罪化和立法化。在新中国成立后很长一段时间内，非公有制经济发展受到了很大的制约和限制，公有制经济在计划经济体制下获得了飞速发展，随之带来的是国家对于危害公有财产权益的行为，如侵吞、窃取、挪用国家财产等行为的高度重视和严厉打击，具体表现为大规模立法和设定包括死刑在内的重刑。而这种“畸轻畸重”的局面在改革开放之后发生了改变，随着社会主义市场经济体制逐渐建立，各种各样的公司企业成为重要的市场主体，非国有单位的合法权益受到重视和保护。面对日益增多的和日益严重的侵犯各种市场主体和社会主体利益的行为，刑事立法却处于真空状态，与已经制定的《公司法》等规范难以衔接。经济基础决定上层建筑，刑事立法必须尽快予以完善，创设和构建

① 于宏著:《挪用犯罪论》，中国检察出版社 2005 年版，第 12 页。

② 1993 年 10 月 31 日公布的《中华人民共和国教师法》第 38 条第 2 款规定：“违反国家财政制度、财务制度，挪用国家财政用于教育的经费……由上级机关责令限期归还被挪用的经费，并对直接责任人员给予行政处分；情节严重，构成犯罪的，依法追究刑事责任。”1994 年 7 月 5 日通过的《中华人民共和国劳动法》第 104 条规定：“国家工作人员和社会保险基金经办机构的工作人员挪用社会保险基金，构成犯罪，依法追究刑事责任。”

新的“白领犯罪”体系。鉴于此，1995年2月28日，第八届全国人大常委会第十二次会议通过了《全国人民代表大会常务委员会关于惩治违反公司法的犯罪的决定》（以下简称《决定》）。在《决定》中首次规定了公司内部人员职务侵占罪、挪用资金罪等罪名，从而为打击和惩治公司内部人员以权谋私、中饱私囊等严重侵害公司企业财产权益的“内贼”行为提供了刑法保障。该规定对于挪用资金罪的规定如下：“公司董事、监事或者职工利用职务上的便利，挪用本单位资金归个人使用或者借贷给他人，数额较大、超过三个月未还的，或者虽未超过三个月，但数额较大、进行营利活动的，或者进行非法活动的，处三年以下有期徒刑或者拘役。挪用资金数额较大不退还的，依照本决定第十条规定的侵占罪论处。”除此之外，该规定第10条还首先规定了职务侵占罪，使之从大贪污罪概念中彻底独立出来。第10条规定：“公司董事、监事或者职工利用职务或者工作上的便利，侵占本公司财物，数额较大的，处五年以下有期徒刑或者拘役；数额巨大的，处五年以上有期徒刑，可以并处没收财产。”

从这一时期挪用犯罪的立法情况来看，社会转型推动了挪用犯罪的立法，挪用犯罪体系的雏形已初步形成，但仍在为适应社会快速发展而不断进行调整。中国现代社会的转型阶段主要分为两个阶段：一是新中国成立后至1979年，二是1979年至今。中国社会转型所表现出的主要特征在于：“一是中国现代社会转型是建设有中国特色社会主义制度的自我完善过程；二是中国现代社会转型是社会主义的计划经济结构向市场经济结构的转变，计划与市场之间这种根本差别使得转型过程中两种体制之间的冲突和摩擦十分激烈；三是中国现代社会转型是由建立在伦理基础上的‘人治’社会向建立在民主法制基础上的‘法制’社会转型。”① 作为中国社会重

① 章辉美著：《社会转型与社会问题》，湖南大学出版社2004年版，第5页。

要的转型拐点，1979 年开始的改革开放给中国社会带来了翻天覆地的变化，极大地推动了中国法治文明的快速进步。这种变化折射在挪用犯罪的立法上，随着改革开放之后人们经济社会活动的极大丰富和物质财富的快速增长，原本只存在于官吏职务犯罪中的挪用行为，也开始在公司、企业或者其他单位中成为一种严重危害公司企业正常经营、严重侵犯所在单位财产所有权的行为，规范对象的出现直接推动了法律规范的加紧制定。同时，对挪用公款以贪污论的立法，理论界和实务部门中早有人提出质疑和批评，随着司法实践中国家工作人员挪用公款行为的大量出现，越来越多的人开始讨论和研究挪用行为与贪污行为的区别，并试图在行为本质上予以区分，以符合人类社会最一般的公平正义规则。终于，立法者采纳了分离说的意见，通过立法的方式给予挪用公款罪以独立的地位，当然从客观来看，社会转型极大地推进了立法的明确化和精细化，法律开始作为一门科学被细致设计。与此同时，这一时期是挪用犯罪的初步立法阶段，所以立法者对挪用犯罪条文的设计并没有完全固定下来，在实践、认识、再实践、再认识的过程中，不断修正和完善着挪用犯罪的条文和体系，具体包括对所放置章节的调整、具体用语的解释、挪用行为新入罪情形的增加以及法定刑的修改等，直到最终固定在 1997 年修改后的刑法之中。

三、第三阶段：1997 年刑法修改之后至 2006 年《刑法修正案（六）》颁布之前——确立阶段

1997 年 10 月 1 日，经过重大修改后的刑法施行，挪用特定款物罪、挪用资金罪、挪用公款罪正式进入刑法当中并发生了一些新的变化。现行刑法第 272 条第 1 款规定，公司、企业人员挪用本单位资金归个人使用的，构成挪用资金罪。此外刑法第 185 条第 1 款规定，银行或者其他金融机构的工作人员挪用本单位资金的，构成挪用资金罪。第 273 条规定，挪用特定款物（救灾、抢险、防汛、优抚、扶贫、移民、救济款物）归单位使用的，构成挪用特定款

物罪。关于挪用公款罪方面，刑法规定了三种不同人员构成的挪用公款罪：刑法分则第8章贪污贿赂罪第384条规定，国家工作人员挪用本单位公款和特定款物归个人使用的，是挪用公款罪；第185条第2款规定，国有金融机构工作人员和国有金融机构委派到非国有金融机构从事公务的人员，挪用本单位资金或者客户资金的，是挪用公款罪；第272条第2款规定，国有公司、企业或者其他国有单位中从事公务的人员或者其他国有单位委派到非国有公司、企业及其他单位从事公务的人员，挪用单位资金归个人使用的，是挪用公款罪。其后，最高人民法院、最高人民检察院就挪用犯罪的司法适用单独或联合发布了司法解释或批复，主要有1998年4月29日发布的《最高人民法院关于审理挪用公款案件具体应用法律若干问题的解释》、2003年11月13日最高人民法院发布的《全国法院审理经济犯罪案件工作座谈会纪要》、2001年10月17日发布的《最高人民法院关于如何认定挪用公款归个人使用有关问题的解释》等。

相比较来看，现行挪用犯罪的规定与修改之前的规定相比，发生了一些变化，如挪用特定款物罪，增加了犯罪对象的种类，增加了扶贫、移民款物，去掉了“国家”字样，将罪名从破坏社会主义市场经济秩序罪一章移入侵犯财产罪一章中。挪用资金罪的变化主要表现为：一是增加超过三个月未还的入罪条件，之前只规定了用于非法活动、营利活动的入罪情形，在现行刑法中新增规定了超过三个月未还的入罪情形，从而弥补了挪用资金用于非法活动、经营活动之外用途的立法漏洞。二是扩大了犯罪主体的范围，将犯罪主体从公司董事、监事或者职工扩大到公司、企业或其他单位的工作人员，使得任何非国有单位的工作人员或国有单位的非国家工作人员，只要利用职务之便挪用资金的都构成犯罪。三是对于“挪用资金数额较大不退还的”，不再依照“公司、企业人员侵占罪的规定处罚”，而是作为一档法定刑从重处罚，即刑法第272条规定的：“挪用本单位资金数额巨大的，或者数额较大不退还的，处三年以上十年以下有期徒刑。”至于挪用公款罪的变化，主要表现为四方面：一是将挪用公款罪的主体严格限定于“国家工作人员”范围内，取消了“集体经济组织工作人员或者其他经手、管理公共财物的人员”的规定。集体经济组织的工作人员除国家机关、国有公司、企业、事业单位委派从事公务行为外，只是作为一般单位内工作人员，其对集体经济组织公共财产的犯罪，也只按照职务侵占罪、挪用资金罪等非国家工作人员犯罪处理，经手、管理集体经济组织公共财物的人员也不再构成挪用公款罪的主体。二是增加了入罪情形。1988 年通过的《全国人民代表大会常务委员会关于惩治贪污罪贿赂罪的补充规定》中只规定了挪用公款罪的两种入罪情形，即进行非法活动的，或者挪用公款数额较大、超过三个月未还的。现行刑法借鉴了挪用资金罪入罪情形的规定，增加了用于营利活动的规定，即“或者挪用公款数额较大、进行营利活动的”，从而在立法上使挪用公款罪和挪用资金罪都具备了非法活动型、营利活动型以及超过未还型三种入罪情形。三是取消了“挪用公款数额较大不退还，以贪污罪论处”的规定，与挪用资金罪的修改相似，规定“挪用公款数额巨大不退还的”仍以挪用公款罪定罪，但将其作为一个从重处罚情节，即“挪用公款数额巨大不退还的，处十年以上有期徒刑或者无期徒刑”。[①] 四是提高了法定刑，将最高刑从十五年有期徒刑提高到无期徒刑。

这一时期是我国三种挪用型犯罪基本确立的阶段。经过长时间的修改完善，三种挪用型犯罪的罪状及体系完全确立，从而在刑法

---

① 至于这种修改的理由，有学者指出：“根据原来的刑事法律规定，挪用公款数额较大不退还的，以贪污罪定罪处罚。实践中由于这一规定出现了定性上的混乱现象，因而在刑法修改过程中，有学者提出对于挪用公款不退还的，可以规定较重的刑罚，但不能以贪污罪论处。新刑法采纳了这一意见，规定挪用公款数额巨大不退还的，处十年以上有期徒刑或者无期徒刑。即仍定挪用公款罪，但应适用较严厉的刑罚。”欧阳涛等主编：《中华人民共和国新刑法注释与适用》，人民法院出版社 1997 年版，第 756 页。

中正式确立了挪用特定款物罪、挪用资金罪、挪用公款罪的地位，挪用行为像盗窃、抢劫、诈骗、敲诈勒索、侵占、职务侵占、故意毁坏等行为一样，成为一类独立的侵犯财产犯罪的行为样态。三种挪用型犯罪的确立，为惩治非国有单位工作人员挪用资金、国家工作人员挪用公款以及特定人员挪用救灾、抢险、防汛、优抚、扶贫、移民、救济款物等行为提供了明确的法律依据，从而为其他法律规范的实施提供了刑法保障。[①] 而正如罗斯科·庞德所说的那样，法律的生命在于其实施，因而迫切需要对怎样使大量立法和司法解释有效实施而进行认真的科学研究。三种挪用型犯罪的确立并没有万事大吉，还要在司法实践的应用中不断进行着解释和修正。解释紧随法典之后，修正紧随解释之后，这一工作永无尽头。[②]

四、第四阶段：2006 年《刑法修正案（六）》颁布至今——发展阶段

2006 年 6 月 29 日，备受关注的《刑法修正案（六）》顺利出台。其中第 12 条将金融机构违背受托义务擅自运用客户委托、信

---

① 如《中华人民共和国证券法》第 82 条规定："禁止任何人挪用公款买卖证券。"《中华人民共和国草原法》第 62 条规定："截留、挪用草原改良、人工种草和草种生产资金或者草原植被恢复费，构成犯罪的，依法追究刑事责任；尚不够刑事处罚的，依法给予行政处分。"《长江三峡工程建设移民条例》第 59 条对挪用移民专项资金的行为和法律责任进行了专门规定，即"违反本条例规定，有下列行为之一的，由有关审计机关、财政部门依照审计、财政法律、法规的规定予以处罚；对直接负责的主管人员和其他直接责任人员，依法给予行政处分；构成犯罪的，依法追究刑事责任：（一）将移民资金用于非移民项目、偿还非移民债务和平衡地方财政预算的；（二）利用移民资金进行融资、投资和提供担保的；（三）购买股票、债券和其他有价证券的；（四）利用其他方式挪用移民资金的"。

② ［美］本杰明·卡多佐著：《法律的成长·法律科学的悖论》，董炯、彭冰译，中国法制出版社 2002 年版，第 74 页。

托财产和违反国家规定擅自运用公众资金的行为增加规定为犯罪。《刑法修正案（六）》第12条规定："商业银行、证券交易所、期货交易所、证券公司、期货经纪公司、保险公司或者其他金融机构，违背受托义务，擅自运用客户资金或者其他委托、信托的财产，情节严重的，对单位判处罚金，并对其直接负责的主管人员和其他直接责任人员，处三年以下有期徒刑或者拘役，并处三万元以上三十万元以下罚金；情节特别严重的，处三年以上十年以下有期徒刑，并处五万元以上五十万元以下罚金。社会保障基金管理机构、住房公积金管理机构等公众资金管理机构，以及保险公司、保险资产管理公司、证券投资基金管理公司，违反国家规定运用资金的，对其直接负责的主管人员和其他直接责任人员，依照前款的规定处罚。"该条主要是对金融机构违背受托义务，违规处理委托理财事务，擅自运用客户资金或者其他委托、信托财产，严重危害委托人财产权益安全行为的规制。委托理财，是指委托人通过委托或者信托与受托人约定，将资金、证券等金融性质资产给受托人，由受托人在一定期限内按照委托人的意愿管理，投资于证券、期货等金融市场，并按期支付给委托人一定比例收益的资产管理活动。随着我国金融市场的活跃，从1993年、1994年起我国开始引入委托理财业务。此后我国出现了各种被称为理财的投资活动，它们在一定程度上丰富了我国的金融市场，满足了广大公众的投资需求。[①]但同时，由于这一业务开展时间尚短，加上我国金融监管制度存在不规范、不完善之处，使得金融机构开展委托理财业务时存在挪用客户资金情况严重、部分金融机构委托业务不规范、监管部门对委

① "在美国，不仅资金量相对较小的个人投资者将资金委托给专业的投资管理公司管理，而且许多大企业的退休金、保险公司的保险金也同样进行委托理财，据统计目前全球委托理财业务总量已超过30万亿美元。"张音、晓芳：《委托理财前景初探》，载《现代管理科学》2002年第3期，第63~64页。

托理财业务缺乏有效监管等问题。这表明在我国，证券公司、信托投资公司等金融机构非法挪用客户资金的情况长期以来非常严重，金融监管部门虽下大力气治理也确实取得一定成效，但此类违法现象并未彻底根除。2010 年 6 月 12 日，中国证监会公布了对证券公司客户交易结算资金状况的调查结果，虽然大多数证券公司杜绝了挪用客户资金的现象，但仍有 20 多家证券公司有挪用客户资金的行为，占总数的 27%，至少 60 亿元资金被挪用。全国人大常委会法工委刑法室副主任黄太云在谈到该条立法背景时指出，由于受托人处于优势地位，在目前管理尚不规范的金融市场里，极容易滥用权力，其对客户资金的运用存在暗箱操作、侵吞、擅自动用客户资产，或者将客户资金用于操纵市场、进行不必要的买卖以赚取交易手续费等违规行为。这些行为的存在，不仅败坏金融机构的声誉和信誉，动摇公众对金融机构受托理财的信任，严重损害委托人的利益，而且使资产管理活动存在较大金融风险，严重扰乱金融秩序，也易造成社会的不稳定，应当予以刑事制裁。① 此外，社会保障基金、住房公积金等公众资金以及保险金、证券投资基金等投资基金被违规擅自挪用的情况也大量出现，在严重侵害广大人民群众基本福利权益或资产权益的同时，也严重破坏了国家正常的金融监管制度和社会保障制度。以社会资金为例，近几年社保资金违法、违规运用造成巨大损失的案件频发，影响最大的是广州社保基金挪用案和上海社保弊案；此外，山西的一起案件，挪用社保基金 7659 万元，金融诈骗涉案金额近 1.8 亿元；河北省电力公司社保中心原基金管理员挪用社保基金 3817 万元炒股，等等。据不完全统计，1998 年以来，全国清理回收挤占挪用基金 160 多亿元，至 2005 年年底，还有 10 亿元没有回收入账。这种严重危害公众资金安全的违规挪用行为终于引起了立法者的重视。黄太云指出，对社会保障

---

① 黄太云：《〈刑法修正案（六）〉的理解与适用》（上），载《人民检察》2006 年第 14 期，第 23 页。

基金、住房公积金等公众资金的管理直接关系到广大人民群众的切身利益和社会保障制度的成败，并对国家的经济发展、社会稳定具有重大影响作用，从目前运作情况看，出现的违规操作问题也不容忽视。因此，对这些社会危害严重的行为，有必要增加追究刑事责任的法律规定。①

《刑法修正案（六）》首次规定了“单位挪用犯罪”。我国刑法之前规定了三种挪用犯罪，用于规范和惩治自然人挪用资金、公款或特定款物的行为，而对单位挪用资金、公款或特定款物的行为不予追究单位以及主管人员、直接责任人员的刑事责任，否则便违反了罪刑法定原则。② 因此对自然人挪用委托财产或社保基金等公众资金、投资基金的，在司法实践中都是以挪用资金罪或挪用公款罪定罪处罚的，而对金融机构擅自运用客户资金，或者社会保障基金管理机构、住房公积金管理机构等公众资金管理机构，以及保险公司、保险资产管理公司、证券投资基金管理公司，违反国家规定运用资金的，因为缺少法律规定而无法处理，造成法律适用上的漏洞。鉴于此，《刑法修正案（六）》第12条承认了金融机构、社会保障基金管理机构、住房公积金管理机构等公众资金管理机构，以及保险公司、保险资产管理公司、证券投资基金管理公司的挪用犯罪主体资格，从而弥补了挪用犯罪主体只能是自然人的漏洞，为特定单位违法挪用公众资金提供了法律依据。正如有研究者指出的那

① 黄太云：《〈刑法修正案（六）〉的理解与适用》（上），载《人民检察》2006年第14期，第23页。

② “对单位挪用公款的案件，如果以挪用公款罪追究有关责任人员的刑事责任，势必与罪刑法定原则相违背。对单位犯罪的处罚，不论是双罚制还是单罚制，都必须以对单位犯罪的明确规定为前提。对于单位挪用公款的行为，倘若构成其他单位犯罪的，以其他触犯的单位犯罪的罪名定罪处罚。”杨聚章、田立文：《关于挪用公款罪的几个问题》，载高铭暄、马克昌主编：《刑法热点疑难问题探讨》（下册），中国人民公安大学出版社2002年版，第1227页。

样，《刑法修正案（六）》第12条第1款很好地弥补了原有刑事法律的两大漏洞，简要而言：其一，挪用类犯罪的主体范围扩大，不再局限于个人，单位也可能构成挪用类犯罪；其二，挪用类犯罪的对象种类拓宽，突破“资金”的限制，股票、债券等其他委托、信托的客户财产也可成为挪用类犯罪的对象。① 这一主张同样适用于该条第2款。当然，有学者在草案讨论之初便不赞成单独设立罪名，其理由在于：“从精简刑法条文的角度分析，金融机构挪用客户资金和公众资金经营、管理机构滥用资金的行为在构成要件上与刑法中挪用类犯罪几乎没有什么不同，完全可以归入挪用资金罪、挪用公款罪的范围之内，没有必要另外单独设立罪名。”② 但显然，立法者为了更有效地打击特定单位实施包括挪用在内的运用行为，进行了专门立法。

第四节 挪用犯罪的境外立法考察及比较

挪用行为作为一类严重侵害财产权益和违背信任的不法行为，早已被境外国家和地区在刑事立法中关注，在刑事立法或国际条约中或明确规定其为犯罪，如西班牙1971年刑法第394条规定：“公务员挪用或同意别人挪用其职务所管辖，或职权所处理之公共财产或财产者，为挪用公款罪”；或没有单独设立挪用犯罪，而是将其包含在盗窃罪、盗用公款罪、侵占罪、业务侵占罪、贪污罪或者其他财产犯罪中。了解和研究这些境外的不同立法例，有助于我们对挪用犯罪本质特征和法律适用的深入理解和思考。

---

① 王炜：《论擅自运用客户财产罪——〈刑法修正案（六）〉第十二条第一款述评》，载《金融法苑》2008年第1期，第32页。

② 刘宪权：《〈刑法修正案（六）草案〉评析》，载《法学》2006年第2期，第28页。

一、大陆法系之立法考察

（一）西班牙、墨西哥、罗马尼亚

这些国家对挪用犯罪进行了单独规定，在条文中使用了“挪用”的行为用语，并主要围绕公务员挪用公共财物进行规定。西班牙和墨西哥刑法对公务员挪用公共财物行为的规定最为详细。

《西班牙刑法典》第7章章名为“贪污和挪用公款”，其中第443条是关于挪用公款行为的规定：“当局或者公务员将其看管的公款或者财务挪作他用的，处6个月至12个月的罚金，同时剥夺其从事职业或者担任公职的权利6个月至3年。如果不在挪用行为发生起10日内归还所挪用公款或财务的，按前一条处罚（笔者注：前一条为第432条的贪污罪规定）。”除此之外，第444条还规定了挪用公物犯罪：“公务员以为自己或者他人谋利为目的，把国家、大区或者地方机构的管理机关、单位及其附属组织的动产、不动产挪为私用的，处1年以上3年以下徒刑，同时剥夺其从事职业或者担任公职的权利3至6年。”①

《墨西哥联邦刑法典》第13章专门规定了“挪用罪”。第223条规定：“有下列行为的，构成挪用罪：Ⅰ. 任何公务员对其因为经营、保管或者其他原因而由其掌管的属于国家、分权组织或者个人所有的财产，挪归自己或者他人使用的；Ⅱ. 出于提高自己、所隶属的上级官员、第三人的政治形象、社会形象或者贬低任何人的目的，公务员不正当地使用公共资金或者将其用于实施非法利用职责和授权罪所指的任何行为的；Ⅲ. 寻求或者接受前项所指的作为该公共资金交换条件的形象提升或贬低，或者享用非法利用职责和授权罪所指任何行为之衍生利益的；Ⅳ. 不具有联邦公务员身份但

① 《西班牙刑法典》，潘灯译，中国政法大学出版社2004年版，第156～157页。

正在合法经营、保管、使用联邦公共资源的人，将这些资源挪归自己或者他人利用，或者将其用于指定以外的用途的。"[①] 对此类犯罪的处罚，2009 年 8 月 20 日修订后的《墨西哥联邦刑法典》规定了监禁刑、罚金刑和资格刑。第 223 条规定："实施挪用罪的，按照下列规定处罚：如果被挪用数额或者不正当使用资金的数额不超过犯罪实施时所在的联邦地区正在实行的最低月工资 5 倍或者不具有经济价值的，处 3 个月至 2 年监禁，并处犯罪实施时所在的联邦地区正在实行的最低月工资 30 倍至 300 倍罚金，同时撤销其公共雇用、公共职务、公共委托并且中止从事其他公共雇用、公共职务、公共委托的资格 3 个月至 2 年……"

包含了 2006 年修正案的《罗马尼亚刑法典》规定了"非法挪用罪"。第 314 条规定："雇员为本人或他人利益非法挪用、使用或交易由其掌管的现金、有价物或其他财物的，处 3 年以上 12 年以下严格监禁，行为造成特别严重后果的，处 15 年以上 20 年以下重监禁并禁止行使特定权利。"[②]

（二）菲律宾、意大利、葡萄牙

这些国家公务员擅自使用公款公物的行为，仍像我国古代那样被认为是贪污性质，放在贪污犯罪中统一规定。自 1930 年开始施行至今的菲律宾《修正刑法典》第 4 章第 217 条规定："贪污公款或公共财物罪及贪污罪的推定——任何负责管理公款或公共财物的公职人员，利用职务便利挪用、侵吞或盗用公款或公共财物，或者由于放弃或疏忽同意，允许他人将全部或部分公款或公共财物据为己有，或者其他挪用或者贪污公款或公共财产犯罪的，应受处罚：

① 《墨西哥联邦刑法典》，陈志军译，中国人民公安大学出版社 2010 年版，第 117 ~ 118 页。

② 《罗马尼亚刑法典》，王秀梅、邱陵译，中国人民公安大学出版社 2007 年版，第 95 页。该法典最近的修订是 2004 年第 301 号法案，之后 2005 年 9 月 6 日罗马尼亚批准了修正案，2006 年 6 月 6 日议会通过了修正案。

1. 如果挪用或者贪污的价值金额没有超过 200 比索的，处以中间幅度和最高幅度的监狱矫正……对任何挪用公款者都处以终身剥夺特别权利和与被贪污公款数目或财产价值相等的罚金。公职人员未能根据授权人的要求提供其管理的公款或者财产，可视为该公职人员私人挪用公款或财产的初步证据。”第 220 条规定：“非法挪用公款或公共财产罪——公职人员在其职权范围内，擅自将公款或公共财物挪作其他公用的，处以最低幅度的监狱矫正，如果该挪用行为给公务造成损失或妨碍的，处以被挪用的价值金额之 1/2 至 1 倍的罚金。在前述任何一种情况下，都处以有期徒刑特别权利。若对公务行为没有引起损害与妨碍的，处以被挪用的价值金额之 5% 至 50% 的罚金。”①

《意大利刑法典》（修订截至 2006 年 3 月 16 日）第 2 章侵犯公共管理罪第 314 条贪污罪规定：“公务员或受委托从事公共服务的人员，因其职务或服务原因占有或者掌握他人的钱款或动产，将其据为己有的，处以 3 年至 10 年有期徒刑。当犯罪人仅以暂时使用物品为目的，并且在暂时使用后立即予以归还时，适用 6 个月至 3 年有期徒刑。”对于不属于公务员的人挪用专项经费的，《意大利刑法典》第 316 条 -2 将其规定为侵吞国家财产罪，即“不属于公共行政机关的人，在从国家、其他公共机构或欧洲共同体获得旨在促进公益活动或事业的开展和推行的资助、补助或经费，不将其用于上述目的的，处以 6 个月至 4 年有期徒刑（此条是由 1990 年 4 月 26 日第 86 号法律第 3 条增加的）”。而在我国刑法第 273 条中，将用于救灾、抢险、防汛、优抚、扶贫、移民、救济款物而擅自挪用的行为，单独规定为挪用特定款物罪。对于普通的挪用行为，意大利刑法是将其放在盗窃罪中规范的，如第 626 条规定：“告诉才处理的盗窃有下列情况之一的，处以 1 年以下有期徒刑或者 40 万里拉以下罚金，并且犯罪经被害人告诉才予处罚：1）如果犯罪实

① 《菲律宾刑法》，杨家庆译，北京大学出版社 2006 年版，第 50 页。

施行为只是为了暂时使用被窃物，并且在暂时使用后立即予以归还……"①

现行《葡萄牙刑法典》将公务员挪用行为规定为“公务使用侵占罪”。第376条规定：“1. 公务员对因为其职务而获得交付、占有、可接触的公有或私有的交通工具或者具有相当价值的其他动产，以并非该动产本身原定的用途的方式予以使用或者容许他人使用的，处不超过1年监禁或者不超过120日罚金。2. 公务员在没有特别的基于公共利益的正当理由的情况下，将公有的金钱使用于并非法律所规定的其他公用用途的，处不超过1年监禁或者不超过120日罚金。"②

（三）日本、韩国、德国

在日本与韩国没有单独设立挪用犯罪，在其各自的法律规定中也没有使用“挪用”的词语，挪用犯罪主要通过业务侵占罪、背任罪予以规制。③ 在日本，挪用主要被认为是业务上占有所持有财物的行为。日本刑法第253条规定：“侵占自己基于业务所占有的他人之物的，处十年以下惩役”，此即为业务侵占罪之规定。所谓业务，一般是指根据社会生活地位而反复、继续进行的事务；本罪中的业务，按照其特征，是指受委托，以保管金钱或者其他财物作为其职业或职务内容的事务。典当行、仓库业者、临时寄存业者当然属于这种业务者，而最多的则是在银行、公司、政府机关中，以保管金钱作为其职务的职员或公务员。④ 因此对于行为人挪用资

---

① 以上条文参见《最新意大利刑法典》，黄风译注，法律出版社2007年版，第113、114、224页。

② 《葡萄牙刑法典》，陈志军译，中国人民公安大学出版社2010年版，第165页。

③ 在日本原文应当翻译为背任罪，而在我国通常被译为背信罪。

④ ［日］西田典之著：《日本刑法各论》（第三版），刘明祥、王昭武译，中国人民大学出版社2007年版，第188页。

金、公款或其他公私财物的，一般都以业务侵占罪定罪处罚。对此，大塚仁教授对特有的业务人挪用保管资金，作了补充说明。首先，业务上的保管人违反其本旨，把保管资金用于完全不能挪用的用途的。例如，街道负责人把街道的公共资金用于不属于街道行政公共事务的对街道会议员的慰劳宴请及其他用途的（大判昭9·12·12集13·1717），公务员把预算上正规的支付充当不被认可的支出，不正当地进行虚假支付的（最判昭21·6·27集11·6·1751）等，都成立业务上的横领罪。其次，保管人随意在自己的算计中把其保管的金钱贷予他人的（最判昭33·10·10集12·14·3246），公司的经理把其占有的公司的资金使用于赠贿的（大判明45·7·4录18·1009）等，把保管金使用于违法目的的，也是同样。[①] 此外，日本刑法第247条规定了背任罪，用以规范违背受托义务的行为，即“为他人处理事务者，出于为自己或第三人谋取利益，或者损害委托人利益的目的，实施违背其任务的行为，给委托人（本人）造成财产上的损害的，处五年以下惩役或者五十万日元以下罚金”。这里的事务必须是他人的事务，是代替本人实施其固有的事务。该罪的主体除了自然人之外，也包括法人和没有法人资格的团体，也可以是国家和公共团体等。在日本，一些挪用行为也通过背任罪予以规制，如街道领导和村长、公共合作社的理事等不根据正规的程序，以其街道和村、合作社等（本人）的名义不正当地把其保管的公共资金贷予他人的（大判昭8·3·16集12·275、大判昭9·7·19集13·983）；公司的经理，未获监察人员的承认，为了自己的利益从公司不法地借出金钱的（大判大14·6·19集4·4222）；公司的经理尽管没有应当分红的利益却假装有，动用资金来分红的（大判昭7·9·12集11·1317）等，都是违反了这

---

① ［日］大塚仁著：《刑法概说》（各论），冯军译，中国人民大学出版社2003年版，第299页。

种意义上的义务的行为。①

与日本立法较为相似，韩国刑法中规定了侵占、背信罪并通过该罪调整和规范擅自将用于某一用途的财物挪作他用的行为。第355条侵占、背信罪规定：（1）保管他人财物者，侵占其财物或者拒不返还的，处5年以下劳役或者200万元以下罚金；（2）处理他人事务者，以违背其任务的行为，取得财产上之利益或者使第三人取得，致使本人受害的，处罚同前项。② 而对于业务上的侵占与背信，韩国刑法规定了较高的法定刑。第356条业务上的侵占与背信罪规定：违背业务上的任务而犯前条之罪的，处10年以下劳役或者200万元以下罚金。而“不法领得意思”在韩国同样被认为是侵占罪和业务侵占罪的必备主观要件。“侵占罪的不法领得意思，是指保管他人财物者，为了谋求自己或他人的利益，违背其业务上任务而像所有者一样处分他人财物的意思。”③ 至于挪用资金或其他财物的行为是否具有“不法领得意思”，我们可以从韩国法院审理的一起案件中得出一些结论。被告人梁某担任S投资金融有限公司的会长，梁某把一般投资者的投资资金分为1年以上长期投资和1年以下短期投资，把长期投资资金放入法人资金，同时指示秘书科长郑某把短期投资资金存入梁某和公司人员冒名户头，并且管理该资金。梁某因个人用途或借给他人等需要资金时，任意提取资金使用。郑某收到准备资金的命令后，只写“会长指示件”或“会长借款”，随后，郑某把从自己管理的一般资金中取出的金钱交给梁某。被告人梁某的行为构成何罪？韩国二审法院认为被告人

---

① ［日］大塚仁著：《刑法概说》（各论），冯军译，中国人民大学出版社2003年版，第311页。

② 《韩国刑法典及单行刑法》，［韩］金永哲译，中国人民大学出版社1996年版，第56页。因一直未找到最新翻译版本，所以只得援引之前的资料。

③ ［韩］吴昌植编译：《韩国侵犯财产罪判例》，清华大学出版社2004年版，第180页。

梁某把一般投资者的投资资金分成法人资金和一般资金，而指示郑某把一般资金存入梁某和公司人员冒名户头并予管理。既然该投资资金以公司财产的形式存在，就不能认定被告人存在不法领得意思。但是，被告人梁某不通过理事会的决议或法令规定的某种程序，任意取款并以梁某的名义借给别人，而且在公司的会计账簿上没有记载使用明细而由个人使用时，应当认定被告人存在为了谋求自己或他人的利益，违背其业务上任务而像所有者一样处分他人财物的意思。原审对被告人的行为判断存在侵占罪的犯罪意图和不法领得意思的做法是正当的，并没有误解侵占罪的犯罪意图和不法领得意思的法理。事情发生后，被告人将侵占的财产还给公司或足以归还给公司的行为，对已经成立的犯罪也没有任何影响。（大法院判决 2000. 12. 27. 2000 ［do］ 4005）[①] 从中可以看出之所以认定该案行为人主观具有不法领得意图，主要是被告人没有通过理事会的决议或法令规定的某种程序，以及以个人名义借贷给他人，同时没有会计账簿上记载使用明细，这也符合我国刑法中挪用犯罪的挪用公款或资金归个人使用主观意图的认定标准。

德国刑法中也规定了侵占罪和背信罪，也是规范和惩治挪用行为犯罪的主要条文。《德国刑法典》第 246 条规定的侵占罪为："为自己或第三人侵占他人动产，如行为在其他条款未规定更重之刑罚的，处 3 年以下自由刑或罚金。"第 266 条的背信罪规定："一、根据法律、官方委托或法律行为，有权处分他人财产或对他人负有义务而滥用其权利；或基于法律、官方委托、法律行为及信托关系有义务管理他人财产权益，破坏其义务，致他人的财产权益遭受损害的，处 5 年以下自由刑或罚金……"[②]

---

① ［韩］吴昌植编译：《韩国侵犯财产罪判例》，清华大学出版社 2004 年版，第 170 ~ 171 页。

② 《德国刑法典》，徐久生、庄敬华译，中国法制出版社 2000 年版，第 175、187 页。

（四）新加坡、瑞士

两国立法例截然不同，新加坡主要通过背信罪以及其他手段犯罪予以规制，而瑞士则放在侵占罪中调整和规范。在新加坡，挪用行为犯罪只被规定在背信罪中，对于挪用过程中手段行为又触犯其罪名的，采取并罚方式。1998 年修订后的《新加坡刑法典》规定了背信罪和职员雇员等犯背信罪。第 405 条规定："任何人以任何方式被委托以财产或被委托管理财产，而不诚实地侵占或将此财产归于己用，或者违背规定此种受托权限行使方式的法律，或者违背任何其签订的履行此种委托的明示或默示合同，不诚实地使用或处分该财产，或者故意放纵其他人如此行为的，构成'背信罪'。"例如，A 是一个政府资金收款员或者政府机关职员，被委托管理公共货币，或者根据法律，或者根据同政府签订的明示或默示的合同，应当将他所持有的公共资金交付给某个财政机构。A 不诚实地处置了此款项，则 A 犯有背信罪。从中可以看出，对于公务员贪墨委托管理财物的，也构成背信罪。此外，新加坡刑法还针对特殊人员规定了"职员或者雇员等犯背信罪"。第 408 条规定："任何职员或雇员，或被雇佣作为职员或雇员之人，因此种身份而以任何方式受委托管理财产或者对财产进行任何控制，而对该财产犯有背信罪的，处 7 年以下的有期徒刑，并处罚金。"第 409 条规定："任何政府公务员、银行家、商人、代理商、经纪人、律师或代理人，在其业务中以任何方式受委托管理财产或者对财产进行任何控制，而对该财产犯有背信罪的，处无期徒刑或 10 年以下的有期徒刑，并处罚金。"① 从文义角度出发，控制也应当包括擅自挪作其他用途使用。而背信罪并不能涵盖整个挪用行为，对于挪用过程中又有伪造等违法犯罪行为的，新加坡刑法将其与背信罪并罚，这一

① 以上条文内容参见《新加坡刑法》，刘涛、柯良栋译，北京大学出版社 2006 年版，第 94 ~ 95 页。

点可以从一个真实的案例中得到佐证。有这样一起案件，新加坡一女子2006年10月在一家公司担任董事助理的一年里，冒签106张公司支票，把15.3万多元占为已有。后来到了另一家公司工作，又挪用了4万多元公款。新加坡控诉官指控其犯有109项伪造文件欺诈和3项失信控状。①

与前者不同，瑞士刑法对于挪用行为的犯罪化处理主要放在侵占罪中。《瑞士刑法典》第140条规定："为了自己或第三人的非法利益，侵占自己受委托保管的他人财产，使自己或第三人不法使用者，处五年以下轻惩役。"该条第2款规定的是特定身份人侵占罪，特定身份人是指官员、职员等，并加重了法定刑，"而犯前项之罪者，处十年以下重惩役或一个月以上轻惩役"。

此外，像越南等国家刑法中既没有明确单独规定挪用行为犯罪，又没有在条文中使用"挪用"的行为词语，而且在其他犯罪条文中也无法查明其可以适用的罪名规范，因此这些国家没有类似或近似的挪用犯罪立法例。但是，并不能否定这些国家对挪用行为犯罪的惩治和规范，它们只是将其解释到或者适用到其他罪名规范中予以非典型性的使用。例如，1994年法国《新刑法典》第4章"侵吞财产罪"第1节"滥用他人信任罪"第314条规定："滥用他人信任罪是指损害他人利益，侵占、挪用、隐匿交付其手中以及其接受并负责归还、送返或派作特定用途之资金、有价证券或者其他任何财物的行为。"② 去年法国前总统希拉克就面临被诉挪用公款和滥用信任罪的风险。③ 《越南刑法典》则在第142条规定了

---

① 《新加坡：女子挪用近20万监42个月》，http://www.148com.com/html/3968/448559.html。

② 《法国新刑法典》，罗结珍译，中国法制出版社2003年版，第116页。

③ 《法国前总统希拉克将被诉挪用公款和滥用信任罪》，http://news.qq.com/a/20091031/000031.htm。

“违法使用财产罪”、第281条规定了“执行公务时利用职权谋利罪”，等等。

二、英美法系之立法考察

英美法系国家作为普通法系国家，没有系统全面的成文法规范，判例是其主要法律渊源，但是从一些现有的法律规范中我们还可以考察一下挪用行为犯罪的立法情况（查一下英美刑法，里面有相应内容）。

1. 英国、澳大利亚

英国与澳大利亚关于挪用犯罪的规定较为相似，一般将擅自挪用他人或单位财物归个人使用的行为纳入盗窃罪的惩罚范围。英国1968年盗窃罪法（1978年盗窃罪法和1996年盗窃罪法只是对前者的补充，条数不多，并没有多大变化）采用了大盗窃概念，即将偷盗、盗用、诈骗三罪合并为一罪，统称为盗窃罪。该法第1条规定了“盗窃罪的基本含义”，即：（1）如果一个人怀有永久剥夺他人财产的故意，不诚实地把他人财产据为己有，那他就犯有盗窃罪。“窃盗”和“盗窃”应当作相应解释。（2）据为己有为了营利目的还是为了行为人自身的利益，是无关紧要的。第2条解释了什么不属于“不诚实”的内容。第3条解释了什么是“据为己有”，即：（1）一个人如果僭越了他人的财产所有权，就等于是把他人的财产据为己有。这包括，一个人不是用盗窃而得到了（清白地或者不清白地）某些财产，但后来通过像财产所有人一样留置或者处分该财产而僭越财产所有人权利的情况。（2）当财产、财产权或者财产权益转卖或者意图转卖给有关善意地购买它的人时，买主以后行使他认为已经获得的权利时，不能因为转卖者的物权方面存在瑕疵而使买主犯有盗窃财产罪。我们知道挪用财物行为与窃取行为的最大区别便是主观认识的不同，而英国盗窃罪法在解释行为人主观要素“永久剥夺他人财产的故意”时，将在一定时期内财产的借出和借入行为看作财产的处分行为，主观上便有了

"永久剥夺他人财产的故意"。英国1968年盗窃罪法第6条规定的"永久剥夺他人财产的故意"具体是指以下两项内容，即：(1) 行为人不具有他人永久地丧失财产的意图而把属于另一人的财产据为己有的，如果行为人具有像处置自己财产一样不顾他人权利去处置该财产的意图，那就应当被视为他具有永久性地剥夺他人财产的故意。假如，而且仅假如在一定时期和一定情况下财产的借入和借出就可以被看做被告像处置自己财产一样不顾他人权利去处置该财产。(2) 在不损害上列第1款规定的一般原则的情况下，合法地或者不合法地占有或者控制属于另一人财产的人，在不可能履行归还财产义务的情况下，如果出于他自己的意图而未经他人授权而放弃财产，就等于是处置自己的财产一样不顾他人权利去处置该财产。[①] 此外，英国盗窃法除了盗窃罪之外，还规定了抢劫罪、夜盗罪、加重夜盗罪、在对公共开放的场所拿走物品罪、未经授权占有机动车或者其他运输工具罪、加重占用运输工具罪、窃取电力罪、在英格兰和威尔士之外偷窃邮件罪以及基于这样偷窃行为的抢劫罪、骗取财物罪、骗取资金过户罪、骗取金钱利益罪、勒索罪等，从而将盗窃罪作为侵犯财产犯罪的最基本犯，这与我国古代早期将不法取财行为一概规定为盗窃罪的立法状况较为相似。作为英联邦的重要成员国，《澳大利亚联邦刑法典》(1995年修订) 延续了英国关于挪用行为犯罪的立法例，将挪用行为的主观意图认定为"永久剥夺他人财产的蓄意"，从而将其纳入盗窃罪的惩罚范围。关于永久剥夺他人财产的蓄意，《澳大利亚联邦刑法典》第131.10条作了解释，即：(1) 为了本条的目的，如果：(a) 行为人侵占他人财产时他人没有永久放弃该财产的意愿；并且 (b) 行为人有不顾他人的权利，视财产为已有而处分的蓄意，则行为人具有永久剥夺他人财产的蓄意。(2) 为了本条的目的，只对财产的借出行

---

① 以上条文内容参见《英国刑事制定法精要》(1351—1997)，谢望原主译，中国人民公安大学出版社2003年版，第267、268、270页。

为和借入行为持续了一段时期，而且在当时情况下该行为已相当于完全的实行或处分行为，则该借入行为或借出行为可以构成不顾他人权利，视财产为己有而处分的行为。（3）为了本条的目的，如果：（a）行为人占有或控制（无论合法与否）他人所有的财产；而且（b）行为人占有该财产，且在当时情况下行为有可能无法返还；而且（c）占有行为是出于他人权利，视财产为己有而处分的行为。①

2. 美国

与英国、澳大利亚刑事立法较为相似的是，挪用行为犯罪在美国也可能以盗窃罪论处。对于这一点，我们从美国《模范刑法典》第223节盗窃及相关犯罪的规定中可以获知。1962年颁布的《模范刑法典》也采用了三罪合一的大盗窃罪概念，并陆续被一些新制定的州刑法采纳，如新泽西州和纽约州刑法。《模范刑法典》第223.8条“关于未按要求处置委托资金的盗窃”中规定：“行为人依照要求作出特定支付或者其他处置的协议或者一项已知的法律义务而蓄意地取得财产，无论从该财产或者其收益中，还是从自己保留的与其数额相等的财产中支付或者处置，如果行为人将该财产当做自己的财产处理，而不用于要求支付或处置时，构成盗窃。虽然行为人未按要求支付或者处置时，不大可能区分属于被害人的特定财产，但上述规定仍适用。政府或者金融机构的官员或者职员：（i）被推定明知与本条中的刑事责任相关的法律义务，以及（ii）当存在合法请求而未能支付或者结算时，或者当审计发现账目存在不足或者伪造时，被推定将财产当做自己的财产处理。”在美国，以非法使用为目的的挪用与以非法占有为目的的侵占、窃取行为并没有进行严格区分，因此挪用行为多被看做“将财产当做自己的财产处理”。同时，因为挪用行为的职务性、职责性特征，使得挪

① 《澳大利亚联邦刑法典》，张旭、李海滢、李綦通、蔡一军译，北京大学出版社2006年版，第89页。

用行为也可能成立侵占罪。侵占罪在英美国家是指受物主委托的人对该财产实行欺骗性转变的行为，主体包括仆人、雇员、代理人、政府职员等，行为的实质是变现存的占有权为所有权。在侵占罪的主要意图上，行为人通常要具有欺骗的心理要件，对于行为人转变他人财产时怀有以后归还意图的，不成立侵占罪。但也有相反的判例，如1914年俄亥俄州法院判决认定一名政府官员把政府资金用于私人目的，在发现这一行为之前该官员已经还上了这笔款项，但仍然构成侵占罪。不过下列情形一般仍按侵占罪处理：行为人转变受托财产时虽有以后归还的想法，但实际上他缺乏这种能力；或者行为人转变受托财产时虽有以后恢复的打算，但是这种转变行为具有非法性质，如把挪用款项用去赌博、嫖妓、供养情妇或放高利贷，这种挪用就是侵占罪，尽管行为人怀有以后归还的想法。[①] 此外，挪用行为犯罪还可能构成其他犯罪。美国《模范刑法典》第224.13条“滥用受托财产和政府、金融机构的财产”规定：“受托人通过其明知的违法的方法，或者通过含有使财产所有人或者受托财产受益人遭受损失、不利的重大危险的方法，使用或者处分受托财产或者政府、金融机构的财产的，构成犯罪。牵涉数额超过50美元的，本罪属于轻罪；在其他情形下，本罪属于微罪。‘受托人’包括受信托人、监护人、遗嘱执行人、财产管理人、破产管理人以及代表法人或者其他组织作为受托人执行受托职责的其他人。”[②]

三、港澳台地区之立法考察

港澳台地区是我国领域内实行不同于大陆立法而具有独立法律体系的地区，对于挪用犯罪的立法规定和惩治各不相同。

---

① 储槐植著：《美国刑法》（第二版），北京大学出版社1996年版，第234页。

② 以上条文内容参见《美国模范刑法典及其评注》，刘仁文、王祎等译，法律出版社2005年版，第164、174页。

一是澳门的独立立法例。《澳门刑法典》第 217 条不仅规定了背信犯罪，而且第 341 条将公务员挪用公有或私有动产，抑或公有金钱的行为规定为“公务上之侵占使用”罪，从而成为澳门地区有关公务员挪用行为犯罪的专门立法例。该条规定：“一、公务员使用或容许他人使用因其职务而获交付、占有或其可接触之公有或私有之交通工具或其他具有相当价值之动产，而用途系有别于该等交通工具或动产本身原定之用途者，处最高一年徒刑，或科最高一百二十日罚金。二、如公务员在无特别基于公共利益之正当理由下，将公有金钱作有别于法律所定之公用用途者，处最高一年徒刑，或科最高一百二十日罚金。”从法律规定来看，公务上之侵占罪与我国挪用公款罪较为相似，也要求犯罪主体的身份性、职务行为的违反性、对象用途的转变性等特征，所不同的是犯罪对象较之挪用公款罪要广，在转变用途使用上也并没有限定为“归个人使用”。

二是台湾地区的侵占罪论。台湾地区“刑事立法”与日本立法较为相似，在挪用行为犯罪的规范上以侵占罪论。在台湾地区“刑法”中有关侵占犯罪的规定最多，包括普通侵占罪、公务或公益侵占罪、业务上侵占罪、侵占遗失物罪。这些侵占犯罪的共性特征便是行为上的侵占，而对于该行为方式的界定，台湾地区一般将财物借出的挪用行为解释进去。林山田教授在其著作《刑法各罪论》中指出，“典型的侵占行为乃是无权处分行为，例如：将自己持有的他人之物赠与或转让予他人，或加以丢弃、消费、加工，或将其出卖，出借予他人，或持之与他人以物易物的交还等等”。[①]可以看出，林山田教授认为将财物擅自借予他人的行为具有侵占的行为属性。因此利用公务或工作便利实施的借出等挪用行为也便可以构成公务或公益侵占罪、业务侵占罪。林山田教授举出一例，公

① 林山田著：《刑法各罪论》（修订五版），元照出版有限公司 2006 年版，第 422 页。

务员 A 以公务上所持有的公有有价证券，转向银行质借款，以供己用。林山田教授对该例的解释为：设定担保物权原为所有权人之处分行为，不属于持有人之权限，如以公务上所持有之公有有价证券，擅自向银行质押借款以供己用，其性质即系设定权利质权，属于持有人处分持有他人所有物之行为，亦即变更持有为不法所有之意，与公务员侵占公用财物罪之构成要件相符。① 对此种案例，行为人擅自将有价证券质押以使用质押款并有主观日后回赎或归还意图的，在大陆地区一般以挪用公款罪定罪处罚。蔡墩铭教授认为，关于侵占罪的处分行为，可分两种：其一为法律行为，如出卖、互易、赠与、借贷、设定质权或抵押权、抵充债务或寄存银行；其二为事实行为，如消费、穿着、使用、毁弃、隐匿或拒绝交还等。②

三是香港的盗窃罪论。作为英美法系的重要成员，香港刑事立法在很大程度上延续和保留了英国刑事立法的体系和内容，这也表现在挪用行为犯罪的立法规制上。与英国立法相似，香港也制定了《盗窃罪条例》，采用大盗窃罪概念，将窃取、侵占、诈骗、毁坏、非法使用等众多侵犯财产行为一概视为盗窃。该条例将盗窃罪的犯罪手段表述并界定为“挪占”，而根据《盗窃罪条例》第 4 条的特别法律解释，所谓挪占，是指行使拥有人的权利的行为，即将他人的财物视为自己的财物，而对该财物行使占有、处分、使用或收益等权利的行为。③ 该解释与英国关于盗窃罪基本含义的规定在本质上是一致的。此外，与英国、澳大利亚相同的还有行为人主观上“永久性剥夺的意图”的认定。《盗窃罪条例》第 7 条第 1 项规定：“……如果（仅仅是如果）该财产是借入或借出的，而在借入或借

---

① 林山田著：《刑法各罪论》（修订五版），元照出版有限公司 2006 年版，第 422 页。

② 蔡墩铭著：《刑法精义》，翰芦图书出版公司 2005 年版，第 605 页。

③ 宣炳昭著：《香港刑法导论》，陕西人民出版社 2008 年版，第 150 页。

出期间及情况相当于将该财产彻底取走或处置，也可以被认为具有永久剥夺他人财产的故意。”因此，从行为性质来看，挪用行为被视为将他人财物视为自己财物而对该财物行使占有、处分、使用或收益等权利的行为；从主观意图看，将财物借出或借入期间及情况相当于将该财产彻底取走或处置，可以被认为具有永久剥夺他人财产的故意。所以，在香港是以盗窃罪规制挪用资金、挪用公款、挪用特定款物以及单位背信或违规运用财产等行为的。

四、国际条约之立法考察

国际条约对挪用犯罪的规定，主要限于对挪用公款或挪用公物等腐败行为。建立在国内法基础之上的一些国际条约，为通过国际合作有效预防和打击腐败等犯罪，在条文中规定了贪污、受贿、挪用等违法犯罪行为和相应的制裁措施，以适应腐败犯罪呈现出的多发性、跨国性、共通性的发展特点。腐败犯罪，《尼日利亚腐败犯罪及其他相关犯罪法》第2条，即解释性条款，给了“腐败”一个含糊的定义：“腐败”包括贿赂、贪污及其他相关犯罪。① 而在《欧洲委员会反腐败民法公约》中将腐败的定义主要限定为贿赂犯罪。②

1. 《联合国反腐败公约》

2003年10月31日第五届联合国大会全体会议通过了联合国历史上第一个反腐败国际公约。2003年12月9日至11日，在墨西哥梅里达举行的联合国反腐败高级别政治会议上，包括我国在内的

---

① 洪永红主编：《非洲刑法评论》，中国检察出版社2005年版，第89页。

② 《欧洲委员会反腐败民法公约》第二节“腐败的定义”条规定：“为本公约的目的，‘腐败’系指直接或者间接地请求、允诺、给予或者接受贿赂或者任何其他不正当好处或期望，以使接受贿赂或者不正当好处或期望的一方不正当地履行职责或作出其所接受的贿赂或者不正当好处方期望或要求其作出的行为。”外交部条约法律司编译：《联合国反腐败公约及相关法律文件》，法律出版社2004年版，第130页。

130多个国家共同签署该公约。该公约于2005年12月14日正式生效，而我国全国人大常委会已经于2005年10月27日批准了该公约。对于挪用行为，该公约第17条“公职人员贪污、挪用或者以其他类似方式侵犯财产”规定：“各缔约国均应当采取必要的立法和其他措施，将下述故意实施的行为规定为犯罪：公职人员为其本人的利益或者其他人员或实体的利益，贪污、挪用或者以其他类似方式侵犯其因职务而受托的任何财产、公共资金、私人资金、公共证券、私人证券或者其他任何贵重物品。”该条规定了此罪的行为主体、对象以及行为方式。而对于“以其他类似方式侵犯”，《〈联合国反腐败公约〉谈判工作的正式记录（准本工作文件）注释》进行了简单解释。该注释第30条规定：“准备工作文件将表明，‘以其他类似方式侵犯’在有些国家被理解为有别于‘贪污’和‘挪用’，而在有些国家则意为后两个用语所涵盖或者是其同义词。”[①] 从中我们可以看出，挪用行为仍然被认为与贪污行为密切相关，抑或是一种广义的贪污行为。《联合国反腐败公约》并未像规定贿赂本国公职人员、影响力交易、滥用职权、资产非法增加、对犯罪所得的洗钱行为、窝赃、妨害司法等一样呈现出独立的立法例特征。

2.《美洲国家组织反腐败公约》

该公约第11条“进展”第1项规定：“为了促进缔约国国内立法的发展与协调并实现本公约的目的，缔约国认为有必要并承诺考虑下列行为在本国法律中确立为犯罪：……（二）政府官员或执行公务的人为了其自身或第三者的利益，不正当地使用因其执行公务或在其执行公务时所获取的任何属于国家的财产或国家拥有产权利益之公司或机构的财产……（四）政府官员为其自身或第三人的利益，将因其职务为管理、持有或其他原因而接收的属于国

① 外交部条约法律司编译：《联合国反腐败公约及相关法律文件》，法律出版社2004年版，第55页。

家、独立机构或者个人的动产、不动产、金钱或证券挪用于与原用途无关的目的。”

3.《非洲联盟预防和打击腐败公约》

该公约第 4 条“适用范围”规定：“本公约适用于以下腐败行为和相关犯罪：……（四）公职人员或者其他人员为与财产原用途无关的目的，为其本人或者第三人的利益，侵犯国家、国家机构、独立机构或者个人的财产，且该财产是由于该公职人员所处的职位而获取的。”

五、挪用犯罪立法之中外比较

综观上述国外有关挪用犯罪的刑事立法和类似规定，与我国现行法律规定相比较，呈现出如下异同点：

（一）相同点抑或类似点

1. 立法思想上

与我国相同，境外国家和我国港澳台地区立法都十分重视侵犯财产犯罪的惩治与防范，重视对不同行为样态侵财行为的总结和归纳，基本确立了盗窃罪、抢劫罪、欺诈罪、背信罪、勒索罪、毁财罪等罪名和罪状、法定刑。而对于擅自挪作他用的挪用行为的惩治和规范，各国立法者显然都已经预见并予以重视，或单独立法，或以盗论、以侵占罪论、以背信罪论或以贪污罪论。许多国家和地区之所以产生分歧的重要原因在于判断挪用行为是否具有独立行为样态的认识上。就各国较为一致的侵财犯罪行为样态体系来看，以秘密方式的窃取行为、以暴力方式的劫取行为、以欺诈方式的骗取行为、以敲诈方式的勒索行为、以损害方式的毁财行为等在行为样态上的独立性得到了许多国家和地区刑事立法的认同，规定了较为独立的罪名，目前国外一些国家包括我国澳门地区在立法上采取肯定观点，制定了较为独立的立法例。而更多国家是将其放在其他罪名之中，并未赋予其独立的行为样态意义。这种立法模式与挪用犯罪在我国的发展演变较为相似。通过前文我国古代立法可知，挪用犯罪在我国最早以盗论或以准盗论，随后以监守自盗论、以坐赃论、以受所监临论；而在近代立法中，借鉴了日本刑法的立法模式，设立了侵占罪、业务侵占罪和背信罪，从而将挪用行为犯罪纳入侵占罪或业务侵占罪的范畴之内；最后进入现代的中国，挪用犯罪从最开始挪用公款以贪污论，到最后出现独立的挪用公款罪、挪用资金罪、挪用特定款物罪以及背信运用受托财产罪、违规运用资金罪等众多的挪用犯罪罪名。可见，在国外出现的挪用犯罪立法及近似立法，在我国挪用犯罪的立法化、犯罪化过程中都出现过。

2. 职务行为上

从国外和我国港澳台地区立法以及国际组织的条约来看，许多国家和地区以及国际条约中都对行为主体挪用财物行为的职务性进行了要求，尤其是公务员或政府官员变更使用用途的行为必须是基于或借助于公务，如《非洲联盟预防和打击腐败公约》规定："政府官员为其自身或第三人的利益，将因其职务为管理、持有或其他原因而接收的属于国家、独立机构或者个人的动产、不动产、金钱或证券挪用于与原用途无关的目的。"而与职务无关的窃取、侵占行为或违背委托擅自使用的行为，只是构成对财产一般侵犯上的盗窃罪、侵占罪以及背信罪，与一般主体并无区别。

3. 犯罪本质上

我国《现代汉语词典》对"本质"一词所作的解释是："指事物本身所固有的，决定事物性质、面貌和发展的根本属性。"无论国外还是国内，对挪用行为本质属性的判断都是对所有人财产权益的侵害，也就是对财产法益的侵害。无论是盗窃罪、侵占罪、贪污罪论还是单独立法，从行为本质上都表现为对个人或公共财产权益的侵害，对所有权人占有、使用、收益以及处分权能的侵害。我国挪用犯罪立法也都将公私财产所有权作为挪用行为侵害的客体，所不同的是将侵害的所有权权能限定于占有、使用、收益权能，而对处分权的侵害予以否定。同时，一些国家在注重保护所有权人财产权益的同时，注意到了挪用行为的义务违反性特点，挪用行为是对单位或国家委托关系的破坏，是对诚实信用规则的破坏，因此通过专门保护社会诚实信用规则的背信罪予以规范，以促使个人和单位正确履行委托职责或受托义务。从性质来看，除了非国有单位中单位与个人之间的委托关系，国有单位与履行公务的个人之间、社会和从事社会公益事业的个人与单位之间也是一种委托关系。正如《公职人员国际行为守则》第1条所规定的那样，“根据国内法的定义，公职为信托的职位，意味着有责任从公共利益出发行事，因此公职人员的最高忠诚应当是对通过政府的民主体制所体现的本国公共利益的忠诚”。[①] 因此，挪用公款或公物的行为本质上也是对职责的违反，是对信用的违反。此外，我国立法者还规定了背信损害上市公司利益罪、背信运用受托财产罪和违法运用资金罪，从而客观上承认了上市公司与公司高管，社会公众与证券公司、金融公司等单位，国家和公众资金管理机构存在的委托与被委托，信任与被信任的关系。这种为背信犯罪所侵害的法益在我国也越来越受到重视和保护。

（二）相异点抑或差别点

1. 犯罪对象上

在国外和我国港澳台地区以及国际条约中，很少对挪用行为的对象进行限定，擅自挪作他用的不限于资金或公款，还包括一般性财产，表现为包括财物在内的动产和包括房产在内的不动产。《非洲联盟预防和打击腐败公约》规定：“公职人员或者其他人员为与财产原用途无关的目的，为其本人或者第三人的利益，侵犯国家、国家机构、独立机构或者个人的财产，且该财产是由于该公职人员所处的职位而获取的。”与此相似，我国古代挪用犯罪的对象也不限于资金或公款，而是包括府中公金钱、牛马驼骡驴、车船、粮食

① 外交部条约法律司编译：《联合国反腐败公约及相关法律文件》，法律出版社2004年版，第107页。

等动产，还包括碾硙、邸店等不动产，此外还包括官吏、奴婢、匠夫、士兵等在内的人。目前我国挪用犯罪的立法主要限定于作为货币的公款、资金以及用于特定用途的专项款物，在新增的单位背信运用财产罪中将犯罪对象扩大到一般财产，而违法运用资金罪仍将对象限定为作为货币的资金。

2. 挪用用途上

在国外和我国港澳台地区以及国际条约中，对于财产挪用的用途并未进行过多限定，而更多地关注于挪用的行为本身，只要有挪用的行为便构成犯罪，挪用的具体用途以及挪用时间的长短都不是挪用犯罪成立的条件。在此前提下，挪用之后予以归还的行为也便不具有了免责事由的功能。与其他国家和地区立法不同，我国立法中挪用资金罪、挪用公款罪的成立须要求特定的挪用用途；对于没有特定用途的，须具有一定的时间条件，以确定其行为的社会危害性程度。虽然立法有明确规定，但关于被挪用的具体用途应否是挪用公款罪、挪用资金罪构成要件的问题在我国仍引起较多争论。①

3. 主观意图上

除单独立法例外，许多国家和地区将挪用行为纳入盗窃罪、侵占罪之中，从而在主观意图上将其解释为“具有据为己有的意图”或者“永久剥夺他人财产的故意”，并未将非法使用目的与非法占有目的予以区分，对于借出、借贷等挪用行为也视为当作自己财产处分的行为。而在我国侵财犯罪中，从行为人目的看，分为非法占有目的、非法使用目的以及非法毁财目的。非法使用目的从非法占有目的中独立出来，使用行为不再等同于侵犯所有权的占有行为。

---

① 否定意见，参见周宜俊：《“归个人使用”及其具体用途在挪用公款罪中的定位》，载《中国刑事法杂志》2003 年第 2 期，第 44 页；由龙涛：《具体用途与挪用公款犯罪构成关系思考》，载《人民检察》2004 年第 3 期，第14～16 页；周振想、韩哲：《关于挪用公款罪中“归个人使用”的几个问题》，载《人民检察》2002 年第 2 期，第 11 页。

虽然目前我国挪用犯罪具体罪状都没有“非法使用目的”的限定，但实际上从罪状上仍能判断出行为人具有非法使用的行为目的。与此相似，我国金融诈骗罪中只有集资诈骗罪和贷款诈骗罪中规定了“非法占有为目的”，这是不是说其他6个罪名就不要求主观上必须具有非法占有的目的呢？肖中华教授认为，不能把没有明确规定目的要件的条文看成是立法技术上的疏忽……对于没有明确以非法占有为目的的诈骗犯罪，通过刑法规定的客观行为本身可以推定行为人主观上的非法占有目的，换言之，控方只要能够证明行为人实施了法定的客观行为，就可以认定行为人主观上具有非法占有的目的。肖中华教授的这种主张，同样也可以解释挪用犯罪主观上“非法使用目的”要件的认定。①

4. 法定刑上

挪用犯罪非独立立法例所带来的结果，便是挪用行为与其他行为的法定刑一致。例如，《菲律宾刑法典》第217条对贪污公款或公共财物罪的法定刑规定，即：“1. 如果挪用或者贪污的价值金额没有超过200比索的，处以中间幅度和最高幅度的监狱矫正。2. 如果挪用或者贪污的价值金额超过200比索少于600比索的，处以最低幅度和中间幅度的监禁。3. 如果挪用或者贪污的价值金额超过600比索少于1200比索的，处以最高幅度的监禁至中间幅度的有期徒刑。4. 如果挪用或者贪污的价值金额超过1200比索少于24000比索的，处以中间幅度和最高幅度的有期徒刑；如果挪用或者贪污的价值金额超过24000比索的，处以最高幅度的有期徒刑至无期徒刑。”而在日本，基于业务上的侵占罪明显轻于没有业务的侵占挪用行为，“有关基于业务人员这一身份而加重处罚的根据，有观点认为，这是因为在以保管他人之物作为业务的情形之下，这种侵占行为有害于多数人的信赖，因而法益侵害范围更广。

① 肖中华：《刑法目的解释和体系解释的具体运用》，载《法学评论》2005年第5期，第19页。

但由于这种理解对于个别的侵占行为并不合适，因而还是应该理解为是基于责任非难程度加重之故。因此，业务人员这一身份属于责任身份”。[①] 此外，与我国不同的是，国外和我国港澳台地区以及国际条约的绝大多数立法中规定了财产刑，某些国家和地区还规定了资格刑。例如，《澳门刑法典》第341条（公务上之侵占使用）规定：“公务员使用或容许他人使用因其职务而获交付、占有或其可接触之公有或私有之交通工具或其他具有相当价值之动产，而用途系有别于该等交通工具或动产本身原定之用途者，处最高一年徒刑，或科最高一百二十日罚金。”《菲律宾刑法典》第217条第2款规定：“对任何挪用公款者都处以终身剥夺特别权利和与被贪污公款数目或财产价值相等的罚金。”目前，我国挪用资金罪、挪用特定款物罪、挪用公款罪的法定刑都没有财产刑的规定，更没有资格刑的规定，而背信运用受托财产罪与违法运用资金罪则规定了罚金刑。

---

① ［日］西田典之著：《日本刑法各论》（第三版），刘明祥、王昭武译，中国人民大学出版社2007年版，第188页。

第二章　挪用犯罪概论

第一节　挪用犯罪概念

一、《刑法修正案（六）》之前挪用犯罪概念

自 1997 年刑法修改以来，尤其是最高人民法院公布了刑法分则罪名之后，挪用资金罪、挪用公款罪、挪用特定款物罪的共性行为特征便引起了一些学者的注意，被冠之以“挪用犯罪”、“挪用犯”、“挪用型犯罪”之称，近年来更是作为一类重要的类型犯罪为一些学者和司法工作者所专门研究，并取得了一些研究成果。但总体上看，挪用犯罪在国内的研究仍然主要围绕具体个罪的规范解释和司法适用展开，尤其主要集中在挪用公款罪的研究上，挪用资金罪和挪用特定款物罪的研究成果较少。仅以论文为例，据中国期刊网不完全统计，自 1978 年至 2008 年，涉及挪用公款罪的期刊论文达 200 篇以上，此方面的硕士学位论文则有约 70 篇；而挪用资金罪问题的学术论文仅有 21 篇，挪用资金罪方面的硕士论文也仅有 6 篇，对挪用资金罪做专题研究的专著尚未问世；而挪用特定款物罪的研究成果更少，从 1978 年至今仅有 4 篇文章对该罪相关问题进行了研究，而且这 4 篇文章都是在 1997 年刑法颁行后所公开

发表的。[①] 虽然在学界一般将挪用资金罪、挪用公款罪、挪用特定款物罪统称为挪用犯罪或挪用型犯罪，但以类型化形式对其进行整体研究和系统研究的成果非常少，主要有吉林大学于宏博士的博士论文《挪用犯罪论》、中国政法大学罗猛博士的博士论文《挪用犯研究》以及郑厚勇副教授的著作《挪用型职务犯罪新论》。国内学界极少对挪用犯罪的概念进行专门界定，即使在专门研究挪用犯罪的成果中也十分鲜见，挪用犯罪被学界和司法实务界“约定俗成”，即为有关挪用的犯罪或以挪用为实行行为的犯罪。“挪用犯罪是《刑法》所规定的挪用资金罪、挪用特定款物罪和挪用公款罪的总称。”[②] 所以，人们仍然主要通过挪用资金罪、挪用特定款物罪和挪用公款罪的概念来理解和认识挪用犯罪的一般概念和内涵。

因为挪用资金罪、挪用特定款物罪、挪用公款罪的刑法规范为叙明罪状，所以三罪的概念内容基本上是根据各自罪状内容来确定的。在我国刑法理论中，一般把罪状分为简单罪状、叙明罪状、引证罪状和空白罪状。[③] 在四种罪状形式中，叙明罪状是最能实现罪

---

① 以上数据来自于赵秉志主编：《刑法学各论研究述评》，北京师范大学出版社 2009 年版，第 621～624 页。这些统计数据存在一定误差，以挪用特定款物罪研究论文为例，在中国期刊网上笔者共找到 7 篇论文，有《规范挪用特定款物罪及它的现实意义》、《挪用特定款物罪应归类于贪污贿赂犯罪》、《关于挪用特定款物罪立法完善的思考》、《挪用特定款物罪与挪用公款罪比较研究》、《完善侵占、挪用特定款物犯罪的立法思考》等。

② 赵秉志主编：《刑法学各论研究述评》，北京师范大学出版社 2009 年版，第 618 页。

③ 简单罪状，是在条文中只简单规定罪名，而不具体叙述犯罪行为的构成特征的罪状。叙明罪状的特点，是在罪刑规范中对具体犯罪的构成特征做了详细的描述。引证罪状，是通过引用同一法律中的其他条款来说明和确定某一犯罪的构成特征。空白罪状，是没有具体说明某一犯罪的构成特征，但指明了必须参照的其他法律、法令，借以确定该罪的犯罪构成。

刑法定原则中罪之法定性和明确性要求的罪状形式。因此，叙明罪状被世界许多国家刑法加以使用，并占各国刑法分则性条文中所有罪状的绝大多数，达百分之七八十以上。[①] 也正是因为叙明罪状的这种特殊性，使得叙明罪状的罪名概念基本上是根据各自的罪状内容来确定。例如，刑法第 399 条之一枉法裁判罪的罪状为："依法承担仲裁职责的人员，在仲裁活动中故意违背事实和法律作枉法裁决，情节严重的"，学者一般将该罪名的概念概括为"依法承担仲裁职责的人员，在仲裁活动中故意违背事实和法律作枉法裁决，情节严重的行为"。[②] 与此相似，我国刑法在对挪用资金罪、挪用特定款物罪以及挪用公款罪的立法上也采用了叙明罪状，这使得这些罪名的学理概念较为一致，只是在个别用语或表述顺序上稍有不同。现行刑法第 272 条第 1 款规定的挪用资金罪罪状为："公司、企业或者其他单位的工作人员，利用职务上的便利，挪用本单位资金归个人使用或者借贷给他人，数额较大、超过三个月未还的，或者虽未超过三个月，但数额较大、进行营利活动的，或者进行非法活动的"。基于此，学界一般统一将挪用资金罪的学理概念进行如下界定，即"挪用资金罪是指公司、企业或者其他单位的工作人员，利用职务上的便利，挪用本单位资金归个人使用或者借贷给他人，数额较大、超过三个月未还的，或者虽未超过三个月，但数额较大、进行营利活动的，或者进行非法活动的行为"。[③] 依照刑法第 273 条挪用特定款物罪的规定，该罪的学理概念也基本一致，只是在表述上稍有不同，如挪用特定款物罪是指违反国家财经管理制

---

① 陈兴良主编：《刑法各论的一般理论》，内蒙古大学出版社 2007 年版，第 203 页。

② 王作富主编：《刑法分则实务研究》（第三版），中国方正出版社 2007 年版，第 1927 页。

③ 张明楷著：《刑法学》（第三版），法律出版社 2007 年版，第 747 页；王作富主编：《刑法分则实务研究》（第三版），中国方正出版社 2007 年版，第 1927 页。

度，挪用用于救灾、抢险、防汛、优抚、扶贫、移民、救济款物，情节严重，致使国家和人民利益遭受重大损失的行为。[①] 又如，挪用特定款物罪是指将专用于救灾、抢险、防汛、优抚、扶贫、移民、救济款物挪作他用，情节严重，致使国家和人民群众利益遭受较大损害的行为。[②] 与前两罪不同的是，刑法第 384 条第 1 款的挪用公款罪虽然也采用叙明罪状方式，但立法者在条文中给出了挪用公款罪的立法解释概念。挪用公款罪的立法解释概念，是指立法机关在制定或修订刑法条款时对挪用公款罪的含义所作出的确定内容。[③] 现行刑法对挪用公款罪概念作出的界定为："国家工作人员利用职务上的便利，挪用公款归个人使用，进行非法活动的，或者挪用公款数额较大、进行营利活动的，或者挪用公款数额较大、超过三个月未还的，是挪用公款罪。"以此为基础，最高司法机关给出了挪用公款罪的司法解释概念。挪用公款罪的司法解释概念，是指由最高人民法院、最高人民检察院在有关挪用公款罪的司法解释中对挪用公款罪的含义所作出的界定内容。[④] 1999 年 9 月 16 日最高人民检察院在《关于人民检察院直接受理立案侦查案件立案标准的规定（试行）》中明确规定了挪用公款罪的概念，即"挪用公款罪是指国家工作人员利用职务上的便利，挪用公款归个人使用，进行非法活动的，或者挪用公款数额较大、进行营利活动的，或者挪用公款数额较大、超过三个月未还的行为"。从内容看，挪用公款罪的立法解释概念与司法解释概念保持了一致，妥善解决了二者的关系问题。至于挪用公款罪的学理概念，与挪用公款罪的司法解

① 王作富主编：《刑法分则实务研究》（第三版），中国方正出版社 2007 年版，第 1169 页。

② 张明楷著：《刑法学》（第三版），法律出版社 2007 年版，第 749 页。

③ 孟庆华著：《挪用公款罪研究新动向》，北京大学出版社 2006 年版，第 32 页。

④ 孟庆华著：《挪用公款罪研究新动向》，北京大学出版社 2006 年版，第 33 页。

释概念相似，也是围绕刑法条款中立法者对挪用公款罪的罪状描述加以概括、抽象后得出的。概念是对事物本质的反映，是对事物基本特征的高度概括和抽象。具体而言，特定罪名的概念是对犯罪本质的反映，是对犯罪基本构成特征的高度概括和抽象。而罪状是指刑法分则包含罪刑关系的条文对具体犯罪及其构成要件的描述，尤其是叙明罪状更是对具体犯罪及其构成要件的详细描述。因此，学理概念只能依据刑法罪状规定及其立法精神，涵盖犯罪构成所有要素，且运用刑法有关原理作出，才能深刻揭示犯罪本质。所以国内学界关于挪用公款罪的学理概念，基本上是沿用了挪用公款罪的立法解释概念和司法解释概念。

虽然立法者采用叙明罪状方式对三种挪用犯罪进行了详细规定，在一定程度上揭示了三种挪用犯罪的本质和特征，但为了更好地揭示挪用犯罪的本质和共性特征，极少数学者进行了努力，概括和抽象出了挪用犯罪或挪用型犯罪或挪用型职务犯罪的一般概念。有学者指出，挪用型职务犯罪是指主管、经手、管理财产的人员，利用职务上的便利，挪用本单位资金归个人使用，或者挪用国家特定款物归个人使用以及供单位使用，情节严重的行为。该学者认为，对三种挪用犯罪以一个概念进行表述是可行的，理由在于：根据刑法规定，虽然这三种犯罪属于侵犯财产罪和贪污贿赂罪两类不同的犯罪类别，但这三种犯罪的主体都是主管、经手、管理财产的人员，侵犯的客体都包含着财产关系，客观方面都表现为挪用行为。[①] 从这一概念界定来看，该学者较为准确地抓住了挪用犯罪的共性特征，反映了挪用犯罪的本质，应该说是比较全面、合理的概念。首先，该学者从职务论而不是身份论的角度抽象出此类犯罪的主体。在许多国家和地区刑法中对身份没有严格区分，对国家法益和私人法益没有采取轻重不同的保护程度；即使进行区分的，在挪

① 郑厚勇著：《挪用型职务犯罪新论》，中国检察出版社 2005 年版，第 1 页。

用行为违法犯罪的立法上也有一些国家和地区没有将国家工作人员挪用公款的行为与非国家工作人员挪用非国有单位资金的行为进行区分，如日本以及我国台湾地区“刑法”中的业务侵占罪。这些国家和地区在立法上更注重行为人的职务性，而不是其所具有的身份，由滥用职权挪用单位资金或公款而侵害不同法益的并无危害程度上的差别。该概念在犯罪主体界定上，显然也抽象了三种挪用犯罪的共性主体特征，即主管、经手、管理财产的人员，从而撇去了身份论的禁锢。当然，之所以这样界定，另一重要原因是考虑到挪用特定款物罪的主体采用职权论而不是身份论。其次，该学者从侵害客体上抓住了挪用行为的本质。挪用行为本质上是对财产的变更使用，是对不属于挪用人所有的财产的变更使用，其必然侵害被挪用单位或所有权人对财产的占有、使用、收益、处分权。因此，财产关系是犯罪客体的必然内容，财产法益是此类犯罪的根本法益，而对职务行为的违反或背信，只能是对附随在财产法益之上的信任关系的破坏。只是这里的犯罪对象——本单位资金似有不妥之处，该学者拟将此处本单位资金等同于公款和非国有单位资金，但是刑法第272条第1款将本单位资金定为挪用资金罪的犯罪对象，因此在概念中仍借用本单位资金容易造成混同和误读，将之改为“钱款”更为合适，相比于“货币”一词含义也更为广阔。再次，该学者总结和概括了挪用行为的行为方式。在客观行为方式上，三种挪用犯罪具有共性之处，即将财物挪作他用。在挪用资金罪、挪用公款罪中的挪用行为是利用职务之便，将资金或公款挪用于个人使用，而对于特定款物是将其挪用于公用、用于个人使用的以挪用公款罪论处。该概念将挪用犯罪的客观行为进行了总结和概括，并无遗漏之处。最后，该学者将挪用犯罪的入罪标准概括为“情节严重”也是合适的。依照现行刑法规定，挪用资金罪与挪用公款罪的入罪标准是挪用钱款的多少，如1998年发布的《最高人民法院关于审理挪用公款案件具体应用法律若干问题的解释》第3条第2款规定：“‘挪用公款归个人使用，进行非法活动的’，以挪用公款五千元至一万元为追究刑事责任的数额起点。挪用公款五万元至十万元以上的，属于挪用公款归个人使用，进行非法活动，‘情节严重’的情形之一。挪用公款归个人使用，进行非法活动，情节严重的其他情形，按照本条第一款的规定执行。”而对于挪用特定款物罪的规定，立法者没有采用财产犯罪数额多少的入罪标准，而将其作为一种情节犯，只有情节严重、致使国家和人民利益遭受重大损失的行为才构成犯罪。所以，该学者将数额多少作为情节的一项内容。从根本上来说，挪用行为是一类侵犯财产法益的犯罪，数额多少或者价值多少反映了侵害财产法益的轻重，反映了对被害人财产权益损害的严重程度，为了理解的方便，可以将数额较大与情节严重并列。从总体上看，该学者对挪用型职务犯罪或挪用犯罪或挪用犯又或挪用型犯罪的概念涵盖了三种挪用犯罪的基本犯罪构成特征，揭示了挪用犯罪的本质，获得了本书的赞同。因此，挪用犯罪的概念可以这样界定，即“主管、经手、管理财产的人员，利用职务上的便利，挪用本单位钱款归个人使用，或者将国家特定款物挪作他用，数额较大或情节严重的行为”。至于非法使用目的是否还在概念中予以表述的问题，因在概念中使用了“挪用”词语，即可以表明该罪行为人主观上是以非法使用为目的，无需单独表述。当然，以“非法使用目的 + 挪移”的表述方式可能更好，这也化解了学界关于“挪用行为的内涵”、“挪而未用的罪数形态”以及“挪用犯罪特定用途主客观性质”的讨论纷争。

二、《刑法修正案（六）》运用犯罪的增设及与挪用犯罪的关系

法律总是在立法、解释、修正，再立法、再解释、再修正的过程中循序渐进。经过长时间的讨论研究，2006 年 6 月 29 日，第十届全国人大常委会第二十二次会议通过了《刑法修正案（六）》。这是自 1997 年刑法修订后对刑法修正幅度最大的一次，对很多犯罪的主体、行为方式、法定刑等进行了修正，并根据社会发展需要

增设了许多新型犯罪，引起了广泛关注。《刑法修正案（六）》修改罪名12个，新增罪名8个，涉及四大类罪，包括危害公共安全罪，破坏社会主义市场经济秩序罪，侵犯公民人身权利、民主权利罪，妨害社会管理秩序罪和渎职罪。其中第12条第1款新增了背信运用受托财产罪，即“商业银行、证券交易所、期货交易所、证券公司、期货经纪公司、保险公司或者其他金融机构，违背受托义务，擅自运用客户资金或者其他委托、信托的财产，情节严重的，对单位判处罚金，并对其直接负责的主管人员和其他直接责任人员，处三年以下有期徒刑或者拘役，并处三万元以上三十万元以下罚金；情节特别严重的，处三年以上十年以下有期徒刑，并处五万元以上五十万元以下罚金”。第2款新增了违法运用资金罪，即“社会保障基金管理机构、住房公积金管理机构等公众资金管理机构，以及保险公司、保险资产管理公司、证券投资基金管理公司，违反国家规定运用资金的，对其直接负责的主管人员和其他直接责任人员，依照前款的规定处罚”。

（一）背信运用受托财产罪与违法运用资金罪的立法背景

1. 背信运用受托财产罪的立法背景

主持和负责《刑法修正案（六）》制定和修改的全国人大常委会法工委刑法室副主任黄太云指出，本条是针对目前金融机构委托理财和公众资金经营领域出现的问题新增加的犯罪。① 进入21世纪以来，委托理财的理念和方式在我国逐渐被社会公众接受。“委托理财”并不是一个严格意义上的法律概念，而是证券金融行业的一个习惯用语，通常是指委托人通过委托或者信托与受托人约定，将资金、证券等金融性资产给受托人，由受托人在一定期限内按照委托人的意愿管理，投资于证券、期货等金融市场，并按期支

① 黄太云：《〈刑法修正案（六）〉的理解与适用》（上），载《人民检察》2006年第14期，第23页。

付给委托人一定比例收益的资产管理活动。从性质上来看，委托理财是金融服务个性化的一种，客户将自有暂时闲置的资金委托投资机构代为管理，投资机构根据委托者的要求，在多种金融工具中选择投资组合，创造出收益率高于基准指数的产品，并在经营中不断进行动态优化。在西方发达国家，委托理财已发展得十分成熟，树立起了一批信誉颇佳的投资机构。而在我国，随着社会经济的快速发展和人民财富的大量增加，通过专门的投资机构来保障财富的保值增值越来越成为个人和单位理财的重要方式。为了规范委托理财，中国证监会相继出台了《关于规范证券公司受托投资管理业务的通知》和《基金管理公司委托资产管理业务暂行规定（征求意见稿)》、《证券公司客户资产管理业务试行办法》等文件，银监会出台了《关于进一步规范集合资金信托业务有关问题的通知》、《关于信托投资公司集合资金信托业务信息披露有关问题的通知》等文件，中国人民银行也颁布了《信托投资公司资金信托管理暂行办法》。之后，商业银行、证券交易所、期货交易所、证券公司、期货经纪公司、保险公司或者其他金融机构在我国逐渐成为从事委托理财业务的投资机构，委托理财也发展为信托型委托理财和委托代理型委托理财。信托理财，是指委托人基于对受托人的信任，将其财产权委托给受托人，由受托人按委托人的意愿以自己的名义，为受益人的利益或者特定目的，进行管理或者处分的理财方式。委托代理方式是委托人以自己的名义开设资金账户和股票期货交易账户，由受托人使用委托人的账户从事投资经营活动。还有的委托理财合同约定，虽然委托人将资金或有价证券转交给受托人，但受托人在经营管理和投资交易时必须以委托人的名义进行。二者区别的关键在于是否同时具备“委托人将资产转移交付于受托人”及“受托人以自己的名义管理和处分资产”要件。

由于委托人对被托管理财的资金或证券等其他财产缺乏有效控制，加上我国当前金融市场存在管理不规范、法规不完善的境况，使得在委托理财领域存在大量违规理财严重损害委托人利益的行为。为规范保险公司委托保险代理机构收取保费业务管理，严厉打击保险中介机构挪用侵占保费违法违规行为，《中国保险监督管理委员会关于遏制保险中介机构挪用侵占保费违法违规行为的通知》要求各保监局要依法从重从快处理中介业务管控不力、引发或者纵容挪用侵占保费行为的保险公司和挪用、截留保费的保险中介机构及从业人员，对恶意挪用侵占保费、涉嫌经济犯罪的，要移交公安机关等单位。要通过典型案件处理，增强威慑力，防止保险中介机构挪用保费成为行业潜规则。对于许多证券公司擅自挪用客户交易结算资金的问题，中国证监会通过《关于申银万国证券股份有限公司等 81 家证券公司归还所挪用客户交易结算资金方案的批复》进行了说明，并公布了被挪用的客户交易结算资金已归位和尚未归位的证券公司名单。① “由于受托人处于优势地位，在目前管理尚不规范的金融市场里，极容易滥用权力，对客户资金的运用存在暗箱违规操作、侵吞、擅自动用客户资产，或者将客户资金用于操纵市场，进行不必要的买卖以赚取交易手续费等违规行为。这些行为的存在，不仅败坏金融机构的声誉和信誉，动摇公众对金融机构受托理财的信任，严重损害委托人的利益，而且使资产管理活动存在较大金融风险，严重扰乱金融秩序，也易造成社会的不稳定，应当予以刑事制裁。”②

2．违法运用资金罪的立法背景

除了金融机构委托理财方式，在我国还有基金公司、证券公司、公众资金管理机构等为主体的理财。这些主体违反国家规定擅自运用所管理的巨额资金，给委托人和社会公众带来巨大风险，严重危害社会的安全与稳定，巨额资金也为一些个人和单位进行非法

---

① 参见 2000 年 6 月 26 日中国证券监督管理委员会通过的《关于申银万国证券股份有限公司等 81 家证券公司归还所挪用客户交易结算资金方案的批复》。

② 黄太云：《〈刑法修正案（六）〉的理解与适用》（上），载《人民检察》2006 年第 14 期，第 23 页。

融资提供了资金来源。据初步统计，1999 年全国尚未回收的挤占挪用基本养老保险基金 54 亿元，失业保险基金近 5 亿元。[①] 截至 2000 年 6 月 30 日，全国未回收的挤占挪用基金尚有 56.8 亿元，未纠正的其他违纪基金有 20.7 亿元，其中 1998 年 4 月以后新发生的挤占挪用和其他违纪基金 16.4 亿元。[②] 2006 年上海社保基金案揭开了近年来我国社保基金被严重挪用、侵占的冰山一角。2006 年 7 月 17 日，上海市劳动和社会保障局局长祝均一因涉嫌违规使用 32 亿元社保基金而被隔离审查，涉案金额达百亿元人民币的上海社保基金案也随之浮出水面。除此之外，近几年社保资金违法、违规运用造成巨大损失的事件频发，网络搜索显示：2002 年 9 月，因诈骗农村社会养老保险金 2000 万元，原海南达龙实业有限公司总经理龙泉润被判处死刑；2004 年 3 月，山西省太原市中级人民法院宣判的一起涉案数额巨大的社保基金挪用诈骗案，几名被告人共挪用社保基金 7659 万元，金融诈骗涉案金额近 1.8 亿元；2006 年 5 月，河北省电力公司社保中心原基金管理员秦援非法挪用 3817 万元社保基金炒股票，被廊坊市中级法院以挪用公款罪一审判处有期徒刑 15 年。据不完全统计，1998 年以来，全国清理回收挤占挪用基金 160 多亿元，至 2005 年年底，还有 10 亿元没有回收入账（不包括上海社保弊案可见的大批违规资金）。[③] 而实际上，社保资金等公众资金被挪用、侵占的情况早有发生，已经引起相关部门的高度关注。劳社部发〔1999〕4 号文件《劳动和社会保障部、财政部关于四川省职工社会保险事业管理局和辽宁省鞍山市社会保险总公

---

① 《劳动和社会保障部关于抓紧回收挤占挪用社会保险基金的通知》（劳社部发〔1999〕5 号）。

② 《劳动和社会保障部办公厅关于进一步做好挤占挪用和其他违纪基金回收工作的通知》（劳社厅发〔2001〕1 号）。

③ 劳动和社会保障部部长田成平在“中国科学与人文论坛”第 50 场主题报告会上的讲话（2006 年 11 月 16 日）。

司挤占挪用社会保险基金问题的通报》指出，四川省职工社会保险事业管理局为建社保大厦，采取直接挪用、以存代贷、违规担保等手段，先后动用养老保险基金 7839 万元，其中：直接挪用 2099 万元；委托银行贷款、提供贷款担保 5740 万元。鞍山市社会保险总公司、原市劳动保险公司挤占挪用养老保险、失业保险基金 15548 万元，其中：为建社保大厦直接挪用 6258 万元，提供贷款担保、抵押 6420 万元；委托放贷、投资入股、企业借款等挪用 2870 万元。① 截至 2008 年 9 月底，全国社会保险参保人数分别为养老保险 1. 97 亿、失业保险 1. 15 亿、医疗保险 1. 89 亿、工伤保险 1. 15 亿、生育保险 0. 73 亿，② 包括社会保险资金在内的巨额社会资金无疑成了不法分子觊觎的对象。针对大量挪用社会保险资金的违法行为，近年来我国加大了惩治和规范力度，相关部门加大了监管力度。2010 年 10 月 28 日颁布的《中华人民共和国社会保险法》第 91 条规定："违反本法规定，隐匿、转移、侵占、挪用社会保险基金或者违规投资运营的，由社会保险行政部门、财政部门、审计机关责令追回；有违法所得的，没收违法所得；对直接负责的主管人员和其他直接责任人员依法给予处分。"此外，第 94 条规定："违反本法规定，构成犯罪的，依法追究刑事责任。"在监管制度建设方面，2008 年人力资源和社会保障部、财政部、中

---

① 此外，截至 1999 年齐齐哈尔市劳动局先后挪用养老保险基金 3874. 27 万元、失业保险基金 260 万元、就业经费 869 万元，共计 5003. 27 万元，至检查结束仍有 2898. 27 万元尚未收回，其中：养老保险基金 1969. 27 万元、失业保险基金 260 万元、就业经费 669 万元。参见《劳动和社会保障部办公厅关于齐齐哈尔市挤占挪用社会保险基金问题处理意见的函》（劳社厅函〔1999〕130 号）。衡阳市自 1992 年以来，先后违规动用养老、失业保险基金 3138. 4 万元，目前尚有 2336. 4 万元没有收回。参见《劳动和社会保障部关于衡阳市挤占挪用养老、失业保险基金问题的通报》（劳社部函〔2001〕42 号）。

② 《社保法案草案：挪用社保基金将被追究刑事责任》，http://www.0536job.net/html/fagui/article-newsid-1301.html。

国人民银行等部门联合下发了《关于印发社会保险基金专项治理工作方案的通知》等规范文件，加强了对社会保险基金等公众资金的监管力度。

至于巨额资金被大量挤占挪用的原因，可以从劳动和社会保障部部长田成平对地方社保资金被挪用原因的分析中得出些许结论。他指出，截至2005年年底，我国各项社保基金规模已超过1.8万亿元，其中地方社保占据主体地位。但由于目前还没有一个系统的法律法规对地方社保进行规范，加之全国社保对地方社保不存在监管与隶属关系，一些地方社保资金突破国家所规定的投资范围，涉足高收益投资领域，不可避免地带来高风险，屡屡导致重大损失。因此，“对社会保障基金、住房公积金等公众资金的管理直接关系到广大人民群众的切身利益和社会保障制度的成效，并对国家的经济发展、社会稳定具有重大影响作用……对这些社会危害严重的行为，有必要增加追究刑事责任的法律规定”。①

（二）运用犯罪与挪用犯罪之比较

从上述两罪的立法背景来看，主要是为了规范和制约特定单位未经授权擅自使用委托财产或者挤占挪用公众资金的行为，因此与之前以“挪用”为行为样态的使用型犯罪具有非常密切的联系。背信运用受托财产罪、违法运用资金罪的增设，一方面标志着运用犯罪在我国立法和刑法理论中的诞生，另一方面也标志着挪用犯罪成员范围的扩大，从而成为广义挪用犯罪的新罪名。

首先，从体系完善的角度看，运用犯罪主体的确立能够弥补挪用犯罪主体的长期缺位。

1997年，立法者正式在刑法中确立了自然人滥用职权擅自挪用本单位钱款或国家特定款物的三种犯罪，但对于以单位为主体的

---

① 黄太云：《〈刑法修正案（六）〉的理解与适用》（上），载《人民检察》2006年第14期，第23页。

挪用犯罪一直没有规定。背信运用受托财产罪、违法运用资金罪的增设明确了特定主体的地位。长期以来，依照罪刑法定原则，挪用犯罪的主体一直被认为只能是负有主管、经手、管理财产的人员，具体表现为挪用资金罪的公司、企业或其他非国有单位人员，挪用特定款物罪的主管、经手、管理救灾、抢险、防汛、优抚、扶贫、移民、救济款物的人员，挪用公款罪的国家工作人员。对于单位能否成为挪用犯罪的主体，分别形成肯定说、否定说和区别说。而面对司法实践中日益增多的单位领导集体决定挪用受委托财产的行为，单位挪用犯罪主体地位的缺失受到越来越多的诟病。“但是1997 年刑法只对金融机构工作人员个人利用职务上的便利实施的挪用客户资金的行为作出了处罚规定，并未对金融机构挪用客户资金及其他财产的行为作出规定，不得不说是在当前的经济环境下的一种遗憾。”①《刑法修正案（六）》的背信运用受托财产罪明确了金融机构擅自挪用客户资金及其他财产的主体地位，违法运用资金罪确立了社会保障基金管理机构、住房公积金管理机构等公众资金管理机构，以及保险公司、证券投资基金管理公司的主体地位，从而弥补了挪用犯罪单位主体的长期缺位，完善了挪用犯罪的体系结构。

其次，从立法目的看，运用犯罪的增设主要是为了规范和遏制现实中特定单位挪用特定资金或财产的严重行为。

在我国社会发展的现实中，单位挪用受委托财产或公款的现象早有发生并在近年来逐渐多发并呈越发严重之势，而长期以来挪用犯罪单位主体的缺位使得一些具有严重社会危害性的非法或违规使用行为无法得到有效遏制和规范。由于掌控巨额资金和财产，金融机构、社会公众资金管理机构成为个人和一些单位侵吞或挪用的重灾区。个人挪用金融机构资金的行为，如原中国农业银行中山市小榄庆丰支行行长欧炳华挪用银行资金 700 万元用于炒股及赌博；原

---

① 罗猛：《挪用犯研究》，中国政法大学 2008 年刑法学博士学位论文，第 10 页。

中国农业银行乌鲁木齐市友好路支行营业室公存柜员刘义玲，勾结新疆有色集团公司出纳于海泉挪用公款 2.4 亿元；原中国农业银行北京市昌平区支行科技园区分理处主任王正华挪用承兑汇票保证金 1400 万元等，不胜枚举。这些行为因现行刑法第 185 条第 1 款、第 2 款分别以挪用资金罪、挪用公款罪定罪处罚而进行了有效规范和惩治。但长期被立法者忽视的是，单位也可以成为财产挪用或非法使用的主体，金融机构和社会公众资金管理机构以及其他一些单位只是财产的管理者，不是财产的所有者，这种财产所有权与管理权或经营权的分离，使得这些单位具备了成立侵占或挪用犯罪的主体条件，而社会现实中也确实大量存在由单位领导集体决定、为单位谋取利益、以单位名义实施的单位挪用行为。2000 年 6 月 26 日，中国证监会在《关于申银万国证券股份有限公司等 81 家证券公司归还所挪用客户交易结算资金方案的批复》中指出，中信证券股份有限公司等 44 家证券公司已按照要求对客户交易结算资金进行了清理，其客户交易结算资金已全部归位；原则同意申银万国证券股份有限公司等 37 家证券公司归还所挪用客户交易结算资金的方案，并对不能在规定期间内归还所挪用的客户交易结算资金或发生新的挪用行为的，将按有关法规进行处罚。可见证券公司挪用客户交易结算资金行为的严重。一些金融机构在 2006 年之后为谋取本单位利益仍擅自挪用受委托资金或受托财产。2008 年 6 月 12 日审计署发布的《关于汶川地震抗震救灾资金物资审计情况公告（第 1 号）》通报指出，2008 年 5 月 28 日，中国工商银行绵阳涪城支行弄虚作假，将为该行 56 名职工购买的 56 双耐克运动鞋（价值 2.85 万元）的销售发票中的商品名称填写为雨衣、雨靴和雨伞，之后在其上级行安排拨给的“抗震救灾特别费”中报销了这笔开支。[①] 公众资金被挪用的现象也

① 按工商银行四川省分行发布的《关于抗震救灾期间财务管理相关事项的补充通知》的要求，“抗震救灾特别费”是用于维护灾区工行系统员工生命安全和基本生活、保全资产和维持营业网点基本运作的资金。

十分严重，广州、上海、浙江等地先后暴露出社会基金等公众资金被严重冒用的情况，这可从前文违法运用资金罪的立法背景中看出，在此不再赘言。总之，运用犯罪的立法目的主要是有效规范和遏制实践中特定单位挪用受托财产或公众资金的现象。

最后，从行为特征分析，擅自运用和违法运用可以囊括在广义挪用行为之内。

运用和挪用落脚点都在“用”上，擅自运用与违法运用应当纳入广义挪用范围之内。现行刑法之前没有“运用犯罪”的规定，2006年之后又没有专门的立法解释和司法解释，因此擅自运用和违法运用的应然含义只能依照基本含义以及其他相关法律、法规等规范性文件内容进行确定。运用，通常指根据事物的特性加以利用，如运用知识、运用科学等，因此利用、使用是该词的同义语。所以，从一般理解来看，擅自运用是指未经许可使用，违法运用是指违反国家法律规定使用。在很长时间内，国内对于金融机构受委托财产以及社会公众资金如何运用，何为擅自运用和违法运用没有明确和细致的规定。为规范保险资金的管理、运用，保障保险资金的安全，2009年12月25日中国保监会率先拟定了《保险资金运用管理暂行办法》（征求意见稿），面向社会公开征求意见。该意见明确了保险资金运用形式、范围、模式，决策运行机制，资金运行流程管理、风险管理、监督管理。其中第6条规定了保险资金运用的形式，即：（1）银行存款；（2）买卖债券、股票、证券投资基金份额等有价证券；（3）投资不动产；（4）国务院规定的其他资金运用形式。保险资金从事境外资金运用的，应当符合中国保监会有关监管规定。对于没有严格按照保险资金运用形式，擅自运用或者违法运用的行为，该办法第15条进行了规定，即保险集团（控股）公司、保险公司、保险资产管理机构从事保险资金运用，不得有下列行为：（1）存款于非银行金融机构；（2）买入被交易所实行“特别处理”、“警示存在终止上市风险的特别处理”的股票；（3）投资不具有稳定现金流回报预期或者资产增值价值、高污染等不符合国家产业政策项目的企业股权和不动产；(4) 直接从事房地产开发建设；(5) 从事创业风险投资；(6) 将保险资金运用形成的投资资产用于向他人提供担保或者发放贷款，个人保单质押贷款除外；(7) 中国保监会禁止的其他投资行为。从中可以看出，该条所指保险公司或保险资产管理机构未经委托人允许，擅自改变保险资金运用形式的擅自运用行为或违法运用行为，无论从本质上还是从形式上都是一种挪用行为，即将用于甲用途的资金擅自用于乙用途。正如有的研究者直接指出的那样，“擅自+运用”就是挪用犯中的“挪用”行为，具有挪用行为的特点，并主张应当将背信运用受托财产罪修改为金融机构挪用受托财产罪比较合适。① 有学者更是在《刑法修正案（六）草案》公布之初便指出，从精简刑法条文的角度分析，金融机构挪用客户资金和公众资金经营、管理机构滥用资金的行为在构成要件上与刑法中挪用类犯罪几乎没有什么不同，完全可以归入挪用资金罪、挪用公款罪的范围之内，没有必要另外单独设立罪名。②

对此，笔者认为从行为的本质看，擅自运用是未经授权使用，从广义来讲可以理解为将用于某种用途的资金或财产未经授权用于其他用途；违法运用是违反国家法律规定的使用，同样可以从广义

① 罗猛：《挪用犯研究》，中国政法大学2008年刑法学博士学位论文，第90、92页。

② 刘宪权：《〈刑法修正案（六）草案〉评析》，载《法学》2006年第2期，第28页。刘宪权教授还指出，修正案这一内容在很大程度上是对原有挪用公款罪和挪用资金罪的主体只能由自然人构成而不能由单位构成规定的修正，通过这一修正，就使得证券、期货领域中单位挪用、滥用资金的刑事责任问题得到了解决。但是由于现行《刑法》第185条是有关自然人犯罪的规定，既涉及挪用资金罪也涉及挪用公款罪，而修正案对刑法拟作的修正中并未提及这两个罪名，这就产生了一个问题，即修正案的修正究竟是新增了一个罪名，还是仅仅拟对刑法原有挪用资金罪、挪用公款罪的主体范围作了修正？他不无忧虑地担心，这个问题如果不解决，对于修正案通过后的施行必然会带来很多麻烦。

来讲是特定单位将用于合法用途的公众资金自作主张用于非法用途，因此两种不法使用财产的行为都符合挪用行为的行为特征。同时从社会公众的理解来看，挪用犯罪已经在我国确立了很长时间，司法工作者和社会公众对挪用行为达成了较为一致的理解和认识，将运用犯罪纳入挪用犯罪的体系内研究和讨论，能够更准确地把握运用犯罪的行为特征，也更容易为司法工作者和社会公众所接受。此外，对于一些学者将"运用"解释为"动用、提取、动支"的观点，笔者认为从词义基本含义看，动用、动支都可以解释为运用的近义词，但对理解运用并无多大实际意义，而提取根本不能纳入运用的词义范围之内。运用落脚点是使用，为了用而提取可以是运用，但没有使用目的的提取只是一个行为步骤，不具有"用"的行为要件，也就不能将其解释为运用。

三、《刑法修正案（六)》颁布之后挪用犯罪的概念

运用犯罪的加入，使得必须对传统挪用犯罪概念进行必要地修正以满足挪用犯罪内涵与外延的扩大。经过上面的分析以及对运用犯罪和传统挪用犯罪共性特征的抽象、概括，笔者认为可以这样界定修正之后的挪用犯罪概念，即"主管、经手、管理财产的人员，利用职务之便，将本单位钱款挪归个人使用，将国家特定款物挪作他用，或者金融机构违背受托义务，擅自运用受托财产，情节严重的行为，以及公众资金管理机构、保险公司、保险资产管理公司、证券投资基金管理公司违反国家规定运用资金的行为"。

第二节　挪用行为界定

挪用犯罪是以行为为表征区别于其他犯罪的犯罪类型，挪用行为是区别于窃取、劫取、骗取、敲诈勒索等侵犯财产法益行为的另一种具有独立意义和显著特征的行为种类。因此，准确界定和认识挪用行为的含义、特征以及与借用、盗用、非法使用等相关行为的

差别，是准确认知挪用犯罪的核心，尤其是《刑法修正案（六）》颁布之后，扩大后的挪用犯罪在行为要素上的变化更具有研究意义。

一、挪用行为的词义

挪用的基本含义是挪作他用，随着社会的发展，其语义也发生了细微的变化。在20世纪80年代以前，挪用在我国刑事立法中很少使用，在有限的其他部门规范性文件中也鲜有涉及。因此，当时社会只是从语义本身和传统意义进行界定，如1981年商务印书馆出版的《现代汉语词典》将“挪用”解释为将原定于某方面的钱款移到别的地方来用和私自使用。而随着挪用公款罪的立法化及广泛应用，除了最基本的含义之外，其在第二层含义上被限制为私自用公家的钱,[①] 或私自用（公家的钱），[②] 可见公款挪用行为已经成为一种重要的犯罪行为被广泛认识。

现行刑法中的“挪用”含义超过了挪用的基本含义，被赋予了许多立法意图。任何词语只有在特定语境被使用才能体现出使用者的意图，由此也演变出不同内涵。

（一）刑法中“挪用”的内涵超过了挪用的基本含义

我国古代虽然有针对挪用行为的立法，但在刑事立法中并没有使用“挪用”词语，直到近代“挪用”词语才在一些文学作品中被使用，如《二十年目睹之怪现状》第七十九回：“他的本事也渐渐大了，背着乾老子，挪用了店里的钱做过几票私货，被他赚了几个。”从挪用的基本含义来看，挪用是“挪”和“用”的结合体，“挪”即移动，“用”即使用，“挪用”就是指挪作他用，“移用”是其近义词。而现行刑法中的“挪用”内涵更为广泛，包括挪借、擅自运

---

① 中华书局编辑部编：《中华词典》，中华书局2000年版，第527页。

② 中国社会科学院语言研究所词典编辑室编：《现代汉语词典》（修订版），商务印书馆1981年版，第939～940页。

用、违法运用等行为。挪借，基本含义是暂时借用（别人的钱）。[①] 刑法第272条规定公司、企业或者其他单位的工作人员，利用职务上的便利，挪用本单位资金借贷给他人，数额较大、超过三个月未还的，或者虽未超过三个月，但数额较大、进行营利活动的，或者进行非法活动的，构成挪用资金罪。这里的“挪用本单位资金借贷给他人”便是挪借行为。运用的基本含义是依照事物的特性使用，利用、使用是其近义词。擅自运用是未经允许使用，其中包含两层意思，一是在未经允许情况下按照预定用途使用，二是在未经允许情况下将某一用途的财物用于其他用途，第二种情况显然是刑法中挪用的含义范围。违法运用的含义也是这种情况，一是法律不允许按照原定用途使用而违法使用，二是法律不允许按照其他用途使用财物而违法使用。

（二）刑法中“挪用”的对象范围广于挪用的一般范围

在古代挪用行为立法中，包括金钱、财物等在内的动产以及房屋等不动产都可以作为官吏挪用的对象。从现代汉语对挪用含义的解释来看，该行为所针对的对象主要是钱款，而不包括全部财产。而在现行刑法中挪用行为的对象虽然主要是钱款，即资金或公款，但仍有一些挪用犯罪的立法将非钱款的财物作为挪用对象，如挪用资金罪的对象是单位的资金；挪用公款罪的对象是国家公款；挪用特定款物罪的对象是用于救灾、抢险、防汛、优抚、扶贫、移民、救济款物；背信运用受托财产罪的对象是受委托财产，包括客户资金或其他动产；违法运用资金罪的对象则是社会公众资金以及其他资金。所以，现行刑法中“挪用”的对象范围广于普通用语中挪用的一般范围。

（三）刑法中“挪”与“用”的关系不同于挪用的一般关系

依照现代汉语的理解，挪与用密切联系，是一个结合体，挪与

---

① 中华书局编辑部编：《中华词典》，中华书局2000年版，第527页。

用往往需要同时具备，只挪而未用一般不称之为挪用，而称之为挪移、挪动、挪走；如果是挪而占有称之为挪占、挪有，可见“用”对于固定挪用词语基本含义的重要性。而在刑法中“挪”与“用”的关系，学界争议较多，形成可分论与不可分论。但无论是可分论还是不可分论，在“挪而未用”行为性质的认定上基本相同，即只要有非法使用的目的挪移款物的便成立挪用犯罪并且达到既遂。因此，挪用犯罪中的“挪”与“用”的关系是手段与目的的关系，即使后者停留在主观意图，此种情况下的挪用也成立犯罪。综观各罪，挪用犯罪注重的是挪的行为而不问是否真正使用。从立法意图看，挪用犯罪的立法目的是保护公款、单位资金、救灾物资等特定款物，客户资金或者其他委托、信托的财产，公众资金的所有权不受侵犯，而将这些财物挪移出去不为所有权人所控制，便已经是对所有权人财产法益的侵犯了，而是否真正使用，用于非法目的或合法目的、用于营利目的还是非营利目的并不会对原所有权人财产法益造成轻重程度不同的侵害，而只是基于一种社会安全和人身危险性的考虑有所侧重。这一点也得到了最高司法机关的支持，最高人民法院2003 年在《全国法院审理经济犯罪案件工作座谈会纪要》的第 4 条中规定，挪用公款后尚未投入实际使用的，只要同时具备“数额较大”和“超过三个月未还”的构成要件，就应当认定为挪用公款罪。刑法中“挪”与“用”之间的手段与目的关系，显然不同于现代汉语中“挪”与“用”的并列关系。

（四）刑法中“挪用”的词性同于挪用的一般词性，但罪名中“挪用”的词性不同于一般词性

依照现代汉语的理解，挪用是“挪”和“用”的结合体，基本含义是挪作他用，即改变事物的本来用途，将之转移作其他用途。因为只是一种对事物使用的行为方式，所以从词性看挪用并无褒贬之别，是中性词。但对刑法条文中“挪用”行为的词性，学者有不同意见，一种意见认为，“挪用”作为一个词语，本身并没有褒义和贬义之分，是一个地地道道的中性词，不能作为罪名取定中使用。

为了区别褒贬，表明立法对挪用行为的否定态度，应该在“挪用”之前用贬义词加以修饰，如非法挪用、擅自挪用等，这样就不再是中性词了。[①] 另一种意见认为，对某一词义的分析不能离开特定语境和话语系统，在刑法罪名话语系统中，挪用已经被评价了地位而且是否定意义，这已经被约定俗成构成了它的贬义。[②] 有研究者对此提出了支持，认为挪用是中性词和贬义词的结合，而非像前一种观点所述是一个中性词，如“他挪用了家里存的家具款给孩子交了学费”中的“挪用”就是中性词，而在刑法语境中，“挪用”作为挪用公款罪、挪用资金罪、挪用特定款物罪中的词语，毫无疑问是贬义词，代表了社会的否定评价。[③] 笔者认为，后两位研究者关于特殊语境中认识“挪用”词性的方法值得肯定，同样也基于特定语境的考虑，有些刑法条文中的特定用语只有结合条文的其他内容才能予以其否定评价，词语本身无法体现出贬义性，挪用犯罪即是如此。依照刑法第272条第1款的规定，公司、企业或者其他单位的工作人员，只有利用职务上的便利，并挪用本单位资金归个人使用或借贷给他人才成为刑法所否定评价的行为，挪用词语本身并不具有贬义性。此外对于第一种观点关于在“挪用”之前用贬义词加以修饰，以表明立法对挪用行为的否定态度，笔者也认为没有必要，因为利用职务上的便利，以及将本单位资金挪归个人使用或借贷给他人的条文表述，已经表明了立法者对挪用行为的否定态度。挪用犯罪的其他个罪条文中的“挪用”词语词性与此相似，在此不再赘言。至于没有其他条文内容修饰，直接以行为词语为主要条文内容的，应为贬义，如刑法第264条中的“盗窃公私财物，数额较大或者多次盗窃的”、第266条中的“诈骗公私财物”、第267条中的“抢夺公私财物”，

---

① 马克昌、丁慕英主编：《刑法的修改与完善》，人民法院出版社1995年版，第327页。

② 于宏著：《挪用犯罪论》，中国检察出版社2005年版，第50页。

③ 罗猛：《挪用犯研究》，中国政法大学2008年博士学位论文，第17页。

等等。当然，在罪名体系中，因为最高司法机关为简便、准确适用刑法条文，所以像挪用资金罪、挪用公款罪、挪用特定款罪等挪用犯罪罪名中的“挪用”便具有了贬义性。

二、挪用行为的特征

与挪用犯罪的构成特征不同，也与挪用犯罪的现象特征不同，挪用犯罪的行为特征主要表现为挪用犯罪在行为手段上的特点，以区别于其他犯罪行为，而具有独立的行为样态意义。

目前，学界对挪用犯罪缺乏类型化研究，主要围绕挪用犯罪的各罪展开，而类型化研究挪用犯罪的学者，形成区分说和统一说。主张区分说的学者立足传统挪用犯罪类型，认为应当区分为三种挪用犯罪的共性特征和挪用资金罪、挪用公款罪的个性特征。三种挪用犯罪的共性特征是挪用行为的“非法性”和挪用行为的职务前提性，认为认定违法性还需要从制度层面和法益侵害的角度来进行，而不是仅仅从是否经过合法批准为标准，而刑法之所以规定客观方面的利用之便的原因，也正是这些罪行的发生必须以利用职务之便为前提。至于挪用资金罪、挪用公款罪的个性特征，该学者认为应当是擅自性、私利性以及部分秘密性特征。[①] 主张统一说的研究者认为，“挪用”的职务性、擅自性、私利性、秘密性以及社会危害性、刑事违法性是挪用行为特征。[②] 笔者认为，区分说的优势在于注意到了三种挪用犯罪在行为手段上的异同，既能全面认知挪用犯罪的共性特征又能细化认知构成要件相似的挪用犯罪的个性特征；劣势在于无法整体认知挪用犯罪的共性特征，以达到区别于其他犯罪行为的目的，并且随着运用犯罪的融入，势必对挪用行为的特征产生影响和变化。反观统一说，从整体上探讨挪用犯罪的共性特征，这正是其优势所在，但同时因为挪用犯罪体系中各罪立法的差异及新

---

① 于宏著：《挪用犯罪论》，中国检察出版社 2005 年版，第 50 ~ 52 页。

② 罗猛：《挪用犯研究》，中国政法大学 2008 年博士学位论文，第 19 ~ 20 页。

类型的增多，势必为挪用行为共性特征的抽象和概括带来困难。笔者认为，要全面准确认定挪用犯罪中行为所表现出的特征，必须对挪用犯罪中的各罪行为进行抽象和概括，寻找共同的特点，探寻共同的规律，以赋予其独立的行为样态意义。所以笔者认为，《刑法修正案（六）》以来的挪用犯罪至少应当表现为以下特征：

（一）行为对象用途的改变性

作为挪用犯罪中的基本行为，也必然具备了现代汉语中“挪用”最基本特征的，便是行为对象用途的改变性。前面已然谈到，挪用在现代汉语中的一般解释是将原定于某方面的钱款移到别的地方来用和私自使用，从中可以看出行为对象用途的改变性是挪用行为的基本特征，这种改变主要体现在“挪”的含义之中。在挪用犯罪各罪行为中无不体现这种改变性，挪用特定款物罪是将用于救灾、抢险、防汛、优抚、扶贫、移民、救济的款物用于单位其他用途。挪用资金罪、挪用公款罪是将本单位资金或公款挪出用于非法活动、营利活动以及此外的其他活动。背信运用受托财产罪中的擅自运用虽然不仅包括未经许可将用于某种用途的受托财产用于其他用途，而且包含未经许可按照原先用途使用的情况，但从广义来讲，应当说将用于某一用途的受托财产在未经许可情况下用于这一用途，从性质看也可以理解为挪用。至于违法运用资金罪，虽然也包括因运用资金方法、程序违法而涉嫌犯罪的情况，但从该罪的立法背景来看，立法者主要是为了惩治未经国家或资金所有权人允许将资金挪作他用的行为。因此，行为对象用途的改变性也应当成为违法运用的重要行为特征，这也是该罪行为与贪污行为重要的区别点，后者的一项基本特征是行为对象所有的改变性。

（二）职责性

基于挪用资金罪、挪用公款罪中“利用职务之便”要件的规定，学者一般将“职务性”作为挪用行为的特征，从区别说和统一说就可看出。在自然人挪用犯罪中，行为主体必须拥有主管、经手、管理款物的权限和相应职务，才能接触到所要挪用的款物，利用职务上的便利将款物挪出使用。虽然挪用特定款物罪中没有明确规定“利用职务上的便利”，但并不能否定行为主体挪用行为的职务性或职权性，否则也就不能将挪用犯罪归结为一种职务犯罪。因此，职务性是自然人挪用犯罪的重要特征，这一特征也是受贿罪、贪污罪的重要特征。对于单位运用犯罪，擅自运用受托财产或违法运用资金，也必然利用主管、经手、管理受托财产或资金的职权，以达到挪用的目的。所以“职务性”也应当是单位运用犯罪行为的特征，只是职务一般常被用来形容自然人的工作任务，为了表述上更为准确，笔者认为用“职责性”表述这一特征可能更为合适。

(三) 擅自性

挪用犯罪的另一特征便是擅自性。擅自，即自作主张，对不在资金职权范围以内的事情自作主张。综观挪用犯罪各罪，无论是自然人还是特定单位都没有对行为对象改变用途使用的权限，如果有这种权限，作为完全拥有占有、使用、收益、处分权能的所有权人，完全有权决定如何使用自己的财产，也就不存在成立犯罪的问题，正是因为没有完整的占有、使用、收益、处分权能，这些自然人和特定单位才利用手里对行为对象的部分管理权能，在未经所有权人同意或许可的情况下自作主张，将行为对象挪作他用。基于这一点，无论是主管、经手、管理特定款物、单位资金或公款的自然人，还是基于委托管理、经营受委托财产的金融机构，以及作为社会公众资金的管理机构对财物对象都没有完全的所有权能，只能依照所有权人的授权或许可才能排除违法性。反过来看，法律并不禁止财物用途变更使用的行为，只是禁止非所有权人或者非授权人自作主张的挪用行为，而这种自作主张的挪用行为恰恰严重损害了所有权人或授权人的合法财产权益。刑法除了规定挪用犯罪之外，还规定了其他擅自犯罪行为，如现行刑法中规定了擅自出卖、转让国有档案罪，擅自出卖、转让军队房地产罪，擅自发行股票、公司、企业债券罪，擅自改变武器装备编配用途罪，擅自进口固定废物罪，擅自设立金融机构罪。从这些罪名及相应罪状来看，诸如出卖、转让国有档案，出卖、转让军队房地产，发行股票、公司、企业债券等行为，是法律所允许的，法律所禁止的只是那些未经允许或者程序不合法的自作主张行为。

（四）私利性

挪用犯罪本质上是一类侵犯财产犯罪，获取财产上产生的利益是行为主体的目的，这就是挪用犯罪的私利性特征。从行为方式来看，挪用犯罪尤其是自然人挪用犯罪是将财物从所有权人或授权人控制之下挪出归个人使用或归单位使用，所以应当属于取得式侵财犯罪，而取得式侵财犯罪的行为目的便是获取财产或财产上的利益。一般而言，盗窃罪、抢劫罪、诈骗罪、抢夺罪、敲诈勒索罪都是取得式侵财犯罪，故意毁坏财物罪因无法从行为本身获取财物或财产上利益而不具有行为的获利性。在取得式侵财犯罪中，与其他犯罪不同，挪用犯罪的获利性不是为了获取财物本身的利益，而是主要关注该财物改变用途后使用的利益，如盗窃罪的获利性是对财物本身的窃取占有，而挪用资金罪或挪用公款罪的获利性不是对所挪用资金或公款的获利，而是对被挪用资金或公款被使用所产生的经济利益和非经济利益，如将资金挪用给亲戚使用。同时，这种获利性还体现出私利性，具体表现为违背所有权人或授权人意愿，损害单位、国家或委托人财产权益，从中谋取个人利益。

因挪用并不都是采取秘密方式，并且许多挪用行为并不采取平账的方式掩盖挪用事实，所以笔者对于统一说中将秘密性作为“挪用”特征的观点不予赞同。此外，对于社会危害性与刑事违法性，笔者认为这是一般犯罪的特征，或者说是挪用犯罪的特征而不是挪用行为的特征。

三、挪用行为与相似行为之比较

（一）挪用与借用

借用，在现代汉语中一般将其解释为“把钱物等暂时给他人使用”。因为在实践中行为人经常以自己的名义将单位资金或公款暂时借给他人使用或归个人使用，一些案件使用人甚至在事先或事后写下欠条以表明是借用不是挪用，① 因此有必要区分一下挪用与借用。挪用与借用的目的行为都是使用，只是在取得财物的方式上不同，一个是“挪”，一个是“借”，从而主导了整个词语的基本含义。借用作为一种民事行为，与每个人的生活密切相关，作为人类社会人与人之间互帮互助的较为普遍的行为，发展至今借用行为已经存在于任何社会主体之间。挪用不是实践中较为常见的民事行为，在民法规范中较少使用，在刑法规范中的挪用也多被社会公众理解为出借人与使用人之间的借用关系或借贷关系，但二者本质上是不同的，研究者关于“日常生活中的‘借用’包含着‘挪用’的含义，借用的外延大于挪用”的观点，② 值得商榷。理由在于：

第一，挪用是无权者的滥用职权行为，借用是有权者的正当行使权利的行为。虽然二者都是以一定财物的转移、改变事实上的支配和占有为内容，使用人都取得了占有和获得了使用权，但一种是无权者的行为，一种是有权者的行为（值得注意的是，这里指的是刑法规范中的挪用，而不是一般意义上的挪用）。刑法规范中挪用犯罪的主体是主管、经手、管理财物的人员或者特定单位，这些主体在未经单位或客户或所有权人许可的情况下，擅自将财物挪归

---

① 案例：任某系某村村委会会计，2005 年 3 月因该区修建环城公路征用该村村民王某土地，并由该区国土资源局赔偿王某土地补偿款 10 余万元。2005 年 8 月该款从该区国土资源局转到该村村委财务账上后，任某利用职务之便，在向王某办理该土地补偿款过程中，擅自挪用 4 万元用于个人债务和为其在济南市承包的工程准备资金，因资金不足又再次挪用 1 万元。2007 年 3 月在村干部和王某的再三催要下，任某在王某的住处给其补写了一张借款 5 万元的借条以掩盖挪用的事实，挪用的款项至 2007 年 12 月案发时一直未还。摘自中国法院网，http://www.chinacourt.org/html/article/200808/01/315146.shtml。

② 罗猛：《挪用犯研究》，中国政法大学 2008 年博士学位论文，第 21 页。

个人使用或挪作他用，是一种无权处分行为，也是侵害财物所有权人财产法益的行为，并从中谋取私利。而借用是有权出借的人借出财物，无权出借者不能称之为借用，如非国有单位的出纳擅自将本单位资金借给自己的亲戚使用，因是无权出借只能是挪用而不是借用，其体现出行为的擅自性。如果出于单位的出借行为，只能是借用而不能是挪用。与此相似，甲将牛借给乙使用，乙未经甲同意私下又将牛借与丙使用的，乙的行为应称为挪用而不能是借用，社会中对此类行为以“借用”称谓只是一种通俗的使用方法，并不反映行为的本质。

第二，从“挪”与“借”的区别来看，挪的含义是移动、改动，因此在使用之前有一个移出、挪出财物的过程，更强调财物使用用途的变更性；借用并不强调这一点，同时，借用的含义是暂时让他人使用财物，所以借用更强调借用者对财物拥有使用权的暂时性，并暗含“日后归还”的含义，挪用并不包含这一含义，刑事立法中也只是将是否归还作为一项刑事政策予以考虑。学者在解读挪用行为时，一般将挪借行为解释为挪用行为，而从含义来看，挪借行为不仅包括挪出的动态过程，也包含了日后归还的要求。

第三，借用是双方意思表示的合意，是基于平等、自愿作出的意思行为，挪用虽然可能存在与使用人达成合意的情况，但挪用人与被挪用单位或所有权人根本不能达成合意，只能是单方擅自的行为，财物所有者根本不明财物被非法动用的真相。

（二）挪用行为与以非法使用为目的的盗、骗、抢、敲诈勒索

挪用行为是以非法使用为目的的挪出行为，虽然我国刑法中只规定了以非法使用为目的的挪用犯罪，国外刑法也较少规定以非法使用为目的的侵犯财产犯罪，但不可否认的是司法实践中在这一目的支配下的违法犯罪行为确实大量存在，如盗用、骗用、抢用以及以非法使用为目的的敲诈勒索，如何正视这一现实现象并真正解决这一确实严重侵害财产法益又缺乏相应立法调整的问题，亟待研究。

在国外和我国港澳台地区立法中有盗用、非法使用等以非法使用为目的的侵犯财产犯罪的规定，我国除了挪用犯罪之外虽然没有盗用、非法使用等行为的专门立法，但司法解释以解释的方式进行了类似规定。从国外立法和我国港澳台地区立法来看，主要规定了交通工具的盗用行为。《德国刑法典》第248条b规定了未经授权使用交通工具罪，即违背汽车或自行车所有人意愿，擅自使用的，处3年以下自由刑或罚金。此外第248条c规定了盗用电力罪，即意图为自己或他人不法获取电力，以不符合规定的导线，从电力设备或设备中盗用他人电力的，处5年以下自由刑或罚金。[①] 我国香港刑法中也对这两种情形进行了规定，即擅用运输工具罪和盗窃电力罪。前者又称偷开交通工具罪，指未经同意或未获其他合法权限而取用他人运输工具，以供本人或他人使用的行为。而后者又称不当使用电力罪，是指未有适当的权限而不诚实地使用电力，或不诚实地导致电力浪费或将电力传输别处的行为。[②]《俄罗斯联邦刑法典》第166条规定了“没有盗窃目的的不正当侵占汽车或其他运输工具罪”，该罪规定：“不正当侵占汽车或其他运输工具（偷开）但没有盗窃目的的，处3年以下的限制自由，或处3个月以上6个月以下的拘役或处3年以下的剥夺自由。”该罪的主观方面是直接故意，“犯罪人意识到，他在非法地，即没有合法权利的情况下侵占他人的汽车或其他运输工具，并希望侵占他……但是正如法律所强调的，汽车或其他运输工具不得成为盗窃的对象，而如果是为了侵占，即使是为了侵占某些组合机件、部件、零件，则行为就该定为侵占他人财产罪，没有盗窃目的而偷开他人汽车，如果后来又窃

---

① 《德国刑法典》，徐久升、庄敬华译，中国法制出版社2000年版，第176页。

② 宣炳昭著：《香港刑法导论》，陕西人民出版社2008年版，第158~159页。

取车内的财物，则应按不正当侵占汽车和偷窃财产数罪并罚。”① 此外，该条第4项内容还规定了以暴力或暴力胁迫方式实现非法偷开汽车或其他运输工具的目的的行为，该项内容规定：“本条第1款、第2款、第3款所规定的行为，使用危及生命或健康的暴力，或以使用这种暴力相威胁实施的，处6年以上12年以下的剥夺自由。”“如果使用危及生命或健康的暴力或以使用这种暴力相威胁实施的非法偷开汽车或其他运输工具罪是一种特别严重的犯罪。”② 在日本，立法上虽然没有盗用的专门规定，但理论界一直有使用盗窃的争论，法院也围绕使用盗窃作出过迥然不同的判决。这种一时使用的案件，在日本等大陆法系国家又被称为“使用盗窃”，其性质应该如何认定，实际上成了非法占有目的问题的议论焦点，甚至可以说是有关非法占有目的的理论形成的出发点。③ 日本判例最初是根据有无返还意思来寻求使用盗窃行为不可罚的标准的，具有返还意思的不构成盗窃罪，但在其后的判例中，即便是存在返还意思的短时间擅自使用，判例肯定存在不法领得意思的倾向也占主流。④ 我国刑法中除了挪用犯罪之外，并没有其他以非法使用为目的实施盗、抢、骗、敲诈勒索行为的专门立法，对于使用盗窃行为，绝大多数学者认为，私自将他人物品拿走，用完即归还的，不

---

① 《俄罗斯联邦刑法典释义》（下），黄道秀译，中国政法大学出版社2000年版，第442页。

② 《俄罗斯联邦刑法典释义》（下），黄道秀译，中国政法大学出版社2000年版，第443页。

③ ［日］大塚仁等编：《刑法解释大全》（第9卷），青林书院1988年版，第225页。转引自刘明祥著：《财产罪比较研究》，中国政法大学出版社2001年版，第68页。

④ ［日］西田典之著：《日本刑法各论》（第三版），刘明祥、王昭武译，中国人民大学出版社2007年版，第125～126页。

构成盗窃罪，理由是行为人主观上不具有非法占有的目的。[①] 这种观点也获得了最高司法机关的支持，1997 年最高人民法院在《最高人民法院关于审理盗窃案件具体应用法律若干问题的解释》第 12 条第 4 项中规定："为练习开车、游乐等目的，多次偷开机动车辆，并将机动车辆丢失的，以盗窃罪定罪处罚；在偷开机动车辆过程中发生交通肇事构成犯罪，又构成其他罪的，应当以交通肇事罪和其他罪实行数罪并罚；偷开机动车辆造成车辆损坏的，按照刑法第二百七十五条的规定定罪处罚；偶尔偷开机动车辆，情节轻微的，可以不认为是犯罪。"可见，依照该司法解释，盗用机动车辆的行为并不直接构成盗窃罪，只有将机动车辆丢失的才以盗窃罪定罪处罚，其他情况不能单独构成盗窃罪，不予刑法评价。但是该解释最后一句的规定显然存在不当之处，既然偷开机动车辆且没有丢失的都不成立盗窃罪，那么对于偶尔偷开机动车辆，即使情节严重的，也不能以盗窃罪定罪处罚，更何况情节轻微的情形。

司法实践中出现的以非法使用为目的的盗、抢、骗、敲诈勒索行为，为法律适用提出了难题。有这样一起真实的案例：甲以损害名誉要挟乙，要求乙把奥迪轿车借给自己使用，乙被迫同意，甲在使用一段时间后犯意发生变化，将乙的轿车私下卖出并将赃款挥霍。对于此案如何处理产生了意见分歧，一种意见认为以非法使用为目的便是非法占有目的，应构成敲诈勒索罪，犯罪数额为轿车价值；一种意见认为前期行为只是敲诈勒索行为，后期犯意发生转化构成敲诈勒索罪，可以比照挪用公款后犯意转化，主观不想还或携款潜逃的以贪污罪论；一种意见认为挪用公款转化为贪污的是有法律规定的，本着罪刑法定原则和刑法谦抑精神，该案行为不宜以犯罪处理。此外，以非法使用为目的的抢劫、抢夺、诈骗在实践中也并非不存在，司法机关大多以抢劫罪、抢夺罪、诈骗罪论处，但这

---

① 高铭暄、马克昌主编：《刑法学》（下编），中国法制出版社 1999 年版，第 900 页。

种处理意见显然与罪刑法定原则、刑法谦抑性原则存在一定违背之处，同时也难以符合抢劫等侵犯财产犯罪主观非法占有的目的要件，而挪用犯罪的专门立法显然解决了以非法使用为目的的挪移与非法占有为目的的挪移的区别以及在法定刑上的差异问题。

挪用与盗用等以非法使用为目的的侵犯财产法益的行为，从行为目的上都是为了使用，都包含了使用，所不同的是为实现或获得使用的方式上有所不同。挪用是通过将财物挪移后的使用，盗用是采取秘密方式窃取后的使用，抢用是采取暴力或暴力威胁方式获得财物后的使用，骗用是通过虚构事实、隐瞒真相方法取得财物后的使用，等等。包括挪用、盗用、抢用、骗用以及为使用目的实施的敲诈勒索等行为共同构成非法使用型侵犯财产犯罪，以区分于非法占有型侵犯财产犯罪。为更好地规范非法使用型侵犯财产犯罪，《越南刑法典》专门规定了违法使用财产罪，该刑法第 142 条规定："1. 任何人以营利为目的违法使用他人财产价值在五千万盾以上并引起严重后果，或者曾因违法使用他人财产被行政处罚或者被刑事处罚后未取消案籍又再犯的，处五百万盾以下罚金，二年以下监外改造或者三个月以上二年以下有期徒刑……"

第三节　挪用犯罪的本质

一、犯罪本质、犯罪本质特征、犯罪客体、违法性本质关系辨析

犯罪本质、犯罪本质特征、犯罪客体、违法性本质是刑法理论研究中容易被混淆的四个概念，笔者在研究过程中也发现确实存在一些研究者混淆使用的情况，为更为深刻地剖析挪用犯罪的本质，准确把握挪用犯罪的内涵，有必要首先厘定这四者的关系与不同。

要理解犯罪本质，首先须明确"本质"的含义。我国《现代

汉语词典》对“本质”一词所作的解释是，指事物本身所固有的、决定事物性质、面貌和发展的根本属性，并指出事物的本质是隐蔽的，是通过现象来表现的，不能用简单的直观去认识，必须透过现象掌握本质。犯罪本质，简而言之，便是犯罪的根本属性，即犯罪区别于违法行为的根本差异，同样也是国家判断犯罪可罚性的实质依据。正是对犯罪之所以为犯罪的反思，使得犯罪本质一直被作为犯罪概念的核心内容，而探究犯罪本质无疑是获取科学犯罪概念的必由之途。依照不同的标准可以将犯罪概念划分为不同的类型，①其中一种比较重要的划分方法是将犯罪概念划分为犯罪的形式概念、实质概念与混合型概念。犯罪的形式概念通常与犯罪的立法概念相重合，受实定法限制，是从犯罪的法律表现形式上给犯罪所下的定义。犯罪的实质概念是从犯罪的社会属性以及站在一般社会立场的价值判断角度来研究有关犯罪本质的问题，正如帕多瓦尼所言，“各种试图描绘犯罪实质形象的努力，都可以归结为给形形色色的犯罪寻找‘最小公分母’，即寻找一个隐蔽在刑事制裁背后的可适用于所有犯罪的‘常项’。”② 犯罪的混合型概念则致力于形式概念与实质概念的统一，既能避免犯罪形式概念与犯罪实质概念的不足，又能融合两者的优点。由于犯罪的实质概念侧重于探寻某些行为之所以构成犯罪的缘由，因此，其往往也被视为犯罪本质的同义语。③ 因此，关于实质的犯罪概念的不同主张，如权利侵害说、法益侵害说、文化规范（社会伦理规范）违反说、义务违反说以及折中说也就成了犯罪本质的主要论争主张。

---

① 例如，根据学科可以划分为犯罪学中的犯罪概念与刑法学中的犯罪概念，而根据犯罪概念是否有法律规定标准又可分为立法概念和司法概念。

② ［意］杜里奥·帕多瓦尼著：《意大利刑法学原理》，陈忠林译，法律出版社 1998 年版，第 73 页。

③ 肖敏：《犯罪概念研究》，西南政法大学 2008 年刑法学博士学位论文，第 23 页。

犯罪本质特征，一度被认为就是犯罪本质，并将法益侵害说与规范违反说的对立作为犯罪本质特征的主要争论，① 而事实上二者显然有着不同的内涵和外延。根据辩证唯物主义认识论，事物相对稳定的现象往往系其本质特征，而本质特征又是认识事物本质之必由路径。事物本质特征是事物本质的上位概念，是作为现象中比较稳定的部分而存在的，它是指“可以作为事物特点的征象、标志等。”② 特征是一事物区别于其他事物的外部特点，是事物外在的表现，是感性认识的结果，当然也是事物本质反映。但是，事物的本质特征与其他特征相比，还是有着显著的区别，本质特征是特征中可以反映事物本质并表明此事物区别于其他事物的外在标志。所以，犯罪的本质特征就是反映和表现犯罪本质的具有外部识别性的征象和标志。相对于犯罪本质而言，犯罪的本质特征是外显的，其与犯罪的本质之间所构成的是本质与表象，即决定与被决定、反映与被反映、展示与被展示的关系。③ 国外尤其是大陆法系国家学者将犯罪本质作为探究犯罪概念科学内涵的重要内容，而反观犯罪本质特征，犯罪特征的研究则是我国学界相当长时间内的主要研究热点，并在犯罪本质特征、犯罪基本特征当中找出犯罪的本质。关于犯罪的基本特征，我国刑法学者众说纷纭、莫衷一是，基本可归纳为一特征说、二特征说、三特征说、四特征说及六特征说等，主张较多的观点是社会危害性、刑事违法性、应受刑罚处罚性，而在这三者当中何为犯罪的本质特征，学者认识又有不同。陈忠林教授早在 1986 年就提出，应受刑罚处罚性才是犯罪的本质特征，④ 这一

① “所谓犯罪的本质，就是犯罪的本质特征。”［日］大谷实著：《刑法讲义总论》（第 2 版），黎宏译，中国人民大学出版社 2008 年版，第 83 页。

② 中国社会科学院语言研究所词典编辑室编：《现代汉语词典》，商务印书馆 1996 年版，第 1235 页。

③ 马荣春：《犯罪本质与本质特征新界说》，载《南昌大学学报》（人文社会科学版）2006 年第 3 期，第 65 页。

④ 陈忠林著：《刑法散得集》，法律出版社 2003 年版，第 342 页。

观点得到了许多人的赞同。[1] 陈兴良教授则认为，“在确立刑法中的犯罪概念的时候，应当以刑事违法性为出发点，将刑事违法性作为犯罪的唯一特征”。[2] 而主张社会危害性为犯罪本质特征的观点在目前仍然为我国多数刑法学者所接受和认可。

犯罪客体是我国刑法理论中的重要概念，基本上沿袭了苏联的犯罪客体概念和理论。随着我国刑法理论研究的深入与对大陆法系刑法理论研究成果的借鉴，近年来我国刑法学界围绕犯罪客体主要研究两个问题，即犯罪客体的内容和犯罪客体的地位，并分别形成支持说和反对说。从内容上看，无论是旧的社会主义社会关系说、社会关系说、犯罪对象说，还是目前逐渐兴起并逐步取得主导地位的权利说、法益说，犯罪客体所要反映的是刑法所要保护的内容，是为刑法所保护而被犯罪行为所侵害的事物，是体现在具体行为对象之上的一般性和抽象性利益。犯罪客体实质上就是刑法上的利益，即犯罪客体的内容应当是刑法所保护的利益（法益）。[3] 犯罪本质也旨在说明犯罪这一社会现象所侵犯的是什么的问题，说明国家为什么只能通过动用刑罚权力才能有效保护的问题，它决定了犯罪的实质概念，而犯罪客体无疑要在实质的犯罪概念中有所体现，所以犯罪客体与犯罪本质是紧密相关的。

---

① 肖敏：《犯罪概念研究》，西南政法大学 2008 年刑法学博士学位论文，第 58～62 页；李居全著：《犯罪概念论》，中国社会科学出版社 2000 年版，第94～110 页。

② 陈兴良：《社会危害性理论——一个反思性检讨》，载《法学研究》2000 年第 1 期，第 13～17 页。将刑事违法性作为犯罪本质的观点在我国也不乏支持者，支持者的理由主要是：一是刑事违法性的法律评价；二是作为刑法学研究对象的犯罪只能是法律的概念；刑事违法性可以将应受刑罚处罚性的内容包含其中；符合马克思主义哲学的辩证法和人类认识活动的客观规律。参见余高能：《论刑事违法性作为犯罪本质的合理性》，载《西北大学学报》2006 年第 4 期，第 88～90 页。

③ 张明楷著：《法益初论》，中国政法大学出版社 2000 年版，第 181 页。

违法性本质因探究犯罪行为有害性的法律意义或者在形式违法背后对社会秩序或利益侵害的侵害实质，而与犯罪本质有着较为密切的关系。违法性是大陆法系德、日刑法体系中的重要概念，在德、日刑法三元递进犯罪论体系中，违法性与构成要件该当性、有责性是犯罪成立的三个要件。行为不仅要具备刑法上的构成要件符合性，还需表明其在法律上的否定评价和无意义，违法性便是“与法律的矛盾”，[①] 是对行为或行为结果的法的无价值判断。而围绕违法性的本质抑或违法性的实质，有形式的违法性与实质的违法性、客观的违法性与主观的违法性的对立，行为无价值与结果无价值的对立也是对违法性的实质的理解相对应的两种观点。[②] 形式违法性，是指行为违反了法规范，将违法解释为违反法律，行为的判断基准是实定法的规范，且存在实定法上的根据。根据德、日犯罪论体系，形式违法性有无的判断标准是行为的构成要件复合性，而构成要件则是刑法法规中所规定的值得处罚的行为类型或定型。《德国刑法典》第 11 条第 1 款第 5 项明确规定：“违法行为仅指：实现了刑法规定的构成要件的行为。”因为只是在形式上表示该行为在法律上不被允许，而对于为什么不被允许或者为法律所禁止，形式违法性无法回答，所以必须借助于实质违法性。实质违法性透过法律规范本身，将犯罪行为违法性的缘由归结为对法律所保护的利益或者对社会基本伦理规范的违反，或者兼具二者，由此派生出侵害或威胁法益的法益侵害说、违反社会伦理规范的规范违反说以及兼具二者的二元说的对立。基于立场的不同，实质违法性派生出结果无价值与行为无价值的对立，前者立足于法益侵害立场，认为犯罪行为的违法性是对法益的侵害或威胁，现实产生的恶的结果就具有重要意义，这种恶的结果的产生是违法性的根据；行为无价值

---

① ［德］汉斯·海因里希·耶赛克、托马斯·魏根特著：《德国刑法教科书》（总论），徐久生译，中国法制出版社 2001 年版，第 287 页。

② 张明楷编：《外国刑法纲要》，清华大学出版社 1999 年版，第 134 页。

论基于规范违反说的立场，在违法性判断上重视行为的反伦理道德性，因此，恶的行为、恶的内心是违法性的主要根据。[①] 而犯罪违法性的根据，是犯罪本质中所必不可少的内容，是区别于违法行为的关键。

综上，犯罪本质、犯罪本质特征、犯罪客体、违法性本质有着不同的内涵与功能定位，并有着密切的联系。犯罪本质事实上就是实质的犯罪概念，是从实然意义上对犯罪概念的界定，是对罪之所以为罪的反思；犯罪本质特征是犯罪现象的抽象，是对犯罪概念的总结，因此是反映和表现犯罪本质的具有外部识别性的征象和标志，其与犯罪本质之间所构成的是本质与表象即决定与被决定、反映与被反映、展示与被展示的关系；犯罪客体是我国犯罪构成体系中的重要要件，反映了国家动用刑罚力量所要保护的对象，而犯罪从本质上看便是对这种对象的侵害，因此是犯罪本质中必不可少的要素；违法性本质是构成要件符合性判断后的犯罪成立要素，实质的违法性是对犯罪行为不受法律允许缘由的探究，同样也可解释犯罪行为在本质上的独立性和典型性。“从犯罪论体系上说，大陆法系国家刑法理论的通说认为，构成要件是违法类型，即符合构成要件的行为原则上具有违法性，因此，违法性的实质也是构成要件的实质，因而结局成为犯罪的本质。”[②] 所以，虽然犯罪本质特征、犯罪客体、违法性本质具有不同的内涵与功能定位，却都离不开犯罪本质，前三者从不同侧面体现和反映着犯罪行为的本质属性。在成熟的科学的刑法体系中，犯罪本质、犯罪本质特征、犯罪客体、违法性本质应当保持一致，虽各有侧重但因围绕价值体系或评判标准进行，不会出现在犯罪本质上主张法益侵害说而在实质违法性上

---

① 张明楷编：《外国刑法纲要》，清华大学出版社 1999 年版，第138～139 页。

② 张明楷：《新刑法与法益侵害说》，载《法学研究》2000 年第 2 期，第 21 页。

主张规范违反说的情况。从论述方式看，国外一些刑法学者有时也将违法性本质与犯罪本质作为同一问题来论述，但在当前中国的四要件犯罪论体系中，不存在层次上的递进关系，因此法益侵害说与规范违反说之争只能涉及实质的犯罪概念。

二、犯罪本质的论争及折中说之提倡

大陆法系国家对犯罪本质的认识，主要有权利侵害说、法益侵害说、规范违反说以及折中说（法益侵害 + 义务违反），而法益侵害说、规范违反说是长期对立的两种主张。鉴于这两种学说都无法全面反映犯罪本质，一些学者认为只有将两者结合起来，采取折中的态度认识犯罪本质才是合理恰当的，这种观点在我国也获得了一些学者的支持和接受，笔者亦赞同此种意见。挪用犯罪既侵犯财产法益又违背信任关系，法益侵害与规范违反的折中主张将有利于更准确地认识此类犯罪的本质。

（一）法益侵害说及批判

该理论的基本观点是将犯罪解释成对法益的侵害或威胁。利益概念最早由毕尔鲍姆提出，他在1834年发表的《论与犯罪概念相关的权利侵害的必要性》一文中指出，犯罪本质上是侵犯了法律所保护的“利”，即“从事物本性看应作为犯罪或者依理性国家要求看应受处罚的根据是，对于‘利’的侵害或者威胁”。他对“利”的界定是“法律上应归属于我们的利”或者是“应由法律规定所保护的利”，这种“利”的概念不仅包含了个人的“利”，而且包含了社会秩序，如民族对宗教、道德确信的总体即属于“公共的利”。[1] 这一观点后来得到了宾丁、李斯特的继承和发展。宾丁最早提出法益概念，因主张违反规范说，所以法益概念在其不法

---

① 王安异：《法益侵害还是规范违反》，载赵秉志主编：《刑法论丛》（第11卷），法律出版社2007年版，第285页。

论中处于附属地位。他认为法益是“规范和刑法规定保护的法益和权利，分散在所有的法律领域……法益同时构成了实际可能被损害的合法性所存在的组成部分”，其“利益侵害停留在不服从的表面，而不是在其核心。”[①] 李斯特将法益作为刑法的基本概念，指出“法益，是法所保护的利益，所有的法益都是生活的、个人的或者共同社会的利益；产生这种利益的不是法秩序，而是生活；但法的保护使生活利益上升为法益。”[②] 此后，霍尼希和施温格等人进一步对法益进行精神化理解，认为法益概念应包括立法目的、立法价值等抽象的价值判断，因过于抽象，与规范无异。威尔泽尔、阿明·考夫曼、杰林斯基等人则将法益概念与行为无价值联系起来，认为法益是价值评判的标准，对社会范围内具体对象和状态的肯定的首要评价都是以价值为根据的。在日本，这一学说得到了平野龙一、中山研一、前田雅英等人的支持，主张结果无价值是犯罪行为违法性的实质。在德、日等国家，法益侵害说目前仍然被认为是犯罪本质的通行观点。我国当代刑法学者受德、日古典刑法理论的影响，法益侵害说作为犯罪本质的观点为越来越多的学者所支持和接受，如张明楷教授很早便指出刑法目的是保护法益、犯罪本质是侵犯法益，并认为新刑法从许多方面认同了法益侵害说。[③]

对法益侵害说的批判主要在于精神化的法益观难以明确刑罚处罚的范围。从李斯特、梅茨格尔到日本的平野龙一、前田雅英，都对法益概念进行了精神化的理解，这就使得法益的概念并不清楚，难以明确限定刑罚处罚的范围。正如平野龙一教授所言，“确实，

① 王安异：《法益侵害还是规范违反》，载赵秉志主编：《刑法论丛》(第11卷)，法律出版社2007年版，第285页。

② Liszt. Lehrbuch des deutschen Strafrecht，21. u. 22. Aufl. ，1919，S. 4. 转引自张明楷编：《外国刑法纲要》，清华大学出版社1999年版，第56页。

③ 张明楷：《新刑法与法益侵害说》，载《法学研究》2000年第2期，第23页。

法益概念的确不能说是很明确，尤其是从德国的法益理论史来看，特别是在战前出现所谓的‘法益概念的精神化’思想，例如处罚同性之间的性行为，这时如果问到损害的法益是什么，只能回答是‘性的伦理’；再如不能犯，采用极其主观的见解，被侵害的法益只能说是‘法的妥当性’。”① 所以，对于侵犯个体法益的犯罪，法益侵害说能够较好地用来理解犯罪的本质；而对于侵犯超个人法益的犯罪，因法益概念无法明确化、趋向精神化，法益侵害说显得力不从心。而如果将法益界定为具体的、个体的利益，法益侵害说又容易落入违反说的义务违反范畴之内。德国当代刑法学者冈特·施特拉腾韦特教授、洛塔尔·库伦教授不无失落地承认，“尽管作出了种种努力，但是我们迄今为止都未能更清楚一点地澄清法益的概念。所有的尝试都因遇到了一个原则上不可能解决的困难——找到一个考虑到了所有的肯定合法的犯罪构成要件的定义，并能言之成理——而失败。相反，只有当涉及个体利益（生命、身体不受侵害，自由等）时，法益这个概念才有具体内容，若扩及普遍法益（如公共利益对于正确执行程序，宗教法秩序，证书的可靠性的要求），则这一概念只表明了量刑时的基本思想。”② 此外，法益侵害说仅强调结果的无价值，对社会生活的实在性缺乏充分把握，不少犯罪的性质仅从结果无价值并不能得到充分说明，如法定犯。即使是根据法益侵害说能够相应理解其性质的犯罪，如抢劫罪、强奸罪、盗窃罪、诈骗罪等，在研究其犯罪之所以区别于违法行为、区别于其他犯罪的本质时，也需借助对招致法益侵害、威胁的行为本身的意义分析。

---

① 王安异：《法益侵害还是规范违反》，载赵秉志主编：《刑法论丛》（第11卷），法律出版社2007年版，第289页。

② ［德］冈特·施特拉腾韦特、洛塔尔·库伦著：《刑法总论Ⅰ——犯罪论》，杨萌译，法律出版社2006年版，第30页。

（二）规范违反说及批判

规范违反说将犯罪本质理解为规范违反，主张行为无价值是犯罪行为违法性的实质。在这种学说看来，刑法规范的实质是社会伦理规范，从根本上说是国民生活的道义、伦理，所以违反刑法的实质便是违反刑法规范背后的社会伦理规范。规范违反说在宾丁和迈尔的理论中得到了长足发展。宾丁认为，规范是行为的命令及禁止，它作为一定的刑法条文的前提而存在的行为法即行为规范，他认为犯罪违背了某种行为指示，即法律的禁令或命令。因此犯罪的本质在于蔑视法律规范的要求，即违反规范性。宾丁的观点受到了很多批评，其中关键在于他将规范严格限定为法律规范或成文法规范，而对于不成文法规范或为社会成员所共同认可的规则的违反，无法予以包含。贝林格对规范的理解在形式上与宾丁完全相同，所不同的是他抛弃了宾丁“具体的规范”立场，以“行为的规范性”来代替，从而得出犯罪行为是对“作为全体的法律秩序”的违反，是对“国家的一般规范意识”的反抗或不服从。[①] 迈尔以处罚学生的校规为例，指责了宾丁的观点，他说：“这种处罚在教育上是否正当，是否符合学校处罚的目的，这些都没有进行法律的思考，因为成文法没有规定这些。所以我们必须要问，不成文法如何表明：立法者在相互冲突的行为中阐明了哪些意志？……因此，那些构成刑法基础的文化现象或者那些宾丁在一些个人研究中必须提出的社会目的，在规范理论中没有立足之地。”[②] 所以迈尔将犯罪本质理解为行为对刑法文化规范的违反。文化规范是一个广泛的概念，包括宗教规范、道德规范、地区精神、经济和社交意义上的交往规范、农业军事技术学术文化规范等，当然还有法律规范，都在这个

---

① 张明楷著：《法益初论》，中国政法大学出版社2000年版，第56页。

② 王安异：《法益侵害还是规范违反》，载赵秉志主编：《刑法论丛》（第11卷），法律出版社2007年版，第280页。

定义之下。[①] 威尔泽尔则将犯罪本质理解为对一种价值关系的违反，违法性的实质也是犯罪行为对刑法所保护的价值关系的破坏。雅各布斯则直接将刑法的任务界定为保障规范的效用，而不在于保护法益，刑法之所以处罚杀人行为，并不是因为生命法益受到侵害，而是因为“生命不得受侵害”的规范遭到破坏，而该规范是社会的存在、人与人的交往所不可或缺的基本准则。[②] 客观的行为无价值论认为，犯罪本质应为对客观义务的违反，即规范虽然是客观而普遍有效的，但只能表现在具体情况下的具体义务，也只有在具体情况下才能判断行为是否违反义务，犯罪行为便是对这种具体义务的违反，并且这种义务违反不依行为人的态度来揭示。这种观点因没有考虑人的不法性而受到批评。规范违反说在日本得到了小野清一郎、团藤重光等人的支持，并在违法性的实质内容上坚持行为无价值说。

对规范违反说的批评主要集中在：一是可能会使伦理和法规范相混淆。虽然规范违反说力图将违法评价和道德谴责区别开来，但由于评价标准内容的不清晰，道德谴责的内容仍然与违法性评价纠结在一起，这种“仁者见仁、智者见智”的感情判断，难以在犯罪本质判断上得出统一标准。二是如果采取规范违反说，刑法将以维护社会伦理秩序为目的，以道德观念指导和解释刑法规范，势必导致刑法走向主观主义。三是伦理规范、社会相对性等概念，内涵同法益概念一样难以明确，概念不明确，处罚就难以确定，刑法适用者的恣意便难以有效防止。四是规范违反说虽然强调刑法规范与犯罪实质所违反的规范相分离，将犯罪的本质解释为违反刑法背后的规范，但是这种分离也只具有形式上的意义，而没有实质的效

---

① 王安异：《法益侵害还是规范违反》，载赵秉志主编：《刑法论丛》(第11卷)，法律出版社2007年版，第280页。

② 刘孝敏：《论法益侵害说与规范违反说》，载《法学论坛》2006年第1期，第85页。

果，因而也难以发挥其在立法和司法上的指导功能。正是因为规范违反说将犯罪本质界定为刑法规范后的规范，脱离客观的实际侵害，使其成为一种单纯的道德判断而失去了其应用意义和可操作价值，因此该种观点饱受批评，这也使得中外刑法学者在犯罪本质上的论争逐渐集中于法益侵害说与折中说，纯粹的规范违反说已鲜有人主张。

（三）折中观点及提倡

鉴于法益侵害说与规范违反说在界定犯罪本质上以及结果无价值与行为无价值在违法性实质内容上的各自缺陷，主张二者结合的折中观点开始出现并逐渐扩大影响。折中观点认为，无论是法益侵害说还是规范违反说，无论结果无价值还是行为无价值，对“行为是违反规范并侵害法益”这一命题都是不反对的，只是法益侵害说和结果无价值论看重这一命题的后半部分，并将规范限定为法规范；规范违反说和行为无价值论看重的是前半部分，并将“规范”扩大解释为法规范和社会伦理规范。所以在折中说看来，应当将二者统一起来，对传统的一元本质论和一元违法论进行修正，犯罪本质应是修正的法益侵害说或二元的规范违反说。

在德国，二元的不法理论折中了法益侵害说与规范违反说。麦霍菲尔认为，如果着眼于侵害者的方面，那么行为的无价值考察就会推导出法规范的思想，不法就表现为违反行为规范，即为规范违反；如果着眼于被侵害者的方面，那么同一行为的无价值考察就会推导出法益的思想，相应地不法就被规定为对生活利益的侵害，即法益侵害……不法自始至终既是规范违反又是法益侵害。[①] 李斯特的《德国刑法教科书》几经修改，到施密特那里就走上了折中的道路，其实质不法理论相应变成了：“只有当其违反规定共同生活

① 王安异：《法益侵害还是规范违反》，载赵秉志主编：《刑法论丛》（第11卷），法律出版社2007年版，第290页。

目的之法制时，破坏或危害法益才在实体上违法。”① 在日本，折中说获得了大谷实、大塚仁等教授的支持。大谷实教授认为必须对法益侵害说进行修正，将法益保护主义作为犯罪本质的核心，规范违反说作为补充。他认为，以法益保护主义为核心来把握犯罪的本质的见解是正确的。但是，刑法是以社会伦理规范为基础的，所以，被称为犯罪的行为，仅仅对法益有侵害或危险还不够，还必须违反了社会伦理规范。因此，离开社会伦理规范来把握犯罪本质的法益保护主义的见解并不妥当，必须根据社会伦理主义来对法益保护主义进行修正。最后，他总结修正后的犯罪本质，应当是违反社会上的一般人当然应当遵守的社会伦理规范的侵害法益的行为，以及具有侵害法益的危险的行为。② 大塚仁教授指出，刑法学对前述两种立场（结果无价值和行为无价值）的异质性似乎强调得太过分了，这两种立场只不过是从不同的角度认识违法性的实质，绝非不相容的。③ 因此，他认为“关于犯罪的本质基本上要根据法益侵害说，并且考虑到各个犯罪中犯罪法益侵害的样态来认识，但是面对以行为主体一定的义务违反为中心要素的犯罪，为了补充法益侵害说，有必要并用义务违反说”。④ 行为样态一般属于规范违反中应当考虑的内容，同时大塚仁教授这里所指的义务违反说也不同于德国纳粹时代的社会共同体所负义务、人伦义务的违反，而是表现为对某一特定规范的违反，因此从实质上看仍然是一种规范违反说的主张。

---

① ［德］李斯特著，施密特修订:《德国刑法教科书》，徐久生、何秉松译，法律出版社 2000 年版，第 202 页。

② ［日］大谷实著:《刑法讲义总论》（新版第 2 版），黎宏译，中国人民大学出版社 2008 年版，第 36 页。

③ ［日］大塚仁著:《犯罪论的基本问题》，冯军译，中国政法大学出版社 1993 年版，第 132 页。

④ ［日］大塚仁著:《犯罪论的基本问题》，冯军译，中国政法大学出版社 1993 年版，第 7 页。

在我国刑法理论中，社会危害性被公认为犯罪的本质或本质特征，张明楷教授借鉴德、日刑法理论，认为法益侵害在很大程度上就是社会危害性，从而坚定地支持法益侵害说的犯罪本质主张，并对规范违反说以及折中说提出了尖锐批评。而鉴于传统社会危害性以及法益侵害说在理解犯罪本质以及解释其他刑法理论问题上存在的无法克服的问题，一些学者开始进行反思，以周光权教授为代表的学者们认为应当重视规范违反说在认识犯罪本质以及解释其他刑法理论问题中的价值和作用。对法益结果的侵害固然重要，但行为样态的特殊性、违反规范性同样重要，因此在犯罪本质上提倡以法益侵害说为基础的折中说，在违法性实质内容上提倡结果无价值与行为无价值的结合是很有必要的。周光权教授认为，就当前的中国实际来看，单纯重视法益侵害说的确有时存在不足，行为无价值论对于中国刑法以及刑事法律制度的建设更具有现实意义，所以他个人倾向于采用以前期旧派理论为立足点的刑法客观主义立场，但应以规范违反说的部分内容修正法益侵害说的不足，他认为这应当是中国刑法进一步发展的基本选择。① 因此，在他看来犯罪只能是“对隐藏于生活利益背后的法规范、社会同一性以及公众规范认同感的公然侵犯，而不仅仅是对法益本身的侵害。”②

长期以来，笔者一直认同法益侵害说是犯罪本质属性的主张，结果无价值是违法性的实质内容。但随着挪用犯罪本质探讨的深入，财产法益的侵犯与职务廉洁性的违反，使得单纯的法益侵害说无法完全合理解释，职务廉洁性也无法归入任何一类法益分类当中。职务廉洁性的违反对法益侵害的结果无价值之外的行为样态、

---

① 周光权：《行为无价值论之提倡》，载《比较法研究》2003 年第 5 期，第 31 页。

② 周光权：《论刑法中的规范违反说》，载《外国刑法译评》2005 年第 2 期，第 172 页。赞成此种观点的还可参见王安异著：《刑法中的行为无价值与结果无价值研究》，中国人民公安大学出版社 2005 年版，第 73 页。

特征的看重，是对其行为违反规范背后的社会伦理道德的评价，在违法性实质上是一种行为无价值的反映。因此，挪用犯罪的本质只能采用法益侵害说与规范违反说的折中，任何单一主张都会产生无法克服的缺陷，或者偏重于行为的结果，使不同行为规范下的行为样态失去独立意义；或者偏重于行为自身，注重规范的违反价值而失去法益的实害评判价值。结果与行为都是犯罪本质不可或缺的内容，因此，笔者赞同折中说的主张，并在犯罪行为的违法性实质上赞同二元的行为无价值说或二元的规范违反说。折中说与法益侵害说相比，在认定犯罪本质上至少有以下优势：一是注重行为样态的独立意义。法益侵害说只重视行为对刑法所保护利益的侵害，而对于行为自身的样态、特征以及规范违反性不予重视，这使得一方面，这一观点无法合理解释虽有法益侵害的后果、但行为无规范违反性而不予认定犯罪的情形，如拳击活动，法益侵害说不能解释这种行为的社会相当性。另一方面，对法益侵害的片面看重，无法反映侵害同一法益行为样态上以及规范违反性上的差异，如盗窃罪、抢劫罪与诈骗罪，这些罪背后所违反的伦理道德显然不同——不为人知而窃、敢为人知而抢、假为人知而骗。一般而言，犯罪本质，简而言之是犯罪之所以为犯罪的属性，是相对于合法行为、违法行为而言的，但不可否认的是此罪与彼罪、此类罪与彼类罪的本质区别同样是犯罪本质的应然内容，是深刻认识犯罪本质的必需。较之单一法益侵害说，折中说显然更容易解释这一问题。二是重视法益与规范的关系。折中说较之法益侵害说更为重视法益与规范或社会伦理道德的关系。法益侵害说的一个无法突破的难题便是无法予以法益一个明确的概念，精神化的法益概念无法准确确定刑罚的范围，而具体的法益概念又落入规范违反说的范畴。法益与规范之间并不是非此即彼的关系，正如大塚仁教授所言，社会伦理规范起着在刑法背后支撑刑法的作用，违法性的本质就是违反作为法律秩序基础的国家、社会的伦理规范从而侵害法益或者对法益有威胁的行为。[①] 三是以法益侵害为核心或基础，以规范违反为补充。折中说并不是完全抛弃法益侵害的内容，相反将其作为犯罪本质内容的基础或核心，使法益侵害说的优点得到维系，能够有效解释刑法对一些传统型自然犯的处罚根据问题。坚持法益侵害说以及结果无价值是犯罪本质、违法性实质论的基础，其对于贯彻刑法客观主义立场具有决定性意义。在坚持法益侵害地位的同时，折中说为弥补其不足，引入规范违反说和社会伦理道德，改造或修正法益侵害说或法律保护主义，以增强对犯罪本质理解和认知的科学性、准确性，如法定犯的犯罪本质，从而促进犯罪概念理论、犯罪论体系、刑罚体系、犯罪各论体系乃至整个刑法体系的完善。“换言之，法益的价值、实害的程度、法益侵害发生的危险性等概念的说服力和涵括力都是有限的，对此，我们应当有充分的认识。”[②] 四是在自然犯与法定犯的本质认识上都能合理解释。意大利犯罪学家加罗法洛将“自然犯罪”定义为“对怜悯和正直这两种基本利他情感的伤害”的犯罪。[③] 法定犯因为其行政目的性，较少要求伦理道德，但法定犯是对特定群体的一般性要求，遵从行政规范的要求，而这些行政规范本身又承载一定的伦理道德要求，诸如不要违反交通法规，不要非法行医，不要生产、销售有毒有害的食品等。行政规范赋予了特定群体遵法守则、诚实可信、谨慎行事的义务，所以构成此类犯罪违反规范是前提条件。反言之，对行政犯而言，即使行为人导致了法益损害的严重结果，但由于并没有违反规范所赋予的义务，行

---

① ［日］大塚仁著：《刑法概说》（总论），有斐阁1996年版，第338页。转引自周光权：《行为无价值论之提倡》，载《比较法研究》2003年第5期，第31页。

② 周光权：《行为无价值论之提倡》，载《比较法研究》2003年第5期，第38页。

③ ［意］加罗法洛著：《犯罪学》，耿伟、王新译，中国大百科全书出版社1996年版，第44页。

为人也不应承担刑事责任。此外，随着法律的实施和人们认识水平的提高，久而久之，法定犯也会具有一定的社会伦理性，转化为职业道德、行业规范、市场规则等，“到时，法定犯的规范违反就可以完全被这种伦理义务的违反所代替”。①

所以，笔者赞同犯罪本质为法益侵害与规范违反结合的折中观点，相应的结果无价值与行为无价值是犯罪的违法性实质。折中说将更为科学地理解和认知挪用犯罪这一背信犯罪的本质以及特征。

三、挪用犯罪的类型归属——白领犯罪、职务犯罪、财产犯罪、背信犯罪

犯罪类型的归属，是指以某一条件为标准，某一或某类犯罪的种类归入。犯罪类型归属是犯罪类型划分后的第二步工作，是犯罪类型化研究的重要内容。依照不同标准，任何犯罪都可以归入不同类型的犯罪群体。挪用犯罪是以挪用行为为条件人为划分的类型，每一具体犯罪构成类型的基本原子，众多原子构成高一层次类型的分子，而众多分子又构成更高层次的细胞，最终归属于终极的一元类型即犯罪。所以，挪用犯罪依照不同标准又归属于高一层次的犯罪类型，而犯罪本质存在于、包容于更高位阶的类罪，直至总的犯罪概念的特征之中。类型归属或类型化研究方法，是科学认知犯罪本质的重要方法。

（一）白领犯罪

挪用犯罪尤其是自然人挪用犯罪，是具有主管、经手、管理财物职责的人员，违背职责要求，利用职务便利实施的损害单位利益的行为，因此从主体身份看，应属于白领犯罪。美国学者萨瑟兰1940年在《美国社会学评论》上发表的《白领犯罪》一文被学界

① 王安异著：《刑法中的行为无价值与结果无价值研究》，中国人民公安大学出版社2005年版，第75页。

公认为是对经济犯罪的早期研究。[①] 萨瑟兰认为，白领犯罪大体上可以定义为体面的、有社会地位的人在其职业活动过程中实施的犯罪行为。1979 年美国国会在《改进司法体系管理法》中，第一次给白领犯罪下了官方定义："白领犯罪是一种或者一系列通过非体力性手段，采用隐蔽的方法或诡计，以便非法避免付出或者损失金钱财物，或非法取得金钱财物，或者非法获取经济或个人利益的行为。"在今天，美国学者及其司法界认为，符合这种特征的白领犯罪主要包括：托拉斯犯罪、证券犯罪、邮电诈骗、信贷诈骗、虚假陈述、贿赂罪、税收犯罪、银行侵占等。[②] 当今，白领犯罪已经成为严重危害经济安全与财产安全的犯罪现象，为各国法律重点惩治和防范的对象。国际著名的普华永道投资咨询公司《2005 年全球经济犯罪调查报告》显示，全球 37% 的公司发生过内部经济犯罪事件，其中有 56% 的经济犯罪都是公司员工实施，而来自公司高管层的经济犯罪比率则达到 29%。[③] 这一现象在我国同样严重，以北京市朝阳区为例，2008 年至 2009 年 10 月中旬，朝阳区人民检察院共办理公司企业白领经济犯罪案件 86 件 94 人。经查，此类案件的主体中，公司企业的法定代表人、总经理、副总经理、执行董事等"一、二把手"占总人数的一半；从行为手段看，行为人普遍滥用手中权力，手段多样，其中侵吞挪用型犯罪案件数量最多。据统计，涉嫌职务侵占罪、挪用资金罪、贪污罪、挪用公款罪等犯

① 周密主编：《美国经济犯罪与经济刑法》，北京大学出版社 1993 年版，第 20 页；杨敦先、谢宝贵主编：《经济犯罪学》，中国检察出版社 1991 年版，第 26 页。

② David Weisburd, Stanton Wheeler, Crimes of the Middle Class, Yale University Press, 1991, pp. 25 - 37. 转引自唐稷尧：《论经济犯罪行为的界定》，2005 年西南政法大学刑法学博士学位论文，第 8 页。

③ 《普华永道事务所发布全球经济犯罪调查报告》，http://news.b2b.cn/chanjinglanmu/2005-12/11162.htm。

罪的公司企业“内贼”案件占到案件总数的62.7%。[①] 为遏制白领犯罪过快增长，警惕新兴经济犯罪类型，第十一届联合国预防犯罪和刑事司法大会决议要求，立法者、司法者以及研究者应当“惊觉对国家经济和国际金融系统构成重大威胁的新型经济和金融犯罪的快速增长、地理扩张及其影响。”[②]

（二）职务犯罪

所谓职务，是指“工作中所规定担任的事情”。[③] 刑法上的职务，是法律意义上的职务，要求具备相应的法定权利与义务，因此刑法上的职务较语言学上的职务含义要窄一些。从语言学的角度看，职务犯罪便是与职务有关的犯罪，而长期以来我国刑法理论界和司法实务界将职务犯罪严格限定在公务犯罪或国家工作人员犯罪范围内，赋予其特定含义。按照《中华法学大辞典》刑法卷的解释，职务犯罪指的是刑法规定的普通刑事犯罪中，主体属于国家工作人员利用职务上的便利，或由于职务上的疏忽而构成的犯罪。这类犯罪客观上只能由国家工作人员利用职务上的便利，或由于职务上的疏忽行为构成。[④] 基于这种理解，目前刑法第八章贪污贿赂

---

① 2009年笔者对北京市朝阳区人民检察院2008年至2009年10月间办理的白领犯罪进行了调查分析，形成《金融危机下北京市朝阳区公司企业中高级白领犯罪案件调查报告》一文，受邀在第十八届犯罪学研究会年会大会上发言，并收录在此次论文集中，上述数据即来自此调研报告。

② Alarmed by the rapid growth, geographical extent and effects of new economic and financial crimes, which have emerged as significant threats to national economies and the international financial system. 赵秉志、杨诚、阴建峰编：《第十一届联合国预防犯罪和刑事司法大会文献汇编》，法律出版社2008年版，第61页。

③ 中国社会科学院语言研究所词典编辑室编：《现代汉语词典》，商务印书馆1996年版，第1616页。

④ 高铭暄主编：《中华法学大辞典（刑法学卷）》，中国检察出版社1996年版，第751页。

罪、第九章渎职罪以及其他章节中规定由国家工作人员或国家机关工作人员实施的违背职责、滥用职权的犯罪被纳入职务犯罪的范围。随着我国公司企业或其他非国有单位内部人员违背对单位忠诚义务，金融机构等特定单位违背对客户或委托方的忠诚守信义务，中饱私囊、滥用权力、谋取私利、内外勾结、玩忽职守等严重损害本单位或客户利益的“私务犯罪”现象大量出现，加上国家利益与个人利益、国家财产所有权与私人财产所有权在法律地位与保护上平等观念的逐渐深入人心，以及“公务犯罪”、“私务犯罪”在行为方式本质上的相似性，一些学者开始从一般意义上或广义上界定和研究职务犯罪的内涵与外延。对外经济贸易大学李燕兵博士的博士学位论文《上市公司高管职务犯罪问题研究——论违反忠实义务行为的犯罪化》的立论基础之一便是“职务犯罪是国家工作人员职务犯罪的上位概念，后者与公司职务犯罪并列被包容在职务犯罪的概念之中。”① 私务犯罪是私法领域的法定职务犯罪，为私法目的的实现服务，规范和控制私务行为主要由民商法按照私法的一系列原则进行；公务犯罪是公法领域的法定职务犯罪，为国家和公共利益的目的服务，对公务职务行为进行规范，完全由公法范畴的组织行为法完成，只有二者行为均触犯刑事法律规范时，才统一于刑法范畴。无论是公务犯罪还是私务犯罪，从行为方式上都可以分为利用职务型、滥用职权型、疏于职守型等类型，其中挪用犯罪包括自然人挪用犯罪与单位运用犯罪，都属于违背职责，利用单位或客户或国家赋予的职责，擅用主管、经手、管理权利，谋取个人利益，严重损害本单位或客户或国家财产利益的行为，因此挪用犯罪属于利用职务型职务犯罪。

（三）财产犯罪

财产犯罪在我国又称侵犯财产罪，有学者从行为手段上进行概

---

① 李燕兵：《上市公司高管职务犯罪问题研究——论违反忠实义务行为的犯罪化》，对外经济贸易大学2006年刑法学博士学位论文，第10页。

念界定，如张明楷教授认为，财产犯罪是指以非法占有为目的，取得公私财物，或者挪用单位财物，故意毁坏财物的行为；也有学者从财产权利的角度进行界定，认为财产犯罪是行为人在对财产的占有、使用、收益、处分的过程中实施的严重侵犯他人财产利益的行为。① 财产犯罪是传统罪名，自从人类进入成文法时代便已有之，并作为主要的犯罪类型延续和稳定下来。此类犯罪以犯罪行为侵犯受刑法保护的他人对财产的占有、使用、收益、处分权利的法益为共同特征，而财产权益是人类社会存续和发展的最基本条件，也是社会个体生存和发展的最基本条件，因此财产犯罪是各个时代刑事法律惩治的重要内容。盗窃罪、抢劫罪、诈骗罪、抢夺罪、敲诈勒索罪、侵占罪等成为现代社会各国刑法中财产犯罪的主要内容。与各国规定不同，我国除此之外在刑法第五章侵犯财产罪中还规定了挪用资金罪、挪用特定款物罪，以及其他章节的挪用公款罪、背信运用受托财产罪、违法运用资金罪等挪用型犯罪，因为此类犯罪只侵犯了他人对财产的占有、使用、收益权而被称之为侵犯不完整所有权的财产犯罪，与盗窃罪等侵犯完整所有权的财产犯罪有所不同。在大多数国外刑法中虽然没有规定挪用行为样态的独立罪名，但基本上都惩治此种行为的相应罪名，如日本和我国台湾地区“刑法”中的业务侵占罪、背信罪，英国和美国刑事法律中的侵占罪等。

（四）背信犯罪

随着社会经济的发展，现代企业制度的建立，委托理财方式的兴起，财产所有人逐渐与经营管理人分离，背信犯罪作为一类财产类犯罪越来越多。背信犯罪抑或背任犯罪，是指处理他人事务或管理、处分他人财产或财产型利益的行为人，故意滥用权限或违背信

---

① 张国轩：《经济犯罪、商业犯罪、财产犯罪的罪刑关系研究》，载《政治与法律》2003年第2期，第105页。

托义务，损害他人财产利益的行为。[①] 背信犯罪是一类违反忠实义务、破坏信任关系的财产犯罪，在违法性实质上、在立足于结果无价值基础上强调行为上的无价值。德国、日本、瑞典等国在刑法中规定了背信犯罪，如德国刑法第 266 条规定：根据法律、官方委托或法律行为，有权处分他人财产或对他人负有义务而滥用其权利；或基于法律及信托关系有义务管理他人财产利益、破坏其义务致他人的财产利益遭受损害的，处 5 年以下自由刑或罚金；情节特别严重的，处 1 年以上 10 年以下自由刑。除此之外，第 356 条规定了对当事人的背信。日本刑法第 247 条规定普通背信罪或背任罪，即“为他人处理事务，以谋求自己或第三者的利益，或以损害委托人的利益为目的，而实行违背其任务的行为，致使委托人的财产受到损失的，处 5 年以下惩役或 50 万日元以下罚金。”而基于业务关系将占有物侵占或挪用的，日本刑法专门规定了业务上侵占罪，其本质也是对业务上忠实义务的违反。我国刑法目前带有“背信”字样的罪名虽然只有背信运用受托财产罪和背信损害上市公司利益罪，但实际上有多种特殊的背信犯罪，如为亲友非法牟利罪，非法出具金融票证罪，徇私舞弊造成破产、亏损罪等。自然人挪用犯罪是受委托主管、经手、管理财物的单位工作人员违背对单位的忠实义务，谋取私利或损害单位利益的行为；单位运用犯罪是受委托主管、经手、管理财物的单位违背对客户或委托人的忠实义务，谋取私利或损害单位利益的行为。因此，挪用犯罪符合背信犯罪的基本结构，即为他人处理事务的人——出于图利或加害目的——实施违背任务的行为——造成他人财产上的损害，是背信犯罪的下位概念。正是看到挪用犯罪与背信犯罪在行为忠实义务违反性上的共性特征，有学者将我国类似于国外背信罪的行为主要分为四类，即图

---

① 北京大学法学百科全书编委会编：《北京大学法学百科全书·刑法学 犯罪学 监狱法学卷》，北京大学出版社 2003 年版，第 33、121、605、606 页。

利型、违法金融行为型、挪用型、滥用职权型，其中挪用型背信犯罪便包括挪用资金罪、挪用公款罪和挪用特定款物罪。[①] 刘明祥教授在其《财产罪比较研究》一书中也认为上述三种挪用犯罪是特殊的背信犯罪，“这些犯罪都具备背信罪的构成要件，只不过在犯罪主体或侵害对象等方面有一定的特殊性，因而是特殊类型的背信犯罪。”[②]

四、我国挪用犯罪客体的一般主张

正如之前所言，犯罪客体是我国构成要件体系中的应然内容，其内涵也是犯罪概念的应然内容，是犯罪本质不可或缺的要素，对犯罪客体的侵害依照法益侵害说的一般认识来看便是犯罪行为的本质属性。在中国刑法理论中，一般认为犯罪概念与犯罪构成是抽象与具体、本质与现象的关系，犯罪概念揭示了各种具体犯罪的共同特征，犯罪构成是对犯罪概念的具体反映，所以作为犯罪概念核心内容的犯罪本质与作为犯罪构成的重要构成要件之一的犯罪客体无疑也体现为这种关系。[③] 犯罪客体在很大程度上反映和揭示了犯罪的本质，了解和分析犯罪客体内涵是认识我国刑法中犯罪本质的重要路径。在此，笔者试图引入这种方法，以求反映和揭示挪用犯罪的本质。

---

① 陈洪兵、安文录：《背信行为的刑法探究》，载《法治论丛》2005 年第 5 期，第 78 页。

② 刘明祥著：《财产罪比较研究》，中国政法大学出版社 2001 年版，第 411 页。

③ 有学者认为犯罪客体不应是犯罪构成的内容，而是犯罪概念的内容。理由在于：一是犯罪客体的意义已包含在犯罪概念中，对犯罪客体的侵害即是犯罪本质属性——社会危害性的体现；二是缺少犯罪客体要件，不会给犯罪定性带来困难；三是将犯罪客体排除在犯罪构成之外，并不是取消犯罪客体，而只是改变其体系性地位。张珉：《论犯罪客体的科学定位》，载《河南司法警官职业学院学报》2005 年第 3 期，第 88 页。

挪用犯罪是以挪用或运用的行为样态为共性标准，人为整合并进行类型化研究的类型犯罪，其犯罪客体依赖于各个具体个罪客体的整合和抽象。

（一）挪用资金罪的客体

概括而言，自挪用资金罪创立以来，有关该罪客体的论争主要有以下几种观点：一是“非国有单位财产所有权说”，即该罪客体是非国有公司、企业或其他单位的财产所有权；二是“单位财物所有权说”或“公私财产所有权说”，该种观点认为该罪客体是公司、企业或其他单位的财物所有权，或直接称为公私财产所有权，而不限于非国有单位的财产所有权；三是“公私财产部分所有权说”，这种观点将财产所有权分解，分为四种权能，挪用资金罪即是对部分权能的侵害，如该罪侵犯的客体是公司、企业或者其他单位的财产在一定期间内的占有权、使用权和收益权。虽然也有观点指出挪用资金罪侵犯了单位财产所有权，但这是基于对单位资金的占有权、使用权和收益权的侵犯，进而侵犯财产所有权。[①] 近年来，“公私财产部分所有权说”在理论和实践中逐渐取得主导地位。

（二）挪用特定款物罪的客体

对于该罪客体内容，学者一般认为应当包括国家专款专用的财经管理制度，但在是否包括其他内容问题上有不同意见。一种意见认为挪用特定款物罪的客体只包括国家专款专用的财经管理制度，

---

① 以上观点分别参见苏惠渔主编：《刑法学》，中国政法大学出版社1997年版，第671页；高铭暄、马克昌主编：《刑法学》（下编），中国法制出版社1999年版，第921页；肖扬主编：《中国新刑法学》，中国人民公安大学出版社1997年版，第512页；周道鸾、张军主编：《刑法罪名精释》（第三版），人民法院出版社2007年版，第528页；赵长青主编：《新编刑法学》，西南师范大学出版社1997年版，第698页；王作富主编：《刑法分则实务研究》（第三版），中国方正出版社2007年版，第1165页。

不包括其他，笔者称之为单一客体说。主张挪用特定款物罪客体为复杂客体的意见当中，一种意见认为除了包括专款专用的财经管理制度外还包括特定款物的国家财产所有权，另一种意见只是在所有权内容上进一步具体化，即又侵犯了公共财产的使用权。①

（三）挪用公款罪的客体

挪用公款罪是挪用犯罪中学者最为关注、研究也最为深入和广泛的罪名，因此围绕该罪客体的争论也较其他挪用犯罪多。概括来讲，主要有简单客体说和复杂客体说。前者将挪用公款罪的客体定位为对公款的所有权，抑或对公共财物所有权具体权能的侵犯，或者定位于对国家财经管理制度的侵犯。这些观点主要是1997年刑法修改之前的主张，1997年刑法修改之后基于挪用公款罪立法的专门化和规范化，简单客体说鲜有人主张。复杂客体说观点较多，但基本是国家工作人员职务行为的廉洁性，公款的所有权或公款的占有、使用和收益权，国家财经管理制度以及其他内容的选择组合，如有观点认为本罪的客体是国家工作人员职务行为的廉洁性、国家的财经管理制度以及公共财物的所有权，还有观点认为本罪的客体是国家工作人员职务行为的廉洁性和公款的占有、使用和收益权或公款的所有权。② 从研究成果来看，主张职务行为廉洁性与公款所有权为挪用公款罪客体的观点最多。

（四）背信运用受托财产罪的客体

因为这一罪名是《刑法修正案（六）》新增的罪名，司法实践

① 以上观点分别参见赵长青主编：《新编刑法学》，西南师范大学出版社1997年版，第701页；赵秉志主编：《侵犯财产罪研究》，中国法制出版社1998年版，第409～410页；王作富主编：《刑法分则实务研究》（第三版），中国方正出版社2007年版，第1169页；周道鸾、张军主编：《刑法罪名精释》（第三版），人民法院出版社2007年版，第530页。

② 卢建平等编：《挪用公款罪专题整理》，中国人民公安大学出版社2007年版，第19～22页。

中又基本尚未适用，因此该罪研究成果较少，犯罪客体的主张也较少，仅有的研究成果一般都主张复杂客体，即国家金融管理秩序和他人的资产所有权或客户的财产利益，理由在于《刑法修正案(六)》将本罪规定在刑法第三章破坏社会主义市场经济秩序罪中的破坏金融管理秩序罪一节里，可见本罪的主要客体应是国家金融管理秩序，客户的财产利益是次要客体。[①]

（五）违法运用资金罪的客体

与背信运用受托财产罪相同，违法运用资金罪也是《刑法修正案（六)》新增的罪名，因目前尚未在司法实践中应用，因此该罪研究成果较少，犯罪客体的主张也较少，仅有的研究成果认为，本罪侵犯的客体是公众资金的安全管理，犯罪对象是社会保障资金、住房公积金等公众资金。[②]

从挪用犯罪各罪客体的主张来看，我国学者已经注意到以非法使用为目的的犯罪在客体侵害上的特殊性，以及在行为样态上挪用公款行为对公务行为的背信性，即使是国家金融管理秩序和公众资金安全管理的超个人法益，也是建立在对个人财产法益的侵害与行为忠实义务的违反基础之上，这是值得肯定的，对揭示和反映此类犯罪的本质奠定了基础。但同时不得不指出的是，绝大多数学者并没有注意到除挪用公款罪之外其他挪用犯罪在职务或职责上的“职务廉洁性”，“职务”被替换为“公务”，也只有公务行为的廉洁性才受到刑法的特殊保护，私务行为的廉洁性不在刑法保护之内，或者只能体现在对私有财产法益的保护当中。此外，职务廉洁性的犯罪客体地位问题，也是多数学者忽略的问题。职务廉洁性，

---

① 彭文华：《论擅自运用客户资产罪》，载《中国检察官》2006 年第 9 期，第 12 页；涂龙科、胡建涛：《论背信运用受托财产罪的认定》，载《政治与法律》2008 年第 3 期，第 95 页。

② 周道鸾、张军主编：《刑法罪名精释》（第三版），人民法院出版社 2007 年版，第 290 页。

在于强调单位工作人员或受委托单位不得利用职权行为或受委托行为非法获取个人利益，本身带有明显的伦理色彩，体现了行为无价值论的要求。因此，职务廉洁性不应是受侵害法益的内容，不属于任何一种个人法益和超个人法益，也便不是犯罪客体的内容。所以，笔者认为挪用犯罪客体的内容只能是财产法益，① "职务廉洁性" 只能是规范违反中的内容，属于行为无价值论的评价范畴。

五、挪用犯罪的本质

挪用犯罪是一类侵犯财产法益的背信犯罪，财产法益是其结果内容，背信是其行为内容，因此其犯罪本质的揭示必须借助于法益侵害与规范违反的折中观点，而此类犯罪的违法性实质也是结果无价值与行为无价值的结合。挪用犯罪在法益侵害与规范违反上的特殊性，使得此类犯罪不仅具有了与一般违法行为区分的本质特征，也具备了与其他侵犯财产法益犯罪有效区分的根本属性。

（一）挪用犯罪的侵害法益

从挪用犯罪客体的一般主张可以看出，挪用犯罪是一类侵害他人财产法益的犯罪，挪用行为是一种将单位财产或客户财产擅自挪移使用，从而阻挠和破坏财产所有权人对财产合法合理运用的行为。作为一类财产犯罪，挪用犯罪的法益侵害在具备财产犯罪法益侵害共性内容的同时，又具有区别于其他财产犯罪的独特内容。

---

① 关于犯罪客体的内容或含义，我国刑法理论中产生了"社会关系说"、"犯罪对象说"、"权利说"、"法律秩序说"、"法益说"等观点，其中法益说是近年来影响较大的观点，大有与通说分庭抗礼之势。笔者为表述方便，同时也为将犯罪客体与犯罪本质研究有机联系起来，采纳"法益说"，认为犯罪客体的内容是刑法所保护的利益。

财产犯罪的保护法益是权利人在财产上的权益，而不是财产本身，① 而对权益内容的理解不同，使得财产犯罪保护法益的争论由来已久。随着社会发展与商品经济的繁荣，财产流通频繁，财物的占有和所有逐渐分离，占有财物不一定意味着对财物具有所有权，相反财物所有人也不一定对财物就具有现实的占有和支配，这就产生了一个重要问题，即对财物的占有是不是也要予以保护。为解决这一问题，德国学者试图通过重新诠释财产的概念来修正财产犯罪侵犯法益的内容，日本学者则从权益本身进行破解。在德国，学者们提出了法律的财产说，经济的财产说，法律的、经济的财产说。法律的财产说认为，财产利益在民事法律上集中表现为权利，财产罪本质上是对民事法上权利的侵害；经济的财产说认为，凡有经济价值的利益都是财产，没有经济价值但受民事法律保护的权利也不是财产，有经济价值不受法律保护的也是财产；法律的、经济的财产说认为，财产犯罪的保护法益既有民事法上的权利的一面，又有经济利益的一面，要把两方面结合起来。在日本，关于财产犯罪侵害法益的内容争论很激烈，主要形成本权说、占有说与中间说三种主张。本权说又称所有权说，认为财产犯罪的法益是所有权及其他本权（质权、租赁权、处置权）；占有说又称所持说，认为财产犯罪的保护法益是事实上的占有本身，不仅包括合法占有，而且包括非法占有；中间说在本权说与占有说的有机整合下，分别又形成以本权说为基础的修正说与以占有说为基础的修正说。黎宏教授认为，日本学界三种学说对立的本质，源于对财产犯的处罚根据是对

① 一些学者认为，财产罪的保护法益是财产，这没有什么疑问。参见童伟华：《财产罪的法益——修正的“所有权说”之提倡》，载《安徽大学法律评论》2009 年第 1 辑，第 230 页；陈洪兵：《财产罪法益上的所有权批判》，载《金陵法律评论》2008 年春季卷，第 136 页。笔者认为，财产只是财产犯罪的对象，而财产之上对于权利人的使用价值、经济价值才是财产犯罪以及刑法所要保护的内容，财产对于人的有用性、有效性才是刑法保护的利益所在，也才能称为法益。

财产权的侵害（本权说），还是对财产秩序的侵害（占有说）这种见解上的对立。“这种对立本质上是财产犯的保护法益是应当从民事权利的角度加以理解（法律财产说），还是应当从经济利益的角度加以理解（经济财产说）上的分歧。”① 在我国，本权说、占有说以及中间说均有学者主张，其中本权说是通说观点。本权说或所有权说认为，财产犯罪的主要法益是公私财产所有权，“财产罪的本质是侵犯财产所有权，刑法规定处罚财产罪的目的也是为了保护财产所有权。”② 具体到盗窃罪、抢劫罪、诈骗罪等各罪侵害的法益，也是依照本权说进行的描述，即公私财产所有权。为克服本权说与占有说的各自缺陷，以张明楷、黎宏教授为代表的学者提倡中间说，以修正本权说或占有说。③

正是基于犯罪目的上的差异，我国刑法学者创造性地将民法中所有权的四项权能理论引入刑法，在财产犯罪和挪用犯罪侵害法益内容上形成所有权整体权能说和区别说。所有权整体权能说认为，“财产罪所侵犯的并不仅仅是四项权能中的某一项，而是侵犯了财产所有权整体，使财产所有人在事实上永久、完全地丧失对财产占有、使用、收益和处分的可能性。因此，如果某种行为仅仅侵犯所

---

① 黎宏：《论财产犯罪的保护法益》，载《人民检察》2008 年第 23 期，第 26 页。

② 刘明祥著：《财产罪比较研究》，中国政法大学出版社 2001 年版，第 19 页。

③ 张明楷教授认为，财产犯的法益首先是财产所有权及其他本权，其次是需要通过法定程序改变现状（恢复应有状态的占有）；但在非法占有的情况下，相对于本权者恢复权利的行为而言，该占有不是财产犯的法益。参见张明楷著：《刑法学》（第三版），法律出版社 2007 年版，第 702 页。黎宏教授认为财产犯罪的保护法益，首先是公私财产的所有权以及租赁权、借贷权等本权，其次是“未经法定程序不得没收的利益”。参见黎宏：《论财产犯罪的保护法益》，载《人民检察》2008 年第 23 期，第 28 页。

有权四项权能中的某一项权能，一般不能构成侵犯财产犯罪”，[①]挪用资金罪、挪用特定款物罪以及挪用公款罪等挪用犯罪的侵害法益也就是款物所有权。区别说认为，“侵犯财产的犯罪，多数情况下是对所有权全部权能的侵犯，即行为人的犯罪行为使财产的所有人永久地、完全地丧失对财产的占有、使用、收益和处分的可能性；但是在有些情况下，可能仅仅侵犯到所有权的部分权能，如侵害到使用权，也构成对财产权利的侵犯”，[②]挪用资金罪、挪用特定款物罪以及挪用公款罪等挪用犯罪的侵害法益为款物所有权的部分权能，其中占有权、使用权、收益权的三权能说是众多权能说中的主流观点。

综观我国学界对挪用犯罪侵害法益的不同主张，论争的核心在于挪用犯罪是否侵犯了单位或客户对款物的处分权。从本质上看，肯定论从所有权整体考虑，侵害单一权能事实上必然侵害其他权能，对占有、使用、收益权的侵害势必事实上侵害权利人的处分权能，因此挪用犯罪的侵害法益为所有权整体；否定论从使用目的与占有目的的区分着手，因行为人主观上不具有非法占有目的，并具有归还的意图，所以没有从根本上对权利人的处分权构成实质侵害，并不像盗窃罪、抢劫罪等犯罪那样直接予以剥夺处分权。笔者认为，首先，依照法益侵害说，犯罪行为是对刑法所保护利益的侵害，侵害的后果如何是一种客观评价，主观要素的内容不应纳入客观评价的内容。犯罪行为对刑法所保护法益的侵害程度与后果，不是行为人主观意图所能决定和控制的，对刑法所保护利益的侵害是客观的、必然的，行为人主观意图的不同体现了主观恶性程度的不同，更多地体现在行为人的人身危险性上，而不是社会危险性本

① 赵秉志、吴振兴主编：《刑法学通论》，高等教育出版社 1993 年版，第 656 页。类似观点还可参见何秉松主编：《刑法教科书》（下卷）．中国法制出版社 2000 年版，第 904 页。

② 王作富主编：《刑法》，中国人民大学出版社 1999 年版，第 389 页。

身。具体到挪用犯罪，行为人对特定款物的挪作他用，虽然主观上有归还的意图，但这不是客观上法益侵害考虑的内容，法益侵害所要考虑的只是挪用这种犯罪行为究竟侵害了刑法所要保护的何种利益。其次，挪用犯罪侵犯了单位或客户款物所有权的全部权能。行为人将特定款物挪作他用的行为，已然让款物所有权人事实上对特定款物失去控制，无法真正实现对所有款物的占有、使用、收益以及处分权能，主观非法使用目的的意图并不能改变行为客观上对所有权人财产所有权尤其是处分权的现实侵害。最后，所有权整体权能说能够有效统一财产犯罪法益观点，形成完整体系。长期以来，刑法学界对将民法中所有权的四项权能引入刑法理论用以区分挪用犯罪与其他财产犯罪的观点和主张的批评不绝于耳，主要理由在于民法所有权理论无法完整纳入刑法体系。将挪用犯罪的侵害法益界定为款物所有权整体，有助于这种批评意见的消弭以及财产犯罪侵害法益完整体系的统一。

总之，依照法益侵害说的一般理论和财产犯罪侵害法益的一般认识规律，笔者认为，挪用犯罪侵害的法益只能是特定款物的所有权，而不限于具体权能。

（二）挪用犯罪的规范违反

挪用犯罪是一类侵犯财产法益的背信犯罪，行为人对职责的违背，对权利（权力）的滥用，使得行为本身带有了道德上的否定性评价，体现了在行为上的无价值，这也是此类犯罪区别于其他财产犯罪的典型特征。

1. 背信犯罪的本质

从类型归属来看，挪用犯罪属于背信犯罪，而背信犯罪主要强调行为的背信性。通过对背信犯罪本质学说的了解和认识，借以揭示挪用犯罪在规范违反上的本质内容。

关于背信犯罪的本质，在德、日等大陆法系国家主要形成了五种观点：一是滥用权限说。该种学说认为背信罪是滥用法律上的权限而侵害他人财产的犯罪。二是背信说。背信说把违背他人的信任、信赖关系乃至诚实义务而侵害其财产作为背信罪的本质。三是限定的背信说。该种学说认为应当对信赖关系加以限定，至于如何限定，学者们有不同看法。四是背信的滥用权限说。此说又称新的滥用权限说，它虽立足于背信说，但认为背信说会导致无限扩大背信罪的成立范围，因而应当加以适当限制，有必要引入“滥用权限”的要素，并认为背信罪的本质是行为违背委托者的信任、滥用其权限而损害受托者的财产。五是意思决定说，认为背信罪的本质是受委托之人，因为委托权而能够代委托人作出一定的意思内容决定，在这种情形下，受委托人作出了不利于委托人的意思内容决定，从而使委托人的财产遭到损失的情形。① 在日本，依据刑法第247条的规定可以看出，日本刑法界基本支持背信说的立场；而当今日本的理论与实务界，限定的背信说的立场却越来越明显。为了克服滥用职权说与背信说的各自缺陷，现行德国刑法将两种学说结合起来，第266条第1款规定：“根据法律、官方委托或法律行为，有权处分他人财产或对他人负有义务而滥用其权利；或基于法律及信托关系有义务管理他人财产利益、破坏其义务致他人的财产利益遭受损害的，处一年以上十年以下自由刑或罚金；情节特别严重的，处一年以上十年以下自由刑。”

挪用犯罪可以说是一种纯正的背信犯罪，本质上是对内部信任关系的违反。日本学者为限定背信说提出了“内部的信任关系说”，该种学说认为背信罪所违反的信任关系仅限于内部的信任关系。随着市场经济的发展和现代企业制度的建立，财产所有者与经营管理者逐渐分离，为实行财产大规模而高度有效利用的经济活动，不得不利用企业组织或各种代理或各种经营管理者从事各种经济活动，如果受托者违反信赖原则实施不正当行为，那就会严重损害委托者的利益。因此，日本学者认为，归根到底，背信罪是为了

---

① 刘明祥著：《财产罪比较研究》，中国政法大学出版社2001年版，第389~393页。

保护从事有组织的经济活动的内部人员之间的高度信任关系即内部的信任关系，而设立的一种比较新的财产罪类型。[①] 应该说，这种观点考虑了背信犯罪产生的背景及社会生活的走向，挪用犯罪即主要是对这种内部的信任关系的违反。从背信犯罪本质的诸种争论可以看出，作为一类重要背信犯罪类型，挪用犯罪在本质内容上也应当包括对信任关系的违反，即是对刑法规范背后社会伦理道德的违反，这种对挪用行为样态而不是法益侵害上的道德评价是挪用犯罪显著区别于其他犯罪的本质内容。

2. "职务廉洁性"的否定

从挪用公款罪设立之初，我国刑法学界便认识到了该罪主体对国家与国家工作人员之间信任关系的违反，并将之定位为"职务廉洁性"纳入挪用公款罪的客体内容，作为直接客体之一。例如，有学者认为"挪用公款罪作为贪污贿赂罪的一种，必有侵害国家廉政建设制度的一面。而且它是国家工作人员利用职务上的便利实施的，直接侵犯了国家廉政建设制度中公职人员职务行为的廉洁性，也是显而易见的。"[②] 考虑到挪用行为的共性特征，还有研究者将职务廉洁性归纳为挪用犯罪所侵害的法益之一。理由是，在挪用犯中，行为人要达到其挪用的目的，势必利用职务上的便利来实施，其直接地侵犯了工作人员的职务行为的廉洁性，包括国家工作人员职务行为的廉洁性和非国家工作人员职务行为的廉洁性。[③]

对此，笔者认为，首先，应当肯定挪用公款罪主体对公务职责廉洁性的违反、对国家信任关系的破坏，同时应当指出的是，在挪

---

① ［日］平川宗信著：《刑法各论》，有斐阁1995年版，第389页。转引自刘明祥著：《财产罪比较研究》，中国政法大学出版社2001年版，第391页。

② 高铭暄、马克昌主编：《刑法学》（下编），中国法制出版社1999年版，第1129页。

③ 罗猛：《挪用犯研究》，中国政法大学2008年博士学位论文，第23页。

用资金罪、挪用特定款物罪以及背信运用资金罪、违法运用资金罪中，主体同样是对自身职务廉洁性的违反、对单位或客户或国家信任关系的破坏，不应因后者是对私务职责的违反而不予重视和保护。其次，“职务廉洁性”不应当纳入挪用犯罪所侵犯的法益内容之中，而应当属于行为规范违反的内容，表现为对忠实义务和诚实道德的违反，带有明显的伦理色彩，更多地体现为行为上的无价值而不是结果上的无价值。最后，从规范意义上看，“职务廉洁性”的界定并不准确。职务廉洁性顾名思义是指职务行为应当清廉洁净，不应借职务谋取私利。从中可以看出，职务廉洁性强调的是行为主体不应利用职权谋取私利，也就是不应“腐败”而腐败，这与我国立法中最早将挪用公款罪归入贪污罪是一脉相承的。因此这是从政策角度和职务犯罪惩治的角度着眼的，而并未深入犯罪本质层面，就犯罪谈犯罪，就犯罪研究犯罪。同时，不可否认的是，挪用特定款物并不必然谋取个人利益，如果仍将“职务廉洁性”作为挪用特定款物罪的直接客体就会不当地缩小打击范围，不利于对特定款物的保护。因此，用“职务廉洁性”来概括挪用犯罪的规范违反的内容并不准确和科学，应当借鉴背信犯罪本质的学说，对“职务廉洁性”主张进行修正。

3. 挪用犯罪的规范违反：对忠实义务的违反

根据类型归属来看，挪用犯罪属于白领犯罪、职务犯罪和背信犯罪，是行为主体以谋取自身利益意图或加害意图，滥用职权，将单位或委托人财物挪出使用或挪作他用或违法运用，严重损害所有权人或委托人利益的行为，是对内部信任关系的严重破坏，是对所有权人或委托人的背信，是对相关法律制度和职业道德、社会公德的违反，突出表现为对所有权人或委托人忠实义务的违反。

忠实义务是信赖义务的组成部分，通常被用于公司法等商事法领域中。信赖义务及其派生概念即信赖人、信赖关系源自英美法系国家，并在这些国家中的公司法、合同法等商事法领域广泛应用。《布莱克法律辞典》对信赖的解释是：“作为名词是指一个有受托人或者类似于受托人特性的人，该特性包含着信赖与信任，要求审慎的善意与诚实。作为形容词是指信托之特性，具有信托之特点，与信托类似的，与信托相关的或者建立在信托或信任基础上的。”《布莱克法律辞典》对信赖义务的解释是：“为他人之利益将个人利益置于该他人利益控制之下的义务。这是法律所旨意的最高标准的义务。”信赖义务源自委托人对受托人的信任，而受托人信任义务的产生是建立在收取一定报酬或享受一定利益的权利基础之上的，信赖义务的违反即是只占有权利而不履行义务或不正当履行义务的行为。因此，信赖义务首先被认为是一种伦理道德义务，一种公认的美德与模范，只有为法律所确定才具有法律上的效力。随着现代企业制度的广泛建立，财产所有权与经营管理权的广泛分离，公司法、信托法等法律将董事、经理等内部人员以及受委托管理机构等金融机构的信赖义务明确为法定义务。英美法中对公司董事信赖义务的规定，分为注意义务和忠实义务。按照美国《示范公司法修正本》的规定，注意义务是指董事履行义务时必须：“(1) 怀有善意；(2) 要像一个正常的谨慎之人在类似的处境下应有的谨慎那样去履行义务；(3) 采用良好的方式，这是他有理由相信符合公司利益的最佳方式。”对于忠实义务的违反，主要包括四种情形：“(1) 涉及到董事与公司之间交易的案件；(2) 涉及到拥有一个或者多个共同董事的公司之间交易的案件；(3) 涉及到董事利用了本应属于公司的机会谋利的案件；(4) 涉及到董事与公司进行同业竞争的案件。”① 可见，注意义务强调的是董事的谨慎义务，忠实义务强调的是忠诚守信义务。综观各国法律对信赖义务的规定，大陆法系和英美法系国家各有侧重，以德、日为代表的大陆法系国家强调的是董事竞业禁止制度，英美法系国家将防止董事侵犯和滥用职权规定于侵权法中，公司法的规制重点在于禁止董事的自

---

① [美] 汉米尔顿著：《公司法概要》，李存捧译，中国社会科学出版社1998年版，第251、263页。

我交易和公司竞争。我国公司立法对于忠实义务的确定，最早规定于国家体改委颁布的《股份有限公司规范意见》，后在1993年的《到香港上市公司章程必备条款》、1997年的《上市公司章程指引》、2001年的《关于在上市公司建立独立董事制度的指导意见》等均有所规定，直到2006年新《公司法》以立法的方式正式确立了董事、高级管理人员有关忠实义务的7类规范。这7类义务是：禁止侵占、滥用公司财产；禁止收受贿赂或利用身份获取非法收入；禁止非法借贷及担保；禁止与公司非法自我交易；禁止篡夺原本属于公司的商业机会；禁止与公司展开同业竞争；禁止泄露公司的商业秘密。以公司法为中心的商事法律制度，构建了我国有关公司董事义务和责任的法律框架，形成了较为完整的董事忠实义务的法律制度。

挪用犯罪是对忠实义务违反的犯罪行为。背信行为必须以行为人负有管理他人财产利益的义务作为先决条件，而这种义务有基于法律原因的义务，如依据法律的规定、官方的命令及法律行为，也有基于事实的信托关系，其实质上是一种忠实义务。挪用犯罪是利用职权或委托权利将管理财产未经允许非法使用的犯罪行为，因此必然违背所在单位或委托方的意愿，损害其利益。从社会伦理角度看，此类犯罪是一种不道德的行为，是对内部信任关系的背信和对忠实义务的违反。所以，忠实义务并不限于公司法等商事法律领域，作为一种基本的社会伦理道德，其在社会其他领域同样存在并发挥着积极作用。挪用资金罪、挪用特定款物罪主要是非国家工作人员对非国有单位忠实义务的违反。现行《公司法》规定了7种违反忠实义务的规范，其中一种规范是不得侵占、滥用公司财产，董事、监事、高级管理人员有公司法第148条第2款（侵占公司的财产），第149条第1款第1项（挪用公司资金）、第2项（将公司资金以其个人名义或者以其他个人名义开立账户存储）、第3项（违反公司章程的规定，未经股东会、股东大会或者董事会同意，将公司资金借贷给他人或者以公司财产为他人提供担保）规定的侵占、滥用公司财产行为的，可能构成挪用资金罪、职务侵占罪、挪用公款罪以及贪污罪。因此，董事、监事、高级管理人员挪用公司资金的行为被公司法规定为违反忠实义务的行为。鉴于其他非国有单位内部人员挪用本单位资金的情况大量存在，并且与董事、监事、高级管理人员挪用公司资金在忠实义务违反上并无本质的区别，刑法将挪用资金罪的主体扩大为公司、企业或其他单位的人员，将挪用特定款物罪的主体规定为一般主体。不谋私利、克己奉公，忠实义务的这一本质属性源于工作人员与公司之间存在的信赖关系。按照英美法上信托关系、代理关系或大陆法上委托关系的理论解释，单位内部人员与单位存在特殊的信赖关系，这种信赖关系是建立在单位按劳动支付报酬，单位内部人员收取报酬后对职责的忠实履行的基础之上，由此种信赖关系决定单位内部人员必须向单位承担不谋私利这一最基本的道德承诺和法律义务。与此相似，国家工作人员挪用公款的，也是对忠实义务的违反，所不同的只是不限于对所在单位的背叛更包括对国家忠实义务的违反。国家工作人员行使的是国家授予的公权力，国家工作人员所主管、经手、管理的公款的真正所有权人是国家，国家工作人员所在单位也是国家委托管理公款的受托人，因此，国家工作人员职责上的忠实义务相对于非国有单位人员的忠实义务要求更高，所承担的责任也更重，各国对国家工作人员滥用公权力、谋取私利的腐败行为一直重点打击。我国《公务员法》第 12 条规定了公务员的忠实义务，[①] 贪污、受贿、挪用公款等行为即是对这种忠实义务的违反。再者，背信运

① 《中华人民共和国公务员法》第 12 条规定："公务员应当履行下列义务：（一）模范遵守宪法和法律；（二）按照规定的权限和程序认真履行职责，努力提高工作效率；（三）全心全意为人民服务，接受人民监督；（四）维护国家的安全、荣誉和利益；（五）忠于职守，勤勉尽责，服从和执行上级依法作出的决定和命令；（六）保守国家秘密和工作秘密；（七）遵守纪律，恪守职业道德，模范遵守社会公德；（八）清正廉洁，公道正派；（九）法律规定的其他义务。"

用受托财产罪、违法运用资金罪也是对忠实义务的违反，所不同的是前者主要是对单位忠实义务的违反，后者主要是对委托人或客户忠实义务的违反。从事委托理财的金融机构和管理公众资金的社会机构及其他单位，作为受托财产或资金的管理者，理应忠实勤勉，忠实履行职责，在实现委托人或客户利益最大化的同时，实现自身利益的最大化。但如果将这种委托权加以滥用，置忠实义务于不顾，谋取私利或意图加害，势必严重侵害委托人或权利人的利益，破坏正常的金融管理秩序。为保证这些机构能够忠实履行职责，切实维护委托人或权利人的利益，一些法律和规范性文件针对具体委托理财方式或公众资金管理方式规定了忠实义务规范。例如，我国规范证券投资基金忠实义务的法规主要有2004年6月1日实施的《证券投资基金法》以及中国证监会颁布的《证券投资资金管理公司管理办法》、《证券投资基金托管资格管理办法》等八个行政规章；《中华人民共和国保险法》对保险公司、《中华人民共和国商业银行法》对商业银行、《期货交易所管理办法》对期货交易所、《住房公积金管理条例》对住房公积金管理机构等也明确规定了忠实义务规范，而背信运用受托财产罪和违法运用资金罪即是对这些忠实义务规范的违反。

第四节 挪用犯罪之刑事政策

虽然我国古代法律体系中立法者出于从严治吏、实现吏治清明的目的将官吏挪用公款或公物的行为以犯罪论处，但是挪用犯罪真正走向独立和犯罪化的立法道路却开始于20世纪70年代末，并在此之后被不断丰富和发展。挪用犯罪的独立与犯罪化，从根本上说源于时代进步、社会发展以及依法治国方略的提出，而刑事政策在这当中无疑起到了连接社会犯罪态势与刑事法律规范的桥梁作用，划定犯罪圈的大小，“即犯罪圈（打击面）划到多大，以及刑事法网的疏密程度怎样，即从不轨行为中筛选出何等行为进入犯罪圈”，[①] 通过对犯罪行为的否定评价与对犯罪人的刑事惩罚，实现预防犯罪保护社会的刑法目的。可以说，包括挪用犯罪在内任何一种或一类犯罪应否犯罪化和犯罪化的力度都离不开刑事政策的思考，一方面刑事政策决定了挪用犯罪应当犯罪化，要求刑法对挪用犯罪作出反应；另一方面刑事政策的价值目标还着眼于如何组织对挪用犯罪的反应，在立足刑法谦抑精神的同时，有的放矢，恰到好处，合理运用国家公权力，在保护社会安全的同时维护人的最大自由。因此，在挪用犯罪问题上，刑事政策是连接社会犯罪态势和刑事法律规范的桥梁，对挪用犯罪刑事政策的考察能够更为准确科学地研究和了解挪用犯罪的立法脉络、立法和司法状况，并对挪用犯罪的完善具有积极意义。

一、挪用犯罪的独立与犯罪化——刑事政策的作用

刑事政策是国家在关于刑事立法、刑事司法、犯罪预防、犯罪改造等过程中所采取的方针、原则和策略的总和。刑事政策的核心便是将危害社会秩序的行为作为犯罪予以制止，也即防止犯罪……防止犯罪包括犯罪预防和犯罪抑制两方面。[②] 刑事政策的变化源于深刻的社会变革，社会的现实存在是刑事政策存在的基础，反过来刑事政策又指导刑事立法、刑事司法、犯罪预防和犯罪改造等刑事活动。

（一）独立与犯罪化的社会基础——挪用行为的日益严重

从社会基础看，挪用犯罪的独立与犯罪化源于挪用行为的日益严重。此种现象已经严重侵害国家或他人的财产权益，违反了忠诚

① 储槐植著：《刑事一体化论要》，北京大学出版社2007年版，第82页。

② ［日］大谷实著：《刑事政策学》（新版），黎宏译，中国人民大学出版社2009年版，第3～4页。

敬业的忠实义务，严重损害了社会的公序良俗。挪用犯罪的独立，是指挪用犯罪从盗窃罪或贪污犯罪处理中独立出来，立法者赋予其单独的主客观要件和罪名；挪用犯罪的犯罪化，是指挪用行为犯罪圈的不断扩大，在以往挪用犯罪基础上不断增加挪用犯罪的类型，扩大挪用犯罪的范围。

为有效遏制日益严重的挪用犯罪现象，切实保护国家财产安全，国家工作人员挪用公款或特定款物的行为从贪污罪中独立出来。挪用行为的惩治在我国由来已久，主要集中于官吏挪用公款公物的行为。《睡虎地秦墓竹简·法律答问》记载："府中公金钱私赍用之，与盗同法"，即私自借用公家金钱使用的，与盗窃一样论罪处罚。唐律将贷所监临财物，私役所监临，监临主守私借官奴婢、畜产，监主贷官物，监临主守私借官物等官吏挪用公物或公款的行为规定为犯罪，随后《宋刑统》、《大明律》、《大清律》在继承唐律的基础上，又增加了库秤雇役侵欺、私役弓兵等擅自借用或使用公物或下属的行为。作为一种贪利性渎职现象，国家工作人员滥用权力挪用公款公物的行为在新中国成立后依然大量存在，并日趋严重，成为仅次于贪污罪、受贿罪的严重渎职行为，严重损害了国家利益和国家工作人员的形象。正因如此，挪用特定款物罪、挪用公款罪分别在1979年、1988年以立法的形式被首次规定，从而首次赋予了挪用行为以独立的立法地位。

随着中国社会的急剧转型和发展，挪用行为的犯罪化也在加快。在挪用公款罪从贪污罪中分离出来之后，非国家工作人员挪用单位资金的行为也走向犯罪化和立法化。改革开放之后，随着社会主义市场经济体制的逐渐建立，各种各样的公司企业成为重要的市场主体，非国有单位的合法权益受到重视和保护。面对日益增多的和日益严重的侵犯各种市场主体和社会主体利益的行为，刑事立法却处于真空状态，与已经制定的《公司法》等规范难以衔接。经济基础决定上层建筑，刑事立法必然尽快予以完善，创设和构建新的"白领犯罪"体系。鉴于此，1995年2月28日，第八届全国人大常委会第十二次会议通过了《全国人民代表大会常务委员会关于惩治违反公司法的犯罪的决定》。在该决定中首次规定了公司内部人员职务侵占罪、挪用资金罪等罪名，从而为打击和惩治公司内部人员以权谋私、中饱私囊等严重侵害公司企业财产权益的“内贼”行为提供了刑法保障。面对近年来出现的一些金融机构和公众资金管理机构滥用受托权限，严重损害委托人或公众资金所有者财产利益、威胁社会资金运行安全的行为，立法者果断出击，以修正案的方式创制了背信运用受托财产罪和违法运用资金罪，从而弥补了挪用犯罪在单位主体上的缺位，丰富和扩大了挪用犯罪的内涵与范围。

（二）独立与犯罪化的行为基础——独立的行为样态

挪用行为具有区别于其他犯罪行为的独特内涵，是具有社会独立意义的身体动静。与秘密的窃取行为、公然的劫取行为、虚构事实隐瞒真相的诈骗行为、致力于使财物丧失使用价值和经济价值的毁坏行为等行为一样，挪用行为是将财物挪出使用或挪作他用的行为，是改变财物原来使用用途、侵害所有权人或权利人财产权益的行为，具有社会独立意义的身体动静，在刑法规范中表现为与众不同的实行行为样态，并作为侵犯财产犯罪行为的最基本行为形式固定下来。与挪用行为不同，贪污行为是对侵吞、窃取、骗取行为的归纳和概括，所以贪污行为不是侵犯财产权益的最基本形式，而是立法者基于侵吞、窃取、骗取国家公物行为对财产法益的同等程度侵害作出的立法技术上的选择，在国外许多国家刑法规范中并未明确区分国家财产和私人财产，侵吞、窃取、骗取、劫取再加上挪用行为构成了侵犯财产犯罪的最基本行为样态。① 依照社会行为论的观点，刑法上的行为“乃指意志所支配或可支配之社会重要的人类行止。行止可能是目的活动之实施，亦可能是造成社会有害结果之原因，亦可能是对于法规范所期待之行为的不作为。凡人类之行止，包括作为与不作为，不问出于故意抑或出于过失，只要足以惹

---

① 在我国刑法中，贪污罪、职务侵占罪的实行行为是在侵吞、窃取、骗取或以其他手段整合基础上形成的，并不是侵犯财产犯罪的最基本行为样态，由此也带来了如下问题——贪污罪与盗窃罪等罪名之间的关系，是否存在法条竞合关系，如国家工作人员以窃取方式贪污公款因数额没有达到贪污罪入罪标准却达到盗窃罪入罪标准的，能否以盗窃罪定罪处罚，此种情况有些类似于合同诈骗罪不能认定能否构成诈骗罪的情形。对于这一问题，有人持肯定观点，认为二者在行为手段上并无不同，以窃取为手段的贪污罪、职务侵占罪与盗窃罪是法条竞合关系，特殊法不能适用时普通法可以补充适用。笔者不同意这种意见，认为如果是因为其他要件不符合不能构成贪污罪、职务侵占罪的，如经证实没有利用职务之便的，当然可以且应当以盗窃罪定罪处罚，因为其符合了盗窃罪的构成要件，此种情况下为非此即彼的关系；如果是因为前罪赃物价值未达到入罪标准而达到盗窃罪入罪标准的，此时即存在非此亦非彼的关系，不能以盗窃罪定罪处罚。理由在于，立法者在盗窃罪之外规定特殊的窃取型犯罪目的是出于刑事政策的考虑，对特定主体、特定对象或特定被害人的专门惩治或保护，设定较高的入罪标准，因此当主体或对象或被害人符合立法者“特别法”所规定的条件时只能适用该特别罪，因犯罪数额未达到入罪标准的，只能出罪不能再适用普通的侵财犯罪。只有“特别法”要求的“条件”不符合时，因符合了普通侵犯财产罪要件的犯罪行为才构成普通侵犯财产犯罪。这是因为条件符合就决定了行为性质，如国家工作人员利用职务之便窃取公款的，决定了该种行为是贪污行为，因贪污数额未达到入罪标准的，从法律评价上看不成立贪污罪却仍然是贪污违法行为，属于行政法调整的范畴，也就不能再以盗窃罪或其他侵犯财产罪定罪处罚。反之，从刑罚轻重来看，因入罪标准要求不同，贪污 5000 元的构成贪污罪量刑往往很低，而贪污 4000 元不构成贪污罪却以盗窃 4000 元定罪处罚的，因盗窃罪入罪标准为 1000 元（北京地区标准），所以从量刑上看一般重于贪污 5000 元的贪污罪。够了反而轻，不够反而重，这显然有违罪刑均衡原则。

起有害于社会之结果，而具社会重要性者，均属刑法概念上之行为。”① 挪用行为正是目的活动的实施，是对所有权人或权利人财产权益及其之上的社会秩序的侵害，是行为人以积极的身体活动实施刑法所禁止的行为。行为是犯罪的核心，是犯罪构成的核心要件，行为内容是刑法罪状的核心内容，所以行为在样态和内容上的独立性从根本上决定了立法上的可行性和必要性。

（三）独立与犯罪化的法治基础——刑事法治的进步

挪用犯罪的独立与犯罪化，是我国刑事法治进步的缩影。刑事法治是法治的根本标志之一，而刑事法治就意味着以刑法限制国家的刑罚权，罪刑法定原则也就成为刑事法治的必然首选。② 自新中国成立至今，我国刑事法治历经萌芽、发展、停滞、繁荣四个阶段，并于近 30 年取得巨大进步，刑事法治建设成就巨大。从 1949 年到 1979 年，经过 30 年的彷徨与探索，我国第一部社会主义刑法得以颁布。从 1979 年到 1997 年，经过近 20 年的实践与反思，刑法现代化的进程得以启动。法治观念的更新，公平正义观念的深入人心，刑法的修订，刑法基本原则的确立，都表明了我国已经开始从政策之治、人治向法治转变。“1979 年刑法标志着动乱结束，中国走向了刑事法制。” 1997 年刑法确立了罪刑法定、罪刑相当、法律面前人人平等的刑法基本原则，在“依法治国”写入宪法的大背景下，这标志着刑事法制向刑事法治的转型，中国刑法进入了人权保障与社会保护协调、互动发展的新时代。③ 在这种大的时代背景下，为实现刑事法治的公平正义价值目标，防止国家刑罚权的滥用，促进社会和谐进步，刑事法制随着犯罪形势的发展和新型犯罪

① 林山田著：《刑法通论》，三民书局 1986 年版，第 79 页。

② 马骊华：《解读刑事法治》，载《现代法学》2004 年第 1 期，第 75 页。

③ 曲新久：《中国刑法现代化的基本走向》，载《政法论坛》2007 年第 4 期，第 22 页。

方式的出现及时修补和完善，挪用犯罪的独立与犯罪化只是刑事法制修补和完善的一个具体表现。一方面，从应然性角度看，随着公平正义理念的深入人心，罪刑法定原则和罪责刑相适应原则在刑法立法和司法中的深入贯彻，对国家财产权益侵害较小的挪用行为和对国家法益侵害较大的贪污行为用同样的标准定罪量刑的不当立法状况必须转变，挪用行为与贪污行为在实质内容上的差别从根本上决定了挪用行为从贪污行为独立出来的必然趋势，以符合罪责刑相适应原则的要求。另一方面，从实然性角度看，社会的发展、人类文明的进步必然带来刑事法制的不断修正、补充和完善。与日本等国刑法立法方式不同,① 我国刑法立法采用了大而细的犯罪化模式，行为犯罪化尤其是法定犯犯罪化趋势明显，罪状力求精细，结构力求严密，在这种立法趋势和立法技术要求下挪用犯罪的独立与犯罪化也就成为必然。随着现代刑事法治进程的启动，传统的概括式、单一式、简单式的立法方式已然不能满足保护社会和惩治严重危害社会行为的需要，精细化、准确化、合理化已经成为现代立法的主要特点，挪用犯罪行为也由最初的挪用公款公物的行为扩大到挪用资金、挪用公款、挪用特定款物以及背信运用受托财产、违法运用受托财产的犯罪行为。

二、刑事政策下挪用犯罪的立法考察

挪用犯罪的独立与犯罪化离不开刑事政策的作用，这也突出表现在立法者对挪用犯罪内容和形式的设计上。刑事政策是国家运用刑法惩罚和预防犯罪的有效性和正当性的考察、评判和改进，而刑法作为刑事法治的根本载体，在整个刑事法律体系中居于核心地

---

① 与我国刑法立法不同，日本、德国等国立法者更重视刑法条文的稳定，因此在罪状设计上较为概括，给司法者留下了较大的适用空间。

位，“完备刑法典应当是刑事立法政策考量的重点与中心。”① 刑事政策是刑法立法的根据，是刑法的灵魂，刑事政策的演进要求刑法立法作出相应调整。从最初的“镇压与宽大相结合”政策到“惩办与宽大相结合”政策，再到20世纪80年代的“严打”政策，直至20世纪中期至今的宽严相济刑事政策，立法者在不断调整和修正刑法规范，在不断扩大犯罪圈的同时，也通过犯罪构成要素的设定、法定刑的轻重考量来满足刑事政策的要求，满足犯罪惩治的需要。挪用犯罪的立法内容和形式显然也不能排除刑事政策的指导和影响，反过来从许多立法规定来看，挪用犯罪的立法已然深深烙上了刑事政策的印记。

（一）犯罪主体

犯罪主体是犯罪行为的实行者，是犯罪行为责任的承担者，犯罪主体大小也决定着犯罪行为刑事责任承担范围的大小。为有效打击挪用犯罪，立法者基于刑事政策的考虑先后严格限定了挪用犯罪个罪的主体范围。1979年刑法第126条和1997年刑法第273条虽然并未将挪用特定款物罪的主体限定范围，但刑法理论界通说认为是主管、经手、管理特定款物的人员，这主要是从对特定款物的占有、使用和收益的权限对主体范围的界定，而不论是国家工作人员还是非国家工作人员。但是由于立法者将刑罚的适用对象规定为“直接责任人员”，即“……对直接责任人员，处三年以下有期徒刑或者拘役；情节特别严重的，处三年以上七年以下有期徒刑”，而直接责任人员往往是单位犯罪的责任主体，因此长期以来我国理论界主张该罪主体为单位的学者不乏其人，如有观点认为，挪用特定款物罪体现的是“单位的意志”，是“为了单位的利益”；换言之，挪用特定款物罪的挪用只限于由有关单位改变专用款物用途的

① 周光权著：《刑法诸问题的新表述》，中国法制出版社1999年版，第285页。

情形。[①] 挪用公款罪的主体，1988 年 1 月第六届全国人民代表大会常务委员会通过的《全国人民代表大会常务委员会关于惩治贪污罪贿赂罪的补充规定》首先规定为“国家工作人员、集体经济组织工作人员或者其他经手、管理公共财物的人员”，这仍然是从财物的权限角度确定的人员范围。随后为适应社会发展，1997 年刑法修改时立法者将集体经济组织工作人员和其他经手、管理公共财物的人员排除在外，只限于国家工作人员，受国家机关、国有公司、企业、事业单位、人民团体委托管理、经营国有财产的人员，可以成为贪污罪的主体而不能成为挪用公款罪的主体。挪用资金罪的主体，1995 年《关于惩治违反公司法的犯罪的决定》首次规定为公司董事、监事或者职工，1997 年刑法修改时将该罪主体修改为公司、企业或其他单位的工作人员，使得该罪主体范围更为明确，将私营企业主、个体工商户等排除在主体范围之外，同时也将受私营企业、个体工商户雇佣的工作人员排除在主体范围之外，这些主体挪用资金的不能以挪用资金罪定罪处罚，侵占资金的也不能以职务侵占罪定罪处罚。至于背信运用受托财产罪和违法运用资金罪的主体，《刑法修正案（六）》规定为金融机构、社会公众资金管理机构，主体类型被限定为单位。

（二）犯罪对象

犯罪对象是刑法分则条文规定的犯罪行为所作用的客观存在的具体人或者物。在古代立法中，挪用行为犯罪的对象不仅包括官府钱款，还包括作为动产和不动产的财物，甚至被私自使用的下属、民夫、工匠也可以作为行为作用的对象。随着社会的进步和人权理念的普及，人作为“财产”的地位被彻底推翻，使用和占有“人”的行为因没有了存在的社会基础而走向非犯罪化。新中国成立之前和之后较长时间内，我国相关法律性规范文件将公款和公物都作为

---

① 张明楷著：《刑法学》（第二版），法律出版社 2003 年版，第 789 页。

挪用行为的对象，并以贪污罪定罪处罚。直到1988年1月第六届全国人民代表大会常务委员会通过的《全国人民代表大会常务委员会关于惩治贪污罪贿赂罪的补充规定》，首次将挪用公款罪的对象限定为以货币形式表现的公款，以实物形式出现的公物不再成为挪用公款罪的对象，这主要是立法者考虑到挪用是暂时借用而有归还意图的行为，对作为实体形式出现的财物，只是发挥财物的使用价值，一般不会严重损害财物作为特定物的使用价值和经济价值；而以货币形式出现的公款和资金是种类物，一旦挪用势必给权利人造成重大损害，往往会使货币彻底丧失使用价值甚至丧失经济价值。可以说，前者主要注重的是财物的使用价值而后者更注重财物的经济价值，因此立法者出于刑法谦抑性的考虑，对挪用公物和私物的行为没有延续传统的犯罪化立法模式，而是将挪用公款罪的对象限定为公款，将挪用资金罪的对象限定为资金，违法运用资金罪的对象也限定为资金。与上述三种挪用犯罪不同，立法者出于对特殊利益的保护和刑事政策的考虑，将特定款物罪的对象限定为救灾、抢险、防汛、优抚、扶贫、移民、救济款物。对此有学者认为应当扩大特定款物的范围，如涉及农业、环境、卫生、教育等专项基金，在该学者看来，挪用其他专款专物的社会危害性丝毫不比挪用特定款物的社会危害性小。① 考虑到现实中委托理财的形式不仅包括证券、基金等资金的保值升值方式，还包括贵重金属、贵重物品等动产以及商铺、酒店等不动产的管理经营形式，因此立法者考虑到社会现实和出于对违背委托人信任的背信行为的有效惩治，应当将背信运用受托财产罪的对象规定为受托财产。

（三）挪用用途

将挪出的款物用于何种用途，是挪用犯罪尤其是自然人挪用犯

---

① 蒋毅：《挪用特定款物罪的立法缺陷与完善》，载《西南政法大学学报》2008年第5期，第84~85页。

罪立法的重点考察内容。具体表现为：一是立法者将挪用特定款物用于公用的行为规定为挪用特定款物罪，而将救灾、抢险、防汛、优抚、扶贫、移民、救济款物归个人使用的行为，依照挪用公款罪从重处罚。二是将挪用公款、挪用资金的行为用途规定为三种，即用于非法活动、经营活动和用于其他活动，并据此设定不同的入罪标准：用于非法活动的，只要符合主体和利用职务之便的条件即可，没有数额和挪用期限的限制；用于经营活动的，除符合主体和利用职务之便的条件外，还要求公款和资金数额较大的条件；用于其他活动的，限制条件最多，不仅要满足主体和利用职务之便的一般条件，数额较大的特殊条件，还要具备挪用三个月未还的时间条件。

（四）使用人范围

从应然意义上讲，公款、资金的挪用人往往就是使用人，因此我国刑法中将“归个人使用”作为挪用公款罪、挪用资金罪的客观要件。但是实际情况是，除挪用人自己使用外，还大量存在挪给他人使用和单位使用的情况，并且在行为当中往往伴随行贿受贿、权钱交易等不法行为，“归个人使用”的要件显然限制了挪用公款罪、挪用资金罪的适用范围，不利于对挪用公款、资金行为的全面打击。为此立法者通过立法解释的方式，从客观解释立场出发，对“归个人使用”的含义进行了扩张解释，从而将挪用给他人使用和单位使用的行为犯罪化。根据2002年4月28日第九届全国人民代表大会常务委员会第二十七次会议通过的《全国人民代表大会常务委员会关于〈中华人民共和国刑法〉第三百八十四条第一款的解释》，有下列情形之一的，属于挪用公款“归个人使用”：（1）将公款供本人、亲友或者其他自然人使用的；（2）以个人名义将公款供其他单位使用的；（3）个人决定以单位名义将公款供其他单位使用，谋取个人利益的。行为的犯罪化除通过法定程序制定的立法上的犯罪化之外，解释适用上的犯罪化也是行为犯罪化的重要形式。所谓解释适用上的犯罪化，是指在解释、适用刑罚法规之际，将本刑罚法规适用于迄今为止没有被作为犯罪予以取缔的事实，包括变更解释（解释上的犯罪化）和变更取缔方针（适用上的犯罪化）两种类型。前者是指通过扩大刑罚法规的解释而进行的犯罪化；与此相对，后者正如刑罚法规适用范围内的某种事实，由于对其长年不适用刑罚，实际上等于不罚，但现在又重新对其适用刑罚，进行犯罪化的情况。①“归个人使用”含义的扩张解释显然属于前者解释上的犯罪化。

三、刑事政策下挪用犯罪的司法考察

犯罪的司法应用离不开刑事政策的指导，刑事司法政策便是刑事政策的司法化，是在刑事司法活动中对于刑事政策的具体运用。政策的生命在于适用，因此刑事司法政策理论的研究最终还要以动态抑或适用意义上的刑事司法实践为归宿。② 刑事司法政策主要是指除了刑事立法政策之外的，由司法机关打击犯罪、惩罚犯罪，预防、控制犯罪态势所适用的，以国家法律为依据的一系列方针、政策、措施的总和。与刑事立法政策不同，刑事司法政策是司法机关为了达到预防、打击、控制犯罪而在刑事司法的各个阶段根据刑事政策作出选择、判断与适用的动态规则，是比刑事立法政策更为具体的考量。因此，在遵循罪刑法定原则的基础上，基于犯罪形势的发展和打击犯罪的需要，司法机关会对特定犯罪的刑事司法政策进行调整，并在政策指导下制定和形成针对特定犯罪的规则和标准。在长期挪用犯罪的司法适用中，司法机关也基于刑事司法政策的考虑，在不违背罪刑法定原则的同时，主要制定和形成了以下司法适用规则和标准。

---

① ［日］大谷实著：《刑事政策学》，黎宏译，中国人民大学出版社2009年版，第96页。

② 周建军：《刑事司法政策的形成与执行》，载赵秉志主编：《刑法论丛》（第20卷），法律出版社2009年版，第486页。

（一）公款、资金挪用后的转化犯

早在 1988 年 1 月第六届全国人民代表大会常务委员会通过的《全国人民代表大会常务委员会关于惩治贪污罪贿赂罪的补充规定》（以下简称《补充规定》）第 3 条就规定："挪用公款数额较大不退还的，以贪污论处。"1989 年 11 月 6 日最高人民法院、最高人民检察院《关于执行〈关于惩治贪污罪贿赂罪的补充规定〉若干问题的解答》对该条的解答是：首先，退还是指挪用人或其家属在司法机关立案后将挪用款交还。不退还，既包括主观上不想还的，也包括客观上不能还的。不退还，使被挪用的这部分公款遭到不可弥补的损失，这种行为应"以贪污论处"，定为贪污罪。其次，在适用《补充规定》第 3 条时，应按照以下界限掌握：（1）挪用公款案发后，侦查终结前退还的，以挪用公款罪认定处罚。（2）挪用公款后，有退还能力而拒不退还的，或者将挪用的公款用掉，实际上已无退还能力的，以贪污罪认定处罚。（3）在一案中，挪用的公款一部分已退还，另一部分未退还的，如果二者均已达到犯罪数额，前者定挪用公款罪，后者定贪污罪，按数罪并罚的原则处罚。不退还的数额未达到追究贪污罪起刑数额的，不定贪污罪，以挪用公款罪从重处罚。退还的数额未达到追究挪用公款罪起刑数额的，不定挪用公款罪，只在定贪污罪时作为一个情节考虑。从中可以看出，从严密保护国家财产权益的角度出发，立法者规定了挪用公款转化为贪污的转化犯，司法机关在遵循这一立法规定的同时，将不退还界定为主观不想退还和客观上不能退还，也就是说在侦查终结前退还的就以挪用公款罪定罪处罚，在侦查终结后无论何种原因不退还的挪用公款罪都转化为贪污罪。虽然促使挪用人及时归还所挪用的公款，是转化犯设立的初衷，也是出于全面保护国有财产不受侵犯的刑事政策的考虑，但是因为客观不能退还并不符合贪污罪的主观要件，此种情形以贪污罪论处有违罪刑法定原则和罪责刑相适应原则，所以从公平客观的刑事政策考虑，立法者在 1997 年刑法修改中将此项内容取消，只是将挪用公款数额巨大不退还作为加重情节予以规定。1998 年 4 月 29 日发布的《最高人民法院关于审理挪用公款案件具体应用法律若干问题的解释》第 5 条规定，“挪用公款数额巨大不退还”，是指挪用公款数额巨大，因客观原因在一审宣判前不退还的；第 6 条规定，携带挪用的公款潜逃的，依照刑法第 382 条、第 383 条的规定（笔者注：贪污罪）定罪处罚。可见，立法者虽然没有以立法的方式明确挪用公款罪的转化犯，但最高司法机关出于刑事政策的考虑，在一定程度上继承了之前转化犯规定的部分内容，即事后主观不想退还的以贪污罪论处。挪用资金罪在创立之初，也规定了该罪转化为侵占罪的情形，即“挪用本单位资金数额较大不退还的，依照本决定第十条规定的侵占罪论处”（见《全国人民代表大会常务委员会关于惩治违反公司法的犯罪的决定》），在 1997 年刑法修改之时也将其作为挪用资金罪升格法定刑的情形之一。与挪用公款罪不同，最高司法机关并未以司法解释的方式规定挪用资金主观不想归还的以职务侵占罪或侵占罪论处的转化犯，由此凸显了司法机关对公款的特殊保护。

（二）数罪并罚的规定

我国刑法总则中并未规定一罪与数罪的判断标准和原则，也未规定如想象竞合犯、牵连犯、吸收犯等罪数形态的处罚方式，只能依赖于刑法分则的注意规定和刑法理论上的一般结论。我国刑法第 384 条关于挪用公款罪的立法并未规定该罪的罪数问题，反而由最高司法机关出于保护公款的刑事政策考虑，以司法解释的方式明确了两种数罪并罚的情况。1998 年 4 月 29 日发布的《最高人民法院关于审理挪用公款案件具体应用法律若干问题的解释》第 7 条规定：“因挪用公款索取、收受贿赂构成犯罪的，依照数罪并罚的规定处罚。挪用公款进行非法活动构成其他犯罪的，依照数罪并罚的规定处罚。”

（三）多次挪用的规定

为促使挪用人及时归还所挪用的公款，1998 年 4 月 29 日发布的《最高人民法院关于审理挪用公款案件具体应用法律若干问题的解释》第4条规定："多次挪用公款，并以后次挪用的公款归还前次挪用的公款，挪用公款数额以案发时未还的实际数额认定。"这就是说虽然之前挪用公款已构成犯罪，但在案发时用后次挪用的公款归还的，挪用公款便以未还的实际数额认定，已还数额不计入挪用公款的数额之内。此种情况有些类似于《刑法修正案（七）》修正的逃避缴纳税款罪的出罪功能，刑法第201条第4款规定："有第一款行为，经税务机关依法下达追缴通知后，补缴应纳税款，缴纳滞纳金，已受行政处罚的，不予追究刑事责任……"

（四）缓刑的排除适用

1996年6月26日颁布的《最高人民法院关于对贪污、受贿、挪用公款犯罪分子依法正确适用缓刑的若干规定》第3条规定，对下列贪污、受贿、挪用公款犯罪分子不适用缓刑：（1）犯罪行为使国家、集体和人民利益遭受重大损失的；（2）没有退赃，无悔改表现的；（3）犯罪动机、手段等情节恶劣，或者将赃款用于投机倒把、走私、赌博等非法活动的；（4）属于共同犯罪中情节严重的主犯，或者犯有数罪的；（5）曾因经济违法犯罪行为受过行政处分或刑事处罚的；（6）犯罪涉及的财物属于国家救灾、抢险、防汛、优抚、救济款项和物资，情节严重的。

四、刑事政策下挪用犯罪的完善

随着刑事政策的调整，挪用犯罪也需进行不断修正和完善。正是因为刑事政策影响和挪用犯罪的不断发展变化，学者们愈发关注挪用犯罪在立法和司法中存在的问题，并提出相应改进的对策，如取消挪用资金罪和挪用公款罪中挪用用途的限定，将用于特定用途作为情节严重的内容，又如取消挪用资金罪和挪用公款罪中"未还"要件，还比如将挪用特定款物罪的对象扩大，将用于农业、环境、教育、卫生等领域的专项资金和款物纳入其中，再比如将"挪用单位资金归个人使用或者借贷给他人"改为"挪用本单位款物归个人或给单位使用”等，不一而足。这里，笔者想谈的是与刑事政策运行和刑罚功能发挥密切相关的挪用犯罪的刑罚种类完善问题。

挪用犯罪从法益侵害看是对财产法益的侵害，是贪利性犯罪，为有效惩治与预防此类犯罪有必要规定财产刑，而我国自然人挪用犯罪的法定刑种类中的财产刑却是集体缺位。依照刑法第 272 条的规定，挪用资金罪的刑罚共分两个量刑档次，即三年以下有期徒刑或者拘役、三年以上十年以下有期徒刑；依照刑法第 273 条的规定，挪用特定款物罪的法定刑也有两个量刑档次，即三年以下有期徒刑或者拘役、三年以上七年以下有期徒刑；依照刑法第 384 条的规定，挪用公款罪的刑罚共分为三个量刑档次，即五年以下有期徒刑或者拘役、五年以上有期徒刑、十年以上有期徒刑或无期徒刑。从中可以看出，三种挪用犯罪的法定刑种类只限于自由刑，而财产刑的规定面临集体缺位。对此，我国许多学者从挪用犯罪角度出发，对财产刑在挪用犯罪中集体缺位的情况基本上都持批判态度，主张在三种挪用犯罪中都应增设财产刑，以实现犯罪预防的目的。① 至于财产刑集体缺位的原因，立法者并未给出答案，学者也并未探究。笔者断想，这可能与挪用犯罪像有些学者所主张的那样

---

① 主张在挪用特定款物罪中增设财产刑的，如蒋毅：《挪用特定款物罪的立法缺陷与完善》，载《西南政法大学学报》2008 年第 5 期，其理由在于对挪用特定款物这种腐败行为科以财产刑，可以加大犯罪成本，剥夺行为人继续犯罪的能力。主张在挪用资金罪中增设财产刑的，如洪波：《挪用资金罪若干问题研究》，载《同济大学学报（社会科学版）》2002 年第 5 期，他认为挪用资金罪现有处罚中缺少财产刑，不能达到从经济上有力打击、预防犯罪的目的。主张在挪用公款罪中增设财产刑的，如孟庆华：《挪用公款罪的立法修改完善问题探讨》，载《河北大学学报（哲学社会科学版）》2008 年第 6 期，其理由一是在于增设罚金刑可以不适用短期自由刑，防止交叉感染；二是贪利型或财产型犯罪宜用罚金刑或没收财产刑；三是与贪污贿赂罪的罪名保持一致。

只侵犯所有权中的占有、使用、收益权，并没有侵犯处分权有关，而处分权恰恰又是所有权的核心权能。挪用后归还，也就使得行为人并未从根本上取得该财产以及财产上的利益，所有权人也因未丧失财物的处分权也就未丧失所有权，财物只是暂时离开所有人，因此只要通过限制行为人的人身自由，使其不具备再挪用权利人财物的人身自由条件，就可以达到预防犯罪再次实施的目的。并且，挪用犯罪并不是都表现为贪利性，出于加害目的将本单位资金或公款挪出的，如经理为把本单位搞垮，擅自将本单位绝大部分资金挪给其他单位使用，使单位因资金大量短缺而面临破产的，财产刑的处罚并不能发挥应有的作用。此外，因为是非法使用不是非法占有、是挪用而不是挪占，这就导致了在罚金刑额度设置上的困难，等同于盗窃罪、抢劫罪或职务侵占罪等取得型犯罪显然不合适。正是可能基于以上原因，立法者在三种挪用犯罪刑种设置上只选择了自由刑。考虑到挪用犯罪法益侵害的本质以及挪用行为的特殊性，笔者认为应当在挪用犯罪中增设罚金刑，作为此类犯罪的经济制裁手段，但是应当使罚金的数额低于贪污罪、受贿罪、盗窃罪、抢劫罪等侵犯财产犯罪的罚金数额标准，在罚金刑的适用上也须是“单处或并处罚金”，以符合罪责刑相适应原则的要求。至于没收财产刑是否增设的问题，考虑到此种刑罚方式是财产刑中的极刑，挪用行为的社会危害性明显低于职务侵占、贪污行为，所以比照刑法第271条“可以没收财产”、第383条“并处没收财产”的规定，以不在挪用犯罪中增设为宜。

第三章 自然人挪用犯罪疑难暨新型问题研究之一

第一节 自然人挪用犯罪概论

一、自然人挪用犯罪概念及研究内容

自然人挪用犯罪的提出是对挪用犯罪的进一步类型化。[①] 自然人挪用犯罪是挪用犯罪最原始也是最基本的犯罪类型，具有挪用犯罪的共性特征，其内涵在本质上与单位运用犯罪一致。笔者在本书第二章中依照主体以及立法者选用“挪用”抑或“运用”词语的不同，将传统的挪用犯罪予以扩张，扩张后的挪用犯罪在内容上不仅包括《刑法修正案（六）》颁布之前的挪用资金罪、挪用特定款物罪以及挪用公款罪，还包括《刑法修正案（六）》修改之后的背信运用受托财产罪和违法运用资金罪。挪用资金罪、挪用特定款物

① 有研究者建议将三罪归并为一罪——挪用款物罪。“犯罪客体和犯罪客观方面的同一性，是挪用公款罪、挪用资金罪和挪用特定款物罪归并为一罪的理论依据，也是挪用公款罪、挪用资金罪和挪用特定款物罪归并为一罪的客观事实基础。”郑厚勇：《论挪用型职务犯罪在客观条件上的同一性》，载《湖北社会科学》2007 年第 12 期，第 153 页。

罪以及挪用公款罪在主体上都为自然人，行为在刑法规范中的用语为“挪用”，因此笔者称之为自然人挪用犯罪；而背信运用受托财产罪与违法运用资金罪的主体为特殊单位，属于单位犯罪，立法者在刑法规范中的用语选择为“运用”，这种犯罪主体和行为用语以及其他方面的差异决定了挪用犯罪类型再予以细化讨论和进一步类型化研究的可能和必要。正如德国著名法哲学家阿图尔·考夫曼所言：“对事物的本质思考是类型化的思考”，德国法学家拉仑兹也认为：“当抽象的一般概念及其逻辑体系不足以掌握生活现象或意义脉络的多样表现形态时，大家首先会想到的辅助思考形式是‘类型’”。[①] 因此，自然人挪用犯罪与单位运用犯罪是挪用犯罪的两种类型，从而成为位于挪用犯罪之下、个罪之上的中间类型。

自然人挪用犯罪的概念源于对具体个罪罪状及其概念的概括与抽象。自然人挪用犯罪，简而言之，可以理解为“自然人挪用的犯罪”或者“自然人的挪用犯罪”。这一犯罪类型是对挪用资金罪、挪用特定款物罪以及挪用公款罪的归类，因此其概念离不开对三种具体挪用犯罪概念的概括和抽象。从我国刑法学界对三种具体挪用犯罪概念的表述来看，基本上都是围绕刑法的规定展开，立法者在三种挪用犯罪罪状的设计方式上都选取了叙明方式，从而为三种挪用犯罪的概念界定确立了全部或主要内容。因此，依照我国现行刑法第 272 条、第 273 条以及第 384 条的规定，自然人挪用犯罪的概念可以这样总结为：“主管、经手、管理财产的人员，利用职务之便，将本单位钱款挪归个人使用，将国家特定款物挪作他用，情节严重的行为。”

长期以来，我国学界对自然人挪用犯罪的具体个罪规定和适用给予了很大关注，形成了许多研究成果，尤其是关于挪用公款罪的研究成果最多。据中国期刊网不完全统计，自 1978 年至 2008 年，

① ［德］拉仑兹著：《法学方法论》，陈爱娥译，五南图书出版公司 1996 年版，第 388 页。

涉及挪用公款罪的期刊论文达200篇以上，此方面的硕士学位论文则有约70篇；而反观挪用资金罪问题的学术论文仅有21篇，挪用资金罪方面的硕士学位论文也仅有6篇；而挪用特定款物罪的研究成果更少，从1978年至今仅有4篇文章对该罪相关问题进行了研究，而且这4篇文章都是在1997年刑法颁行后所公开发表的。此外，以挪用公款罪为主题的专著不少于5本，而以挪用资金罪和挪用特定款物罪为主题的著作尚未问世。这些研究成果对挪用公款罪、挪用资金罪、挪用特定款物罪的犯罪构成以及法律适用问题进行了较为全面且深入的研究，揭示了刑法规定中存在的一些问题以及司法活动中的适用难题，准确理解和进行了立法解释和学理解释，极大地促进了三项具体挪用犯罪的立法完善和司法准确适用，为中国刑事法治的发展作出了贡献。但问题显然并没有完全解决，立法也并没有得到全面完善，加上不断变化发展的犯罪活动又不停地提出司法适用难题，使得自然人挪用犯罪的研究仍处于不断扩展和深入过程之中。从应然角度看，对任何一种类型的研究都应当力求全面、细致，以形成完整体系；但从实然角度看，基于立法状况、研究现状、社会公众认识以及犯罪要素的变化，研究的广度和深度也应当有所取舍，没有必要大而全，而应深而透。基于此，笔者对自然人挪用犯罪的研究内容进行取舍，对立法机关或司法机关已解决的问题或基本上成为学界通行观点的问题尽量不予涉及，而选取自然人挪用犯罪中重大且较为疑难的问题进行研究以求深，选取司法实践中新出现且目前学界较少关注的问题进行研究以求新。挪用犯罪不完善的立法现状和层出不穷的司法难题，是自然人挪用犯罪疑难暨新型问题研究的前提条件和基本保证。因此，笔者尽量选取最新和最权威的研究成果为文献资料，以近年来司法机关办理的案件为案例资料，从中观和整体的视角研究和讨论作为类罪的自然人挪用犯罪在犯罪构成、司法认定中的疑难暨新型问题。[①]

二、类推思维在自然人挪用犯罪之间的应用与限制

司法实践中经常会遇到这样的问题，即对挪用公款罪罪状和要素的立法解释和司法解释能否类比或类推适用于挪用资金罪。例如，2002 年 4 月 28 日第九届全国人民代表大会常务委员会第二十七次会议通过的《全国人民代表大会常务委员会关于〈中华人民共和国刑法〉第三百八十四条第一款的解释》规定，“有下列情形之一的，属于挪用公款‘归个人使用’：（一）将公款供本人、亲友或者其他自然人使用的；（二）以个人名义将公款供其他单位使用的；（三）个人决定以单位名义将公款供其他单位使用，谋取个人利益的。”这无疑是对挪用公款“归个人使用”进行了扩张解释。对于同样包含“归个人使用”内容的挪用资金罪是否也可以类推适用呢？对于公司工作人员利用职务之便将本单位资金挪给其他单位使用的行为能否认定犯罪呢？像这样的问题还有许多，这就涉及类推思维能否在类似罪状中适用以及如何适用的问题。

（一）问题的由来

之所以产生上述问题，主要是由三方面原因引起的，一是罪状设计的相似性和罪名确立的同一性。我国现行刑法对自然人挪用犯罪尤其是挪用资金罪与挪用公款罪的罪状采取非常相似的罪状设

---

① 之所以选择 2004 年的文献资料和案例资料作为研究材料，主要是因为 2003 年的《最高人民法院关于挪用公款犯罪如何计算追诉期限问题的批复》是有关挪用公款罪也是有关自然人挪用犯罪的最后一个解释性文件，直到目前尚未再制定和出台相关解释性文件。这就使得一方面 2004 年之前的一些问题随着解释文件的制定和出台已经得到了解决，如挪用公款给私有、私营企业是否认定为“归个人使用”的问题，也就失去了再过多研究的意义；另一方面解释性文件虽然在某些问题上画上了句号，但因自身存在的问题，以及司法实践提出的新问题，使得自然人挪用犯罪的研究又不缺乏素材。

计，两罪除主体、对象属性不同之外，主观罪过和客观行为基本相同，前者都表现为故意，且为直接故意，后者都表现为利用职务之便、归个人使用以及三种具体用途等。挪用行为作为实行行为对法益的侵害也因区别于其他侵犯财产犯罪而独树一帜，加上最高司法机关又将其二者确定为挪用资金罪与挪用公款罪，这种立法上的相似性和罪名上的同一性，使得两罪在法律解释和司法适用时或多或少地受到彼此解释规范的影响。二是立法及司法解释的侧重性。从两罪现有的立法和司法解释以及其他解释规范来看，涉及挪用资金罪的解释规范只有1995年颁布实施的《最高人民检察院关于办理公司、企业人员受贿、侵占和挪用公司、企业资金犯罪案件适用法律的几个问题的通知》、1996年颁布实施的《最高人民法院关于办理违反公司法受贿、侵占、挪用等刑事案件适用法律若干问题的解释》、2000年发布的《最高人民检察院关于挪用尚未注册成立公司资金的行为适用法律问题的批复》三个解释文件，并且前两个文件目前已经失效。而反观挪用公款罪的解释文件，主要有1997年发布的《最高人民检察院关于挪用国库券如何定性问题的批复》，1998年颁布的《最高人民法院关于审理挪用公款案件具体应用法律若干问题的解释》，2000年发布的《最高人民法院关于对受委托管理、经营国有财产人员挪用国有资金行为如何定罪问题的批复》、《最高人民检察院关于国家工作人员挪用非特定公物能否定罪的请示的批复》、《最高人民检察院关于挪用公款给私有公司、私有企业使用行为的法律适用问题的批复》，2001年颁布的《最高人民法院关于如何认定挪用公款归个人使用有关问题的解释》，2002年颁布的《全国人民代表大会常务委员会关于〈中华人民共和国刑法〉第三百八十四条第一款的解释》，2003年发布的《最高人民法院关于挪用公款犯罪如何计算追诉期限问题的批复》等。这些解释文件不仅包括立法机关以立法形式作出的解释，还包括最高司法机关针对法律适用问题作出的解释；不仅包括综合类的全面解释，还包括针对具体问题的专门性解释。从这种解释状况看，解释凸显了我国高度重视职务犯罪惩治和预防、遏制腐败势头的刑事政策，而挪用资金罪作为普通类侵犯财产犯罪，则交由司法机关和司法人员自由裁量。从两罪的解释性文件看，立法者和司法者出于刑事政策的考虑增强挪用公款罪适用的明确性和准确性无可厚非，这对惩治和遏制公款挪用这一日益严重的职务犯罪行为发挥了积极作用，但是不得不承认的是立法者和司法者仍旧固守于就解释而解释的目的初衷，无视和割裂了刑法中总则与分则、罪与罪之间的联系，难以最大程度利用立法资源、司法资源，在明示某一问题的同时，也给司法人员理解和适用其他相似罪名和相似罪状增加了新的困惑。三是司法实践中类推解释的严格限制。国内外关于类推解释的观点主要有三种：一是最广义说，认为所谓类推解释，就是指采用类比推理（或类似推论）的方法，来阐明法律条文的含义。[①] 二是广义说，认为类推解释，是指在一个具体事实与法律规定的情况相似，但根本不可能为该法条的字面含义所包容的前提下，以其相似性作为援引某一法律规定依据的解释方法。[②] 三是狭义说，认为类推解释，是指对于刑事法律虽然没有明文规定为犯罪，但具有一定的社会危害性的行为，比照规定最相类似的行为的刑事法条进行定罪处罚。[③] 其中广义说为国内外大多数学者所主张。因此，刑法学上的类推解释（广义的类推解释）有如下几个特征：（1）作为解释对象的事实必须是法律无明文规定的；（2）作为解释对象的事实必须与法律规定的事项具有相似（或类似）性；（3）作为解

---

① ［德］亚图·考夫曼著：《类推与“事物本质”》，吴从周译，学林文化事业有限公司 1999 年版，第 75 页；冯殿美、王文娟：《罪刑法定原则：视觉转换与价值定位》，载《山东大学学报》2003 年第 6 期，第 152 页。

② ［意］杜里奥·帕多瓦尼著：《意大利刑法学原理》，陈忠林译评，中国人民大学出版社 2004 年版，第 31 页；薛瑞麟：《论刑法中的类推解释》，载《中国法学》1995 年第 31 期，第 73 页。

③ 陈兴良主编：《刑事法总论》，群众出版社 2000 年版，第 153 页；［日］野村稔著：《刑法总论》，全理其等译，法律出版社 2001 年版，第 49 页。

释的结果必须已超过法律条文规定的含义。我国的刑事法治刚刚起步，罪刑法定原则刚刚确立，禁止类推解释成为维护和保障罪刑法定原则的必然选择。同时鉴于社会转型时期社会急速发展带来的犯罪构成要素的变化，加上出于对司法人员执法水平与能力的怀疑，立法者并没有以法律的形式允许司法人员的类推解释，司法人员也慑于本机关内部绩效考核和错案追究机制的“尚方宝剑”而不敢、不愿再类推解释，即使是类推思维也很少运用。正是面临这种限制，司法人员对于公司企业工作人员将本单位资金挪归其他单位的，或者挪用资金罪的追诉时效、多次挪用资金的犯罪数额计算等法律没有规定、立法者和司法者没有解释的问题，虽然有挪用公款罪相关解释性文件可以参照，但能否适用还要看不同司法人员的勇气与智慧。

（二）类推思维在自然人挪用犯罪中的应用与限制

谈及类推，在国内一般是指 1979 年刑法中的类推制度及该制度下的类推适用。1997 年刑法明确规定罪刑法定原则的同时废除了类推制度，这成为我国刑法迈向法治化、文明化的具有里程碑意义的标志。但是作为一种逻辑方法，类推思维或类比推理思维却不可能被根本废除，刑法规范的局限性和犯罪现象的发展性决定了类推思维在刑事司法适用中的可能与必要。“法的现实性本身是根基于一种类推，因此法律认识一直是类推性的认识。法原本带有类推的性质。”① 正是因为无法全面废止类推解释，国内外主张类推解释的观点仍有市场，有利于被告人的类推解释成为通行的观点，也得到了立法者和司法人员的支持，甚至仍有相当数量的学者主张应当允许类推解释。刘明祥教授对此进行了分析，认为允许类推解释说是把类推解释理解为一种解释法律的方法，即类比推理的方法，

---

① ［德］亚图·考夫曼著：《类推与“事物本质”》，吴从周译，学林文化事业有限公司 1999 年版，第 41 ~45 页。

解释刑法自然也离不开这种方法，因而也就无法禁止。而禁止类推解释说把类推解释看成是超出法律本来预想的范围，使法律适用于类似事项的情形，由于它带有填补法律漏洞的补充性立法性质，因而违反罪刑法定原则，应予禁止。[①] 正因为如此，现代各国实行的罪刑法定也就成为相对意义上的罪刑法定，禁止法官作出明显超出法律规定范围之外的不利于被告人的类推解释，也就成了相对于罪刑法定主义不可逾越的底线。

有关挪用公款罪的解释性文件能否适用于与其有相同立法模式和要素的挪用资金罪的问题，从判断方法看，实质是是否可以类推或类比适用的问题，也就是是否可以运用类推思维的问题。在逻辑学中，类推是与类比推理相同的概念，或者作为类比推理的简称，一般是指根据两个或两类对象有部分属性相同，从而推出它们的其他属性也相同的推理。其逻辑模型是：对象 A 具有属性 a、b、c、d，对象 B 具有属性 a、b、c，所以对象 B 也具有属性 d。对象 A 是被类比的事物，称为类比原型，对象 B 是需要认识的事物，对象 A 与对象 B 相同或相似的属性 a、b、c 统称为共有属性，被作为推理依据的属性 d 叫推移属性，或类推属性、待推属性。类推的客观根据源于客观事物之间的联系，在具有某些相同属性的事物之间，在另一属性上也就有可能相同。通过把需认识对象和类比原型相比较，而获得对需认识对象的知识，是类推思维的基本特征。[②] 而作为一种论证方法，类推是一种以相似性以及该相似之重要性推定为关注基础的论证形式。[③] 作为一类推理方法或论证方法，类推或类

---

① 刘明祥：《论刑法学中的类推解释》，载《法学家》2008 年第 2 期，第 64 页。

② 沈琪：《刑事裁判中类推思维的作用及其运用——一种基于方法论意义的思考》，载《政法论坛》2007 年第 6 期，第 117 页。

③ ［德］埃尔马·邦德：《类推：当代德国法中的证立方法》，吴香香译，载《求是学刊》2010 年第 3 期，第 5 页。

比推理被广泛使用，挪用公款罪与挪用资金罪解释性文件之间能否比照适用的问题，其实质也需要依靠这一思维方法。与刑法学界对类推解释或类比推理通常的界定不同，挪用公款罪与挪用资金罪解释性文件之间的类比是规范之间的类比，而不是待决事实与规范事实的类比。首先，该两罪符合类比推理的条件。挪用公款罪与挪用资金罪在客观要件规定上的同一性使得对原文含义的解释性文件存在类比的可能，如2000年发布的《最高人民检察院关于挪用尚未注册成立公司资金的行为适用法律问题的批复》，为挪用尚未注册成立国有公司公款行为的认定提供了类比可能。其次，不符合类比条件的不能类比。挪用公款罪与挪用资金罪虽然客观要件上保持了同一性，但二者在主体、对象要件上仍有不同，因此对这些要件作出的解释便失去了类推的可能，如2000年发布的《最高人民法院关于对受委托管理、经营国有财产人员挪用国有资金行为如何定罪问题的批复》对受委托管理、经营公司企业或其他单位财产人员的认定便没有类比意义。最后，类比的结论还要符合罪刑法定原则要求和词义的合理范围。目前，有利于被告人的类推解释是被允许的，这是相对主义罪刑法定原则的最后底线。因此，挪用公款罪与挪用资金罪解释性文件之间的类推思维也应当坚持这一原则。同时，类比思维也要立足于条文自身的语义规范解释，不能超出其文意射程之外，对于立法者和司法者基于特定刑事政策考虑作出专门解释而超出文意射程之外的，不能得出所类比的对象含义同样超出射程之外。

基于以上分析，笔者认为挪用资金罪与挪用公款罪构成要素以及司法适用的解释性文件存在一定的类比情形，运用类推思维，可以得出以下结论：

（1）对挪用尚未注册成立国有公司公款行为的认定，可以类比适用2000年发布的《最高人民检察院关于挪用尚未注册成立公司资金的行为适用法律问题的批复》；

（2）挪用本单位国库券行为的认定，可以类比适用1997年发布的《最高人民检察院关于挪用国库券如何定性问题的批复》；

(3) 挪用资金罪三种用途情况的认定，多次挪用资金数额的计算，挪用资金的共同犯罪认定，可以类比适用1998年颁布的《最高人民法院关于审理挪用公款案件具体应用法律若干问题的解释》中的第2条、第4条、第8条；

(4) 挪用资金"归个人使用"的理解，可以类比适用2002年颁布的《全国人民代表大会常务委员会关于〈中华人民共和国刑法〉第三百八十四条第一款的解释》；

(5) 挪用资金罪的追诉时效，可以类比适用2003年发布的《最高人民法院关于挪用公款犯罪如何计算追诉期限问题的批复》。

至于挪用资金又受贿的能否类比挪用公款罪的数罪并罚，以及携带挪用的资金潜逃能否类比适用于挪用公款罪的转化犯等情形，从有利于被告人的角度和文义射程合理性的角度，不宜类比适用，以符合相对主义罪刑法定原则的基本要求。

第二节　自然人挪用犯罪主观方面的问题

犯罪主观方面，是指犯罪主体对自己所实施犯罪行为及其危害后果所持的心理态度，包括罪过及其构成要素、犯罪的目的和动机等内容。任何犯罪都必须具备犯罪主观方面的内容尤其是罪过及其构成要素，才能构成完整的犯罪构成体系，"无罪过即无犯罪无刑罚"是现代刑事法治中的一项基本原则。因此，行为人主观方面的研究是包括自然人挪用犯罪在内的所有犯罪研究中必不可少的内容，而反过来只有借助于行为人心理因素的分析与考察才能全面准确地理解和认识犯罪，并对该罪的惩治和预防具有重要的实践意义。这里还要明确区分两个概念——犯罪主观方面与犯罪主观要件，这两个概念只在我国刑法理论中使用。犯罪主观要件，是指刑法规定成立犯罪必须具备的、犯罪主体对其实施的危害行为及其危害结果所持的心理态度。犯罪主观要件在我国刑法理论中又被称为罪过，具体包括犯罪故意和犯罪过失，犯罪主观要件是犯罪构成体系中的组成要件，任何犯罪都必不可少；而犯罪主观方面不仅包括作为犯罪构成要件部分的犯罪主观要件还包括犯罪目的、犯罪动机等内容，犯罪目的与犯罪动机一般不是犯罪成立的条件，只有刑法明确规定的才具有要件意义。

在刑法学界，学者对挪用资金罪、挪用特定款物罪、挪用公款罪主观要件形式抑或罪过形式的观点基本一致，即认为该三罪的罪过形式是故意并且只能是直接故意，过失和间接故意不能成为该三罪的罪过形式，如有学者认为，挪用资金罪的主观方面只能由直接故意构成，即明知是本单位资金而挪用，目的是非法暂时取得本单位资金的使用权，一般是准备以后归还的；而挪用特定款物罪的主观方面只能是故意，即明知是有关用于救灾、抢险、防汛、优抚、扶贫、移民、救济专项款物而故意挪用，过失不构成本罪。① 有学者认为，挪用公款罪在主观方面是出于直接故意，即行为人明知是公款而故意挪归个人使用，目的是通过非法取得公款的使用权来获取公款带来的收益或满足个人挥霍等需要。② 应当说刑法学界在挪用资金罪、挪用特定款物罪、挪用公款罪主观要件或罪过形式认识上的共识是正确的、科学的，作为一类取得型侵犯财产罪，行为人的主观罪过形式只能是故意并且只能是直接故意，而不可能是过失和间接故意，行为方式也只能是作为。所以自然人挪用犯罪主观方面的问题便集中于犯罪目的与犯罪动机上，而这也是我国刑法学界之前所较少关注和研究的内容。

一、自然人挪用犯罪的犯罪目的

在刑法学界，直接故意为挪用资金罪、挪用特定款物罪、挪用

---

① 周道鸾、张军主编：《刑法罪名精释》（第三版），人民法院出版社2007年版，第529页。

② 王作富主编：《刑法分则实务研究》（第三版），中国方正出版社2007年版，第1783页。

公款罪的主观要件或罪过形式的观点已经基本得到认同，并不存在争议，而犯罪目的在三种犯罪主要方面的地位和含义学者们却意见不一、莫衷一是。要解决这一问题，首先，需要判断三种挪用犯罪与目的犯在类型归属上是否存在从属关系，也即要判断三种挪用犯罪是否是目的犯，如果是，便肯定了犯罪目的在自然人挪用犯罪中的地位，赋予了其法律上的要件意义；如果不是，则有直接故意要件即可，而无需考虑主观上对结果的希望意图。其次，要分析该犯罪目的的内容，最后分析该犯罪目的的本质，以区别于非法占有等犯罪目的。

（一）自然人挪用犯罪的目的定位及目的犯类型的确立

目的犯，是德国刑法学家麦兹格根据刑法规定中，明显包括主观要素的犯罪进行分类所得，这一概念也为我国刑法理论所接受。目前国内外学界都承认这一犯罪类型是以特定的犯罪目的为构成要件的犯罪，且都是从犯罪成立要件的角度说明。其他国家和地区的刑法理论一般认为，目的犯（又称意图犯），是指以行为人主观上具有某种特定目的（或意图）作为构成要件的犯罪。[①] 在我国刑法学界，因为在目的犯是否包括非法定的目的犯问题上的主张不同，对目的犯的认识也分成广义说和狭义说。依据刑法有无规定，可以将目的犯分为法定的目的犯和非法定的目的犯。法定目的犯在刑法中一般带有“以……为目的”、“意图……”、“为……”的用语，是以立法的方式确立犯罪目的的构成要件地位。据统计，1997 年修正后的刑法和 7 个修正案中，法定目的犯共计 29 个，其中以“以……为目的”或“由于……目的”表述的为 17 个，以“意图……”表述的为 2 个，以“为……”表述的为 10 个。非法定目的犯，是指刑法虽然没有明确规定，但理论和实践要求行为人主观

① 蔡敦铭：《论我国刑法中的目的犯》，载蔡敦铭主编：《刑法总则论文选辑》，五南图书出版公司 1973 年版，第 291 页。

上必须具备某种犯罪目的作为构成要件要素的犯罪。广义说认为，就某些犯罪来说，不管刑法对其特定的犯罪目的是否作出明文规定，该特定的犯罪目的都具有犯罪成立的功能意义，对于犯罪成立来说都不可缺少，则该犯罪就是目的犯。狭义说认为，目的犯必须以刑法对目的的明文规定为标准，如果行为人主观上不具有这种特定目的的，则不构成犯罪或者只能另行构成其他犯罪。有学者认为，目的犯的目的不同于与直接故意意志内容相重合的一般犯罪目的，它无法从直接故意中推论出来，即使使用系统复杂的刑法解释的武器也无法推导出非法定目的犯的存在。因此，特定的目的犯的目的必须有立法的明确规定，没有法律明文规定的成立犯罪必备的特定意图，不能称为目的犯，所谓的目的犯，是指刑法中明文规定的以特定的目的作为特殊构成要件的犯罪形态。① 目前关于这一问题大多数学者持广义说，刘明祥教授早在 1994 年就阐明了理由，他认为，我国刑事法律一般对犯罪构成要件的描述比较简括，一些条文往往对犯罪主观方面不作描述；目的犯最本质的特征是以某种特定的犯罪目的（或意图）作为犯罪构成的要件，既然在刑法理论上和司法实践中都公认某种犯罪必须具备特定的目的（或意图）才能构成，也就表明这些犯罪具备了目的犯的本质特征。② 笔者亦赞同广义说，认为犯罪构成要件及其要素不是刑法条文短短数语所能全部包含的，并且从立法技术考虑也没有必要全部包含，一些已经为人们所广泛认知或从条文用语中推导出来的要件要素，立法者也就没有必要将其规定到刑法条文中，如刑法第 264 条的盗窃罪、第 266 条的诈骗罪，虽然刑法条文没有明文规定非法占有为目的，但国内外的司法实践和刑法理论通说都认为本罪必须具有特定目的。对此，林山田教授指出，有些构成要件之要素，并没有明文规

---

① 李希慧、王彦：《目的犯论纲》，载赵秉志主编：《刑法论丛》（第 5 卷），法律出版社 2002 年版，第 68 ~ 69 页。

② 刘明祥：《论目的犯》，载《河北法学》1994 年第 1 期，第 10 页。

定于构成要件要素之中，但由于学说上之通说或是沿用多年之判例，俨然有如规定于条文之构成要件要素，即为不成文之构成要件要素，或称不加规定之构成要件要素。[①] 所以，目的犯作为一种犯罪类型，不是取决于刑法的规定，而在于其自身特殊的构成结构，尽管刑法没有明文规定，但如果这一要件具有区分罪与非罪、此罪与彼罪的功能，同时该罪也符合目的犯的主客观构造，我们就应当将其认定为目的犯。法定目的犯只是立法者对特定犯罪的“偏爱”，而这些特定犯罪多是新增犯罪或经济犯罪。

从挪用资金罪、挪用特定款物罪、挪用公款罪的刑法规定来看，立法者并未使用“以……为目的”、“意图……”、“为……”等表述方式，因此不属于法定目的犯，但是否属于非法定目的犯呢？对这一问题，笔者认为应当从目的犯的主客观构造以及自然人挪用犯罪自身的特殊立法规定及司法认知上进行判断。

一是目的犯的主客观构造。法定目的犯以刑法规定为标准，刑法以明文规定犯罪意图的，以“以……为目的”、“意图……”、“为……”方式表述的，通常便是目的犯。而非法定目的犯，因为缺失了刑法的明文规定便需要首先从目的犯的主客观构造判断。依照目的犯的一般理论，目的犯是一种“二主观要件的犯罪类型”，即目的犯是一种主客观要件不一致的类型，是一种主观要件多于客观要件的犯罪形式，包含“溢出”客观要件的主观要件的犯罪形式。其中涵盖客观要件的主观要件是故意，而超出客观要件规定范围的主观意图，或称为“第二主观要件”，这便是目的犯中的目的。“所谓目的犯，乃将外部的行为有意义之意欲，作为实现其他目的之手段的犯罪。”[②] 因此，目的犯中的目的是不同于故意要素中的“犯罪目的”的，而是超出故意要素之外的主观性要素，是故意之外的主观意图，是超过客观要素之外独立的主观构成要件要

---

① 林山田著：《刑法特论》（上），三民书局1978年版，第20页。

② 洪福增著：《刑法理论之基础》，刑事法杂志社1977年版，第379页。

素。所谓“超过客观要素”，是指不要求存在与目的犯的目的相对应的客观事实，而只要求该目的存在于行为人的内心。[①] 这里要明确区分目的犯中的目的与直接故意中的目的。依照我国刑法规定，直接故意的意志因素是行为人对自己行为造成危害结果的希望，从一般性认识看也是一种犯罪目的，但这种目的不是目的犯中的目的。学者一般将直接故意中的犯罪目的称为直接犯罪目的或第一层次的目的，将目的犯中的目的称为特定犯罪目的或第二层次的目的。二者的主要区别在于：其一是从地位看，凡是直接故意犯罪中都会有一般犯罪目的，而特定犯罪目的是超出构成要件的内容，属于犯罪构成要件要素；其二是从内容看，前者是对客观行为造成危害结果的希望，与客观行为一一对应，而后者是溢出故意之外的意图，是主观要件多于客观要件的犯罪形式，是对客观行为造成危害结果之外的结果的希望；其三是从功能看，前者体现在直接故意的内容之中，并不具有独立地位，而后者是超出故意要素之外的构成要件要素，具有区分罪与非罪、此罪与彼罪的功能。

二是三种挪用犯罪是否是非法定目的犯。从目的犯特殊的主客观构造看，判断挪用犯罪是否属于目的犯的关键在于此类犯罪行为人主观上是否具有超出故意要素、超过客观要素之外的目的要素。挪用资金罪、挪用特定款物罪、挪用公款罪是否具有超过客观行为的主观要素？如果有，这种超过客观要素之外的目的要素究竟是什么？一些学者提出的非法取得公款的使用权或通过非法取得公款的使用权来获取公款带来的收益或满足个人挥霍等需要是目的犯中的目的还是直接故意中的目的？要解决这些问题，根本上要判断主观要素与客观行为是否存在对应关系。首先，非法使用目的是使用型侵犯财产罪必须具备的主观要素。从自然人挪用犯罪的主观意图看，行为人最终目的是获得所挪用财物的占有、使用、收益权，主

---

① 王志祥、姚兵：《论目的犯目的的本质》，载赵秉志主编：《刑法论丛》（第13卷），法律出版社2002年版，第241页。

观上具有非法使用他人财物的目的，这种犯罪目的明显区别于盗窃罪、诈骗罪、抢劫罪、抢夺罪等侵犯财产罪的“非法占有目的”，也区别于故意毁坏财物的毁财目的。因此，非法使用目的是使用型侵犯财产罪必须具备的主观意图内容。其次，从客观行为看，对三种挪用犯罪客观行为内容和挪用行为中“用”的要素的主客观要件性质的认识不同，可能会引起非法使用目的在地位上的认识差别。刑法学界主要在挪用公款罪中探讨这一问题，客观说认为，挪用行为中的“用”也是实行行为，因此挪用行为是复合行为，只挪未用的或不构成犯罪或以犯罪未遂论。“挪用”即是“挪+用”，“挪”的意思指移动，“用”指使用。只有既挪又用公款的行为，才能叫做挪用公款；只挪未用的，不构成本罪。[①] 还有学者认为，“挪”的目的是“用”，“挪而未用”的行为人只完成了“挪”的行为，却未完成“用”的行为……符合刑法关于犯罪未遂的规定，应当认定为挪用公款的犯罪未遂，比照既遂犯从轻或减轻处罚。[②] 主观说认为，挪用公款罪中的“归个人使用”只是主观要素，“挪”的行为才是实行行为，缺少“用”的行为不影响犯罪的成立和既遂。有学者认为，“挪”属于挪用公款罪中客观构成要件要素，而“用”则属于该类犯罪的主观构成要件要素，对“挪而未用”的行为，可分别作出如下认定：一是犯罪未遂……二是犯罪既遂……三是不构成犯罪。[③] 赵秉志教授从法益保护的角度揭示了深层次原因，他认为将挪用公款罪的客观行为理解为复合行为是不正确的，公款被“挪”和“用”，只是对一般情况下挪用公款的事

---

① 田宏杰：《挪用公款罪司法认定中的疑难问题研究》，载《人民检察》2001 年第 7 期，第 22 页。

② 高铭暄主编：《刑法专论》（下编），高等教育出版社 2002 年版，第 886～887 页。

③ 游伟主编：《华东刑事司法评论》（第六卷），法律出版社 2004 年版，第 207～271 页。

实描述，而不是对本罪犯罪构成要件的提示……实际上，只有将公款“挪”出的行为才是挪用公款罪的实行行为，“用”公款只是对被“挪”公款的进一步处理行为，“用”本身不是刑法保护的法益的侵害，在“挪而未用”的案件中，只要挪用公款罪的要件成立，公款实际上没有被使用的事实，不影响公款使用权被侵犯的结果，所以也不影响犯罪既遂的成立。① 对挪用公款罪中“用”的主客观要件性质认识的不同，直接决定挪用公款罪非法使用目的在构成要件中的地位，如主张客观说，“用”或“归个人使用”是犯罪的部分客观行为，那么非法使用目的便是直接故意中的意志因素的内容，也就是对使用所挪移公款的希望。又如坚持主观说，只有“挪”的行为才是挪用公款罪的客观行为或实行行为，“用”只是主观上的目的要素，那么非法使用目的显然已经超过客观行为要素，不存在与其相对应的客观事实，因此非法使用目的也就成了超出故意要素之外的主观构成要件要素，挪用公款罪也便成为目的犯。对此，笔者认为，刑法学界和司法实务界对挪用公款罪中挪用行为的认识有一个从复合行为到单一行为的过程，这主要是由于近年来频繁出现的“挪而未用”现象，如果仍然坚持复合行为说，将“用公款”的行为严格限定为客观要件，势必会出现对公款保护的法律漏洞，不利于国家财产法益的全面保护，而主观说显然既符合刑法中的实行行为理论和法益理论，又符合全面保护国家财产的现实需要。因此“用公款”的主观目的要件观点得到越来越多的支持和肯定，司法机关在实践中也采纳了这种意见。笔者也赞同主观说，“用公款”的行为并不是客观行为的内容，基于此对公款的非法使用目的也便不能是直接故意中的内容了，此种情况下挪用公款罪直接故意的内容应当是对公款挪出行为及挪出结果的希望。因此，挪用公款罪应当是目的犯，而与其立法结构和方式相同的挪

---

① 赵秉志主编：《刑法分则问题专论》，法律出版社 2004 年版，第 653 页。

用资金罪也应当是目的犯。这里还需要解决的问题是挪用特定款物罪是否是目的犯的问题。与挪用公款罪、挪用资金罪立法不同，挪用特定款物罪属于情节犯，只有情节严重的才能构成犯罪。这使得人们会产生一种认识，即只有特定款物被使用的才是情节严重，没有被使用的不会产生情节严重的情况，“使用”应当是该罪客观行为的一部分，或者“挪用”在该罪中是复合行为。挪用特定款物罪的立案标准似乎也证明了这一点。《最高人民检察院、公安部关于公安机关管辖的刑事案件立案追诉标准的规定（二)》规定，挪用救灾、抢险、防汛、优抚、扶贫、移民、救济款物，涉嫌下列情形之一的，应予立案追诉：“（一）挪用特定款物数额在五千元以上的；（二）造成国家和人民群众直接经济损失数额在五万元以上的；（三）虽未达到上述数额标准，但多次挪用特定款物的，或者造成人民群众的生产、生活严重困难的；（四）严重损害国家声誉，或者造成恶劣社会影响的；（五）其他致使国家和人民群众利益遭受重大损害的情形。”笔者认为，挪移特定款物并使用的情况，在实践中应当是一种常态，比例可能达到百分之九十以上。对于挪移特定款物而未用（这里的未用指来不及用和先挪移后产生具体使用用途的）能否构成犯罪呢？从国家对特定款物的管理制度和特定款物权益人的角度看，挪移的行为本身已经构成了对特定款物管理制度和特定款物权益人权益的侵害，是否使用只是事后的处理行为，或者是一种事后不可罚行为，单纯挪移的行为便会造成情节严重的后果，所以挪用特定款物罪中的“用”同样是一种主观目的要件，该罪的客观行为也便是在非法使用目的支配下的挪移行为。因此，挪用特定款物罪也应当是目的犯。

综上，在立法之初，自然人挪用犯罪中的“使用”被认为是客观行为内容，但随着社会的发展及惩治犯罪的需要，“使用”的主观要件性质得到越来越多的支持和肯定，挪用资金罪、挪用特定款物罪以及挪用公款罪的犯罪目的也就超出了挪用犯罪中客观行为要素——挪移行为之外，成为独立的主观构成要件要素，不再是直接故意中的犯罪目的，直接故意中的犯罪目的只能是对款物被挪移结果的希望。自然人挪用犯罪也就成为目的犯中的一种类型，“使用”目的也就具有了区分于“占有”目的的构成要件功能。

（二）自然人挪用犯罪目的犯中的目的内容

我们首先来看一下学者们的观点，以当前受到广泛赞誉的王作富教授主编的《刑法分则实务研究》一书和周道鸾教授、张军大法官主编的《刑法罪名精释》为考察资料。《刑法分则实务研究》一书中认为挪用资金罪的主观方面是故意，即明知是公司、企业或者其他单位的资金，而将其挪归个人使用或借贷给他人，但不具有非法占有的目的；挪用特定款物罪的主观方面是故意，即明知是用于救灾、抢险、防汛、优抚、扶贫、移民、救济款物，而故意将其挪作他用，过失不构成本罪；挪用公款罪的主观方面是直接故意，即行为人明知是公款而故意挪归个人使用，目的是通过非法取得公款的使用权来获取公款带来的收益或满足个人挥霍等需要。① 《刑法罪名精释》一书认为挪用资金罪的主观方面只能由直接故意构成，即明知是本单位资金而挪用，目的是非法暂时取得本单位资金的使用权，一般是准备以后归还的；挪用特定款物罪的主观方面是故意，过失不构成本罪；挪用公款罪的主观方面由故意构成，动机不影响本罪的成立，过失不构成本罪。② 从中可以看出，虽然学者在个别罪名中指出暂时使用目的是犯罪目的的内容，但在三种挪用犯罪主观方面表述中并没有贯彻始终，学者对挪用犯罪目的的主张带有一定的随意性，并未形成相互对立观点的交锋，表明这一问题尚未引起学者的足够关注，犯罪目的只是少部分学者对一种或两种挪用犯罪主观方面的表述。例如，对挪用公款罪，有学者直接主张

---

① 王作富主编：《刑法分则实务研究》（第三版），中国方正出版社2007年版，第1167、1170、1783页。

② 周道鸾、张军主编：《刑法罪名精释》（第三版），人民法院出版社2007年版，第529、531、817页。

该罪的犯罪目的是通过非法取得公款的使用权，来获取公款带来的收益或满足个人挥霍等需要；[①] 有学者认为，该罪的主观方面只能由直接故意构成，并以非法取得公款的使用权为目的。[②] 那么，作为目的犯的挪用资金罪、挪用特定款物罪、挪用公款罪的犯罪，其在主观方面的犯罪目的究竟是什么，内容如何呢?

1. 非法使用目的是自然人挪用犯罪中的目的

在我国刑法理论界和司法实务界，虽然一直以来并未给挪用资金罪、挪用特定款物罪、挪用公款罪的犯罪目的以准确定位和全部定位，但仍然认为此三项犯罪与盗窃罪、侵占罪、抢劫罪、职务侵占罪、贪污罪等取得型侵犯财产罪的两项重要区别便是犯罪目的上和侵害客体上的不同，通常认为后者的犯罪目的为非法占有目的，侵害的客体内容为他人的财产所有权及其本权；而前者的犯罪目的为非法使用目的，侵害的客体为他人对财产的占有、使用、收益权。可见，在我国，非法使用目的是比照非法占有目的而来的，是在理论上和司法活动中自动生成的一种犯罪目的类型。因此，要正确理解非法使用目的，必须借助于非法占有目的内容的考察，而对非法占有目的内容主张的不同，决定了非法使用目的的存在是否必要。在国外立法中，许多国家在盗窃罪等取得犯罪中规定了非法所有或非法占有的目的内容，如德国刑法第 242 条把“意图自己不法所有”作为盗窃罪的构成要件要素，英国 1916 年盗窃法规定了“永久取得他人财物的意图”，瑞士刑法第 137 条把“为自己或第三人不法之利益”作为盗窃罪的要件，《俄罗斯联邦刑法典》第 158 条规定的盗窃罪要求为“以贪利为目的”。即使在没有明文规定的国家，在理论和司法实践中也往往将非法所有或占有目的作为

---

① 孙谦主编：《国家工作人员职务犯罪研究》，法律出版社 1998 年版，第 137 页。

② 周振想、李汝川主编：《刑法各论》，当代世界出版社 2000 年版，第 397 页。

盗窃等取得犯罪的成立条件。在大陆法系国家刑法理论中，由于对财产犯罪法益的理解不同，在取得型财产犯罪主观方面是否存在不法所有的意图问题上存在争议。本权说基于财产犯罪的法益是保护所有权及具有法律上的占有的立场，认为取得型财产犯罪以具有不法所有的意图为前提；而占有说基于财产犯罪的法益是他人对财物的占有的立场，主张只要行为人认识到自己的行为是转移占有的行为即为已足，而不要求有不法所有的意图。① 在日本刑法理论中，对于不法所有的意图产生三种理解：一是排除权利者的意思说，主张排除权利者行使所有权的内容，自己作为财物的所有者而行动的意思；二是利用处分的意思说，认为非法占有目的，是指按财物经济的（本来的）用法利用、处分的意思；三是折中说，主张排除权利者对财物的占有，把他人之物作为自己的所有物，按其经济的用法利用或处分的意思。② 在我国刑法理论中，财产犯罪所侵犯的法益通常采用本权说，即公私财产所有权，因此在犯罪主观方面要求必须以非法占有为目的。而在非法占有目的内容上，我国刑法学的通说认为非法占有即非法所有，排除权利人对财物的所有权的意图，具体而言，是“行为人意图排除财物的所有人（包括非法所有人）、将他人的财物作为自己的所有物而取得事实上的支配权的意思”。③ 正是因为在盗窃等取得型侵犯财产罪非法占有目的内容中坚持和肯定了非法所有说，才使得不具有不法所有意图但有以一时使用意图的挪用犯罪成为取得型侵犯财产罪中的独特类型。在日本刑法理论界很早便开始研究和讨论“一时使用的目的”。出于一

---

① 张明楷著：《法益初论》，中国政法大学出版社 2000 年版，第 534 页。

② 张明楷著：《刑法的基本立场》，中国法制出版社 2002 年版，第 534～535页。

③ 吴学斌、俞娟：《论我国刑法中的“以非法占有为目的”》，载《当代法学》2005 年第 2 期，第 97 页。

时使用目的的盗窃行为称为使用盗窃，区别于具有非法占有目的的盗窃，需要区分具体情况以具体确定其可罚性。由于日本刑法对非法盗用他人财物的行为没有单独设置处罚规定，所以对可罚的使用盗窃行为，只能按盗窃罪定罪处罚，这样一来，无形之中模糊了非法盗用与盗窃罪的界限。① 与使用盗窃相似，挪用犯罪也是以一时使用或暂时使用为目的的犯罪，其在主观目的上是不同于非法所有的非法占有目的，主观恶性更低，行为的社会危害性更小。基于立法的规定以及刑法理论的精细研究，以及财产法益本质主张由占有说向本权说的过渡，非法使用目的已然成为非法占有目的之外侵犯财产犯罪行为的目的类型。

2. 非法使用目的的内容

目前国外刑法学界尚未对非法使用目的的目的形态开展研究，国内学者也研究较少，只是简单地认为不具有所有的目的和具有日后归还的意图便是非法使用目的的内容。笔者认为，非法使用目的是行为人对财物取得后进行使用的主观心态，即行为人明知是他人财物，未经他人特许或批准，积极追求实现取得他人财物使用权的目的。具体而言，至少应包括以下方面的内容：一是对财物的“占有”意图。这里的占有不是非法占有目的中的所有，只是对所有权四项权能之一的占有，也即对事物的独立控制，行为人要使用财物必须首先取得对财物事实上的占有。二是对财物的“使用”意图，也就是说通过利用和发挥财物自身的使用价值和交换价值，满足行为人自身的需要，如偷开他人汽车满足玩乐意图的。三是对财物的日后归还意图。非法使用目的与非法占有目的的重要区别便在于是否对财物具有所有的意图，因此这就要求非法使用的目的内容中必须包含日后归还的意图，如果行为人在窃取他人财物或挪用单位财物时主观不具有日后归还的意图，就可以认定其主观具有非

---

① 刘明祥：《刑法中的非法占有为目的》，载《法学研究》2000 年第 2 期，第 49 页。

法占有的目的。因此，非法使用目的的内容应当是行为人意图排除财物的所有人对财物的占有以使用财物，并准备日后归还而对财物取得事实上的支配权的意思。

（三）自然人挪用犯罪的目的犯类型

根据目的与构成要件的关系，目的犯可以分为断绝的结果犯与短缩的二行为犯；以刑法是否明文规定为标准，可分为法定的目的犯与非法定的目的犯。自然人挪用犯罪因刑法没有明文规定，所以属于非法定的目的犯，但属于断绝的结果犯还是短缩的二行为犯呢？这一分类是德国刑法理论对目的犯的习惯分类，在日本被称为直接目的犯与间接目的犯。大塚仁教授指出，通过实施其构成要件行为能否实现其目的的观点，可以将目的犯区分为两种：一种是像损坏外国国章罪中的“对外国加以侮辱的目的”一样，其目的通过行为人的构成要件行为本身或者作为其附随现象，自然被实现，不需要为其实现实施新的行为；另一种是像伪造罪中的“行使的目的”一样，为了实现其目的，需要行为人或者第三者实施与其构成要件行为不同的行为。在德国，前者被称为断绝的结果犯，后者被称为短缩的二行为犯，笔者想将其分别命名为直接的目的犯和间接的目的犯。① 可见，断绝的结果犯从内容上看，是指行为人只要实施符合构成要件的行为就能够实现犯罪目的，无需借助其他行为的目的犯；短缩的二行为犯则是行为人不仅实施了构成要件的行为，还要实施其他行为才能实现犯罪目的的类型犯。在我国刑法学界，一般认为我国刑法规定的“非法占有目的”、“由于泄愤报复或其他个人目的”、“为掩饰、隐瞒其来源和性质”、“意图陷害他人或者隐匿罪证”等犯罪属于断绝的结果犯；“以非法销售为目的”、“以出卖为目的”、“为他人谋取利益”、“意图使他人受到刑

---

① ［日］大塚仁著：《刑法概说》（总论），冯军译，中国人民大学出版社 2003 年版，第 123 页。

事追究”等犯罪是短缩的二行为犯。依照本书之前的分析，挪用资金罪、挪用特定款物罪以及挪用公款罪是以非法使用为目的的挪移犯罪，“使用”是主观要件要素，因此行为人如为了实现使用单位或他人财物的目的，只有挪移的行为显然是不够的，行为人实施了作为犯罪构成客观要件的挪移行为，尚需实施使用的行为，才能满足行为人的利益需要。因此，自然人挪用犯罪从类型上应当属于短缩的二行为犯。

（四）非法使用目的的司法认定

非法使用目的属于超过的主观要素，在客观上没有相应的行为事实与之对应，因此控方在举证时还必须额外证明特定目的的存在。因为非法使用目的与非法占有目的一样，是深藏于人内心的心理活动，需要借助外部事实行为才能予以认识，通过刑事推理方法才能推定出来，而纷繁复杂的犯罪现象无疑给司法人员对这一目的的判断带来了困难。非法使用目的推定的困难并不是源于自身，因为在司法实践中行为人挪移单位资金或公款或特定款物的行为事实是客观存在的，用于其他用途也是容易证明的，如挪用公款赌博、购买毒品或用于炒股的，款物被使用的事实通常也是容易证明的，所以非法使用目的推定的困难在于非法占有目的的认定上。因此在司法实践中，如果能够认定行为人的非法占有目的，挪移单位资金、公款或特定款物的行为便构成职务侵占罪和贪污罪；如果不能认定，那么挪移单位资金、公款或特定款物的主观意图便推定为非法使用目的，以挪用资金罪、挪用特定款物罪、挪用公款罪定罪处罚。为推定行为人具有非法占有目的、不具有非法使用目的，目前依照相关司法解释及文件精神，[①] 形成判定非法占有目的的一般标

① 2003年《全国法院审理经济犯罪案件工作座谈会纪要》认定四种行为表现具有非法占有公款的目的，挪用公款罪转化为贪污罪，这四种行为除第一种情况专门适用于贪污罪之外，其他三种情况在司法实践中也作为判断职务侵占罪是否具有非法占有目的的一般标准。

准，即具有以下行为之一的，可以认为行为人具有非法占有目的，以职务侵占罪或贪污罪定罪处罚：(1) 行为人携带挪用的公款潜逃的；(2) 行为人挪用单位资金或公款后采取虚假发票平账、销毁有关账目等手段，使所挪用的资金或公款难以在单位财务账目上反映出来，且没有归还行为的；(3) 行为人截取单位收入不入账，使所占有的资金或公款或特定款物在单位财务账目上难以反映出来，且没有归还行为的；(4) 有证据证明行为人有能力归还挪用的款物而拒不归还的，隐瞒挪用的款项去向的。从中可以看出，主观不想归还和客观的平账行为是认定行为人具有非法占有目的的关键事实。但是现实是纷繁复杂的，上述标准并不能解决所有案件中非法占有目的的意图认定，认定非法占有目的还需对客观事实进行全面细致的考量。"客观行为是行为人主观心理的表征。要判断行为人是否具有非法占有的目的，必须以事实主义为基本立场，对客观情状作实质性、综合性的考量，通过推理回溯至行为人的主观心理。"① 因此，要判断挪移的行为人主观上是出于非法占有目的还是出于非法使用目的，应重点侦查和考察以下方面的事实：一是考察行为人的还款能力以及还款可能。还款能力并非是认定非法使用目的的唯一标准，但在犯罪嫌疑人同时具有其他客观行为事实时，该因素则是进行综合认定的重要依据之一；二是考察行为人有无类似行为或具体还款举措；三是考察行为人挪移款物的客观情势、具体用途；四是考察行为人占有款物时间的长短；五是考察行为人承担责任的态度。一般情况下，行为人主观上不具有非法占有目的，就会有愿意承担相应责任的表示和具体行为，反之行为人通常会没有还款表示和真实的还款行为，如隐瞒还款能力、转移资产。非法占有目的与非法使用目的的认定，是一个复杂的过程、一个综合判断的过程，因此只有借助于整体考察、体系考察的方法才能准确认

① 吴学斌、俞娟：《论我国刑法中的"以非法占有为目的"》，载《当代法学》2005年第2期，第99页。

定。有学者提出了认定刑法中非法占有目的应当注意的三个问题，笔者认为，可以同时作为认定行为人是否具有非法使用目的的一般性判断方法。这三点是：第一，要紧紧围绕非法占有目的的要件，着重审查行为人行为前、中、后的条件能力、行为态度和方式，以及行为后果中是否具有积极追求非法占有或所有他人之物危害结果发生的情形……第二，要紧紧围绕非法占有目的实现与否的特定结果，着重审查行为人是否已实现了其所追求的非法占有或所有他人之物的特定危害结果。第三，要紧紧围绕非法占有目的要件及考察重点，着重审查与之相关的各种原因性背景情况，如非法占有目的的产生、实现过程、实现结果的背景等。[①]

二、自然人挪用犯罪的动机

犯罪活动是由犯罪动机所驱使的。“就单个的人来说，为了开始行动起来，凡引起他们的行动的一切冲动力，都必须要通过他的头脑，都一定要转变为他的意志的动机。”[②] 可见，任何行为都离不开动机，同理任何犯罪也便离不开犯罪动机。我国刑法学界一般认为，犯罪动机是指刺激罪犯实施犯罪行为以达到犯罪目的的内心冲动或者内心起因。[③] 犯罪动机与犯罪目的具有因果性，在通常情况下行为人的犯罪目的来源于犯罪动机，犯罪目的是犯罪动机发展的结果；而犯罪目的又直接引起和指导犯罪行为的实施，有犯罪目的，必然有犯罪动机，有一定的犯罪动机，就会促使行为人去追求一定的犯罪目的。因此，犯罪动机的考察，对于认识和把握自然人

---

① 石鹏：《认定非法占有目的的几个问题》，载《人民司法》2008 年第 23 期，第 66 页。

② 《马克思恩格斯全集》（第 19 卷），人民出版社 1963 年版，第 241 页。转引自高川军、曾勇：《试论犯罪动机》，载《云南警学》1997 年第 3 期，第 31 页。

③ 高铭暄、马克昌主编：《刑法学》，北京大学出版社、高等教育出版社 2000 年版，第 122 页。

挪用犯罪的非法使用目的具有积极意义。

在司法实践中，挪用资金罪、挪用特定款物罪、挪用公款罪行为人的犯罪动机主要表现为以下几种：（1）追求奢华的生活方式，满足自己的虚荣心理，如挪用单位资金或公款出国旅游、购买高档商品和高档汽车等高档消费；（2）用于赌博、嫖娼、吸毒、行贿等违法犯罪活动，实践中挪用资金或公款用于境外赌博的案件最多；（3）满足情人、朋友、家人、他人或其他单位的用款或借款需求，“碍于情面”将资金或公款挪给他人使用；（4）获取贿赂等非法利益（包括性贿赂）；（5）偿还个人债务；（6）侥幸的“贪利”动机，行为人抱有如果单位发现就还，没有发现就一直占有使用，最后不了了之的侥幸心理。

笔者认为，可以将上述动机概括为谋利动机或营利动机。从实质上看，上述动机的行为人都是出于为自己或他人获取某种利益的内心动因，揭示了自然人挪用犯罪的贪利本质，这与自然人犯罪是取得型侵犯财产犯罪的归类是相符的。犯罪动机不是犯罪构成中的必备或选择要件，因此我国刑法的规定和刑法理论并没有将营利动机纳入自然人挪用犯罪的构成要件之中，但在国外却有相应立法。《越南刑法典》第142条“违法使用财产罪”规定：“1. 任何人以营利为目的违法使用他人财产价值在五千万盾以上并引起严重后果，或者曾因违法使用他人财产被行政处罚或者被刑事处罚后未取消案籍又再犯的，处五百万盾以下罚金，二年以下监外改造或者三个月以上二年以下有期徒刑。2. 有下列情节之一的，处二年以上五年以下有期徒刑：（1）多次为之的；（2）利用职权为之的；（3）造成严重后果的；（4）危险累犯。3. 造成特别严重后果的，处三年以上七年以下有期徒刑，对犯罪人还可处以五百万盾以上二千万盾以下罚金，在一至五年内禁止担任一定的职务、从事一定的行业或工作。”显然，同是暂时使用型犯罪，与我国挪用犯罪立法不同，《越南刑法典》在“违法使用财产罪”中将营利目的明文规定，从而使作为犯罪动机的营利动机因立法的规定上升为犯罪目的，具有了独立的构成要件意义。之所以产生这样的立法差别，是由犯罪的客观实行行为不同引起的。我国自然人挪用犯罪的客观实行行为是挪移，使用只是主观目的要素，这就使得非法使用才是我国自然人挪用犯罪的犯罪目的，是超出客观行为要素之外的主观内容，而营利只能是犯罪动机，是引起非法使用他人财物的内心冲动或内在起因。而《越南刑法典》中违法使用财产罪的客观实行行为是使用，违法使用他人财产的意图已然存在于直接故意的意志内容中，也即该罪直接故意的意志内容是对使用行为所引起结果的希望，非法使用或违法使用不能超过客观行为要素之外，也就不能成为目的犯中的目的。此时，立法者基于违法使用行为可罚性的考虑，选择以营利目的为条件限定刑法规制的范围，营利便由动机上升为犯罪目的，从而成为犯罪构成要件中的要素。

此外，在营利动机之外，还应当看到还有其他动机的存在，这就是加害动机。自然人挪用犯罪从类型归属上，属于职务上的背信犯罪，所以我们首先从国外有关背信犯罪的规定来看一下。日本刑法第 247 条的背信罪规定："为他人处理事务的人，意图为自己或第三人谋取利益，或出于损害委托人利益的目的，实施违背其任务的行为，从而给委托人造成财产上的损失的，处 5 年以下有期徒刑或 50 万日元以下罚金。"从以上规定可以看出，日本刑法中的背信犯罪除要求意图为自己或第三人谋取利益的目的之外，出于损害委托人利益目的的背信也构成犯罪。无独有偶，《挪威一般公民刑法典》也规定了这一目的要件。该刑法第 275 条规定："为使自己或者他人获取非法利益或者使他人遭受损失，疏忽其正在经营、管理或者从事的业务，损害他人利益的，是背信罪。"其中"使他人遭受损失"便是加害意图。《法国刑法典》第 314－1 条规定："滥用他人信任罪是指损害他人利益，侵吞交付其手中以及其接受并负责予以归还、送返或派作特定用途之资金、有价证券或其他任何财物的行为。"其中，"损害他人利益"也是加害意图。虽然这些国家立法将加害意图规定为犯罪目的，但犯罪目的的本质是犯罪动机，[①] 因此加害意图在没有将其规定为犯罪目的的国家便是犯罪动机，我国即是如此。应当说，非法使用目的和非法占有目的的犯罪属于贪利犯罪，而贪利本身势必给单位或他人财产权益带来损害，贪利意图与加害意图并存成为常态，只是行为人主要是为了贪利，或者为了实现最终贪利目的，实现加害意图才能实现贪利意图，这是使用型和占有型财产犯罪行为人的主要心理态度。同时还应当有另一种心理态度，这就是行为人主要出于加害所在单位或他人财产利益的意图，而对贪利意图持放任或希望的态度，加害意图成为行为的最终内在动因。例如，行为人与公司老板有私怨，为把公司搞垮，其利用担任总经理的职务便利将单位巨额资金挪给负债累累、根本不具有还款能力的其他公司使用，且并未谋取个人利益。此种情况行为人并不具有谋取个人利益或为他人谋取利益的动机，动机在于将公司搞垮，对公司利益进行加害。所以，自然人挪用犯罪的犯罪动机在谋利动机之外，还应当有加害动机。

---

① 关于犯罪目的的本质，历来有犯罪动机说和特定目的说之争。犯罪动机说认为，目的犯的目的就是犯罪动机。陈兴良教授认为，刑法规定目的犯的所谓目的，就是犯罪动机。刘明祥教授也认为，事实上，目的犯的目的应当是犯罪动机。目前这一观点在我国刑法理论中占据了主要地位。特定目的说认为，目的犯中的目的本质上是特定犯罪目的，是超过故意要素之外的主观性要素，如有学者认为，目的犯本质上属于特定的犯罪目的，这种目的不能为本罪故意所包含，是可以独立存在的。参见闫二鹏：《目的犯本体探析》，载赵秉志主编：《刑法评论》（总第 11 卷），法律出版社 2006 年版，第 255 页。

第三节　自然人挪用犯罪主体方面的问题

一、自然人挪用犯罪主体的历史演变

犯罪主体是在主观意图支配下实施犯罪行为、危害刑法所保护法益的单位或自然人。作为犯罪构成要件的重要组成部分，主体的犯罪化与非犯罪化受到刑事政策的影响和作用。随着刑事政策的调整与变化，立法者对自然人挪用犯罪主体的范围也进行了一些改变。

（一）挪用公款罪主体的历史演变

1. 新中国成立后至1979年

在我国，新中国成立后至1979年刑法颁布之前的时间阶段，挪用公款公物的行为并没有被规定为独立的罪名，而以贪污罪定罪处罚，并被作为一种腐败的职务行为进行严厉打击。此时，挪用公款公物的行为主体与贪污罪主体在范围上基本一致，从这一时期贪污罪主体的范围变化可以看到挪用公款公物行为主体的范围变化。1952年公布施行的《中华人民共和国惩治贪污条例》第2条规定："一切国家机关，企业、学校及其附属机构的工作人员，凡侵吞、盗窃、骗取、套取国家财物，强索他人财物，收受贿赂以及其他假公济私违法取利之行为，均为贪污罪。"该条例规定的贪污罪主体为一切国家机关、企业、学校及其附属机构的工作人员，类似于目前的"国家工作人员"。从1963年起草的刑法草案第33稿开始，贪污罪的主体确立为"国家工作人员和受委托从事公务的人员"。该草案第164条规定："国家工作人员利用职务上的便利，偷窃、侵占、诈骗或者以其他方法贪污公共财物的，处……受国家机关、企业、事业单位、人民团体委托从事公务的人员犯前款罪的，依照前款的规定处罚。"这一时期，还有一些法律文件对特定人员挪用特定财物的行为进行了规定，明确了其针对的主体，如1972年国务

院颁布的《中国人民银行出纳制度》规定："严禁挪用库款和以白条抵作库款。凡管理人员私自动用库款即以贪污论处。"又如，中国工商银行发布的《关于中国工商银行系统工作人员经济违法犯罪案件的处理意见》规定："挪用银行各项费用款，供个人使用，超过六个月不还或挪用公款进行非法活动的，以贪污论处。私自动用银行库款、营业款和金银的，从动用时起，就以贪污论处。"另外，国务院发布的《金银管理条例》、《国家金库条例》、《楼堂馆所建设管理暂行条例》也都作了类似规定。

2. 1979 年至 1997 年

1979 年刑法并没有将挪用公款公物的行为规定为独立的犯罪，仍以贪污罪定罪处罚。期间虽历经 1985 年发布的《最高人民法院、最高人民检察院关于当前办理经济犯罪案件中具体应用法律若干问题的解答（试行）》、1987 年 3 月 14 日发布的《最高人民法院、最高人民检察院"关于挪用公款归个人使用或者进行非法活动以贪污论处的问题"的修改补充意见》，但挪用公款公物行为的主体一直没有明确，直到 1988 年 1 月第六届全国人民代表大会常务委员会通过的《全国人民代表大会常务委员会关于惩治贪污罪贿赂罪的补充规定》，才首次全面明确了挪用公款罪的主体范围。该规定第 3 条规定："国家工作人员、集体经济组织工作人员或者其他经手、管理公共财物的人员，利用职务上的便利，挪用公款归个人使用，进行非法活动的，或者挪用公款数额较大、进行营利活动的，或者挪用公款数额较大、超过 3 个月未还的，是挪用公款罪，处 5 年以下有期徒刑或者拘役；情节严重的，处 5 年以上有期徒刑。"依照该规定，挪用公款罪的主体正式被确立为"国家工作人员、集体经济组织工作人员或者其他经手、管理公共财物的人员"。此主体范围与该规定中贪污罪的主体范围一致。为便于操作，1989 年 11 月发布的《最高人民法院、最高人民检察院关于执行〈关于惩治贪污罪贿赂罪的补充规定〉若干问题的解答》中对集体经济组织和其他经手、管理公共财物的人员进行了解释。"集体经济组织，即社会主义劳动群众集体所有制的经济组织，是指在政府主管部门管理之下，按照一定的组织章程建立起来的，财产所有权属于全体组织成员，公共积累为集体公有，并以按劳分配为主要分配形式的经济组织。集体经济组织工作人员是指在集体经济组织中从事公务的人员。”“‘其他经手、管理公共财物的人员’包括：刑法第一百五十五条中规定的‘受国家机关、企业、事业单位、人民团体委托从事公务的人员’；基层群众性自治组织（如居民委员会、村民委员会）中经手、管理财物的人员；全民所有制企业、集体所有制企业的承包经营者；以全民所有制和集体所有制企业为基础的股份制企业中经手、管理财物的人员；中方是全民所有制或集体所有制企业性质的中外合资经营企业、中外合作经营企业中经手、管理财物的人员。”该解答同时指出，“直接从事生产、运输劳动的工人、农民，机关勤杂人员，个体劳动者，部队战士，经手公共财物的，如果他们所从事的仅仅是劳务，不能成为贪污罪的主体”，依照一般理解，这些人同样不能成为挪用公款罪的主体。

3. 1997 年至今

1997 年刑法进行了全面修改，刑法体系建立，刑法规定更为完备和科学。新修订的刑法将挪用公款罪的主体范围进行了重新修订，作为职务犯罪主体范围调整的重要方面，其突出变化在于：一是将“集体经济工作人员”作一般性排除，只有这些人员在从事特定事务被认定为公务时才可成为挪用公款罪和贪污罪的主体。依照 2002 年 12 月 28 日第九届全国人民代表大会常务委员会第三十一次会议通过的《全国人民代表大会常务委员会关于〈中华人民共和国刑法〉第九章渎职罪主体适用问题的解释》规定，协助乡镇人民政府、街道办事处从事行政管理工作的村民委员会、居民委员会等农村和城市基层组织人员是其他依照法律从事公务的人员，以国家工作人员论。二是将受国家机关、国有公司、企业、事业单位、人民团体委托从事公务的人员排除在外，此类人员挪用单位资金的，构成挪用资金罪。从 1997 年至今，挪用公款罪的主体范围确定为以下四种人群：(1) 刑法分则第 8 章贪污贿赂罪第 384 条第 1 款规定的国家工作人员；(2) 刑法第 384 条第 2 款规定的挪用特定款物归个人使用的其他人员；(3) 刑法第 185 条第 2 款规定的国有金融机构工作人员和国有金融机构委派到非国有金融机构从事公务的人员；(4) 刑法第 272 条第 2 款规定的国有公司、企业或者其他国有单位中从事公务的人员和国有公司、企业或者其他国有单位委派到非国有公司、企业及其他单位从事公务的人员。

（二）挪用资金罪主体的历史演变

1. 1997 年刑法修改之前

1995 年 2 月 28 日，第八届全国人大常委会第十二次会议通过了《全国人民代表大会常务委员会关于惩治违反公司法的犯罪的决定》（以下简称《决定》）。在《决定》中首次规定了公司内部人员职务侵占罪、挪用资金罪等罪名，从而为打击和惩治公司内部人员以权谋私、中饱私囊等严重侵害公司企业财产权益的“内贼”行为提供了刑法保障。《决定》将挪用资金罪的主体规定为公司董事、监事或者职工。《决定》第 11 条规定：“公司董事、监事或者职工利用职务上的便利，挪用本单位资金归个人使用或者借贷给他人，数额较大、超过三个月未还的，或者虽未超过三个月，但数额较大、进行营利活动的，或者进行非法活动的，处三年以下有期徒刑或者拘役。挪用本单位资金数额较大不退还的，依照本决定第十条规定的侵占罪论处。”同时《决定》第 14 条规定：“有限责任公司、股份有限公司以外的企业职工有本决定第九条、第十条、第十一条规定的犯罪行为的，适用本决定。”依照该决定，挪用资金罪的主体被确定为公司的董事、监事、职工以及公司以外的企业职工。这里就产生了两个问题，即公司内部的其他高级管理人员是否属于职工以及企业中的管理人员是否属于职工。职工内涵与外延的不确定性给挪用资金罪主体的认定带来了困难。

2. 1997 年刑法修改之后

鉴于之前立法文件将挪用资金罪主体限定过窄、不利于打击犯罪的现实，1997 年刑法修改时立法者采纳学界和司法实务部门的意见将挪用资金罪的主体扩大为公司、企业或其他单位的工作人员，这其中包括刑法第 185 条第 1 款中的商业银行、证券交易所、期货交易所、证券公司、期货经纪公司、保险公司或者其他金融机构的工作人员，从而很大程度上解决了“职工”在内涵与外延上的认定难题。同时，最高司法机关以司法解释的形式将受委托管理经营国有财产的人员剥离出挪用公款罪的主体范围，使之成为挪用资金罪的犯罪主体，挪用公款罪的主体范围只限于纯正国家工作人员和受委派从事公务的人员。2000 年 2 月 16 日颁布的《最高人民法院关于对受委托管理、经营国有财产人员挪用国有资金行为如何定罪问题的批复》规定：对于受国家机关、国有公司、企业、事业单位、人民团体委托，管理、经营国有财产的非国家工作人员，利用职务上的便利，挪用国有资金归个人使用构成犯罪的，应当依照刑法第 272 条第 1 款的规定定罪处罚。随后，2001 年 5 月 23 日最高人民法院又对此进行了确认，其在《最高人民法院关于在国有资本控股、参股的股份有限公司中从事管理工作的人员利用职务便利非法占有本公司财物如何定罪问题的批复》中指出，“在国有资本控股、参股的股份有限公司中从事管理工作的人员，除受国家机关、国有公司、企业、事业单位委派从事公务的以外，不属于国家工作人员。对其利用职务上的便利，将本单位财物非法占为己有，数额较大的，应当依照刑法第二百七十一条第一款的规定，以职务侵占罪定罪处罚。”相应地，对其利用职务上的便利，将本单位资金擅自挪用的，以挪用资金罪定罪处罚。

（三）挪用特定款物罪的主体

1979 年刑法与 1997 年刑法在挪用特定款物罪的罪状设定上基本没有什么变化，都将刑事责任的承担主体限定为直接责任人员。1979 年刑法第 126 条规定：“挪用国家救灾、抢险、防汛、优抚、救济款物，情节严重，致使国家和人民群众利益遭受重大损害的，对直接责任人员，处三年以下有期徒刑或者拘役；情节特别严重的，处三年以上七年以下有期徒刑。”1997 年刑法第 273 条规定：“挪用用于救灾、抢险、防汛、优抚、扶贫、移民、救济款物，情节严重，致使国家和人民群众利益遭受重大损害的，对直接责任人员，处三年以下有期徒刑或者拘役；情节特别严重的，处三年以上七年以下有期徒刑。”至于该罪的主体，因刑法采取特殊的立法方式，只规定了责任承担主体，而没有明确规定犯罪主体，又因司法实践中不是多发犯罪，所以该罪主体如何，立法者和司法者都讳莫如深，使得刑法理论界对于该罪的主体问题长期存在争议。

二、自然人挪用犯罪主体的理论纷争

依照我国刑法规定，挪用资金罪与挪用公款罪是具有特定身份的人员利用职权实施的行为，行为人只有利用身份所具有的职权才能构成犯罪，因此属于法定身份犯。而挪用特定款物罪刑法并没有明确要求犯罪主体具备特定的身份条件，只要求行使特定的职权，情节严重的便构成该罪，因此在挪用特定款物罪的主体认定上多采职权论。在相当的时间内，在挪用资金罪和挪用公款罪主体范围的认定上主要有职能论、身份论之争。关于挪用资金罪的主体，身份论要求不仅具备特定的职权还要求必须具有公司、企业或其他人员的身份。身份论认为该罪的主体是特殊主体，即公司、企业或其他单位担负一定职责的，能够利用其职务方便挪用本单位资金的工作人员。[①] 职能论认为，“是否构成挪用资金罪关键在于公司、企业或其他单位的工作人员的挪用资金行为是否利用了职务上的便利，而不在于行为人在单位的身份。因此，原则上，公司、企业或者其他单位的正式职工、合同工和临时工都可能成为本罪的主体。”[②]

---

① 赵长青主编：《新编刑法学》，西南师范大学出版社 1997 年版，第 699 页。

② 王作富主编：《刑法分则实务研究》（第三版），中国方正出版社 2007 年版，第 1167 页。

在挪用公款罪主体的认定上同样存在职务论与身份论的争议，主要体现在该罪主要主体——国家工作人员的认定上，分别形成以最高人民检察院为代表的“职能论”和以最高人民法院为代表的“身份论”。1995年11月7日，最高人民检察院在《最高人民检察院关于办理公司、企业人员受贿、侵占和挪用公司、企业资金犯罪案件适用法律的几个问题的通知》中，将《全国人民代表大会常务委员会关于惩治违反公司法犯罪的决定》第12条中的“国家工作人员”解释为：（1）国家机关工作人员，即在国家各级权力机关、各级行政机关、各级司法机关和军队工作的人员；（2）在国家各类事业机构中工作的人员；（3）国有企业中的管理工作人员；（4）公司、企业中由政府主管部门任命或者委派的管理人员；（5）国有企业委派到参股、合营公司、企业中行使管理职能的人员；（6）其他依法从事公务的人员。该规定只将“行政管理职能”或从事公务作为认定国家工作人员的条件，非国家工作人员也可成为“国家工作人员”，成为职务犯罪的主体。与此不同，最高人民法院采身份论。1995年12月25日，最高人民法院在《最高人民法院关于办理违反公司法受贿、侵占、挪用等刑事案件适用法律若干问题的解释》中，认为“国家工作人员”是指“在国有公司、企业或者其他公司、企业中行使行政管理职权，并具有国家工作人员身份的人员，包括受国有公司、国有企业委派或者聘请，作为国有公司、国有企业代表，在中外合资、合作、股份制公司、企业中，行使管理职权，并具有国家工作人员身份的人员。”这一解释不仅认为行为主体不仅应当“行使管理职权”，而且强调必须具有“国家工作人员身份”，因此，被称为“身份论”。① 比较而言，最高人民法院的解释似乎更为准确，但随着大量公务活动的委派行使或委托行使，严格的身份论也就难以适应社会形势的发展，为人们所抛弃。

---

① 蔡雪冰：《以“国家公职人员”取代“国家工作人员”——“国家工作人员”立法解释辨析》，载《国家检察官学报》2001年第3期，第101页。

1997年刑法修改时，在国家工作人员的界定上，摒弃了身份论，对职能论进行了修正，以是否从事公务作为判断行为人是否属于国家工作人员范畴、是否成为职务犯罪主体的一般标准。现行刑法第93条规定："本法所称国家工作人员，是指国家机关中从事公务的人员。国有公司、企业、事业单位、人民团体中从事公务的人员和国家机关、国有公司、企业、事业单位委派到非国有公司、企业、事业单位、社会团体从事公务的人员，以及其他依照法律从事公务的人员，以国家工作人员论。"依照现行刑法规定，"公务论"成为刑法理论界认定职务犯罪主体身份的通行标准。

三、自然人挪用犯罪主体的实质内容

事实证明，严格的身份论并不能囊括实施挪用资金或挪用公款的所有行为人，反观职能论与公务论才能最大限度地将主体范围扩大，从实质上将严重损害本单位或国家财产利益的全部行为人纳入其中。因此，虽然挪用资金罪、挪用特定款物罪、挪用公款罪的主体内涵与外延各不相同，但从职能论角度看，自然人挪用犯罪的主体应当是主管、经手或管理款物的人员（或单位）。[①] 同时，虽然行为人是利用职权实施的挪用行为，而职权通常来自所在单位中的岗位职责，但也有因单位临时委托或授权使原先不具有特定权限的人员临时具有该权限，从而成为挪用犯罪的主体。例如，公司临时委派出纳员收取欠款，此时出纳员对回收的欠款具有了临时保管权。因此，职能论认定自然人挪用犯罪的主体范围更为全面和准确。

主管人员，是指具有审查、批准、调拨、安排使用或以其他方式支配、处置本单位财物之职权的工作人员。主管人员处于单位人员金字塔结构的最顶端，对管辖下的财物有充分的支配权、处置

---

① 对于单位能否成为挪用特定款物罪的主体，理论界一直存在较大争议，笔者将在下面部分讨论这一问题，在此仅指作为自然人的人员。

权，通常包括董事、监事、总经理、副总经理等公司高级管理人员，以及厂长、社长、局长、队长、主任等各种类型单位中的高级管理人员。

管理人员，是指对本单位财物直接负有保管、处理、使用职责的人员。可以从词的基本含义上理解"管理"。"管理"即是管辖和处理。"管辖"说明某项事务或款项财物归属于行为人；"处理"又称处分，说明行为人对某项事务或款项财物具有处分的权能，处分包括保管、使用等。从广义上讲，管理与主管都有管理职权，但二者也有区别，主管对财物具有支配权、处置权，一般不具有直接保管财物的职权。在单位中，管理人员一般是部门经理、部门负责人、中层干部以及对特定财物在特定情况下拥有一定管理权限的人员。

所谓"经手人员"，是指虽然不负有主管或管理本单位财物的职责，但因工作需要而在特定时间、特定空间实际控制本单位财物的人员。从权限上讲，这种控制通常是指这些人员只具有一定的占有权，并没有对财物的主管、管理和使用权能，这种占有权表现为对财物的保管、转交、送达、提取等行为，如出纳员、会计、司机、保安员、搬运工等多从事这种经手活动。从广义来讲，凡是短时间接触并短暂占有财物的人员都应当是经手人员，因此，劳务人员从广义上应包括在经手人员之内。而对于劳务人员能否成为挪用资金罪、挪用特定款物罪、挪用公款罪的主体，认识不一。

四、单位的挪用特定款物罪主体认定

关于挪用特定款物罪的主体，主要有三种观点。自然人主体论认为，该罪的主体只能是自然人主体，即掌管、经手特定款物的直接责任人员，单位不能成为本罪的主体。① 直到近年来，仍有学者

① 高铭暄主编：《刑法学》，北京大学出版社、高等教育出版社 1998 年版，第 457 页。

坚持这一主张，认为该罪主体是特殊主体，即主管、经营、经手特定款物的直接责任人员，单位不能成为本罪的主体。[①] 主要依据是刑法第30条的规定，单位实施的危害社会的行为，法律规定为犯罪的，才应当负刑事责任，而从刑法第273条的法条表述来看，并不能推断出刑法对这一条文的规定是单位犯罪的形式。基于这一理由，自然人主体论成为我国刑法理论界的通说。单位主体论认为，本罪仅指单位犯罪，而不应包括自然人犯罪。[②] “挪用特定款物罪体现的是‘单位的意志’，是‘为了单位的利益’；换言之，挪用特定款物罪的挪用只限于由有关单位改变专用款项用途的情形。”[③] 在这两种观点之外，近年来有研究者在坚持自然人主体论的同时，从实然与应然角度对自然人主体论试图进行修正。“在实然的层面上，挪用公款罪是自然人犯罪，而在应然的层面上，挪用特定款物罪的主体性质应该包括单位犯罪和自然人犯罪，主要是单位犯罪。”[④] 还有研究者直接提出单位和自然人主体论，认为该罪的主体包括自然人也包括单位，主要理由是：（1）挪用特定款物目的是公用，所以该罪主观上是为单位而不是为个人谋取利益，在客观上只可能经单位集体决定或者由单位负责人员决定……因此，本罪完全符合单位犯罪的主客观特征，应属单位犯罪；（2）“直接责任人员”都是在单位犯罪中才出现的概念，是在认定为单位犯罪的前提下对相对自然人予以处罚时的称呼；（3）从犯罪的社会危害

---

① 王作富主编：《刑法分则实务研究》（第三版），中国方正出版社2007年版，第1169～1170页。

② 黄太云、藤伟主编：《中华人民共和国刑法释义与适用指南》，红旗出版社1997年版，第397页。

③ 张明楷：《刑法学》（第二版），法律出版社2003年版，第789页。转引自蒋毅：《挪用特定款物罪的立法缺陷与完善》，载《西南政法大学学报》2008年第5期，第83页。

④ 罗猛：《挪用犯研究》，中国政法大学2008年刑法学博士学位论文，第82页。

性看，单位犯罪的手段更隐蔽，更容易逃避制度的监管和防范，其社会危害性更大，因而增设单位犯罪，有利于打击挪用特定款物的犯罪行为；（4）事实上，挪用特定款物罪在客观上就表现为单位决策机构决定或者由负责人员决定实施的行为。①

笔者认为，1979 年刑法和 1997 年刑法是在特定时代背景下制定和修改的，时代背景的限制和当时社会中挪用特定款物行为的通常表现，使得立法者对该罪主体的外延范围认识不清和界定不清，以致出现了“直接责任人员”这一只有在单位犯罪中才出现的责任主体，从而带来了刑法理论界和司法实务部门在该罪主体认定问题上的莫衷一是。因此，归根结底是立法出了问题，是立法者出了问题，不是单位犯罪又规定“直接责任人员”，是单位犯罪又没有明确规定单位主体，特殊的主体立法方式带来了解读的混乱，带来了刑罚对象与犯罪主体之间的认知混乱。从应然角度看，挪用特定款物的行为应当表现为以下三种情形：一是自然人挪用特定款物归自己使用；二是自然人利用职权挪用特定款物归单位使用；三是单位为了单位利益挪用特定款物归单位使用或个人使用。第一种情形较为容易判断，依照刑法第 384 条第 2 款的规定和 2002 年 4 月 28 日《全国人民代表大会常务委员会关于〈中华人民共和国刑法〉第三百八十四条第一款的解释》，此种情况应当属于挪用特定款物归个人使用的情形，应以挪用公款罪从重处罚。

对于第二种情形，自然人能否成为挪用特定款物罪的主体呢？这一问题的实质，是考察此种情形下主体的意志是个人意志还是单位意志。目前，学界多数学者认为此种情形反映的是自然人意志，由此主张挪用特定款物罪的主体是自然人而不是单位。② 近年来随

① 蒋毅：《挪用特定款物罪的立法缺陷与完善》，载《西南政法大学学报》2008 年第 5 期，第 83 页。

② 孟庆华著：《挪用公款罪研究新动向》，北京大学出版社 2006 年版，第 249 页。

着对单位犯罪基础理论研究的深入和司法实践中个人决策现象的大量出现，一些学者注意到了除了单位负责人之外，一般工作人员的个人决策也可能反映单位意志。例如，石磊博士认为，单位犯罪意志的形成形式只能是如下两种：一是经单位研究决定或者由单位负责人员决定；二是单位一般工作人员在职权范围内为了单位的利益作出决定。他认为之所以第二种情形也反映单位意志，是因为：一是单位一般工作人员在其职权范围内为了单位的利益所实施的行为是职务行为；二是单位组织决策可分为高层决策、中层决策与基层决策，如果将单位意志的形成形式只限定为单位决策机构或者负责人员决定这一种形式，那么就可能会缩小单位犯罪的范围；三是对单位一般工作人员在职权范围内为了单位的利益决定实施犯罪的情形，要求事后经单位决策机关或负责人所认可，无非是想让这种情形与单位的整体犯罪意志相联系。① 笔者认为，这种观点不无道理。首先，单位内部人员在职权范围内为了单位利益所作的决定应当不是为了个人利益，也就是说是于公不是于私；其次，这是授权范围内的行为，而对于该授权单位，应承担相应的责任后果，即使是不利后果；最后，从“个人决定以单位名义将公款供其他单位使用，谋取个人利益”的规定可以看出，立法机关也是支持“个人决定以单位名义供其他单位使用，谋取单位利益的不属于自然人犯罪”的说法的。但是我们这里仍要注意这样一个问题：即对于“职权范围内”的理解。显然挪用、侵吞、骗取等违法行为通常不是合法的单位内部人员职权范围内的工作，即使是为了单位利益，也不能成立单位犯罪，由单位承担刑事责任，如国家机关一般工作人员为单位谋取利益，将自己掌管的财物未经单位负责人同意划入单位管理账户的，应当成立滥用职权罪，而不应追究单位私分国有资产的刑事责任。显然，未经单位许可或授权，自然人擅自挪用特

① 石磊：《单位犯罪意志研究》，载《法商研究》2009 年第 2 期，第 70～71页。

定款物归单位使用，不论单位追认或认可与否，依照主观客观一致原则，都不能认定为单位行为，追究单位挪用特定款物罪的刑事责任，只能认定为自然人犯罪，追究其挪用特定款物罪的刑事责任。当然，如果自然人挪移给单位后单位认可或追认的，可由单位承担返还或赔偿的民事责任。反之，对于单位自身从事违法犯罪活动，授权单位内部人员实施的，单位内部人员在单位不知晓情况下为单位利益实施授权内违法犯罪活动的，便应当追究其单位刑事责任。例如，某单位生产、销售假酒，某分支机构经理见卖其他高档酒更赚钱，未经请示擅自生产、销售的，其行为便反映了单位意志，应当追究单位生产、销售伪劣产品罪的刑事责任，而不是个人的刑事责任。可见，罪责的认定要具体考察自然人挪用特定款物的意图以及授权情况，未经授权的行为即使是为了单位利益也不应由单位承担刑事责任，可将其解释为“归个人使用”范畴，以挪用资金罪或挪用公款罪定罪处罚。反之，如果是在单位授权范围内，在单位不知情的情况下实施的挪用特定款物行为，理应由单位承担刑事责任，并且只能承担挪用特定款物罪的刑事责任。

对于第三种情形，依照刑法原理判断显然是单位犯罪。依照刑法原理，出于单位意志，为了单位利益的犯罪行为是单位犯罪，也理应由单位承担刑事责任，不应将刑事责任的承担主体抑或刑罚对象与犯罪主体混同。刑法第 273 条中的“直接责任人员”只是刑事责任的承担主体或刑罚对象，不是犯罪主体。或者可以这样理解，“直接责任人员”是指在挪用特定款物活动中实施具体行为、负责具体事务、承担具体责任的人员，这就可以有效解决上述两种情况下刑罚对象的问题，但不能由刑罚对象取代犯罪主体。犯罪主体是在罪过心态支配下实施犯罪行为、侵害法益的自然人或单位。以自然人主体涵盖和处理实践中大量存在的单位挪用特定款物行为，显然是从根本上否定了单位主体的本质，从而否定了单位主体在刑法主体中的地位。此外，这里还要注意另一个问题，单位并非都是国有单位，之所以将单位排除在外的一项重要原因可能还在于——实践中挪用特定款物的多是国有单位，包括国家机关、国有公司、企业、事业单位以及人民团体，追究它们的刑事责任显然是“国家自己打自己”。笔者认为，这种担心是没有必要的，可以通过单罚制解决这一问题，如刑法第396条规定的私分国有资产罪。挪用特定款物罪也采用了“单罚制”。同时，也要看到，还有非国有单位挪用特定款物的可能，非国有单位也可以成为挪用特定款物罪的主体。

综上，笔者认为，挪用特定款物罪的主体包括自然人和单位，单位具有独立的犯罪主体地位，能够独立承担刑事责任，不应将犯罪主体与刑罚对象混同，抹杀单位成为该罪主体的逻辑可能性和现实真实性。

相应地，随之思考的是，私人基金会等非国有单位以及内部人员能否成为挪用特定款物罪主体的问题。依照一般理解，特定款物，既包括用于救灾等用途的由国家预算安排的民政事业经费，也包括临时调拨的专项款物，还包括由国家、集体或者人民群众募集的用于上述用途的特定款物等。① 长期以来，国家和政府用于救灾、抢险、防汛、优抚、扶贫、移民、救济的款物是上述事件所有投入款物的主要来源，但随着社会的发展和慈善事业在全球的兴起，非官方的救灾救济款物成为所有投入款物中的重要组成部分。在汶川地震、舟曲泥石流等重大自然灾害事件后，国内外人士纷纷慷慨解囊，除国家红十字协会等国有单位接收各种捐赠的物资之外，还有一些如著名影星李连杰的“壹基金”等基金会以及其他非官方组织号召和接收的捐赠物资。如果这些非官方的基金会或其他社会组织以及其中的自然人将这些物资挪用的，能否成为挪用特定款物罪的主体呢？如果不是组织，仅仅是一些人委托某人将捐赠的物资转交给受灾当地政府，该人将该物资挪用的，能否构成挪用

---

① 周道鸾、张军主编：《刑法罪名精释》（第三版），人民法院出版社2007年版，第530页。

特定款物罪的主体呢？依照刑法规定的比照来看，如刑法第384条第2款的规定，挪用特定款物归个人使用的依照挪用公款罪定罪处罚。以此判断，学者一般认为刑法第273条只是规定了将特定款物挪作公用的行为，同时挪用特定款物罪的主体似乎也应当限于国家工作人员。对此，笔者认为，首先，立法者并没有将挪用特定款物罪的主体进行限定，非国有单位和自然人都可以构成该罪的主体，刑法第384条第2款只是对国家工作人员挪用特定款物归个人使用的从重处罚规定，并不能由此表明该罪的主体是国家工作人员，对此学界基本上是认同的。其次，刑法第384条第2款只是规定了挪用特定款物私用的从重处罚规定，并不能直接推论出刑法第273条特定款物的挪用只限于公用，其他非国有单位或人员挪移特定款物私用的行为便不构成该罪。笔者认为，挪用特定款物罪中的挪用应当分为两种情况，一是国有单位及其国家工作人员将特定款物挪作公用；二是非国有单位及其非国家工作人员将特定款物挪作公用和私用，不应仅限于从事公务的国有单位和国家工作人员挪作公用的行为。[①]“需要注意的是，挪用特定款物罪必须是将特定款物挪作公用，而不能挪作个人使用，否则就可能构成挪用公款罪或其他犯罪。”[②] 再次，从现实情况看，随着社会的发展，将特定款物只局限于国家投入和政府相应部门主管的认识应当转变，只要对特定款物拥有主管、经手、管理权限的便都有成立该罪的可能，这也是为了更好地保障救灾等物资的及时达到、及时发挥效用，符合立法精神，否则势必导致对救灾等特定物资侵害行为的放纵。最后，对于这些非政府组织内部人员侵吞、窃取、骗取特定款物的，应当构成职务侵占罪。国家工作人员挪用特定款物归个人使用的构成挪用公

① 笔者这一观点与传统观点显然不同，尚待广泛讨论和深入论证，本书将在“自然人挪用犯罪客观方面的问题”一节中展开深入讨论。

② 王作富主编：《刑法分则实务研究》（第三版），中国方正出版社2007年版，第1169页。

款罪。非国有单位和非国家工作人员挪用公款归个人使用和公用，情节严重，致使国家和人民利益遭受重大损害的，应当构成挪用特定款物罪。对于以个人名义接收捐赠，后将捐赠物资侵占的，构成侵占罪；将捐赠物资挪用，情节严重的，应当构成挪用特定款物罪，而不能构成挪用资金罪。

五、劳务人员自然人挪用犯罪主体的认定

在刑法理论中，单位中的主管人员和管理人员可以成为挪用资金罪、挪用特定款物罪、挪用公款罪以及职务侵占罪、贪污罪的主体，学者并无争议，争议焦点在于第三种人员——经手人员中的劳务人员能否成为上述犯罪的主体。劳务人员是在单位中从事劳务活动的人员，而劳务活动通常是指直接从事具体的物质生产或工作服务的活动。劳务人员一般没有职务和职称，不享有对公共事务的管理权。劳务人员不论是在公有制经济活动中，还是私有制活动中都是普遍存在的，如勤务人员、生产工人、货运工人等。他们的职业性质使其不可避免地要同一定的财物发生联系，往往要经手一些财物，如工人生产产品要经手一定的原料，质量检验的工作人员要经手商品，单位的财务人员要经手资金，勤务人员要经手勤务工具，货运工作人员要经手货物，售票员要经手一定的票款等。在刑法理论中，经手人员一般区分为管理人员和劳务人员，前者是拥有管理支配权限的人员，后者只是从事简单体力性或操作性工作的人员。“应当区分基于管理职能而经营单位财物的人员和基于生产、经营、服务等工作性质而经管单位财物的人员两种情况。”① 对于管理人员的自然人挪用犯罪主体身份，基于刑法规定，学界和司法实务部门并无异议，而对于劳务人员的主体身份问题尚没有一个权威的意见。在刑法中挪用资金罪的主体与职务侵占罪的主体相同，挪用公款罪的主体与贪污罪的主体基本相同，只是不包括受委托从事

① 王作富主编：《刑事实体法学》，群众出版社 2000 年版，第 119 页。

公务的人员。而挪用特定款物罪只是针对特定对象的挪用，在主体身份和职权性质上是对公务身份和非公务身份、公务行为与非公务行为的“包含”，所以劳务人员能否成为自然人挪用犯罪的主体，可以借助于职务侵占罪和贪污罪中主体人员的考察，也就是说，劳务人员在职务侵占罪和贪污罪主体范围中的有无，对劳务人员能否成为自然人挪用犯罪主体具有积极的借鉴意义。

首先，我们来看劳务人员能否成为贪污罪的主体。

依照刑法规定，贪污罪的主体主要包括三类人员：国家工作人员、受委派从事公务的人员、受委托从事公务的人员。可见，从事公务是认定行为人贪污罪主体身份的关键所在。“从事公务”，就是指在各级机关、国有公司、企业、事业单位、人民团体等单位中履行组织、领导、监督、管理等职责。① 有学者指出，“从事公务”具备两个基本特征：一是具有管理性，即对公共事务进行管理……二是具有国家代表性，即这种活动是代表国家进行的，是一种国家管理性质的活动，不是代表某个人、某个集团的行为，是国家权力的一种体现。② 因此，管理性成为判断行为主体具体职责行为的关键，我国刑法理论中也基本将是否具有管理性作为区分公务行为与劳务行为的基本标准。“公务”的“务”的关键属性在于“管理性”。③ 从管理的事务性质看，它包括对国家政治、经济、文化、思想、军事、体育、民族、外交、财务等事务的管理；从管理地域看，有国际性、全国性、地区性的以及部门内部事务的管理；从管理对象看，包括对人、财、物、事的管理；从管理主体看，有单位领导的管理、部门领导的管理和具体人员的管理。任何从事公务的

① 赵秉志主编：《新刑法教程》，中国人民大学出版社 1997 年版，第 780 页。

② 唐世月著：《贪污罪研究》，人民法院出版社 2002 年版，第 116～117 页。

③ 刘树德著：《挪用公款罪判解研究》，人民法院出版社 2005 年版，第 180 页。

人员不论其职务高低、权力大小，既然要管理事务，就必然和必须要赋予其一定的职权，具体包括对人、财、物、事各种事务的决定权、决策权、监督权、调查权、处置权、办理权等。依照这种管理性，在国家机关、国有公司、企业、事业单位、人民团体中担任组织、领导、监督、管理等职责的人员以及具体负责某项工作，对国有资产负有合理使用、保值、增值等职责的人员（如会计、采购员等），均属于从事公务的人员。随着国有单位用人制度改革的深化，干部和工人的界限已经打破，因此，判断是否属于从事公务，不再以其是否具备干部身份为标准，也不以其是按照何种人事管理序列编制为标准，主要是看其实际从事的工作是否属于公务性质。而劳务，有人说是指直接从事物质资料生产的体力型活动；也有人认为，劳务是指以劳动提供的服务性活动，等等。而实际上，"劳务"只是一种泛指，凡一切以劳动为主从事生产性、经营性、社会服务性的活动，都叫劳务。① 所以，从事这些活动的人员不是管理的主体，而是管理的客体，是被管理者，是管理对象中的人，其从事的劳务活动的性质就不可能成为具有管理性质的国有单位的职能性质，只是一种职业活动，一种单纯履行合同义务的行为。所以，公务活动不包括劳务活动，即使是具有国家工作人员身份的人员实施的劳务行为也不是公务活动。换句话说，劳务人员也就不能成为贪污罪的主体，也不能成为挪用公款罪等需要以从事公务为要件的职务犯罪的主体。

其次，我们来看一下劳务人员是否可以成为职务侵占罪的主体。

对于这一问题，我国刑法理论中主要形成两种对立的观点。否定说认为，劳务人员不能成为职务侵占罪的主体，职务侵占罪的主

---

① 江礼华：《论国家工作人员范围的界定》，载《刑法问题与争鸣》编委会编：《刑法问题与争鸣》（第一辑），中国方正出版社 1999 年版，第 312 页。

体必须具有管理性。“职务侵占罪的主体必须是公司、企业或者其他单位除国家工作人员以外的，从事管理性工作的人员。”① 其主要理由在于，劳务人员无“职务上的便利”可供利用，不能成为本罪的主体，他们非法占有本单位财物的，应当按盗窃、诈骗、侵占等非职务性犯罪论处。肯定说认为，职务侵占罪的主体包括劳务人员，既包括非国有公司、企业或其他单位的所属人员，也包括国有公司、企业或国有单位中非从事公务的人员。“刑法第 271 条第 1 款对职务侵占罪的主体则规定为公司、企业或其他单位的人员，显然不仅包括其公司、企业或单位的董事、经理、领导，而且包括其他管理人员和劳务人员，而劳务人员利用劳务之便侵占本单位财物的行为，不可能归入侵占罪或者其他罪名进行评价。”② 理由主要有：一是立法上规定为公司、企业或其他单位的工作人员，并没有将劳务人员排除在外；二是从立法原意考虑，将劳务人员从贪污罪主体中分离出来，如果职务侵占罪不再包括这部分人员，那么这部分人员侵占本单位财物的行为既不能认定为贪污罪又不能认定为职务侵占罪，这样会形成立法上的漏洞，这显然不是立法的本意；三是坚持否定说的观点，将出现刑罚明显失衡，有悖于罪责刑相适应原则。近年来，肯定说获得了越来越多的支持，早些年占通说地位的否定说受到严重冲击。笔者认为，出现这种情况的原因，主要是因为人们观念的转变和对事物本质认识的深入。在 1997 年刑法修改之初，包括职务侵占罪、挪用资金罪以及贪污罪、挪用公款罪等犯罪被认为是具有一定身份、地位和管理权限的人员实施的犯罪，相当于美国的“白领犯罪”，身份不高、地位较低和缺乏管理权限的普通人员不能成为此类犯罪的主体。而近年来随着认识水平

---

① 赵秉志著：《侵犯财产罪》，中国人民公安大学出版社 2002 年版，第 297 页。

② 肖中华、闵凯：《职务侵占罪认定中的三个争议问题剖析》，载《政治与法律》2007 年第 3 期，第 123 页。

的不断提高和对事物本质的深刻把握，人们发现劳务人员作为单位的内部工作人员，与其他管理人员一样，与单位之间存在被管理与管理的纵向关系，付出劳动获得报酬，利用劳务之便实施的侵害本单位利益的活动，也是对单位忠实义务的违反，与管理人员利用职务之便侵占本单位财物行为的性质并无本质上的不同。例如，企业的搬运工，利用搬运的劳务之便将货物侵吞的行为，与公司经理利用主管的职务便利将本单位资金占为己有的行为，并无本质上的差别。所以，“职务侵占罪中的‘利用职务上的便利’实质上是工作上的便利，应包括从事劳务活动合法持有单位财物的便利……这也是我们认为职务侵占罪主体包括从事劳务的人员的原因。”① 所以，勤务人员侵占吸尘器、搬运工侵占所搬运的货物、售票员侵占所经手的票款等行为，都应构成职务侵占罪，而不能以盗窃等罪定罪处罚，国家机关、国有公司、企业、事业单位、人民团体中的劳务人员也可成为该罪的主体。

最后，让我们来看一下劳务人员能否成为挪用资金罪、挪用特定款物罪以及挪用公款罪主体的问题。

对于劳务人员能否成为挪用公款罪主体的问题，从分析来看，职务犯罪需要行为主体有从事公务的职权和行为，因劳务行为不属于公务行为，所以劳务人员也就不能单独构成挪用公款罪的主体，但可以与他人构成该罪的共犯。随着学界对这一问题研究的深入，近年来司法机关也逐渐接受了这种意见。例如，丁萍挪用资金一案，② 一审与二审法院认定的事实相同，即被告人丁萍在担任昆明市某区医院财务科住院收费处收费员（合同制）期间，于 2002 年

---

① 王作富主编：《刑法分则实务研究》（第三版），中国方正出版社 2007 年版，第 1161 页。

② 一审判决书：云南省昆明市东川区人民法院（2006）东刑初字第 30 号判决书。二审判决书：云南省昆明市中级人民法院（2006）昆刑终字第 258 号判决书。

12 月至 2005 年 3 月，采取预交款收据不交财务结账、抽单少交现金等方式挪用公款 326473. 63 元归个人使用，至今未还，至案发时已超过 3 个月。两级法院在认定被告人丁萍主体身份时产生了分歧，一审法院昆明市东川区人民法院认为被告人丁萍身为国有事业单位从事公务的国家工作人员，其利用经手住院费这一职务上的便利，挪用公款 326473. 63 元，数额巨大，归个人使用超过 3 个月至今不退还，其行为构成挪用公款罪，据此判决被告人丁萍犯挪用公款罪，判处有期徒刑 11 年。二审法院昆明市中级人民法院对于上诉人丁萍的身份认识不同，法院认为所谓从事公务，是行为人在工作中对本单位的人、财、物等在职权范围内具有一定的支配、使用或者其他形式的管理权力，本案中现有证据证实丁萍是医院的合同制工人，且其岗位是收费员，其工作仅是收取有关费用并即刻上交给本单位出纳，并没有支配、使用所收取费用的权力，是一种劳务性质的工作，并不具有公务性质。之所以造成所收取费用长时间滞留在其手中导致其挪用，是其本单位执行财务制度不力导致的，并非利用了其职责。因此，上诉人丁萍不属于在国有事业单位中从事公务的人员，不能将其以国家工作人员论，据此认定上诉人丁萍犯挪用资金罪，判处有期徒刑 5 年。

对于劳务人员能否成为挪用资金罪主体的问题，从应然角度看，职务侵占罪的主体包括劳务人员，那么与该罪主体立法规定一致的挪用资金罪的主体也应当同样包含劳务人员。但是从实然角度看，挪用资金罪的对象是资金，而资金往往不是劳务人员所能占有、保管和使用的，通常只能由单位主管人员、管理人员以及出纳员、会计人员等专门财务人员才能接触到，从而排除了搬运工、勤杂人员等普通劳务人员接触、占有、挪用的可能。当然，也并不能排除所有劳务人员接触资金的可能，如公交公司和公园的售票员收取票款等，但因为这些单位内有一天一结款的制度，所以虽然有接触、经手，但难以挪用。所以，从应然角度看挪用资金罪的主体不仅包括公司、企业或单位的董事、经理、领导，而且包括其他管理人员和劳务人员，而从实然角度看劳务人员一般情况下不会成为该罪的主体。对于劳务人员是否能成为挪用特定款物罪主体的问题，与上述分析相似，绝大多数情况下只能是具有一定管理职权的人员才能构成，但并不能否认劳务人员成为犯罪主体的可能。例如，几名搬运工合谋，在搬运救灾物资过程中将部分救灾物资侵占，用于修缮单位仓库、食堂、凉亭等。

六、私营企业主、一人单位投资者的主体认定

依照刑法第272条第1款的规定，挪用资金罪的主体为公司、企业或其他单位的工作人员，而工作人员是否包括所有的工作人员呢？上面我们已经谈到，大部分劳务人员都无法构成该罪主体，原因是他们不具有对资金拥有占有和管理权限的可能，而对于拥有资金占有和管理权限的内部人员是否就都可以成为该罪主体呢？单位“老板”挪用资金的能否构成犯罪呢？显然，私营企业主、一人单位投资者，为我们提出了新的问题。

在法律地位上，私营企业、一人单位是比较特殊的法律主体。所谓私营企业，《中华人民共和国公司法》（1999年）、《中华人民共和国合伙企业法》（1997年）、《中华人民共和国个人独资企业法》（1999年）对私营企业的三种法律形态进行了定义：1. 有限责任公司，股东以其出资额为限对公司承担责任，公司以其全部资产对公司的债务承担责任（《公司法》第3条）；2. 合伙企业，是指依法在中国境内设立的由各合伙人订立合伙协议，共同出资、合伙经营，共享收益、共担风险，并对合伙企业债务承担无限连带责任的营利性组织（《合伙企业法》第2条）；3. 个人独资企业，是指依法在中国境内设立，由一个自然人投资，财产为投资人个人所有，投资人以其个人财产对企业债务承担无限责任的经营实体

(《个人独资企业法》第2条)。[①] 一人单位主要表现为两种形式：一是一人公司；二是实质的一人单位。依照《公司法》第58条第2款规定，本法所称一人有限责任公司，是指只有一个自然人股东或者一个法人股东的有限责任公司。而实质的一人单位，通常是指登记在册的股东有两名以上，但实际上公司真正的股东却只有一个，其他的股东只不过是挂名而已。当然，私营企业、一人单位并非只是业主或投资者一人经营，还可能有其他工作人员，如聘请的经理、财务人员、销售人员等，这些人员侵占本单位财物的构成职务侵占罪，挪用本单位资金的构成挪用资金罪。这里的问题是私营企业、一人单位是否是单位，作为私营企业、一人单位的业主或投资人本身挪用本单位资金的行为是否构成挪用资金罪。

对于私营企业主或一人单位投资者能否成为挪用资金罪主体的问题，刑法理论界主要形成两种对立的观点。肯定说认为，“首先……私营企业的业主或投资者直接参与企业经营管理活动的，应认为其也属于企业的‘工作人员’，自然可以成为本罪主体。其次，业主或投资者的资金一旦注册成为企业的资本后，就不再是业主或投资者的个人资金而是企业的资金了……因此，私营企业主或者私营公司股东挪用本企业或公司资金的，就侵犯了企业或公司的财产权，可构成挪用资金罪。否定说认为，从我国现行刑法的规定看，挪用资金罪属于侵犯财产权的犯罪，私营企业的资金属业主所有，因此业主挪用本企业资金的，不过是所有者对其所有的资金的一种支配或处分行为，不存在侵犯财产权的问题，自然不构成犯罪。”[②] 对于这一问题，笔者认为，私营企业的类型不同决定了不能对其一概而论，要具体问题具体分析。所以，笔者同意有关研究

---

① 张林：《私营企业的法律新问题》，载《人民法院报》2004年1月8日第6版。

② 郭理蓉：《挪用资金罪若干疑难问题探讨》，载《山东公安专科学校学报》2003年第6期，第60页。

者提出的判别方法，即“要认定私营企业主或投资者挪用企业资金的行为是否构成挪用资金罪，关键是要确定业主或投资者与企业的财产之间是否具有直接的所有与被所有的关系以及挪用资金的行为是否对财产所有权构成了侵犯”。① 依照这种判别方法，在具有法人资格的有限责任公司，投资人与所投资的财产分离，所投资的财产成为法人的财产，投资人只有获取法人经营利润的权利，如果投资人参与到企业的日常经营管理活动中，那他也是作为普通的主管或管理人员，成为单位的一分子，受单位制度的约束，获取相应的报酬。这里还要区分两种情况，如果投资者没有参与到公司的经营活动中，在单位没有相应的职权和职务，就不会发生利用职务之便挪用的问题；如果投资者参与到公司的经营管理活动中，成为单位工作的工作人员就有可能因侵占、挪用等行为侵犯公司的利益而构成犯罪。在不具有法人资格的合伙企业、个人独资企业中，个人独资企业因是由一个自然人投资，财产为投资人个人所有，投资人以其个人财产对企业债务承担无限责任的经营实体，所以投资者个人将企业资金挪用的，也就没有“擅自”问题，因以个人全部财产对公司债务负责，所以也并未侵害企业自身和相应债权人的利益，所以个人独资企业的投资人不构成挪用资金罪、职务侵占罪等罪的主体。而对于合伙企业中投资人的犯罪主体问题，笔者认为应当慎重，因为合伙企业的合伙人之间是一种合作关系，不同于有限责任公司中管理与被管理的关系，同时合伙人对外承担的是无限责任，不同于有限责任公司的有限责任，企业财产与个人财产并未彻底分离，不能一概认为可以成为犯罪主体。例如，甲、乙、丙、丁各投资 10 万元合伙开了一家汽车维修厂，甲任该厂会计，后甲在管理资金过程中将自己的 10 万元挪出用于赌博，能否构成挪用资金罪？问题的关键在于，合伙企业并未形成对合作财产完全的所有

① 郭理蓉：《挪用资金罪若干疑难问题探讨》，载《山东公安专科学校学报》2003 年第 6 期，第 60 页。

权，合伙人也并未完全丧失对个人合作财产的使用权。

对于一人公司出资人的犯罪主体问题，也存在肯定说与否定说。肯定说的主要理由是刑法规定的是“公司、企业或其他单位”，并没有将一人公司排除在外。否定说认为一人公司是由一人出资的，资金全部来源于一个自然人或股东，“一人有限责任公司的出资人对企业财产拥有所有权”，[①] 所以占有或挪用就不构成犯罪。笔者认为，一人公司出资人的主体问题确实值得研究和分析。一人公司的特殊性在于该公司是由他投资建立的，公司也在出资人的实际占有和独立控制之下，所以公司出资人占有和挪用公司资金或财物的不应当构成犯罪，否则占有或挪用自己的财产或资金反而构成犯罪是不合情理的。但是，也应当注意到一人公司与个人独资企业的区别，这就是前者具有法人资格，具有独立的法人资格就要求公司具备独立的财产、独立的责任，只有这样出资人才承担有限责任，所以出资人一旦投资，其资金便成为公司的财产，不得擅自拿回，从而保障社会公众的利益。在公司财产与个人财产之间，公司获取的利益并不直接归属于出资人，而是首先归公司所有，公司财产支付完工人工资、生产资料费、仓库费、运输费等费用后才以一定的形式归属于出资人。所以，如果出资人擅自将资金拿回或挪作他用，将个人财产与公司财产混同，依照公司法的规定出资人将承担无限责任，一个公司也就成了个人独资企业。现行《公司法》第 64 条规定：“一人有限责任公司的股东不能证明公司财产独立于股东自己的财产的，应当对公司债务承担连带责任。”从中可以看出，《公司法》是允许一人公司的出资人将个人财产与公司财产混同的，只要承担连带责任即可，所以一人公司的出资人占有或挪用公司财产的并无不可，只是加重了其对外承担的民事责任，不是违法行为，更不可能因此构成犯罪。所以，综上所述，一人公司的

① 吴振兴主编：《新刑法罪名司法解释适用全书》，中国言实出版社 1998 年版，第 573 页。

出资人挪用公司资金的不构成挪用资金罪。[①] 当然，一人公司并不

---

① 这里还要注意一个问题，即一人公司出资人何时的行为是个人行为、何时代表的是单位行为。北京市朝阳区人民检察院办理了这样一起案件：犯罪嫌疑人卢某委托中介机构注册成立了北京商贸公司（系一人公司，无雇员）。2007年5月25日，犯罪嫌疑人卢某在明知其公司账户资金余额不足情况下仍到本市朝阳区管庄某市场内，使用面额2万元的其北京商贸公司的支票，购买多层板250张，后被害人持支票到银行取款被告知为空头支票。该案的争议焦点在于该案是单位犯罪还是自然人犯罪。主张单位犯罪的意见认为，票据诈骗的行为是一种单位行为，卢某使用公司支票，是以单位名义实施的，违法所得归单位所有，所以是单位犯罪，因未达到单位票据诈骗罪的10万元立案标准，故不应追究卢某的刑事责任。主张自然人犯罪的意见认为，卢某的公司没有员工、账目、营业地点，该公司由其一人控制，一人承担风险，一人享有收益，没有反映团体意志，故不是单位行为。笔者认为，一人公司是由一人出资经营，这势必带来其行为是单位行为还是个人行为的争议，带来其所实施的犯罪行为到底是单位行为抑或个人行为的争议。一概认定为单位犯罪，势必抹杀出资人作为自然人的独立性，同时也会放纵自然人的犯罪行为；一概认定为自然人犯罪，又会抹杀单位的主体地位和行为特性，同时也无法解释虽为一人出资但员工众多的一人公司不能成立单位犯罪的困惑。笔者认为，认定单位犯罪，行为必须体现单位意志，而单位意志的表现形式通常是由单位研究决定和为单位利益。一人公司的出资人是公司唯一的负责人，其决定便代表了单位研究决定，所以这里考察的关键便是是否为单位利益。如果出资人为个人利益借用单位名义实施犯罪行为的，理应由其承担刑事责任而不应由单位承担刑事责任，因为不是为了单位利益，所体现的也就不是单位意志。例如，一人公司出资人用单位名义骗取购货款用于个人挥霍而不用于单位日常经营或单位员工谋取利益的，理应认定为自然人诈骗犯罪，反之，如出资人骗取的购货款用于单位日常经营或为单位员工谋取利益的，理应认定为单位诈骗犯罪。至于本案，如出资人将票据诈骗来的钱款用于公司日常经营的，为公司利益的，理应认定票据诈骗罪的主体是单位而不是自然人，而如果用于个人消费或其他与公司利益无关的活动，理应认定票据诈骗罪的主体是自然人而不是单位，其行为也只能是个人行为而不能认定为单位行为。这也是解决员工众多的一人公司单位犯罪与自然人犯罪问题的根本出路。

是而且绝大多数都不是由出资者一人构成的，除出资人之外的公司人员挪用或侵占公司资金的依然成立挪用资金罪或职务侵占罪。

与一人公司相比，实质上的一人公司出资人有所不同。在社会生活中，有这样的公司，即形式上是几人合资成立的公司，实际上只有一人出资，其他人都是挂名。如果实际出资人占有或挪用公司财产的能否构成犯罪呢？笔者认为，这是一个方法判断的问题，即采用实质主义还是形式主义。如果采用实质主义，鉴于该公司实际只为一人出资，属于一人公司，所以不应当对实际出资人以职务侵占罪或挪用资金罪定罪处罚，只能认定为无罪；如果采用形式主义，公司营业执照等文件都证实其他人也是出资人，那么公司的财产就是全部出资人的共同财产，股东之一擅自侵占或挪用的，理应构成犯罪。对此，笔者认为应当采用形式主义判断方法，认定其可以构成职务侵占罪或挪用资金罪的主体。理由有三：一是一人公司出资人之所以不构成职务侵占罪或挪用资金罪的主体，主要是因为公司法的特别规定，而实质上的一人公司恰恰是为了回避一人公司单一股东所要承担的责任才找几个冒充的出资人，因此不应再适用一人公司的特殊规定；二是以多人出资掩盖一人出资的行为严重危害其他交易对象的交易安全，所以此种行为不应受到鼓励；三是为了回应司法实践的需要。在司法实践中，为证实其他几人不是实际出资人往往是困难的，而通过工商营业执照、出资协议等书面文件证实公司的出资人是较为容易的。

这里还有一个问题，即将公款挪用给一人公司或实质的一人公司是否属于立法解释中的挪给其他单位使用呢？这个问题源于一起真实的案件。被告人杨荣昌系受国有企业上海中虹（集团）有限公司委派，担任上海国银经济贸易有限公司（以下简称国银公司）接收工作小组负责人。2003 年 10 月其利用负责管理国银公司行政业务工作的职务便利，挪用该公司资金人民币 30 万元，出借给盖华荣成立的上海昌茂绿化工程有限公司，用于公司经营活动。经查，该公司系盖华荣一人经营的实质上的一人公司。对于该案使用人是否属于《全国人民代表大会常务委员会关于〈中华人民共和国刑法〉第三百八十四条第一款的解释》中的“其他单位”，承办该案的法院——上海市虹口区人民法院和其上级法院均予以肯定。对于该案引发的类似情形，有研究者指出，应当承认包括实质上的一人公司在内的一人公司刑法上的主体资格，理由主要是：一是承认包括实质上的一人公司在内的一人公司刑法上的主体资格，符合经济社会发展的趋势及潮流；二是单位判断标准的理论基础——公司社团性理论的调整和发展决定了刑法意义上单位主体资格理论也应当随之发展与深化；三是从公司的运行机制看，投资者与经营者相分离的运作模式决定了公司的股东身份在刑法意义上不起主导作用，从而决定了公司股东的多少对公司刑法意义上的单位主体资格的认定没有决定性作用。涉及该案，该研究者认为被告人杨荣昌个人决定以单位名义将公款挪给上海昌茂绿化工程有限公司使用，行为人并未从中谋取个人利益，因此不构成挪用公款罪。[①] 对于该研究者的意见，笔者深表赞同，一人公司作为公司的一种类型，理应赋予其刑法主体资格，其具有区别于自然人的独立意志和利益，具有独立的法律拟制人格，理应承担独立的法律责任，股东人数的多少不是一人公司区别于其他公司类型的关键。“公司是人的集合并不是指他们中某一类人的集合，而是他们共同组成成员的集合。在此背景下，应当将公司的社团性拓展至股东、管理者和职工之间。”[②] 所以，一人公司以单位名义、为单位利益实施的行为体现单位意志，是单位行为，同理以单位名义、为单位利益实施的犯罪行为体现单位意志，也应当认定为单位犯罪，而不能认定为自然人犯罪，否则从行为性质和行为主体上便犯了错误。同时要注意，不

---

① 肖晚祥：《挪用公款给一人公司使用的司法认定》，载《人民司法·案例》2009 年第 2 期，第 28 ~ 30 页。

② 肖晚祥：《挪用公款给一人公司使用的司法认定》，载《人民司法·案例》2009 年第 2 期，第 29 页。

是出资人任何以单位名义实施的行为都是单位行为，其必须要为了单位利益，如出资人为了非法占有目的以单位名义骗取购货款的，则应当认定为个人诈骗犯罪，应“刺破公司面纱”，防止行为人借用单位名义规避刑事责任；如果是为了单位日常经营活动或为单位员工发福利骗取购货款的，则应追究单位的刑事责任。同理，涉及本案，本案被告人将公款挪给使用人用于公司日常经营，使用人显然是为了公司利益，因此应当认定为“挪给其他单位使用”。如果被告人明知使用人为了个人消费只是借用单位名义而挪用，理应认定为“挪给自然人使用”。综上所述，认定一人公司出资人的行为是个人行为还是单位行为应进行实质判断，主要看是否是以单位名义、为了单位利益，不能一概而论。

七、国有控股、参股公司企业人员的主体认定

随着我国国企改制的不断深入，国有控股、参股公司企业大量出现，伴随而来的是国有控股、参股公司企业内部工作人员利用职务之便进行经济犯罪的一个新的高发期，这给刑法理论界和司法实务部门提出了一个新的课题——如何认定国有控股、参股公司企业的性质，如何认定国有控股、参股公司企业中国家工作人员的主体身份。

首先，对于第一个问题，国有控股、参股公司企业能否认定为国有公司企业，当前刑法学理论界主要有两种观点：一是认为当国有股份超过国有控股、参股公司全部股份的50%时就应当认定为国有公司；二是认为只有公司的全部股份都属于国家所有时才能认定为国有公司，即只有国有独资公司、企业才能算国有公司，国有控股、参股公司不能认定为国有公司。[①] 如果主张第一种观点，认定国有控股、参股公司工作人员的国家性质或非国家性质就较为简单，占50%以上股份的就是国有公司，其内部从事管理工作的人

---

① 周振想主编：《公务犯罪研究综述》，法律出版社2005年版，第100页。

员也就都是国家工作人员，他们实施侵占、挪用、受贿等犯罪的就构成职务犯罪。如果主张第二种观点，就会使得这些公司内的国家工作人员范围大大缩小，甚至一人没有，而结果势必将国有财产置于与非国有财产同等的保护地位。考虑到只有独资才能成为国有独资企业，所以目前第二种观点是学界和司法实务部门的通行认识。而随之而来的便是国家工作人员范围的大大缩小，只能限于受国家机关、国有公司、企业、事业单位委派的人员。2001 年 5 月 22 日最高人民法院在《最高人民法院关于在国有资本控股、参股的股份有限公司中从事管理工作的人员利用职务便利非法占有本公司财物如何定罪问题的批复》中指出：在国有资本控股、参股的股份有限公司中从事管理工作的人员，除受国家机关、国有公司、企业、事业单位委派从事公务的以外，不属于国家工作人员，对其利用职务上的便利，将本单位财物非法占为己有，数额较大的……以职务侵占罪定罪处罚。依照体系解释方法，对其利用职务上的便利，将本单位资金挪用的，只能以挪用资金罪定罪处罚。

这样就出现了一个突出矛盾，一方面随着国企改革工作的不断深入，国有控股、参股公司企业大量出现，国有资产的安全保护问题成为重要问题，如何通过法律手段最大限度地惩治窃取、侵吞、挪用国有资产等腐败行为，切实保护国有资产安全，成为国有企业改制过程中和之后现代企业制度建立过程中必须考虑的重大问题。可以说，这一问题既是重大的政治问题，又是重大的管理问题，还是重大的法律问题。如果解决不好，势必会因国有控股、参股公司工作人员的身份不清、界限不明而导致在国有资产保护上的不力，从而放任了国有资产的流失。另一方面，现行刑法及相关司法解释采用了严格限制说，将国有控股、参股公司企业内的国家工作人员只限定于受委派从事公务的人员，而现实中真正拿到书面委托书的受委派人少之又少，所以国有控股、参股企业中的工作人员基本上便都是非国家工作人员了。简而言之，这个矛盾便是国有资产保护日益严峻的现实与严格限定的主体范围之间的矛盾。社会公众一般难以接受这样一个现实——国有公司企业只要一改制，内部的工作人员就全部由国家工作人员变为非国家工作人员，即使是国有资产占全部资产99%的也不能以国家工作人员身份追究相应人员的刑事责任。

笔者认为，按股份比例来认定国有控股、参股公司企业是否是国有企业，进而来认定国家工作人员，是从保护国有资产、维护国家利益的角度出发，而将国家工作人员限定为委派人员，是从现代企业制度角度出发，是出于对股东利益的平等保护，不同的价值目标决定了不同的结论。对此，在目前情况下，第二种观点代表了立法者和司法者的态度。如果坚持这种态度，笔者认为可以从两方面着手：第一，从扩大委派认定标准的角度出发，尽可能扩大委派人员的范围。目前，司法实践中往往以是否具有书面的委派文书为准。2003年的《全国法院审理经济犯罪案件工作座谈会纪要》规定：委派，即委任、派遣，其形式多种多样，如任命、指派、提名、批准等。但实际中，由于国有控股、参股企业管理人员职权来源方式复杂，除经过正式委派程序和具有正式书面手续的之外，还有以推荐、同意、认可等其他方式获得经营管理职权的管理人员，国有单位主要负责人向被控股企业以单位名义推荐的管理人员以及因各种原因没有获得任何形式委派手续，但仍代表国家投资主体从事公务活动的管理人员，等等。对此，应当进行实质判断，而不要只从形式上是否有委托文书进行判断。实质判断主要关注两方面：一是委派方与受委派人之间的关系，是否存在与国有单位的直接代表性；二是受委派人在公司企业中取得的管理身份和职权是否源于委派。此外，治标还需治本，各级国有控股、参股公司企业的主管单位应完善委派程序，严格委派手续，从而不给“实际受委派人员”逃避刑罚惩罚的可乘之机。第二，从刑事管辖出发，由检察机关先期调查，避免因国有控股、参股企业不是国有公司企业而引起公安机关与检察机关在案件管辖上的互相推诿。而如果从国有资产安全的保护和完善角度出发，第一种观点是值得肯定的。笔者同意一些研究者提出的意见，一是建议全国人大常委会法工委和国务院国资委新增规定，将国有特大型、大型控股企业（包括绝对和相对控股）国有股占 30% 以上，国有中小型控股企业国有股占 50% 以上的企业，一律视为国有企业；二是建议由最高人民法院、最高人民检察院出台认定国有控股、参股企业内国家工作人员身份的新司法解释，规定上述被定性为国有企业的国有控股企业，除非国有企业委派的工作人员外，其他从事公务的人员视同国家工作人员。其他被认定为非国有企业的国有控股、参股公司，除国有公司企业委派公务的人员外，视为非国家工作人员。①

此外，还有一个问题值得注意，被国家机关、国有公司、企业、事业单位委派到国有控股、参股公司企业从事公务的人员，如果又被国有控股、参股公司委派的，不再具有国家工作人员的身份，也不能再成为职务犯罪的独立主体，因为委派方并不适格，受委派人所从事的事务也不再是公务。

八、受委托人员的主体认定

在刑法修改之后，除刑法第 382 条第 2 款规定“受国家机关、国有公司、企业、事业单位、人民团体委托管理、经营国有财产的人员”可以成为贪污罪主体外，其他条款均未规定受托人员可以成为职务犯罪的主体。而刑法第 382 条之所以增设第 2 款，完全是因为“有的代表提出，贪污罪的主体中未能包括受国家机关、国有公司、企业、事业单位委托管理、经营国有财产的人员，不利于对国有财产的保护。因此，建议在贪污罪中增加一款规定”。② 之

① 樊丽娟：《国有控股、参股公司中贪污贿赂罪法律适用问题研究》，http://www.zjjcy.gov.cn/llyd/llyj/201003/t20100304_327765.htm。

② 薛驹：《第八届全国人大法律委员会关于〈中华人民共和国刑法修正草案〉审议结果的报告》。转引自张兆松：《论受委托从事公务人员的刑法地位》，载《人民检察》2001 年第 7 期，第 16 页。

后，最高人民法院以司法解释的形式明确将受委托管理、经营国有财产的人员排除于挪用公款罪主体之外。2000 年 2 月 13 日通过的《最高人民法院关于对受委托管理、经营国有财产人员挪用国有资金行为如何定罪问题的批复》规定："对于受国家机关、国有公司、企业、事业单位、人民团体委托，管理、经营国有财产的非国家工作人员，利用职务上的便利，挪用国有资金归个人使用构成犯罪的，应当依照刑法第二百七十二条第一款的规定定罪处罚。"从此，受委托管理、经营国有财产的非国家工作人员也就成为挪用资金罪的主体。对于这一批复，目前学界反对之声不绝于耳，认为没有将受委托管理、经营国有财产的人员规定为挪用公款罪的主体是一个明显的立法疏漏，其理由主要是从受委托人挪用国有资金的社会危害性、加强国有资金保护力度、犯罪构成比较以及现实情况的角度进行论述的。① 有学者认为应将委托区分为授权性委托和民事委托，授权性委托如行政委托，委托人与被委托人存在行政隶属关系或监督关系，基于这种委托而管理、经营国有财产的人挪用资金的，应认定为挪用公款罪。但在平等主体间民事委托的情况下，被委托人与委托单位之间只是基于委托合同而产生的一般民事权利义务关系……在这种情况下，对被委托人的行为按国家工作人员所实施的犯罪论处，显然是不合理的。② 笔者认为，这种区分是有一定道理的，也是最为适宜的解决方式，采取授权性委托管理、经营国有财产的，应当理解为一种从事公务的行为，相应地滥用这种权力的自然成立职务犯罪。有这样一起案例，判决反映了审判机关的意

---

① 王志祥：《论挪用公款罪主体的几个问题》，载《法商研究》2004 年第 2 期，第 87 页；张兆松：《论受委托从事公务人员的刑法地位》，载《人民检察》2001 年第 7 期，第 17 ~ 18 页；林志标、苏志强：《受委托人员挪用国有资金应以挪用公款罪定罪处罚》，载《人民检察》2007 年第 14 期，第 61 ~ 62 页。

② 郭理蓉：《挪用资金罪若干疑难问题研究》，载《山东公安专科学校学报》2003 年第 6 期，第 61 ~ 62 页。

见，体现了司法机关在此问题上的变通，最高审判机关也认可了这种意见，将其列为中国刑事审判的指导性案例。但仔细推敲，该判决并未真正揭示问题的实质，处理意见也并不能完全做到“以理服人”。某市烟草公司是国有独资经营企业。1999 年 9 月 2 日，该公司聘任农民刘某担任分公司副经理并全面主持该分公司工作，可获得相应的提成和工资。1999 年 9 月 2 日至 2001 年 2 月间，刘某利用职务便利采取每月压款的手段拖欠烟款（用后一个月烟款交前一个月烟款），将销售香烟所得款用于归还个人欠款等，共拖欠该公司烟款 60.263 万元。一审法院认为，被告人刘某系国有公司中从事公务的人员，利用职务上的便利，挪用国有资金人民币 60 余万元归个人使用，数额巨大不退还，其行为已构成挪用公款罪，依法应予惩处。二审法院认为认定刘某的身份，关键在于对刑法第 382 条第 2 款规定的受国有公司委托管理、经营国有财产的人员中“委托”应当如何理解的问题。对此，法院认为，2003 年通过的《全国法院审理经济犯罪案件工作座谈会纪要》规定的“受委托经营、管理国有财产”是指因承包、租赁、临时聘用等管理、经营国有财产，将聘用限定为“临时聘用”。法院认为，因为长期受聘用的人员与所在单位已经形成了较为固定的劳动关系，尤其是受聘担任较高职务的情况，其权利义务与正式在编人员没有大的差别，将其直接视为国家工作人员符合当前国有单位工作人员构成来源变化的特点，所以应认定为国家工作人员；而对于临时聘用人员，由于尚未与国有单位形成固定劳动关系，难以认定为国家工作人员，将临时聘用人员纳入刑法第 382 条第 2 款规定的受委托人员范畴，符合立法的精神和国有资产保护的实际。故此，法院认为，本案被告人刘某被国有公司长期聘用，担任分公司的领导职务，管理、经营国有财产，应属于国有公司中的工作人员，而非受国有公司委托管理、经营国有财产的人员。[1] 笔者认为，该判决意见至少存在以下问题难以解释：一是何谓长期，何谓短期？一两年是长期还是短期；二是何谓较高职务？部门经理、负责人是否是较高职务，普通会计是否是较高职务；三是何谓与聘用单位形成或尚未形成劳动关系？一年还是两年形成，一个月还是两个月形成。笔者认为，认定主体身份不应考虑是否聘用及聘用时间长短，而应真正考虑其授予的权力性质，即使是聘用一个月，所从事的是管理、经营国有财产的活动，与聘用单位形成被隶属与隶属、被管理与管理的劳动关系，行为人基于这种关系挪用公款的也应成立挪用公款罪而不是挪用资金罪，实际上这便是利用职务之便的职务行为。相应地，利用这种权力受贿的则构成受贿罪，侵吞国有财产的则构成贪污罪。反之，若国有公司、企业与被委托人之间只是民事上的法律关系，被委托人改变资金用途的则可承担违约责任，个别情形承担挪用资金罪的刑事责任。因此，笔者认为，《全国法院审理经济犯罪案件工作座谈会纪要》“受委托经营、管理国有财产”中的“委托”至少不应包含临时聘用，“授权性受托人”应是挪用公款罪的主体，这也解决了受委托从事公务人员可成立贪污罪、受贿罪却不能成立挪用公款罪的矛盾。

这里所要重点研究的问题是，受公司、企业或其他单位委托的人员主体认定问题。受公司、企业或其他单位委派的人员，因自身通常是公司、企业或其他单位内部工作人员，所以挪用资金的构成挪用资金罪并无问题，而受委托人员不是单位工作人员，能否构成挪用资金罪的主体呢？应当说受公司、企业或其他单位的委托，管理、经营委托单位财产的行为，只能是平等主体上的民事委托，单纯表现为报酬与劳动之间的对应关系，不存在像行政委托或授权性

① 中华人民共和国最高人民法院刑事审判第一、二、三、四、五庭主编：《中国刑事审判指导案例》（贪污贿赂罪·渎职罪·军人违反职责罪），法律出版社 2009 年版，第 97 ~ 100 页。

委托中隶属与被隶属、管理与被管理的关系。因此，受托人侵占或挪用委托单位资金或财物的，只能构成侵占罪，或干脆承担民法上的违约责任。如果在日本可成立违背他人信任的普通背信罪，这种背信显然不同于业务上的背信，所以不能构成业务上背信的犯罪——职务侵占罪和挪用资金罪，只能构成普通侵占罪，或者不予刑事处罚。这里我们先来看一下两种典型的受委托人员——医药代表和保险代理人——的主体问题。首先，先来看保险代理人。《保险法》第117条第1款规定：“保险代理人是根据保险人的委托，向保险人收取佣金，并在保险人授权的范围内代为办理保险业务的机构或者个人。”《保险法》第126条规定：“保险人委托保险代理人代为办理保险业务，应当与保险代理人签订委托代理协议，依法约定双方的权利和义务。”可见保险代理人是受保险人委托代为办理保险业务的机构或个人，所以保险代理人并不是保险公司的内设机构或工作人员，只是基于委托为保险人代为办理保险业务或缴纳资金，所以作为自然人的保险代理人侵吞保费的只可能构成侵占罪或者只承担民事法律上的违约责任，挪用保费的只能承担民事上的违约责任。与此相似，医药代表是制药厂家派出的药品医学宣传和推销人员，是厂家和医院之间的中介。在社会生活中，医药代表与医院之间的关系不是用人单位与劳动者之间的劳动法律关系，而是平等的委托代理关系。医药代表以聘用合同的形式与医药公司约定权利义务后，按照企业的出厂价提取药品，以企业的名义售货、回收货款，按照销售业绩提成，既不向医药公司汇报工作，又不用考勤，在人事上完全独立、在销售业务上完全自主。医药公司内部的规章制度对医药代表不存在约束力，不存在劳动关系中的隶属与被隶属、管理与被管理的关系，类似于某项产品的销售商与制造商之间的关系，即销售代理或委托代理的关系。所谓销售代理，是指代理人以营利为目的，接受被代理人授予的“销售代理权”而连续地代表委托人搜集订单、销售商品以及办理其他与销售有关的事务。[①] 所以，医药代表并不是医药公司的工作人员，而是一个相对独立的代理人，因此逾期不交付货款的行为属于拖欠货款的性质，只能是民事法律上的债权债务关系，承担民事责任，不构成职务侵占罪和挪用资金罪。与此相似，签订特殊合同的销售员，也常常在判断其是否与公司之间存在劳动关系问题上存在困难，如庄某涉嫌挪用资金案。2007 年 7 月 18 日庄某与江苏某集团公司签订了承包销售产品合同、聘用合作两份合同。聘用合同规定集团公司聘用庄某为营销员，从事集团产品的销售及客户服务工作，集团公司按照庄某销售产品的数额和货款的回收情况计算支付工作报酬。承包销售产品合同中规定，庄某自行负担为完成产品销售业务所发生的全部费用，同时庄某对于在销售过程中发生的货款逾期收回，产品销售后被诈骗，产品销售后发生解散、破产、注销、吊销、清算、停业等情况，要承担一定比例的风险。2007 年 11 月到 2008 年 3 月期间，犯罪嫌疑人庄某将天津市电力公司支付给集团公司的 1100 万元货款挪用。江苏省吴江市人民检察院和江苏省苏州市人民检察院的分歧意见主要集中在犯罪嫌疑人庄某是否可以认定为集团公司的员工上。肯定的理由主要是双方签订了聘用合同，庄某被评为该公司“十大杰出销售员”等；否定的理由主要在于双方除了签订聘用合同，还签订了一份承包销售产品合同，该合同不能体现出两者是劳动合同关系，从合同内容看应是销售代理关系，即委托代理关系。综上，随着经济社会的发展，公司与员工、代理人员的关系越来越多样化，这也带来了法律关系认定的模糊化，应“去伪存

---

① 张孚雄：《医药代表能否构成挪用资金罪主体》，载《中国检察官》2007 年第 5 期，第 53 页。

真”，透过现象看本质。①

此外，以个人名义的受托代理律师与此类似。2010 年 9 月中旬，北京市朝阳区人民法院判决一起这样的案件。被告人周某（男，45 岁，河北省人）系北京某律师事务所专职律师。2006 年 9 月，该所接受福州某自动化系统有限公司委托，代理某有关知识产权刑事案件。被告人周某利用承担风险代理律师的职务便利，私自将收取该公司的代理费 35 万元人民币挪作他用。公诉机关和法院认为，北京某律师事务所是代理某有关知识产权刑事案件的受托方，周某是其工作人员，因此周某利用承担风险代理律师的职务便利挪用委托方支付给受托方的代理费，被害人是该律师事务所，类似于业务员挪用业务款的行为，应当认定周某构成挪用资金罪。法院以挪用资金罪判处周某有期徒刑 3 年，缓刑 3 年。假定周某以个人名义接受委托方委托，便不可能构成职务侵占罪或挪用资金罪。目前，在我国，律师如果从事法律事务代理工作，必须先由委托方先委托律师所在律师事务所，再由律师事务所指派该律师从事代理工作，因此在我国以个人名义从事受托代理业务的律师基本上不存在。目前，律师事务所有坐班律师和提成律师两种律师，坐班律师要按时上班和接受管理，而提成律师只是根据办案与律师事务所分成，隶属与被隶属、管理与被管理的关系很淡，甚至几乎没有。对此，如果某律师是提成律师，以个人关系拉来一笔业务，为一大客户进行法律事务代理工作，而该律师所在的律师事务所只是名义上的被委托方，该律师占有或挪用代理费的行为能否构成职务侵占罪

① 当然，即使没有聘用合同，只要存在真实的劳动关系也应当认定行为人是单位的员工。在张承骞挪用资金一案中，河南省南阳市中级人民法院（2010）南刑二终字 066 号裁定书认为，张承骞本人虽然未与新星公司签订聘用合同，新星公司也未给张承骞发放聘书，但张承骞与新星公司结算之后，张承骞从新星公司领取工资及提成，享受与新星公司其他业务员同等待遇。从以上证据可以确认张承骞作为新星公司业务员的身份，符合挪用资金罪的犯罪主体，据此驳回上诉、维持原判。

或挪用资金罪呢？是坚持形式判断还是实质判断呢？笔者初步认为，实质判断更符合客观现实，是否存在隶属与被隶属、管理与被管理的劳动关系是认定提成律师或挂名律师身份和职权的关键。

第四节 自然人挪用犯罪客体方面的问题

一、自然人挪用犯罪的犯罪客体

对于犯罪客体，我国刑法学界经历了从"旧通说"到"新通说"的发展阶段，现在又出现了"社会关系说"与"非社会关系说"的对立。旧通说认为，犯罪客体是指刑法所保护而为犯罪行为所侵害的社会主义社会关系。[①] 新通说基于社会形势的变化，认为刑法不仅要保护社会主义社会关系，还要保护有利于生产力发展的非社会主义社会关系，所以对旧通说进行了修正，"犯罪客体是指我国刑法所保护的，而被犯罪行为所侵害或威胁的社会关系"。[②] 与以社会关系为构建基础的旧通说和新通说不同，犯罪对象说、权利说、法律秩序说、刑事被害人说、法益说等以其他内容为构建基础，因而通称为"非社会关系说"。在"非社会关系说"中，法益说被越来越多的学者所主张，大有推翻新通说的通说地位之势。法益说主张犯罪客体就是法所保护的利益，具体而言，"法益是指根据宪法的基本原则，由法所保护的、客观上可能受到侵害或威胁的人的生活利益，其中由刑法所保护的人的生活利益，则是刑法上的法益"。[③] 笔者赞同法益说对社会关系说的修正。法益与社会关系

---

① 高铭暄著：《刑法学》，法律出版社1983年版，第106页。

② 马克昌主编：《犯罪通论》（修订版），武汉大学出版社2001年版，第109～113页。

③ 张明楷著：《法益初论》，中国政法大学出版社2000年版，第181～193页。

都是对刑法所保护内容的诠释，本质上是一致的，只是从不同侧面进行的定位，而社会关系在概念上过于笼统含糊，缺乏具体的现实内容，无法将之彻底贯彻到具体个罪的客体中，并且难以为犯罪本质的揭示提供直观的思路，所以法益说相比较而言更为科学。

在挪用资金罪、挪用特定款物罪、挪用公款罪客体内容问题上，我国刑法学界虽然争论较多，但基本上是围绕财产权益的归属和财产权益的被侵害内容——这两个问题产生的认识分歧。此外，职务廉洁性一般被认为是挪用公款罪的客体内容，对此笔者主张应从法益本质内容角度出发进行认真辨析。

（一）对公私财产所有者对立的调和——财产归属上国有与非国有的统一

在挪用资金罪、挪用特定款物罪、挪用公款罪客体内容问题上，较为广泛地存在这样一种模糊认识，即挪用公款罪侵犯的客体是国家的财产权益，挪用资金罪侵犯的是非国家的财产权益，挪用特定款物罪侵犯的也是国家或公共的财产权益，如有学者主张挪用资金罪的客体是“非国有”公司、企业或其他单位的财产所有权。[①]“挪用资金罪是指非国有的公司、企业或者其他单位中的非国家工作人员，利用职务上的便利……或者进行非法活动的行为。”[②]又如，有学者主张挪用特定款物罪的客体是复杂客体，应是对特定款物的国家所有权的侵犯，以及对民政事业制度乃至国家财经管理制度的破坏。[③]“本罪客体是复杂客体，包括特定款物的

---

① 苏惠渔主编：《刑法学》（修订版），中国政法大学出版社 1997 年版，第 671 页。

② 周道鸾、张军主编：《刑法罪名精释》（第三版），人民法院出版社 2007 年版，第 528 页。

③ 蔡兴教主编：《财产贪贿犯罪的疑难和辨症》，中国人民公安大学出版社 1999 年版，第 333 页。

国家财产所有权和专款专用的财经管理制度。”[①] 在挪用公款罪客体上，也有相当多的学者将挪用公款罪侵犯的财产法益界定为“公共财产所有权”或者“国家财产所有权”，如有学者主张“挪用公款罪侵犯的客体是复杂客体，即公共财产所有权和国家工作人员职务行为的廉洁性”。[②]“本罪侵犯的客体，是公共财产的使用收益权，即行为人在一定时间内，利用职务便利，对公共财产予以占有、使用，从而侵犯了公共财产所有权中的部分权利。”[③] 此外，大量研究成果在表述三种挪用犯罪客体内容问题上带有很大的随意性，并没有对财产所有者属性进行深入分析，即为什么挪用公款罪的财产所有性质必须是国有或公共，为什么挪用资金罪的财产所有性质是非国有或公私均可，为什么挪用特定款物罪的财产所有性质只能是公共或国有等。造成上述现状的原因，概括而言，主要有三方面：一是大多数学者对犯罪客体地位与作用重要性的认识不够，仍然将犯罪客体认为是可有可无的要件，或者属于边缘要件，其在内容表述上也就无需“字斟句酌”，些许差异“无伤大雅”，所以无论是将挪用公款罪的客体内容表述为公共财产的所有权或使用权，还是表述为公私财产的所有权或使用权并没有多大差别或多大意义可言。二是对三种挪用犯罪的立法和司法变化没有及时回应。在三种挪用犯罪创设之时和1997年刑法修改之初，立法者和学界对三种挪用犯罪的功能定位是挪用公款罪用于规范和惩治国家工作人员挪用公款和特定款物的公务行为，挪用资金罪用于规范和惩治非国有单位内部工作人员资金挪用的私务行为，挪用特定款物罪用

---

① 赵秉志主编：《侵犯财产罪研究》，中国法制出版社1998年版，第409~410页。

② 高铭暄主编：《刑法专论》（第二版），高等教育出版社2006年版，第816页。

③ 周道鸾、张军主编：《刑法罪名精释》（第三版），人民法院出版社2007年版，第815页。

于专门规范和惩治擅自移挪特定款物公用的行为。而在1997年刑法修改之后，根据实际情况，立法机关出台了立法解释，最高司法机关也发布了一系列司法解释和司法答复等规范性文件，其中一项重要变化便是将受委托从事公务的人员剔除于挪用公款罪主体范围之外而成为挪用资金罪的主体。三是对行为与对象归属关系的误读。一些人的观念仍然停留在对职务犯罪传统的认识上，认为挪用公款的公务行为所支配的对象必然为公款或国有特定款物，挪用资金罪的私务行为所支配的对象必然是私有财产，而挪用特定款物行为的对象也仍然是或主要是国有财产。

对此，笔者认为应当适应社会形势的发展和刑事立法司法的变化，在对象的归属上作出正确的认识和判断。首先来看挪用公款罪对象的归属问题，是否仅限于国有的款项和特定款物。随着社会形势的发展，国家工作人员不再必须是国有单位的工作人员，受委派从事公务的人员虽然是国家工作人员，但所管理、控制、支配、经手的财产不一定仅限于国有财产，而且经常表现为非国有财产或“混合制”财产。2001年5月23日公布的《最高人民法院关于在国有资本控股、参股的股份有限公司中从事管理工作的人员利用职务便利非法占有本公司财物如何定罪问题的批复》将受委派从事公务的人员列为国家工作人员。这样一来，被侵占、挪用的资金就不单纯是公款了，将公务下支配的财物想当然地理解为公物、公款显然是不合适的，所以挪用公款罪的客体应当是公私资金和特定款物的所有权或部分所有权。其次来看一下挪用资金罪。在1997年刑法修改之初，该罪的客体被认为是非国有公司、企业或其他单位的资金，这是受当时社会形势和立法司法状况的影响。随着2000年2月16日《最高人民法院关于对受委托管理、经营国有财产人员挪用国有资金行为如何定罪问题的批复》的公布，受国家机关、国有公司、企业、事业单位、人民团体委托，管理、经营国有财产的非国家工作人员成为了职务侵占罪、挪用资金罪的主体，这样一来国有财产也就可以成为职务侵占罪的对象，而国有资金也就可以成为挪用资金罪的对象。同时，通过对自然人挪用犯罪主体部分的分析，国有单位从事劳务的工作人员也可以构成挪用资金罪的主体（虽然只是理论可能），这也使得国有资金有成为挪用资金罪对象的可能。因此，该罪的客体应是公司、企业或其他单位的资金所有权或部分所有权。“1997 年刑法对犯罪主体的修改进一步表明了立法者的立法对策，即不再区分公共财产和非公共财产，而以犯罪行为人的主体身份是国家工作人员还是非国家工作人员，作为区分挪用公款罪与挪用资金罪的标准。”① 最后来看挪用特定款物罪的对象属性问题。笔者赞同对特定款物所有权性质上的通常界定，即特定款物的公共属性，也就是除国家专门的民政事业经费、调拨的专项款物等国有特定款物之外，私人款物只要投入用于救灾、抢险、防汛、优抚、扶贫、移民、救济活动之中，即有了公共归属性，如个人将私人款物捐入红十字协会或私人基金会，该款物便由私有性质变为公共属性。当然，如果单个人许诺捐款 20 万元，但之后反悔的，不能以犯罪论处，只能是对人的基本道德的违背。

综上，经过分析，挪用公款罪与挪用资金罪侵犯的财产法益都是“公私”的财产所有权或部分所有权，挪用特定款物罪侵犯的财产法益只能是公共财产的所有权或部分所有权。而权益的内容是所有权还是部分所有权，则是自然人挪用犯罪的财产法益本质部分所要研究的问题。

（二）财产权益侵犯的本原——所有权抑或使用权之争及主张

关于挪用资金罪、挪用特定款物罪、挪用公款罪的财产法益内容，我国刑法学界历来有所有权说与部分所有权说之分，其中部分所有权说又分为使用权说、占有使用收益权说、使用权收益权说。各种学说都无法取得绝对的通说地位，目前主要的对立观点是所有

---

① 洪波：《挪用资金罪若干问题研究》，载《同济大学学报》（社会科学版）2002 年第 5 期，第 64 页。

权说与占有使用收益权说。

所有权说认为，挪用资金罪、挪用公款罪侵犯的财产法益内容应当是公私财产的所有权，挪用特定款物罪侵犯的财产法益内容为公共财产的所有权。挪用资金罪的犯罪客体是公司、企业或其他单位的财产所有权。① 挪用公款罪的“客体是复杂客体，包括特定款物的国家财产所有权和专款专用的财经管理制度”。② 挪用特定款物罪的客体是“复杂客体，主要侵犯了公私财产所有权，同时侵犯了……管理秩序”。③ 其主要理由是所有权的不可分割性以及挪用行为的实际侵害性。“虽然所有权的权能包含占有权、使用权、收益权、处分权，各种权能在一定条件下也可单独存在，但这是所有权人在正常行使所有权的情况下才实现的分离。挪用公款尽管主要侵害了公款的使用权，行为人主观上也未必有侵害公款处分权的故意，但在挪用期间，客观上限制了公款所有人对公款处分权的行使，即在行为人挪用期间，所有权人也是难于行使处分权的，这是挪用公款罪必然危害的内容，不以行为人的主观意志为转移。因此，挪用公款罪的客体应涵盖公款所有权的全部权能，而不仅仅是公款的占有权、使用权、收益权。”④ 部分所有权说认为，所有权的四项权能是可以分离的，挪用型犯罪只是对具体权能的侵害，而究竟侵害了哪些具体权能，不同学者的认识又有所不同。占有使用收益权说被认为是目前的通说，认为挪用公款罪的客体是复杂客体，既侵犯了国家工作人员的职务廉洁性，也侵犯了公共财产的占

---

① 洪波：《挪用资金罪若干问题研究》，载《同济大学学报》（社会科学版）2002 年第 5 期，第 64 页。

② 赵秉志主编：《侵犯财产罪研究》，中国法制出版社 1998 年版，第 409 ~ 410 页。

③ 宣炳昭主编：《刑法各罪的法理与实用》，中国政法大学出版社 2002 年版，第 251 页。

④ 孙国祥著：《贪污贿赂犯罪疑难问题学理与判解》，中国检察出版社 2003 年版，第 167 页。

有使用收益权；[①] 挪用资金罪的客体是公司、企业或其他单位对资金的占有、使用、收益权。[②] 占有使用权说认为，挪用资金罪的客体是公司、企业或其他单位的财产占有权和使用权；[③] 挪用公款罪的客体是公款的占有权和使用权[④]。还有一种观点最为“保守”，认为挪用型犯罪仅侵犯了所有权人对财物的使用权。具体而言，挪用资金罪的客体是本单位资金的使用权；[⑤] 挪用特定款物罪的客体是复杂客体，既侵犯了国家规定的关于特定款物专用的财经管理制度，又侵犯了公共财产的使用权；[⑥] 挪用公款罪侵犯的权能范围是公款使用权，理由在于“这既是由挪用公款罪的犯罪特点是‘挪用’所决定，同时也是依据民法中所有权的基本理论来确定的。根据之一，使用权能可以与占有权能相分离……根据之二，使用权能可以与收益权能相分离”。[⑦]

依照挪用人的主观目的来看，其是以非法使用为目的而不是以非法占有或非法所有为目的，挪用行为似乎确实没有侵犯到所有权中的处分权能，这是挪用行为与盗窃、抢劫、诈骗、职务侵占等犯罪的最不相同之处，这也是非所有权说的主要理由。对此，第一，

---

① 高铭暄、马克昌主编：《刑法学》，北京大学出版社、高等教育出版社 2000 年版，第 632 页。

② 杨再明、牛建平主编：《刑法分论》，重庆大学出版社 2003 年版，第 201 页。

③ 卢铁峰编著：《重点新罪名适用精释》，中国检察出版社 2000 年版，第 246 页。

④ 张明楷著：《刑法学》（下），法律出版社 1997 年版，第 914 页。

⑤ 李益前、倪寿明主编：《刑法（修订）简明读本》，经济科学出版社 1997 年版，第 382 页。

⑥ 周道鸾、张军主编：《刑法罪名精释》（第三版），人民法院出版社 2007 年版，第 530 页。

⑦ 孟庆华著：《挪用公款罪研究新动向》，北京大学出版社 2006 年版，第 47 页。

笔者同意所有权说关于挪用行为对所有权人侵害利益的实然性理由。挪用人对财物的挪用行为不可能单单侵害到所有权人的使用权，其因被挪出，占有权必然受到侵害；其因脱离所有权的控制，所有权人必然无法享受收益权，即不能从抵押、存入银行、用于经营等活动中获取收益；所有人将财物出售、赠与、销毁、丢弃等的处分行为也无法真正实施，因此挪用行为从实然角度看必然侵害所有权人在财产上的全部权益。第二，从刑法保护的目的看，只要有权益受到行为侵害，就应当是刑法保护的法益。这种行为侵害显然是客观行为的实际侵害而不是行为人主观的意图侵害，挪用人主观上虽有日后归还的意图，但这种客观行为已然实际给权利人的全部权益带来了切实损害，这种被侵害的法益就应当成为刑法保护的利益。当然也要看到非法使用与非法占有目的之间在具体内容上的差异，而使用与占有也只体现在主观恶性大小上。所以，刑法所要考察的是行为对法益的现实侵害，而不是行为人主观的意图侵害，而实际上行为人对法益的现实侵害常常持放任态度。第三，应当注意到资金、公款作为种类物的特殊性。我国刑法仅将以货币形式表现的资金、公款作为挪用资金罪、挪用公款罪的对象，而货币是流通物、种类物、消费物、等价物，依照货币的一般特点，谁占有谁就是所有者，谁使用谁就处分了货币本身。所以货币不同于汽车等财物，汽车被挪用了，使用就是使用，不是对汽车的处分，而货币一旦被使用，就是对该资金或公款的处分，行为人日后再归还相应数额货币的行为，也只能理解为归还赃款的行为，属于犯罪之后的行为表现。所以，挪用资金或公款的行为必然侵犯所有权人对该笔资金或公款的占有、使用、收益以及处分权。第四，对所有权人任何剥夺其实际控制的行为，都是对所有权人所有权全部权益的侵害，并且是客观侵害，不是意图侵害，如出于享乐动机，将他人车辆盗用的，无论时间长短都是对所有权人全部财产权益的现实侵害，所有人权益都无法真正达到全部和及时的实现。主观上是使用还是占有不能决定现实的侵害后果，临时剥夺控制与永久剥夺控制都是对权益的全部侵害，而临时与永久却可以作为衡量主观恶性大小以及客观社会危害性大小的标准。当然，应当承认行为对处分权的侵害是有程度差异的，既可以完全剥夺所有权人的处分权，又可以通过对财产实施某种行为使所有权人对财产的处分权遭受一定程度的损害。例如，行为人用刀片将被害人的名贵跑车划伤的，势必给被害人造成财产损失，造成被害人转让、抵押等处分权行使上的障碍，无疑损害了被害人的处分权。同样，挪用行为与侵占、盗窃、抢劫、诈骗等行为不同，只是对被害人财产权益在某种程度上的侵害，而不是根本的，挪用人只是暂时对被害人的财产处分权等权益产生实质障碍，待归还后被害人的所有权又恢复完整，而侵占等行为则将从根本上剥夺所有权人在财产上的全部权益，对处分权等具体权能的侵害和剥夺是永久的、无期的。第五，应当在三种挪用犯罪财产法益内容上保持一贯主张。目前，学界对三种挪用犯罪的研究仍然“各自为战”，没有进行体系研究和系统研究，在犯罪行为所侵害的法益内容上缺乏统一的、一致的、持久的一贯主张，如有学者主张挪用资金罪的客体是部分所有权，但又主张挪用公款罪的客体是所有权，或者相反。笔者认为，三种挪用犯罪在主观罪过和行为本质上是相同的，所以其对财产法益的侵害也应当是相同的，在侵害权能上不应有所差异。

所以，笔者认为挪用资金罪、挪用特定款物罪以及挪用公款罪侵犯的财产法益内容应是所有权人对财产的所有权，而不限于具体权能。

（三）职务廉洁性的客体地位辨析——挪用公款罪单一客体或复杂客体的判定

自1979年刑法颁布以来，我国刑法理论界对贪污贿赂罪的客体内容一直存在单一客体与复杂客体之争，同时在客体内容上又主张不同，直到近些年来职务廉洁性被越来越多的学者认同为贪污贿赂罪的必要客体内容之一。“贪污罪和贿赂罪侵犯的客体是国家工作人员的职务廉洁性……当然这些犯罪中的某些行为同时还侵犯了公共财产所有权，如贪污罪、挪用公款罪、私分国有资产罪、私分罚没财物罪等就是如此。”[①] 关于挪用公款罪的客体也经历了这样一个过程，从主张各异到逐渐统一认识。1988 年 1 月 21 日《全国人民代表大会常务委员会关于惩治贪污罪贿赂罪的补充规定》颁布后，刑法学界对挪用公款罪的直接客体产生了激烈争论，主要有以下几种观点：第一种观点认为，本罪侵犯的客体是公共财产的所有权，应划归侵犯财产罪。第二种观点认为，本罪侵犯的客体是国家的财经管理制度，应划归破坏社会主义经济秩序罪。第三种观点认为，本罪是复杂客体，既侵犯了公共财产的所有权，又侵犯了国家的财经管理制度。第四种观点认为，本罪侵犯的客体是国家机关的正常活动。[②] 1997 年刑法修改之后，职务廉洁性逐渐成为挪用公款罪的必要客体内容，只是在财产法益内容上有所差异。代表观点有：第一种观点认为，本罪的客体是复杂客体，即国家工作人员职务行为的廉洁性和公款的占有使用收益权。[③] 第二种观点认为，本罪是复杂客体，既侵犯了公共财产所有权，又侵犯了国家工作人员职务行为的廉洁性。[④] 第三种观点认为，本罪的客体要件是行为必须侵犯职务行为的廉洁性及公共财物的占有权与使用权，如果侵犯了公共财物所有权整体的，则不构成本罪。[⑤] 至于将职务廉洁性纳入贪污罪、挪用公款罪等犯罪客体的原因，有学者以反问的方式对此问题进行了回答，即“从一定意义上说，刑法之所以在盗窃罪、

---

① 王作富主编：《刑法分则实务研究》（第三版），中国方正出版社 2007 年版，第 1736 页。

② 孙谦主编：《国家工作人员职务犯罪研究》，法律出版社 1998 年版，第 131 页。

③ 高铭暄、马克昌主编：《刑法学》，北京大学出版社、高等教育出版社 2000 年版，第 632 页。

④ 王作富：《挪用公款罪认定中若干问题研究》，载《法律应用研究》2001 年第 2 期，第 1～15 页。

⑤ 张明楷著：《刑法学》（下），法律出版社 1997 年版，第 914 页。

诈骗罪之外专门规定贪污罪，更重要的是因为国家工作人员滥用职权，违背了其应遵守的为政清廉的义务，侵犯了职务行为的廉洁性。否则，为什么我们不像苏俄刑法典那样，把盗窃、诈骗公共财物与盗窃、诈骗私人财物分别定罪，并规定不同刑罚呢？"[①] 同时，值得注意的是，还有一些学者和研究者并没有将职务廉洁性作为挪用公款罪的直接客体内容之一，而是或者将其作为贪污贿赂罪的同类客体，或者直接将挪用公款罪客体表述为财产法益。主张将职务廉洁性作为贪污贿赂罪同类客体内容的理由在于：首先，若将其作为每一具体罪名的直接客体显然不妥。因为直接客体是为说明某一犯罪究竟侵害了什么、刑法到底保护的是什么的问题……因此作为直接客体，其必须具有实在的内容并且此内容是清晰明确的。而职权行为廉洁性内容本身并不能说明某一具体犯罪究竟侵害了什么、刑法到底保护的是什么的问题，不宜作为具体罪名的直接客体。其次，职务行为的廉洁性说法本身也有不妥之处……刑法中的其他章节的罪名也有"利用职务上的便利"的规定，如职务侵占罪、挪用资金罪等。因此，将贪污贿赂罪中利用职务上的便利的行为称为"职权行为"，将职务侵占罪、挪用资金罪中利用职务上的便利的行为称为"职务行为"似乎更为确切。[②] 与此相似，单一客体也将职务廉洁性排除在外，财产法益成为挪用公款罪客体的全部内容，只是在具体内容上有所不同。"本罪侵犯的客体是公共财产的所有权"[③]；"本罪侵犯的客体，是公共财产的使用收益权，即行为人在一定时间内，利用职务便利，对公共财产予以占有、使用，从而侵

---

① 高铭暄主编：《刑法专论》（第二版），高等教育出版社 2006 年版，第 750 页。

② 周振想、韩哲：《关于挪用公款罪犯罪客体的探讨》，载《国家检察官学院学报》2003 年第 4 期，第 37 ~ 38 页。

③ 王金彪主编：《新刑法通论》，警官教育出版社 1997 年版，第 719 页。

犯了公共财产所有权中的部分权利。”①

笔者同意上述学者对职务廉洁性作为挪用犯罪客体内容的批评意见。一是职务廉洁性的内涵并不明确，使得刑法所保护的利益也就不明确；二是职务侵占罪、挪用资金罪以及挪用特定款物罪中或明示或暗示要求“利用职务之便”，所以职务廉洁性并不单是贪污罪、挪用公款罪等职务犯罪的应有内容，所有包含在日本刑法业务侵占罪中的职务侵占罪、挪用资金罪、贪污罪、挪用公款罪以及挪用特定款物罪都是对忠实义务的违反和对自身工作廉洁性的违反，刑法理论不应厚此而薄彼。这里需要注意的是，将职务廉洁性剔除于挪用公款罪客体范围之外，根本原因在于对犯罪客体法益本质主张的坚持。依照法益论，犯罪客体是刑法所保护的利益。而利益“一般是指人们为了满足生存和发展而产生的各种需要，是由社会客观条件决定的，并且存在于具体的社会关系之中”。② 因此，利益是客观的、现实的和真实的，是人为无法凭空创设的，如国家的安全及主体地位、国家机密、社会秩序的安全与稳定、经济秩序的安全和稳定、个人的生命与健康、个人的财产与其他权利等。相比而言，职务廉洁性显然不能体现为具体的利益，无法归入任何一种利益之中，所以不能人为创设为一种利益而受到刑法的保护成为法益。职务廉洁性只能是贪污、挪用等行为体现出的职责上的背信，是国家工作人员对国家忠实义务的违反，是一种不道德的行为，是行为样态本身而不是对象本身带来的道德评价，因此属于伦理违反的内容，而不应成为犯罪客体中法益的内容。在职务侵占罪、挪用资金罪、挪用特定款物罪以及侵占罪、背信损害上市公司利益罪等

---

① 周道鸾、张军主编：《刑法罪名精释》（第三版），人民法院出版社 2007 年版，第 815 页。

② 沈宗灵主编：《法理学研究》，上海人民出版社 1989 年版，第 58 页。转引自杨春洗、苗生明：《刑法法益》，载《北京大学学报》（哲学社会科学版）1996 年第 6 期，第 14 页。

犯罪的行为上都表现为对“职务的廉洁性”的违反，而不仅限于国家工作人员的“职务犯罪”，充其量只能解释为“公务的廉洁性”，公务与私务廉洁性的区分在公私财产保护日益平等的今天和未来显然失去了以往的意义。至于主张将职务廉洁性纳入贪污罪、挪用公款罪等职务犯罪客体内容的理由，笔者认为，立法之所以将贪污等职务犯罪单独规定，当然是看到了这些犯罪都是利用公务便利实施的，都是对公务职责的背叛，也就是说，行为内容的不同是贪污罪等职务犯罪与其他普通侵财类犯罪的根本区别，而由此并不能说明行为样态上对职务廉洁性或公务廉洁性的违反，便可以成为行为对象所能衍生或表现的利益。可以这样说，职务廉洁性是行为样态中的内容，不是行为对象所能体现的内容。因此挪用公款罪的客体只能是单一客体，即公私财产所有权。

二、自然人挪用犯罪的犯罪对象

依照现行刑法的明确规定，挪用资金罪、挪用特定款物罪、挪用公款罪的犯罪对象分别为资金、特定款物、公款和特定款物，这样一来，以固体和实物形态为外在表现的“物”便不能成为挪用资金罪的犯罪对象，非特定款物不能成为挪用特定款物罪的对象，一般公物不能成为挪用公款罪的对象。之所以将大多作为固体和实物形态的“物”排除于挪用犯罪之外，是因为单纯将物挪出使用的行为只是利用和发挥了物的使用价值，并不会对物造成实质损害，对所有权人造成实质侵害，如公司经理擅自将公司车辆用于个人货物运输的，公司车辆并没有灭失，并且日后被归还，“物”完好无缺。因此为缩小打击范围、遵循刑法谦抑精神，我国立法者没有将普通财物列入自然人挪用犯罪的对象。[①] 因此，基于立法的规定，学界在普通财物的非犯罪化问题上争议不大，虽然也有学者提出将普通财物挪用行为犯罪化的建议，但因难以突破现行立法的规定而只是个别人的建议，并未得到广泛认同。所以，在本部分笔者选择以下三个问题进行重点讨论和研究。

（一）资金、公款的外延认定

资金、公款，通俗地理解就是“钱”，就是货币和以货币为价值基础的纸币，二者只是归属不同。1997 年刑法将挪用资金罪的对象明确规定为资金，将挪用公款罪的对象规定为公款，而对于资金和公款的外延范围和表现形式，立法者并没有明确规定。这样一来，司法机关和刑法理论界对资金和公款外延的认识就有了一个由小到大、由窄到宽、由严格的罪刑法定主义到相对的罪刑法定主义的过程，直到现在这种争论仍在进行，主要是围绕资金、公款是否包括有价证券、债券、国库券等形式的财物，分别形成否定说、肯定说和折中说。

否定说是立法之初的主要观点，目前仍有学者和研究者主张。该说从严格罪刑法定主义出发，立足于目的解释立场，认为资金和公款只是指货币，而货币又指本币和外币，将资金和货币外延范围扩大为有价证券、债权、国库券等形式的财物，不是扩大解释而是类推解释。挪用公款罪的“犯罪对象是公款，即可由国家机关直接支配的货币。既包括人民币和外币，也包括国家机关直接控制的

① 在国外立法中一般也将作为固体和实物形态的财物作为犯罪对象。《联合国反腐败公约》中公职人员挪用财产罪的对象是因职务而受托的任何财产，包括资金、证券、财物。《西班牙刑法典》第 394 条至第 399 条的盗用公款罪，对象包括公共财产或财产，其中包括公款和其他公共财产。《罗马尼亚刑法典》第 223 条规定，挪用公共财物罪的对象包括现金、有价物和其他财物。在没有单独设置挪用犯罪的国家，挪用行为的对象也包括财物。

现金和在银行开立的账户的存款”。[1]“本罪的犯罪对象是公用货币的代名词，即只包括现金、银行存单等，不能包括国库券、债券等有价证券。”[2] 近年来仍有研究者对资金的范围采狭义观点，并从四方面阐明理由，对将有价证券解释为资金的肯定说观点进行了尖锐批评。首先，从金融、经济学角度考察，资金和有价证券的含义、职能截然不同，二者的可接受性、流动性强弱程度相差悬殊。虽然同样都是金融工具，但毕竟还有着各自的特性和明确的界限。其次，从刑法语境中“资金”范围的限定看，在立法者看来以资金形式存在的财产是需要特别保护的，所以，其含义应该是明确的、范围应该是内敛的……否则，在市场经济越来越发达的现代社会，随着金融工具的不断创新，大量货币性极强的新型信用工具和新型存款种类不断涌现，按照因为是货币财产的书面形式就可作为“资金”看待的逻辑来确认本罪的犯罪对象，会导致“资金”范围迅速失控……最终导致“资金”一词的含义和“财物”趋同，其原本含义走向虚无，违背了立法者的初衷。再次，从刑法解释原理上考察，把货币以外的有价证券当做资金看待，就像把烟说成火一样，不符合法律语言精确性的特点，超出了一般人尤其是具有该罪主体身份的一类人的理解范围。最后，从法益保护角度考察，把“资金”严格限定为货币形式的财产并不导致该罪保护机能受到削弱，这是因为：一是实践中挪用资金罪多以本单位货币形式的资金为犯罪对象；二是把本单位的有价证券私自出售或以其他方法变现再使用的，虽表现为挪用有价证券，但实为挪用出售后得来的归本单位所有的资金……不影响以挪用资金罪追究刑事责任。

肯定说从客观解释的角度出发，适应社会发展过程中打击挪用

---

① 张明之著：《中国罪名要论》，中国言实出版社 1997 年版，第 459 页。

② 何秉松主编：《职务犯罪的预防与惩治》，中国方正出版社 1999 年版，第 482 页。

有价证券等货币书面形式财物的需要，认为资金和公款不仅包括货币，还包括有价证券、债券、国库券等财物。例如，有学者认为，挪用资金罪的资金除包括人民币和外汇之外，公司、企业或其他单位的有价证券，如股票、国库券、支票等也属于单位的资金，它是公司、企业或者其他单位货币财产的书面表现形式，可据此提取或换取现金。① 至于公款，有学者认为具体包括人民币、外币、支票、股票、国库券、债券等有价证券，但不包括车票、船票、邮票、税票等有价票证。② 肯定说逐渐成为近年来的通说，并得到司法机关的肯定和支持。

为解决否定说与肯定说、目的解释与客观解释立场之间的矛盾，近三年来刑法学界出现了第三种观点——折中说。该说认为，否定说脱离客观实际，难以适应现实情况；肯定说一概将有价证券纳入对象范围，会不当扩大打击范围。因此，部分有价证券可以扩大解释为资金和公款，而不是全部。其主要理由是有价证券可以依照不同标准分为不同种类，能够等同或替代货币性质和功能的有价证券可以成为挪用资金罪、挪用公款罪的对象。有学者提出一种判断标准，即有价证券能否成为挪用公款罪的犯罪对象，要看有价证券与货币的性质和功能能否等同或替代。依照这种标准，该学者认为不记名有价证券的转让与货币类似，交付即完成，持有不记名有价证券的人就享有该有价证券中所包含的权利，可以说是以占有为权属之公示方式，具有与货币几乎相同的性质和职能，因此挪用不记名有价证券与挪用一定的货币金钱无异。而对于指定人的有价证券和记名有价证券来说，权利的流转凭单纯的交付还难以实现，有时需要通过背书等法定程序，因此单纯挪用、使用这两类有价证券

---

① 孟庆华著：《挪用公款罪研究新动向》，北京大学出版社 2006 年版，第 236 页。

② 颜茂昆等著：《刑法适用新论》（下册），吉林人民出版社 2001 年版，第 1789 页。

并不能改变证券的权利人，也不能产生处分有价证券所记载的权利的效果，权利人可以通过挂失、补办有价证券等方式享有和主张权利，这与挪用货币形式公款的行为性质区别较大。①

笔者认为，折中说的观点和理由都是十分有道理的，是对立法与现实的调和，是对目的解释和客观解释立场的调和。从事物的性质和功能出发对有价证券进行区分，将更符合人们的一般认识，符合立法原意，不会再有违罪刑法定原则，又能适当扩大犯罪对象的范围，满足惩治和预防的现实需要，因此是科学的、准确的，这种观点也必然成为今后认定资金与公款外延范围的通说观点。所以，依照该观点，鉴于货币具有占有和所有的同一性原则，至少以下有价证券可以扩大解释为资金和公款，即不记名股票、支票、不记名的国库券等货币证券和资本证券，而货物提单、运货单、仓单、栈单等商品证券以及汇票、本票、记名的国库券和股票等指定人的有价证券和记名有价证券，不能扩大解释为资金和公款。同时，我们也要看到否定说对肯定说批判观点中的合理部分，将部分有价证券扩大解释为资金和公款仍有超出人们的一般理解之嫌，即使是支票等有价证券也仍然不是货币，在国外立法中也是将有价证券与资金严格区分的，如《联合国反腐败公约》和《联合国反腐败的实际措施》规定，公职人员挪用财产罪的对象包括资金、证券和财物，《罗马尼亚刑法典》中挪用公共财物罪的对象包括现金、有价物或其他财物。因此，适时应当以立法解释的方式对资金和公款范围进行扩大解释，将折中说的学理观点上升为法律规定，或者将两罪的对象扩大为资金、部分有价证券和公款、部分有价证券。此外，依照这种判断标准和原理，不记名的信用卡与记名信用卡与此类似，10000 元人民币的不记名信用卡与 10000 元货币在性质和功能上是一致的，符合占有和所有的同一性原则，因此不记名信用卡可以成

---

① 郭竹梅、秦鹏：《挪用有价证券及代金卡能否构成挪用公款罪》，载《人民司法·应用》2009 年第 5 期，第 70 页。

为挪用资金罪、挪用公款罪的对象，而记名信用卡因不同于货币的性质和功能，因此不能成为挪用资金罪、挪用公款罪的对象。

（二）非货币财物变现后资金化与公款化问题

依照刑法和相关司法解释的规定，作为固体和实物形态的财物不能成为挪用资金罪的犯罪对象，一般公物不能成为挪用公款罪的犯罪对象。面对近年来实践中出现的国家工作人员利用职务之便将一般公物通过出售、抵押、质押后使用变现资金的情况，为破解立法上的空白难题，切实“服务于”司法实务部门打击挪用公款犯罪的需要，学界多主张该变现后的资金就是公款，行为人挪用变现后资金的行为构成挪用公款罪，“这实质上是规避法律的变相挪用公款行为”。① 这种观点已成为近年来的通行观点，其解释理由是行为人不追求公物的使用价值，而是经济价值，使用公物变现后的公款才是行为人的最终目的，“行为人虽然形式上是侵犯了公物的所有权，但实质上还是挪用了公款，变卖公物并获取公款则成为其行为的一种手段”，② 因此变现后的公款才是挪用公款罪的对象。

对于公物的公款化问题，由此派生出以下三个问题需要讨论：

一是公物变现后公款化的合理性问题。犯罪对象是犯罪行为直接作用的人或物。应当说，从行为与对象之间的关系看，公物是挪用行为直接作用的对象，即以非法使用的目的将单位或国家的公物挪移，如将汽车出售、抵押、质押后使用变现的资金，汽车原先在单位之内，行为人将汽车挪出单位的控制之外才是挪用行为的实质，是否变现以及是否使用变现后的资金只是事后的行为表现。又如，盗窃财物的，将财物窃取以脱离权利人控制是盗窃行为的全部和实质，而不论行为人是否以出卖并获取赃款为目的，窃取后的销

① 宣炳昭、江献军：《挪用公款罪法律适用研究》，载《法律科学》2002 年第 2 期，第 124 页。

② 龚培华、肖中华著：《刑法疑难争议问题与司法对策》，中国检察出版社 2002 年版，第 712 页。

赃行为不是窃取行为的内容。因此，挪用行为的对象是公物，而不论是追求公物的使用价值还是经济价值，都是对公物的“用”，事后变现并使用变现后的货币的，如同以获取货币为目的窃取财物的，事后变现与否都不影响窃取行为的认定和窃取行为所针对行为对象的判断。从表面上看，公物的挪移行为与变现后资金的使用行为是分离的，但实际上将公物挪出直接使用和将公物变现使用其经济价值的行为，都是对公物的使用，所以对公物的挪移和使用是同一的。此外，从被害单位与对象之间的关系看，应当说公物是单位的财产，单位对公物拥有占有、使用、收益、处分权，而变现后的公款并不是完整的单位财产，或者通常说是被缩小的财产，单位被损害的是对公物的全部权益，而不是变现后较小数额的公款。所以，公物才是挪用行为直接作用和侵害的对象，这也与被害单位受害的对象是公物权益相符。只是依照现有立法规定，一般公物不能成为挪用资金罪的对象，而为了最大限度地打击国家工作人员挪用一般公物的腐败行为，学界和司法实务部门将挪用一般公物并使用变现公款的行为“变通地”认为构成挪用公款罪，以变现后的公款等同于挪用行为的公款，而这种“实质意义的解释”，笔者认为显然是一种“不得已”的“诡辩”，是一种出于功利和实质正义目的的善意谎言，是对行为与对象真实关系的“掩盖”，如果将一般公物规定为挪用公款罪的对象则不会出现这种问题。总之，从行为与对象以及单位与对象的关系看，公物才是挪用行为的对象，变现后的公款不能成为挪用行为的对象，认为挪用公物变现后使用公款的行为构成挪用公款罪的主张和做法只是为满足惩治犯罪的现实需要，弥补立法上的漏洞，在现实立法状况下也只能如此，但随之会产生许多值得研究和讨论的问题。

二是公物变现公款化是否可以推论出财物变现资金化。基于立法的相似规定，学界一般认为挪用资金罪与挪用公款罪在犯罪构成上基本相似，所以二者在许多方面的规定和解释具有同一性，所不同的主要是前者是非公务行为，后者是公务行为。这样一来，就产生了一个问题，即挪用一般公物并使用变现后的资金以挪用公款罪论处，那么公司、企业或其他单位的非国家工作人员挪用普通财物并使用变现后的资金能否以挪用资金罪论。长期以来，我国学者都停留在一般公物能否成为挪用公款罪犯罪对象问题的讨论上，其中就包括一般公物被挪用并变现后的资金被使用是否构成挪用公款罪的问题，而对于公司、企业或其他单位的“非货币财物”能否成为挪用资金罪的犯罪对象基本上完全持否定态度，并没有将挪用非货币财物并使用变现资金的行为与挪用非货币财物的一般行为区分开来。这就涉及一个问题，后者能否比照类比适用前者的观点和处理方法呢？

对此，笔者认为：首先，从两罪的关系看，挪用资金罪与挪用公款罪在犯罪构成上基本相似，虽有惩治对象和刑法目的的不同，但都是为保护财产法益，因此在财物资金化或公款化问题上二者仍然具有同一性和统一性，不能厚此而薄彼，这也符合体系解释和类比推理的认知规律。其次，从保护财产法益的角度看，挪用公物以使用变现后的公款与直接挪用公款的行为在行为本质上并无不同。同理，挪用“非货币财物”以使用变现后的资金与直接挪用资金在行为本质上也并无不同。为弥补法律漏洞，在保持立法稳定性的同时，应当允许利用现有解释和方法最大限度地保护所有权人的财产法益。最后，从是否超出人们预测可能性的角度看，行为人使用变现后资金的行为，在人们的一般认识中，与直接挪用资金的行为并无本质不同，都是对单位资金权益的侵害，不会超出人们的心理预期，若行为人将公物直接挪作使用，利用其使用价值而以挪用资金罪论的，显然超出了人们在遵循现有立法下形成的心理预期。所以，公司、企业或其他单位财物被挪用并资金化的，应当以挪用资金罪论处。

司法实践中司法机关对这一问题也大多持肯定态度。北京市朝阳区人民检察院京朝检刑诉（2010）1776号起诉书指控，犯罪嫌疑人郝某于2007年至2008年间，利用其在北京爱施德电讯器材有限公司担任北京迪信通电子通信技术有限公司客户代表的职务之便，私自从北京迪信通电子通信技术有限公司领出应退回其公司的不同品牌及型号的移动电话共计235部（经鉴定共计人民币359370元），减价卖与他人变现后，未将变价款交回公司，并未在案发前退赔公司人民币35万元。检察机关指控被告人郝某犯挪用资金罪，北京市朝阳区人民法院经审理认为，被告人郝某身为公司的工作人员，利用职务之便，挪用本单位资金归个人使用，且数额巨大、超过3个月未还，其行为触犯了刑律，应予惩处。后以挪用资金罪判处被告人郝某有期徒刑2年6个月，缓刑3年。

三是非货币财物变现后犯罪数额认定问题。挪用资金罪与挪用公款罪都是财产犯罪，而财产犯罪必须要认定被侵害财产数额的多少。通常情况下，被挪用资金或公款的价值数额就是挪用资金罪、挪用公款罪的犯罪数额，如挪用5万元人民币，其犯罪数额就是5万元人民币，这主要是因为该资金或公款是挪用资金罪、挪用公款罪的直接行为对象，而在一般公物或非货币财物被挪出并使用变现资金的行为中，一般公物或非货币财物才是挪用行为的对象，这就带来了此种情况下犯罪数额的认定问题。

从目前的研究成果来看，学界虽然较多地主张一般公物被挪出后行为人使用变现公款的行为以挪用公款罪论，但并没有对此种情况下犯罪数额的认定问题进行深入研究，而这种困难似乎只能交给司法机关“自由裁量”。就此问题，笔者曾求教于中国人民大学刑事法律科学研究中心副主任、北京市朝阳区人民检察院挂职副检察长肖中华教授，他认为应当以变现后的资金或公款数额作为犯罪数额认定，主要理由是挪用资金罪的对象是资金，挪用公款罪的对象是公款，非货币财物不能成为两罪的对象，被出售、抵押、质押的财物价值大小只能作为量刑情节考虑，所以犯罪数额也就应当以变现后的资金或公款数额认定。对此问题以及肖中华教授的解答，笔者经过长时间的思考后认为应当区分财物的变现方式，不同方式数额认定标准不一。（1）出售方式，以非货币财物的价值来认定犯罪数额更为合适。理由主要是：第一，挪用非货币财物后使用变现资金或公款的行为对象应是非货币财物，包括一般公物和普通的私有财物，具体理由前面已经阐述，在此不再赘言。第二，以物的价值数额作为犯罪数额从现实角度来看更为合理。在司法实践中，被挪用的非货币财物与变现后的资金或公款价值数额往往不一致，通常前者价值明显高于后者，如将50万元的汽车以10万元出售，如以10万元作为认定挪用公款罪和挪用资金罪的犯罪数额，显然并没有准确解释挪用人的行为给被害单位造成的实质损害，因此其社会危险性必然被大大低估。应当说，刑法在数额认定上所要真正评价和计算的是行为人给被害人带来的财产损失，而不是自己最后获取的利益多少，如将盗窃来的10万元财物以2万元销赃的，社会危害性的大小也主要体现为对被害人权益的损害多少，而不是行为人自身获利多少。同样，行为人将财物变现后高于财物自身价值的，如行为人将本单位10万元的财物以20万元出售，也应当以10万元为计算犯罪数额的依据，而不应是20万元，因为他给单位造成的实际损失是10万元而不是20万元。所以从公平正义的角度看，以物的价值数额作为犯罪数额更为合理。[①] 第三，从保护被害单位财产利益的角度看，也应当以物的价值多少作为犯罪数额的认定依据。(2) 抵押、质押方式，以变现后的资金或公款数额为准。理由在于将财物抵押或质押，并不是对财物价值的全部使用，只是部分货币价值的使用，如将价值50万元的财物抵押或质押出10万元，被害单位价值50万元的财物并没有完全受到侵害，受到侵害

---

① 依照1997年11月4日通过的《最高人民法院关于审理盗窃案件具体应用法律若干问题的解释》规定，被盗窃财物的数额，根据物品种类不同计算方法不同，但原则上是依照财物自身的经济价值计算，而对于销赃数额高于该解释计算的盗窃数额的，盗窃数额按销赃数额计算。应当说，这是最高司法机关出于严厉打击盗窃犯罪刑事政策的考虑作出的特殊规定，而实际上诸如诈骗罪、敲诈勒索罪等财产犯罪的财物数额计算问题显然不能参考该项规定，因为犯罪行为的社会危害性才是犯罪人刑事责任承担的基础和根本。

的只是该财物 10 万元的货币价值，因此挪用人使用该 10 万元的，应将变现后使用的价值作为认定挪用资金罪、挪用公款罪数额的标准更为合适，这样也不会使对被害单位财产权益的保护出现缺失。司法实践中有这样一起案件，犯罪嫌疑人饶某原系北京 A 房地产开发有限公司（以下简称 A 公司）董事、总经理，2003 年 9 月饶某以其亲属名义成立了北京 D 房地产开发有限公司（以下简称 D 公司)。2005 年上半年，经过运作，D 公司承接了北京市朝阳区某房地产项目一级开发项目。承接此项目后，由于需要大量资金注入，经洽谈，D 公司决定向某国有银行申请贷款 5 亿元，银行要求 D 公司提供担保。犯罪嫌疑人饶某利用职务之便，将其任职的 A 公司所有的位于北京市朝阳区某写字楼作为 5 亿元贷款的抵押，经评估该写字楼市场价格约为 6 亿元。银行贷款审批后，于 2005 年 10 月与 D 公司签订了金额为 5 亿元的借款合同，同日与饶某任职的 A 公司签署了抵押合同和保证合同。2005 年 12 月，饶某因涉嫌挪用资金罪等问题被公安机关立案侦查，后北京市某国有房地产公司作为 D 公司的受让方，于 2006 年 2 月下旬有偿受让了 D 公司的全部股权，同年 3 月向银行偿还了 5 亿元贷款的本息。[①] 该案是将不动产抵押后使用抵押款或贷款的典型案件。行为人为取得贷款利用职务之便在不动产上设定了抵押进而使用抵押款或贷款，由于不动产抵押权的设定，使设定抵押权的一方获得了相应的资金，不动产也因为抵押权的设定处于一种不定的风险状态之中，与将汽车等动产设定抵押的财物资金化现象并无不同。行为人所在单位虽可正常使用该财产，但抵押权的设定已然对所有权人的所有权产生实质侵害，与挪用公款为他人提供担保没有实质区别。同时，从权利侵害的实质上看，抵押权的设定只是对财产部分权利的限制或部分财产的权利限制，进而使用该财产的部分经济价值，因此不同于财产被出售的形式，后者是对财产所有权的放弃，是对财产所有经济价

---

① 案件来源：北京市人民检察院第二分院 2006 年案件资料。

值的使用和追求。因此，本案涉嫌挪用资金罪的犯罪数额应是5亿元，而不是不动产自身的价值6亿元。

（三）挪用债权能否构成犯罪

最近有司法实务部门以案例的形式提出这样一个问题，即挪用债权行为是否构成挪用公款罪。[①] 此案的案情主要是甲单位欠乙单位400万元，乙单位又欠丙单位600万元。经协商甲单位以一块土地作抵押向丙单位借款400万元用于归还乙单位，乙单位再用这400万元归还丙单位，三方以转账方式处理。后丙单位负责人未经集体研究决定，与甲单位签订了借款还款协议，三方办理了转账手续。本案争议焦点在于，在三方并未发生现金流动，只是名义上的借款情况下挪用“债权”的行为能否构成挪用公款罪。对此笔者持否定观点，除认为丙公司负责人没有谋取个人利益、挪用债权的行为没有严重的社会危害性以及三方只是债务之间的转让属于民事法调整范畴等理由之外，首要理由便是债权不是挪用公款罪的犯罪对象，虽然双方签订了借款还款协议，但是是在第三方乙公司参加的情况下，三方对债权债务进行了转账手续，只是名义上的借款，并未发生现金流动，乙公司实质上是将本单位的债务转移给甲公司。笔者认为该案不构成挪用公款罪的主要理由应是丙公司负责人以单位名义、为单位利益从事的行为，且并未谋取个人利益，因此不符合挪用公款罪的构成要件，不能以挪用公款罪定罪处罚，这不是在对象上出了问题。反过来，以债权为内容的欠条等权利文书在有些情况下也可以成为挪用公款罪的对象，同样还可以成为挪用资金罪的对象。债权与物权都是财产权的组成部分，这给债权的挪用创造了理论可能。笔者认为，如有以下情况即可认为是对债权的挪用，应以挪用资金罪或挪用公款罪定罪处罚。一是行为人将其他公

① 韩济魁、李明见、张帆：《挪用债权行为是否构成挪用公款罪》，载《中国检察官》2010年第2期，第47～48页。

司欠所在公司的债权凭证私自或借给他人抵押、质押、出售，并使用变现后的公款或资金的。例如，行为人将其他单位欠本单位的50万元欠条抵押、质押，甚至低价出售后再使用变现资金或公款的，这种情况与非货币财物的资金化或公款化相似，应以挪用资金罪或挪用公款罪定罪处罚。二是行为人将债权凭证向债务人主张或将债权凭证借给他人由他人主张，并使用债务人交付的资金或公款的。三是如甲公司欠乙公司钱，乙公司负责人为了非法使用这笔钱为自己购买小汽车，指示甲公司将欠款打到自己账户上或者亲属企业账户中，乙公司负责人就是将本公司的债权利益挪给了自己使用。

第四章 自然人挪用犯罪疑难暨新型问题研究之二

第一节 自然人挪用犯罪的客观方面

一、已解决的客观方面问题

客观方面是犯罪构成的核心内容，是认知犯罪本质的关键内容，因此也是人们研究和分析任何一种犯罪的重要内容。挪用资金罪、挪用特定款物罪、挪用公款罪的客观方面问题研究历来是三种挪用犯罪研究的重要组成部分，也是研究成果最为集中的部分。正是这种广泛且深入的研究成果推动了三种挪用犯罪、尤其是挪用公款罪客观方面重大问题的统一化进程——从根本上来说这也源于三种挪用犯罪客观方面在挪用行为、危害结果和使用人等方面的同一性，[①] 或者形成理论共识，或者由有权机关发布规范性文件，使一些问题不再成为问题，因此这些问题也就失去了进一步研究和讨论

---

① 正是基于三种挪用犯罪在客体要件和客观要件上的同一性，有学者主张应将三者归并为一罪。单长宗、梁华仁等主编：《新刑法研究与适用》，人民法院出版社 2000 年版，第 748 页；郑厚勇：《论挪用型职务犯罪在客观条件上的同一性》，载《湖北社会科学》2007 年第 12 期，第 152 ~ 153 页。

的价值和必要，相反则只能徒增字数、徒充篇幅。概括而言，已经解决或达成共识的自然人挪用犯罪客观方面问题主要包括：一是“归个人使用”的含义。1997年刑法修改时将“归个人使用”规定为挪用资金罪、挪用公款罪的客观要件内容。依照文义解释，“归个人使用”只限于将资金或公款供自然人使用，不包括将资金或公款供其他单位使用。有学者因此认为，“挪用公款‘归个人使用’中的‘个人’只能是指挪用者本人或者其他自然人，不包括私有公司、企业事业单位、机关、团体等单位在内”，[①]也只有这样才符合罪刑法定原则和立法原意。面对司法实践中日益严重的挪用公款归单位使用的情况，为有效打击职务腐败行为，刑法学界逐渐开始对挪用公款给自然人与挪用公款给单位的社会危害进行实质比较，将单位扩大解释为个人，“至于谁是‘公款的使用者’，被挪用公款的去向如何，都不应该影响本罪的成立”。[②]司法实务部门参考了刑法理论的研究成果，对“归个人使用”率先进行了有权解释。1998年4月29日公布的《最高人民法院关于审理挪用公款案件具体应用法律若干问题的解释》第1条规定，挪用公款给私有公司、私有企业使用的，属于挪用公款归个人使用。对于这一司法解释，当时刑法学界形成肯定与否定两种对立观点，分别立足于形式解释和实质解释立场。为定分止争，统一认识，正确指导司法实践，立法机关终于以立法解释的规范性形式正式确立了“归个人使用”的表现形式和“个人”的范围。2002年4月28日，第九届全国人民代表大会常务委员会第二十七次会议通过的《全国人民代表大会常务委员会关于〈中华人民共和国刑法〉第三百八十四条第一款的解释》，将下列情形规定为属于挪用公款“归个人

---

① 周振想、韩哲：《关于挪用公款罪中“归个人使用”的几个问题》，载《人民检察》2002年第2期，第10页。

② 张毓平、张波：《对挪用公款罪“归个人使用”的质疑》，载《人民检察》2002年第10期，第46页。

使用”：(1) 将公款供本人、亲友或者其他自然人使用的；(2) 以个人名义将公款供其他单位使用的；(3) 个人决定以单位名义将公款供其他单位使用，谋取个人利益的。随后，为贯彻这一立法解释，最高人民检察院发布通知要求，无论使用公款的是个人还是单位以及单位的性质如何，均应认定为挪用公款归个人使用，构成犯罪的，应依法严肃查处。最高人民法院以会议纪要的形式公布了如何认定挪用公款供其他单位使用的行为，对立法解释进行了更为详尽的解读。自此挪用公款罪中“归个人使用”要件的内涵与外延被完全确立下来，刑法理论界也基本达成共识，只是对立法解释中两种“将公款供其他单位使用”的情形如何具体适用尚有学者研究。① 基于挪用资金罪与挪用公款罪的同一性，挪用公款罪客观方面中的“归个人使用”的内涵与外延可类比适用于挪用资金罪，也就是挪用资金归其他单位使用的可以挪用资金罪定罪处罚。二是“非法活动”的内容。目前刑法学界对于“非法活动”的内容已基本达成共识，即认为非法活动不仅包括严重的违法活动，即犯罪活动，而且包括一般的违法活动。例如，挪用公款归个人进行非法活动，既包括严重违法行为，即犯罪行为，如挪用公款归个人进行走私犯罪、赌博犯罪、毒品犯罪等，也包括用于违反工商、海关、税收等经济、行政管理法律、法规的一般违法行为，如挪用公款进行无照经营、嫖娼等。② 挪用资金罪中的“非法活动”内容也是如此。三是“营利活动”的内容。目前刑法理论中一般对“营利活动”的界定采广义说，即认为凡是能够产生经济利益的活动都是

---

① 王良顺：《论挪用公款罪中的“将公款供其他单位使用”》，载《法学》2010 年第 1 期，第 95 ~ 101 页。

② 王作富主编：《刑法分则实务研究》（第三版），中国方正出版社 2007 年版，第 1775 ~ 1176 页；高铭暄主编：《新编中国刑法学》（下册），中国人民大学出版社 1998 年版，第 977 页；张穹主编：《贪污贿赂渎职“侵权”犯罪案件立案标准精释》，中国检察出版社 2000 年版，第 55 页。

营利活动，包括生产、经营、投资、兴办企业、入股分红、存入银行获取利息等。同时为将非法活动与营利活动区分开，将营利活动界定为合法的营利活动，非法的营利活动算作非法活动范畴。“所谓‘进行营利活动’，一般是指进行合法的营利活动，不包括非法的营利活动。”① 这样一来，凡是挪用资金或公款用于非法的营利活动的，一律按照挪用公款进行非法活动的情形处理。四是“利用职务上的便利”。② 刑法理论界一般认为，“利用职务上的便利”便是利用对财物的主管、经手、管理的权力。通常认为，挪用公款罪中所利用的职务便利是从事公务的便利，而公务显然不包括劳务，劳务人员一般情况下也不能构成挪用公款罪的主体。而尚未达成一致认识的是职务侵占罪、挪用资金罪中的职务是否包括劳务，利用劳务之便是否可以构成该两罪。一种观点持否定说，认为与公务类似，职务侵占罪、挪用资金罪中的职务应当是具有一定级别和在单位中具有固定岗位的工作人员从事的工作，职务侵占罪和挪用资金罪以及挪用公款罪、贪污罪都是白领犯罪，普通劳务人员不能成为这些犯罪的主体。对此，笔者持肯定观点，主要理由是随着社会发展和公司企业等单位内部分工的细化，白领不再是以是否从事主管、管理工作为判断标准，从事简单事务工作的人员同样是单位不可缺少的一分子，同样在单位中履行一定的职责，诸如单位的打字员、送货员、搬运工、接线员等人员利用所从事的工作挪用或侵占单位资金或财产的，与经理、董事长、出纳员等人员利用所从事的工作挪用或侵占单位资金或财产并无本质区别，反而与没有利用

① 周道鸾、张军主编：《刑法罪名精释》（第三版），人民法院出版社2007年版，第528页。

② 刑法分则条文中多处出现“利用职务上的便利”、“利用职务便利”等词，具体包括第163条、第165条、第166条、第171条、第183条、第185条、第271条、第272条、第382条、第384条、第385条、第388条等。不同罪名和条文中的“利用职务上的便利”在内涵上有细微差别，但都是利用工作职责派生的相应权力。

这种职权挪用或侵占单位资金或财产的普通盗窃行为具有本质上的区别。因此，挪用资金罪、职务侵占罪中的利用职务之便应当包括利用劳务之便。同理，利用劳务之便也可以成为挪用特定款物罪中的利用职务之便，只是这种现实可能性很小或只存在理论上的可能，但不能彻底否认这种现象出现的所有可能。

二、自然人挪用犯罪的实行行为——由复合行为向单一行为的转变

实行行为是刑法分则犯罪客观方面构成要件的核心内容。对于挪用资金罪、挪用公款罪、挪用特定款物罪的实行行为是什么的问题，刑法理论上似乎不存在什么争议——三种挪用犯罪的实行行为当然是“挪用”了。而事实上，随着理论研究的不断深入和司法实践的丰富发展，人们对三种挪用犯罪实行行为的内容的认识已然悄悄转变，即由“挪用”复合行为向“挪移”单一行为转变。

（一）实行行为的内涵及判断标准

实行行为主要是大陆法系国家刑法理论中的概念，通常认为实行行为是符合基本构成要件的具体事实行为。“刑法所规定的构成要件性行为虽然都是以抽象性行为来规定的，但作为符合它的构成事实的行为都必须是具体性行为。”① “显然，大陆法系刑法中的实行行为概念，在规范意义的构成要件要素中的行为与作为事实性的行为在逻辑上是分开的，行为事实符合了构成要件，便是具体符合抽象，是实行行为。因此，实行行为又是规范评价后的概念。”②我国刑法理论中的实行行为也主要是从构成要件符合性的角度进行界定的，实行行为通常被界定为刑法分则中具体犯罪构成要件客观

① ［日］大塚仁著：《犯罪论的基本问题》，冯军译，中国政法大学出版社 1993 年版，第 68 页。

② 范德繁著：《犯罪实行行为论》，中国检察出版社 2005 年版，第 39 ~ 44 页。

方面的行为。[①] 近年来也有人从法益侵害的角度对其进行理解，如“实行行为是刑法分则规定的对法益侵害具有现实危险性的行为。从形式上看，实行行为必须为刑法分则规定；从实质上考察，实行行为必须对法益侵害具有现实的危险。而所谓对法益侵害具有现实的危险，包括两层含义：首先，实行行为必须具有侵害法益的危险性；其次，这种侵害法益的危险必须是‘现实的’、‘紧迫的’”。[②] 所以，刑法分则规定和行为对法益具有现实的危险也就成为认定实行行为的标准。对于实行行为的判断标准，西原春夫教授认为，所谓实行行为，本来就意味着构成要件中行为人以动词形式表达的行为。“杀人”、“放火”、“窃取”、“通过欺罔获取财物”、“实施猥亵行为”等就属于实行行为……也就是说，实行行为意味着构成要件的核心行为。[③] 我国有研究者从两方面考察了实行行为的性质，一是“行为性”，与行为一样，实行行为也是由客观方面的两个层次要件组成的，即行为的心素和行为的体素，心素是意思决定和意思活动，体素是身体动静；二是“实行性”，具体含义是：(1) 实行行为是犯罪的实施阶段而非预备阶段；(2) 实行行为是具体犯罪构成客观方面的全部行为；(3) 实行行为是完成某一具体犯罪所必需的全部构成要件行为。[④] 从这些实行行为的内涵界定和判定标准来看，实行行为的性质可以概括为以下几点：一是实行行为必须是刑法分则规定的，绝大多数应当明示，但也可不明示进行逻辑推断。二是实行行为是构成某一具体犯罪所必需的全部构成

---

① 高铭暄、马克昌主编：《刑法学》（上编），中国法制出版社 1999 年版，第 269 页。

② 何荣功：《论实行行为的危险及其判断》，载《法律科学》（《西北政法学院学报》）2007 年第 1 期，第 75 页。

③ ［日］西原春夫著：《犯罪实行行为论》，戴波、江溯译，北京大学出版社 2006 年版，第 2 页。

④ 聂立泽、孙海龙：《论刑法中的实行行为》，载《法商研究》2004 年第 4 期，第 101 页。

要件行为，主要看这种行为在实施完毕后是否在一般情况下都能引起法定危害结果发生或构成犯罪既遂。三是实行行为是一种意思活动客观化的身体动静，归根结底是一种“动作”，主观目的或犯罪动机不是实行行为的内容，即只要有杀人动作及杀人的故意即可。四是实行行为是对法益具有现实和直接侵害性的行为。“所谓对法益的侵害具有现实危险性，是指这种行为已使刑法保护的具体权益面临现实的危险，法益的侵害已经达到了紧迫、定型的程度，在有犯罪对象的场合，这种行为已直接指向犯罪对象，如果不出现行为人意志以外的原因的阻碍或者行为人自动中止犯罪，这种行为将会继续下去，直到完成犯罪达到既遂，在结果犯的场合，将会发生犯罪的结果。”①

（二）复合行为犯与单一行为犯的内涵

实行行为依照不同标准有不同的分类。根据构成要素的单复分为单一实行行为与复合实行行为；根据行为属性的不同分为普通实行行为与拟制实行行为；根据行为的实施主体是本人还是利用他人作为工具实施分为直接实行行为与间接实行行为；根据行为主体的单复可分为单独的实行行为与共同的实行行为；根据行为表现方式的不同可分为作为的实行行为和不作为的实行行为；根据主观罪过形式的不同可分为故意的实行行为与过失的实行行为；等等。其中最为重要也最为常见的是单一实行行为与复合实行行为的分类，自然人挪用犯罪的实行行为问题也主要涉及这一分类。

复合实行行为又称复行为犯、复合行为犯，我国台湾地区称之为“双行为犯”，通常是指“在一个独立构成要件中兼含两个行为

---

① 何荣功：《论实行行为的概念构造与机能》，载《当代法学》2008年第2期，第37页。

之犯罪”。[①] 德国称之为“多行为犯”，“是多个行为结合而成”。[②] 近年来我国学者对复行为犯的研究成果认为，“复行为犯是指由两个或者多个行为相结合而形成的规范的实行行为所构成的犯罪”。[③] 抑或“复合实行行为是指刑法分则规定某种具体犯罪的实行行为是由复合行为要素组成的情形”，[④] 并通常认为抢劫罪、诬告陷害罪、强奸罪等是典型的复行为犯或复合行为犯。而相应的，单一实行行为便是刑法分则规定某种犯罪是由单一要素构成的实行行为，典型犯罪如故意杀人罪、盗窃罪、诈骗罪等。复合实行行为与单一实行行为的区分，有助于科学认定犯罪的客观方面要件和主观罪过形式，准确定位犯罪停止形态及共犯形态，因此历来受到刑法理论界的重视。

（三）自然人挪用犯罪实行行为要素和类型认识的转变

关于挪用资金罪、挪用公款罪、挪用特定款物罪的实行行为内容，我国刑法理论界很少进行专门研究和作出明确回答，主要是在认识和解决“挪而未用”的既、未遂形态问题上才有所涉及。概括来看，在对这一问题的回答上形成了早期的复合行为说与近期的单一行为说两种对立观点。早期复合行为说立足于当时的立法背景与司法现实，鉴于挪而使用的情形是自然人挪用犯罪的常态，因而主张挪用行为是挪用资金罪、挪用公款罪的实行行为，挪与用都是此类犯罪实行行为的要素，因此此类犯罪是复合犯，“挪而未用”的不构成犯罪。该派学者认为，“挪用”即“挪＋用”。“挪”的

---

① 林山田著：《刑法通论》，三民书局1986年版，第108页。

② ［德］汉斯·海因里希·耶赛克、托马斯·魏根特著：《德国刑法教科书》（总论），徐久生译，中国法制出版社2001年版，第324页。

③ 许光：《复行为犯的实行行为研究》，载《河海大学学报》（哲学社会科学版）2009年第1期，第56页。

④ 何荣功：《实行行为的分类与解释论纲》，载《云南大学学报》（法学版）2007年第3期，第51页。

意思是移动，“用”的意思是使用。由此可见，只有既挪又用公款的行为，才能叫作挪用公款，只挪未用，不构成本罪。① 与此结论不同，还有一种观点虽然也认为挪与用不可或缺，但结论是挪而未用是犯罪未遂。该观点认为判断挪用公款罪既遂的标准，应当看行为人取得公款使用权后，其挪用行为是否具备刑法分则所规定的构成要件，即“用”的要件，否则就是未遂。② 而随着司法实践的发展和理论研究的深入，“挪而未用”、“挪而不用”等现象在司法实践中大量出现，为在现有立法资源下有效规制这种现象，刑法理论界和司法实务界开始从目的解释向客观解释立场转变，从法益侵害的角度进行实质解释。这种在“挪而未用”既未遂形态问题上的立场转变，无疑也从侧面确立了挪用资金罪、挪用公款罪甚至包括挪用特定款物罪的单一实行行为类型和“挪”的实行行为内容。从诸多观点来看，学者们主要围绕挪用公款罪中“挪而未用”的问题进行讨论，但这并不妨碍我们由此也可推演出挪用资金罪甚至挪用特定款物罪的单一犯性质。对这一问题，近年来学者们主要形成三种观点。第一种观点——“挪与用整体说”认为，“挪用”是一行为整体，不可分割评价，“挪”与“用”相辅相成，没有“挪”就不存在“用”，“挪”就是为了“用”，“用”寓于“挪”之中……因此挪而未用同样具备实质的法益侵害，具备了犯罪行为的本质，应该构成犯罪，不能让其游离于刑法之外。③ 第二种观点——挪用主从关系说认为，从“挪”和“用”的关系看，“挪”是“用”的

---

① 杨涛:《查处挪用公款犯罪中几个问题的思考》，载《河南政法干部学院学报》2001 年第 6 期，第 96 页。转引自贺海港:《“挪而未用”之定性研究》，载《法学杂志》2009 年第 1 期，第 133 页。

② 王振勇:《办理挪用公款应注意的问题》，载《刑事司法指南》2000 年第 2 期。转引自贺海港:《“挪而未用”之定性研究》，载《法学杂志》2009 年第 1 期，第 133 页；武小凤:《挪用公款罪的未遂与预备形态新探》，载《人民检察》2005 年第 12 期（上），第 50 ~ 51 页。

③ 于宏著:《挪用犯罪论》，中国检察出版社 2005 年版，第 151 页。

前提和基础，“用”是“挪”的目的和追求；从行为的关系看，“挪”是主行为，“用”是从行为。“挪”是刑法对该罪打击的根本所在……所以行为人以个人使用为目的将公款挪出后，即使没有实际使用，也不影响挪用公款罪既遂的成立。[①] 第三种观点——“用”的主观要素说认为，“用”是主观要素，只要有挪的行为即可。赵秉志教授认为将挪用公款罪的客观行为理解为复合行为是不正确的，公款被“挪”和“用”，只是对一般情况下挪用公款的事实描述，而不是对本罪犯罪构成要件的提示……实际上，只有将公款“挪”出的行为才是挪用公款罪的实行行为，“用”公款只是对被“挪”公款的进一步处理行为，“用”本身不是对刑法保护的法益的侵害，在“挪而未用”的案件中，只要挪用公款罪的要件成立，公款实际上没有被使用的事实，不影响公款使用权被侵犯的结果，所以也不影响犯罪既遂的成立。[②] 目前此种观点逐渐成为理论界的通说，近年来对这一问题的研究成果基本都采用这种观点，并得到司法实务部门的支持。在之前自然人挪用犯罪主观方面的讨论中，笔者已然表明自己的态度，即“用”应当是主观要素内容，非法使用应当是挪用资金罪、挪用公款罪以及挪用特定款物罪的犯罪目的。既然是犯罪目的，就是超过客观行为要素内容的主观要素，因此不必有真实、具体的客观行为与之对应，不必有资金、公款或特定款物的客观使用。所以只有“挪”才是客观实行行为的内容，挪用资金罪、挪用公款罪、挪用特定款物罪也都是单一犯，而不是复合犯，挪而未用、挪而不用的也应当是犯罪既遂，同时犯罪目的的实现与否也不应当成为犯罪既、未遂形态的判断标准。此外，“用”的要素并不全部符合实行行为的基本性质，主要是实行

---

① 卢东林、范志勇：《挪而未用是否构成挪用公款罪》，载《人民检察》2000 年第 1 期，第 44 页。

② 赵秉志主编：《刑法分则问题专论》，法律出版社 2004 年版，第 653 页。

性质。依照前面实行行为的判断标准来看，“用”的行为不必实施，只要有“挪”的行为便能引起法定危害结果，对法益造成现实、直接的侵害，而复合实行行为要求两个行为要素都要实施才能引起法定危害结果或构成犯罪既遂。同时，挪用特定款物罪中的“用”也可以是一种主观要素，将特定款物挪出的行为已经违反了国家财经制度，侵害了国家专款专用物资的所有权，所以以非法使用为目的挪移特定款物，致使国家和人民利益遭受重大损失的，虽未使用或未来得及使用依然成立挪用特定款物罪的既遂。

综上，立足客观解释立场，自然人挪用犯罪的实行行为只能是单一行为，即“挪”或“挪移”。自然人挪用犯罪也只能是单一犯而不是复合犯，“挪而未用”、“挪而不用”也成立犯罪既遂而不是犯罪未遂。

三、自然人挪用犯罪的“使用”内容

从刑法理论研究的众多成果来看，对“归个人使用”的认识主要集中在“归个人使用”中的“个人”，即归单位使用能否扩大解释为“归个人使用”的问题，而对使用的形式和内容较少有人关注，通常认为“使用”就是按照货币的本来属性加以利用，也就是将资金或公款“花”了。同样，在挪用特定款物罪中也有这样的问题，一般将“用”理解为公用，而对“用”的形式和内容一般理解为将特定款物“消费”了。目前，还有一种观点甚至主张不将“归个人使用”作为挪用资金罪、挪用公款罪的客观要件内容，从而使该种观点明显具有将“使用资金或公款”解释为“占有资金或公款”的倾向。这无异于取消了“归个人使用”要件，只要挪作占有即构成犯罪，至于使用人是谁和如何使用都不是这两类犯罪所要考虑的问题。笔者认为，这一观点是从挪用犯罪的行为本质和社会危害的实质角度出发，将使用界定为主观要件，挪移作为客观行为，显然有很大的合理性，但不得不承认无论是挪用资金罪、挪用公款罪还是挪用特定款物罪都是“公物私用”，不论

是出于个人利益还是本单位的集体利益。因此，“归个人使用”要件就显得尤为必要，如国有单位的负责人将用于公司运营的公款挪用给单位职工发节日奖金，又如公司企业的负责人将发给甲公司的货款挪给乙公司，公司企业负责人将公司企业固定备用金借贷给其他单位使用为单位谋利的，又如将国有公司的公款以签订协议等方式借给私营公司、企业或者个人使用，双方约定收取的利息归国有单位所有的，等等。出于单位利益或为集体谋取利益的挪用行为显然不能构成犯罪，① 最多只能算违反公司、企业或其他单位内部规章制度或违反国有单位财经纪律的行为。从广义角度看，挪用特定款物公用的也属于“公物”私用的情形，不同的是这里的“个人”不是单个人而是一类人的集合——“单位”或“小团体”。所以，“公物”私用才是挪用犯罪的行为本质，② “归个人使用”要件或类似内涵要求不可或缺。对于“使用”的方式和内容，学界较少研究，有学者指出，根据公款使用的实际情况，“归个人使用”可以分为两种不同的形式：其一，直接使用公款，即挪用人将挪移的公款按照货币的本来属性加以利用以谋取个人利益，如将公款用于支付、结算、投资、赌博等。直接使用公款符合“归个人使用”的通常含义，是“归个人使用”的常见形式。其二，间接使用公款，即挪用人将挪移的公款交给其他人直接使用，并借此谋取诸如经济利益，升职、升学机会等各种个人利益。③ 显然这种分类是从使用人是挪用人本人还是挪用人以外的其他人角度对使用方式的划分，而对“直接使用”并没有深入展开，对什么是利用货币的本来属性并没有进一步解释。

---

① 这里不包括挪用特定款物罪中挪用特定款物归本单位公用的情况。

② 这里的“公物”不是“国家的物”而是“公共的”或者“集体的”，又或者是“他人的”。

③ 王良顺：《论挪用公款罪中的“将公款供其他单位使用”》，载《法学》2010 年第 1 期，第 96 页。

对于这一问题的解答，首先涉及“归个人使用”要件的存废之争。肯定说认为，“归个人使用”是刑法明文规定构成挪用公款罪必不可少的一个客观要件。[①] 废除说从挪用行为的危害性本质出发，认为“归个人使用”不是挪用公款罪的必备要件，只要有“挪”的行为即可。因为被挪用公款的去向或用途不同，仅仅反映了行为人的动机不同，而动机如何，即不论挪用公款归谁使用，作何使用，均不应影响挪用公款罪的成立。其次，实践中有的行为人挪用公款后既没有谋取私利，也没有“以个人名义”将公款供企事业单位、机关、团体使用，对这种行为一概不罚，不利于惩治犯罪。[②] 废除说近年来逐渐成为很有影响力的观点。对此，笔者认为废除说只是对“归个人使用”客观要件的反对，挪用公款罪的认定不必考虑公款是否被真正使用和被谁使用。“挪用公款罪中的‘挪’的目的是‘用’，而非法取得公款的使用权就必须‘挪’，因此‘挪’和‘用’是构成挪用公款罪密不可分的组成部分，而不必单独甚至过分强调所挪的公款归谁用，作什么用。”[③] 因此，大部分肯定说的主张是值得肯定的，但同时还要反对另一种倾向，即将“使用”排除于主观意图之外，行为人只要有“挪”的意图并实施了“挪”的行为便已然构成犯罪，也就是有“挪占”的意图和行为便构成犯罪。对此，笔者认为，“使用”的意图在主观要件中必不可少，也即“非法使用目的”是挪用公款罪、挪用资金罪以及挪用特定款物罪必不可少的主观目的。理由在于：一是只有具有使用目的才包含日后归还的意图内容，而日后归还显然不是

---

① 游伟、徐虹:《挪用公款“归个人使用”研究》，载《法学》2000 年第 12 期，第 21 页。

② 孙谦主编:《国家工作人员职务犯罪研究》，法律出版社 1998 年版，第 135 页。此外主张废除说的还有周宜俊:《“归个人使用”及其具体用途在挪用公款罪中的定位》，载《中国刑事法杂志》2003 年第 2 期，第 45 页。

③ 缪树权:《如何理解挪用公款罪中的“归个人使用”》，载《检察实践》2004 年第 5 期，第 25 页。

“占有”所包含的内容。二是“占有”状态下的目的不是终极目的，只能是直接目的或过渡目的，行为人将财物挪移的，或者是为了非法所有，或者是为了非法使用，单纯将财物占有的目的在现实中不存在。三是从社会危害性角度看，挪用行为的社会危害性小于以非法所有目的支配的挪占行为，却高于将财物单纯占有并不使用的挪移行为，因为这种行为并不最终和真实损害被害人的财产所有权，因此社会危害性很小，无需动用刑法进行规制。因此，对上述主张只要挪移了公款，不论如何使用都构成犯罪的观点是不能成立的。

其次，我们来看一下三种挪用犯罪中“使用”的应然含义。应当说，挪用犯罪中的“使用”意图在含义上应当是广泛的。所谓使用，是指“使人员、器物、资金等为某种目的服务”。[①] 而通说认为，所谓“归个人使用”，最本质的特征就是使公款进入流通领域，从而使使用人借以谋取私利。[②] 因此，进入流通领域，利用货币自身的属性发挥其货币功能就可认定为对货币的“使用”，即依照公款、资金和特定款物的性质进行利用的行为。经济学中的货币，狭义地讲，是用作交换商品的标准物品；广义地讲，是用作交换媒介、价值尺度、支付手段、价值储藏的物品。具体地讲，货币具有交换媒介、价值标准、延期支付标准、价值储藏、世界货币等职能。在司法实践中，资金或公款的挪用主要旨在发挥货币的支付功能、交换功能，如购买特定商品或接受服务等，其他功能较少体现。有研究者干脆认为“公款”在流动中的动态交换才是挪用公款罪中的“使用”，并由此将挪用公款中的“使用”分为价值交换方面的使用和符号交换方面的使用两种形式。其中，价值交换分为

---

① 中国社会科学院语言研究所词典编辑室编：《现代汉语词典》，商务印书馆 1998 年版，第 1149 页。

② 王作富主编：《刑法分则实务研究》（第三版），中国方正出版社 2007 年版，第 1775 页。

营利性价值交换——通过挪用公款以获取经济上的利益；非营利性价值交换——公款挪用者对“公款”的使用并非都出于收益的考虑，有时是为了满足自己或他人的生活需要、享乐需要、挥霍需要等私利而换得相应的利益；非法价值交换——以“公款”价值换取其他利益的活动属于非法活动，或者换得的利益属于非法利益。“符号”交换方面的使用，是指在不改变其表征价值性质的情况下，只就代表价值的符号进行交换，如将人民币换算成美元，将零钱换成整钱等。① 笔者认为这一分类是有积极意义的，是首次对挪用公款罪中“使用”含义和分类的阐述，开启了对这一问题研究的先河。借鉴这种思想，笔者认为公款、资金以及非特定款物的挪用无非都是要从中获取某种利益，或经济利益或非经济利益，或物质利益或精神利益，所以公款、资金以及特定款物必然用于某种用途，而不论这种用途是经济用途还是非经济用途。因此，三种挪用犯罪中的“使用”内容可分为两种形式：一是将公款、资金或特定款物变现、交换、支付等发挥其支付、交换功能的情形；二是保留公款、资金或特定款物本身，发挥其他功能的情形，包括为展示自己富有将资金或公款挪来显示的，或者就只是为了存储而挪移公款或资金的。前者称为变现使用方式，后者称为保留使用方式。

---

① 鲍刚：《论挪用公款罪中的使用问题》，载《学术交流》2008 年第 11 期，第 81 页。

四、民事时效原理在挪用资金（公款）罪三个月期间认定中的应用与实践①

（一）问题的提出

在我国刑法分则的四百多个罪名中，挪用资金罪和挪用公款罪具有特殊的犯罪结构和入罪条件，尤其以时间长短作为犯罪成立与否的尺度，显然是立法者对该两罪的“情有独钟”。从刑法分则第272条、第380条的规定看，立法者创制了三种挪用资金（公款）罪的入罪情形：一是挪用资金（公款）归个人使用，进行非法活动的；二是挪用资金（公款）归个人使用，数额较大，进行营利活动的；三是挪用资金（公款）归个人使用，数额较大、超过三个月未还的。学者一般将其称为非法活动型、营利活动型和超过未还型。立法者选择将行为人违法犯罪行为对象的用途作为标准，创

---

① 该问题的思考源于一起真实的案例。贾某系北京市某旅行社有限公司出纳。2006年11月21日至12月4日，贾某先后挪用公司旅行团费、酒店房费、银行支票、备用金共计30万元。2006年12月26日，贾某至公安机关投案，供称其挪用公司资金7万元，并于2006年12月27日被公安机关刑事拘留，2007年1月5日被取保候审。在取保候审期间，受害单位经清查，又发现贾某挪用公司款项23万元，随即报案。后公安机关依法向检察机关提请逮捕贾某，检察机关于2007年12月29日以涉嫌挪用资金罪批准逮捕。贾某在侦查和审查起诉阶段，一直供述其所挪款项用于归还丈夫赌债和进行赌博，司法机关经过调查没有查获其他证据予以证实。后检察机关经审查发现，此时距贾某挪用资金之日已经超过三个月且未还，于是适用刑法第272条“挪用本单位资金用于个人使用，数额较大、超过三个月未还”的规定移送起诉，法院经审理后支持了检察机关的意见。见拙文：《超过未还型挪用资金（公款）罪三个月的时限探讨》，载《中国检察官》2010年第5期，第20~23页。对该案的分析意见另参见郑思科、谢财能：《挪用资金超过三个月未还的认定》，载《人民司法·案例》2009年第12期，第52~54页；肖中华等：《挪用单位资金自首后满三个月未还的行为如何处理》，载《人民检察》2010年第14期，第40~44页。

制三种入罪情形，这在刑法分则条文中是不多见的。此外，以违法行为超过一定期限为由，并通过刑法规范的方式设定犯罪情形显然更是众多刑法罪名中的唯一。行为人不仅要实施挪用的违法行为，还必须将被挪用单位财产不法侵害的状态保持超过三个月，才能构成犯罪。与该罪相比，非法拘禁罪也必须持续一定的时间才能成立犯罪，所不同的是前者的期限是由刑法条文明确规定，后者则源于司法实践中的经验总结。① 二者不同之处还在于，超过未还型挪用资金（公款）罪虽然也要求不法侵害状态的持续期间，但并不是继续犯，因为其并不是实行行为与不法状态同时继续，而是因为挪用的实行行为在行为之时已经完成，所以仅仅是不法状态的继续。但即便这唯一的共性特征，也使得二者在期限认定和计算上存在共通之处。

刑法规范、司法解释和其他司法性文件对超过未还型挪用资金（公款）罪三个月期限的认定未作出明确和细致的规定，理论界也较少深入研究，司法机关仍主要坚持旧有的规定和适用不容改变的期限计算方法，从而使得司法机关在此类案件办理上出现了一些偏差，违背了现实合理性和刑事司法规律，损害了犯罪嫌疑人的正当利益。目前有关这一问题的规定，只有 1989 年印发的《最高人民法院、最高人民检察院关于执行〈关于惩治贪污罪贿赂罪的补充规定〉若干问题的解答》（以下简称《解答》）和 1998 年 4 月 6 日通过的《最高人民法院关于审理挪用公款案件具体应用法律若干问题的解释》（以下简称《解释》）。《解答》明确了未还的含义，即“未还”是指案发前（被司法机关、主管部门或者有关单位发现前）未还，从中可以判定“案发时”成为挪用公款超过三个月

① 刑法第 238 条第 1 款规定：“非法拘禁他人或者以其他方法非法剥夺他人人身自由的，处三年以下有期徒刑、拘役、管制或者剥夺政治权利。具有殴打、侮辱情节的，从重处罚。”司法实践中一般将非法拘禁 8 小时作为非法拘禁罪成立的期间条件。

的最后截止时间。而《解释》第2条第1项也只是规定了挪用正在生息或者需要支付利息的公款归个人使用，数额较大，超过三个月但在案发前全部归还本金的，可以从轻处罚或免除处罚的量刑酌定。而综观我国刑法理论界对于“超过三个月未还”的研究，仍然主要停留在超过三个月未还但在案发时已还是否能够成立犯罪的问题上。[①] 三个月期限的规定和研究现状显然远远不能解决目前司法实践中出现的新问题，如三个月期限有没有截止期限；旧规范中的“案发时”是否具有合理性；三个月期间是否在任何情况下都从挪用之日起一直连续计算，是否会因特定因素的介入或特定原因的出现无法或不宜连续计算呢？为增加讨论的针对性和形象性，笔者设定以下五个案例作为本书研究的素材。这五个案例中的行为人的身份都是公司财务人员；公司性质不限，既可为国有公司也可为非国有公司；挪用资金或公款为五万元。

案例一：甲挪用单位资金（公款）后，在三个月期限内甲因交通事故丧失记忆，不知挪用单位资金或公款，也不知归还。

案例二：乙挪用单位资金（公款）后，在三个月期限内被害单位与挪用人约定，挪用人在四个月内还清被挪款项即可。

案例三：丙挪用单位资金（公款）后，在三个月内被害单位发现并报案，侦查机关以挪用单位资金（公款）用于非法活动立案侦查，检察机关以非法活动型挪用资金罪审查起诉，经审查用于非法活动证据不足，此时发现丙挪用单位资金已经超过三个月，检察机关能否以超过未还型挪用资金（公款）罪提起公诉？

案例四：丁挪用单位资金（公款）后，在三个月内因曾犯他罪被立案侦查，在审查起诉阶段发现丁挪用单位资金已经超过三个

---

① 笔者在查阅资料时发现，在理解“超过三个月未还”时相当多的研究成果都围绕在“超过三个月未还但在案发时已还能够成立犯罪”的问题上，而且所引资料基本相同，结论全部相同。笔者认为，这一问题显然已经没有再讨论的意义。

月，能否直接以数罪提起公诉?

案例五：戊挪用单位资金（公款）后，在三个月内被害人承诺其不用再归还所挪资金或公款，能否彻底阻断三个月期限的计算?

笔者认为，要回答这些问题，必须引入民事时效制度原理，运用时效中止和终止理论进行研究。

（二）民事时效制度概论及引入该制度原理的必要性和可行性

时效制度又称期间制度。时效，是指一定的事实状态持续达到一定期间而发生一定法律效果的法律事实。时效由三个要素构成：一是一定的事实状态存在，即对财产的占有或不行使权利的客观情况；二是一定的时间，即该事实状态不间断地持续进行达到一定期间，此期间就是通常所讲的时效期间；三是一定的法律后果，即引起法律关系中主体间权利义务关系发生变化的事实，当事人或取得权利或丧失权利，或其权利不再受法律保护。时效最初是罗马私法上形成的一项制度，随后在公法领域得到应用。民事时效制度包括取得时效和诉讼时效，我国民事时效制度只指诉讼时效。诉讼时效，又称消灭时效，是指权利人在法定期间内不行使权利即丧失请求法院依诉讼程序强制义务人履行义务的权利的法律制度。[①] 其中，诉讼时效期间是诉讼时效制度的重要内容。具体包括，诉讼时效期间的起算时间、诉讼时效期间的中止、诉讼时效期间的中断、诉讼时效期间的延长。我国《民法通则》第 137 条、第 139 条、第 140 条规定了诉讼时效期间的起算时间、期间延长以及中止、中

① 马俊驹、余延满著：《民法原论》，法律出版社 2005 年版，第 246 页。

断的情形。① 诉讼时效制度的设立和运行对于督促当事人及时主张权利、避免证据灭失、维护社会经济秩序的稳定及交易安全发挥了重要作用。

在刑法中立法者虽然只规定了追诉时效制度，但超过未还型挪用资金（公款）罪特殊的入罪构成和要件，决定了引入和借鉴时效制度中某些内容对于准确认定三个月期间的必要性和重要作用。在刑法分则四百多个罪名中，只有挪用资金（公款）罪规定挪用后时间持续后不予归还的构成犯罪。因此，对于该期间的认定和计算成为挪用资金（公款）罪特有的内容。通说理论显然并没有注意到这一问题，而司法实践中这一问题也长期被“搁置”。长期以来，人们普遍认为从挪用之日起三个月期限是客观发展的，也就是从挪用之日起的三个月，不存在任何停止或者除挪用人归还挪用款之外的终止情形。但司法实践的丰富发展，始终为刑事法律的应用研究提出新的课题。司法实践中因特定因素的介入，影响到了三个月期间的计算，如仍然坚持客观连续的观点，显然不符合社会现实的合理性和规律，必然极大损害挪用人的实体权利，有损刑事司法的公平正义目标。于是，引入时效制度中的起止时间、期间中止理论和终止理论会有助于我们更准确、更科学地认定和研究挪用资金（公款）罪三个月期间。

具体而言，其必要性在于：(1) 符合社会现实合理性的需要。我们知道社会现实是复杂多变的，并不会完全按照人们预定的路线前进。正是发现了社会现实的这一特点，立法者才创制和发明了时

---

① 《民法通则》第 137 条规定，诉讼时效期间的开始一般从受害人知道或者应当知道权利被侵害时期计算；第 139 条规定诉讼期间的中止，即在诉讼时效期间的最后 6 个月内，因不可抗力或者其他障碍不能行使请求权的，诉讼时效中止。从中止时效的原因消除之日起，诉讼时效期间继续计算。第 140 条规定，诉讼时效因提起诉讼、当事人一方提出要求或者同意履行义务而中断。从中断时起，诉讼时效期间重新计算。

效制度。虽然在刑法总则中只规定了追诉时效制度，但这并不能否定这一制度其他内容在刑法中的应用。司法实践告诉我们，以时间长短为入罪标准的超过未还型挪用资金（公款）罪必须引入时效制度的相关内容，才能应对挪用后三个月内复杂多变的客观事实，如果仍然连续计算，显然违背人们心中最一般的合理性。诸如案例一中挪用人在三个月内丧失记忆或者挪用人被长期非法拘禁等挪用人主观不知或客观不能还款的情形，应当予以考虑。（2）保护犯罪嫌疑人合法权益的需要。传统观点认为三个月期间连续计算，没有考虑到挪用后社会现实的复杂多变，从而也就不能有效保护因特定因素介入而不能还款义务人的合法权益。（3）符合罪责刑相适应原则。刑事责任的追究是建立在一定的罪行基础之上的，有罪才有罚，刑罚与刑事责任和罪行相适应。挪用资金（公款）罪的挪用人在挪用后因特定因素的介入，或者主观不知，或者客观不能，使其对被挪用资金侵害的状态无法持续，从而必然影响到挪用人的责任追究和刑罚适用。（4）符合司法谦抑精神。司法谦抑性要求司法机关应当在充分遵循罪刑法定原则、罪责刑相适应原则和人人平等原则的前提下，去适度克减不必要的犯罪认定或抑制不必要的重刑主义倾向。引入时效制度显然有助于司法谦抑性精神的发挥。

其可行性在于，时效制度虽然主要是民法、行政法中用来保护权利人或行政相对人的诉讼权利，与超过未还型挪用资金（公款）罪中期间的性质和功能不同，但是二者都事关时间的认定和计算，事关当事人权利和合法利益的保护，都是基于特定因素的考虑，在对象和目标上是一致的，因此二者有极大的互通性，这为在挪用资金（公款）罪中引入时效制度进行讨论和研究提供了基础和前提。

（三）挪用资金（公款）罪三个月期间的起始时间和截止时间

挪用资金（公款）罪三个月期间的起始时间是自挪用之日起。在民法中诉讼时效期间有起始时间的规定，《民法通则》第 137 条规定，诉讼时效期间从受害人知道或者应当知道权利被侵害时起计算。起始时间为期间的计算设定了前置点。超过未还型挪用资金（公款）罪三个月期间的起始之日应为挪用行为实施完毕之日，也就是挪的行为实施完毕，而不是行为实施之日。原因在于只有挪的行为实施完毕，将资金或公款归个人使用，才能存在归还被挪资金或公款的可能。对于挪用行为并未实施完毕的，因不存在这种归还的可能性，所以不能开始三个月期间的计算。

挪用资金（公款）罪三个月期间的截止时间应为挪用人被采取强制措施之日。在民事诉讼时效制度中没有截止时间的规定，只要权利人从知道或者应当知道权利被侵害之日起两年内不主张权利便丧失胜诉权，也即民事诉讼时效期间为从知道或者应当知道权利被侵害之日起的两年。笔者认为，民事诉讼时效制度中之所以没有规定截止时间可能是基于这一制度是为了督促权利人主张权利。法院坚持不告不理的民事原则，也就是说没有权利人主张权利，权利人的权利与义务人的义务便不会进入诉讼阶段。区别于这一制度，在刑事司法中，惩治犯罪和惩治犯罪人是司法机关的法律职责，司法机关具有介入犯罪活动的"主动性"和"积极性"，与此同时，如案例二和案例三，超过未还型挪用资金（公款）罪三个月的期间可能会扩展到司法机关介入之后，因此该罪三个月的期间必须有截止时间。

对于截止时间的确定，主要有四种观点。一是"案发时"论，认为超过三个月未还的截止期限根据习惯认识，应为案发时间，至案发时止。其司法依据在于1989年印发的《最高人民法院、最高人民检察院关于执行〈关于惩治贪污罪贿赂罪的补充规定〉若干问题的解答》。该解答指出，挪用公款归个人使用，数额较大，超过三个月未还的，构成挪用公款罪。"未还"是指案发前（被司法机关、主管部门或者有关单位发现前）未还。从中可以判定"案发时"成为挪用公款超过三个月的最后截止时间，案发后即被司法机关、主管部门或有关单位发现才超过三个月未还的不属于超过三个月未还的应有之义，案发后挪用的时间也不再计入三个月内。这从该解答中的其他规定也可以看出，该解答指出“如果挪用公款数额较大，超过三个月后在案发前已全部归还本息的，可不认为是犯罪，由主管部门按政纪处理；挪用公款在五万元以上，超过三个月后，虽在案发前已全部归还本息，只要属于依法应予追诉的，仍应按挪用公款罪追究刑事责任，可以视不同情况，从轻或者减轻处罚”。二是“实际归还之日”论，认为“超过三个月未还”的时间后限就是挪用资金或公款行为的终止点，而该终止点就是行为人将其挪用的资金归还的时间，因此只要在行为人归还之前，挪用数额较大的资金经过的时间超过了三个月，都应当定罪处罚，而不论司法机关是否介入。[①] 三是“立案日”论，认为超过三个月未还的截止期限应为案发时间无疑，但案发时间应为司法机关正式立案的时间，而不是发现时间。四是“强制措施之日”论，认为截止时间应为司法机关采取强制措施之日。

对以上意见笔者都不完全赞同。理由是：一是将“案发时”作为截止期限具有一定的合理性，但需要改造。将“案发时”作为截止期限，符合刑事诉讼的一般规律，司法机关是对已然之罪事实的调查和定罪量刑，未然之罪事实不应进入司法阶段。如果以实际归还之日为截止期限，三个月期限可能会计算到司法机关介入之后，公安机关、检察机关、审判机关在司法活动中对未成立或未形成的案件事实和事件进行审查判断，显然明显违背刑事诉讼的一般规律和刑事诉讼法关于犯罪案件的立案、逮捕和起诉条件。“案发时未还”虽然可以避免这一问题，但随着司法实践的发展和人们认识的不断提高，对“案发时”的传统界定已不符合司法实践的需要，必须加以改造，或者重新界定。传统意义上将“案发时”界定为“司法机关、主管部门或有关单位发现时”，在司法实践中

---

① 郑思科、谢财能：《挪用资金超过三个月未还的认定》，载《人民司法·案例》2009年第12期，第53页。

“发现”从来不具有终止犯罪危害和恢复被侵害秩序的功能，“案发”只是发现案件事实，并不具有其他法律意义。例如，挪用资金或公款数额较大、超过一个月未还的，此时单位发现本单位资金被挪用，挪用人一直未还直至三个月被公安机关立案侦查，如果此种情形只因单位发现便认为犯罪危害停止、挪用资金或公款的危害状态消除，不再追究刑事责任，显然是违反刑事犯罪惩治的规律和原则的。所以，近年来理论界和司法实务部门对于将“案发时”作为截止期限广为诟病，一致认为必须进行改造。二是“立案之日”观点有不足之处。对于将司法机关立案之日作为截止时间的观点，因解决了涉嫌犯罪的事实必须发生在刑事司法机关立案之前的问题，且立案具有追究犯罪人刑事责任的刑事司法活动启动功能，因此具有一定的合理性。但与绝大多数犯罪案件不同的是，超过未还型挪用资金或挪用公款罪是挪用状态的持续，是对单位资金或公款长时间连续地侵害，司法机关的立案调查并不一定能终止犯罪的侵害和不法状态的持续。例如，挪用资金超过三个月未还，在犯罪嫌疑人未抓获到案的情况下司法机关立案调查，此时因犯罪嫌疑人未被抓获到案，犯罪嫌疑人对原单位资金或公款的使用并未停止，对原单位财产权益侵害的状态依然存在，并不因司法机关立案而自然终止。同样是以时间长短作为入罪标准的非法拘禁罪，假如公安机关接到被害人家属举报被害人被犯罪嫌疑人拘禁，公安机关立案调查，经过两天时间才将被害人救出，犯罪嫌疑人被抓获归案，因为公安机关立案调查并未使非法拘禁行为停止和被害人被拘禁的状态终止，直到将犯罪嫌疑人抓获归案才彻底终结非法拘禁的持续状态，所以在立案后到抓获犯罪嫌疑人前的时间自然应当计算在非法拘禁的时间维度内。三是“强制措施之日”观点同样有无法克服的矛盾。强制措施依照刑事诉讼法的规定，包括拘传、拘留、取保候审、监视居住、逮捕等对人身自由的限制，因此对挪用人或借用人采取人身自由的限制，并不能完全终结挪用资金或挪用公款行为对所有权人财产权益的侵害状态，也就不能作为计算三个月期限的截止时间。四是"实际归还之日"观点虽然加大了惩罚力度，但严重违反了刑事诉讼的基本规律和犯罪认定规律。若以实际归还之日作为三个月期间的截止时间，则只要未及时归还，就会出现这种情况，即挪用行为在立案时并未超过三个月，在审查起诉或审判期间必然超过三个月，所以公安机关移送审查起诉、检察机关移送起诉、法院进行审判；或者以非法活动型或营利活动型挪用资金罪或挪用公款罪移送审查起诉，但经审查起诉发现用于非法活动或营利活动的证据不足，此时发现从挪用之日起已然超过三个月，如果坚持实际归还之日观点，那么就会出现直接以超过未还型挪用资金罪、挪用公款罪起诉，而不是将案件撤回或作出不起诉决定。这种结论显然是难以成立和值得商榷的。

经过分析，并结合司法实践经验，笔者认为以侦查机关侦查期限届满之日作为截止时间更为合适，主要依据在于侦查阶段的诉讼阶段意义和作用。[①] 在刑事诉讼过程中，侦查活动期间是犯罪案件的调查期间，是对证据的查证、对犯罪嫌疑人的抓捕期间，因此犯罪事实是有可能变化的。在这一阶段，一种是犯罪事实不会发生变化的情形，如甲把乙杀死，公安机关立案调查这一事实；另一种是犯罪事实在侦查机关立案后仍会向前推进和发生变化的情形，如甲把乙杀死，在公安机关立案后又将丙、丁杀死，对于甲将乙、丙、丁杀死的事实公安机关在调查清楚后一并移送审查起诉而不是分别移送审查起诉。正是侦查阶段的这种不确定性、调查性阶段特征决定了挪用资金罪、挪用公款罪中三个月期限是可以在这一阶段连续计算的。例如，挪用人将资金挪用两个半月后单位报案，公安机关立案侦查，在侦查期限届满前超过三个月，挪用人仍然未归还所挪

---

① 笔者对这一问题的观点有所转变，之前主张以采取强制措施之日作为三个月的截止时间，后与导师田宏杰教授讨论后，认识到其不足之处，经思考认为以侦查期限届满之日作为标准似乎更为妥当。见拙文：《超过未还型挪用资金（公款）罪三个月的时限探讨》，载《中国检察官》2010 年第 5 期，第 21 页。

用的资金，此时应以超过三个月未还对挪用人移送审查起诉。在侦查阶段推进的事实仍然是犯罪事实的组成部分，侦查机关经过侦查作出的移送审查起诉意见书或撤案决定书既是对立案之前案件事实的调查总结又是对立案后继续推进事实的调查总结。因此，移送审查起诉和撤案决定都是对案件的最终结论，检察机关的审查起诉只能是对现有事实或既有事实的审查，而不能再对继续推进的事实审查。审查起诉阶段也不是调查阶段，在这一阶段发生的新的犯罪事实或继续推进的事实只能重新立案，不能补充进来一并移送起诉。所以，对挪用资金或挪用公款的立案并不能也不应阻断三个月期限的计算，在侦查阶段的挪用未还时间仍可以计算到三个月期限当中去，侦查机关侦查时限期满之日才是三个月的最后截止计算时间。

（四）挪用资金（公款）罪三个月期间的中止

诉讼时效期间中止是诉讼时效制度的重要内容，初衷在于保护诉讼主体因特定原因无法参与诉讼活动时诉讼权利不受损害。《民法通则》第 139 条规定：“在诉讼时效期间的最后六个月内，因不可抗力或者其他障碍不能行使请求权的，诉讼时效中止。从中止时效的原因消除之日起，诉讼时效期间继续计算。”《最高人民法院关于贯彻执行〈中华人民共和国民法通则〉若干问题的意见》对引起诉讼时效期间中止的事由进行了解释和说明，即“在诉讼时效期间的最后六个月内，权利被侵害的无民事行为能力人、限制民事行为能力人没有法定代理人，或者法定代理人死亡、丧失代理权，或者法定代理人本人丧失行为能力的，可以认定为因其他障碍不能行使请求权，适用诉讼时效中止”。对于挪用资金（公款）“数额较大、超过三个月未还”的三个月期限，传统观点没有意识到时效中止的问题，也很少有人对此进行研究。而事实上三个月的期限应当而且必须考虑特定因素的介入使得犯罪嫌疑人无法归还单位资金的可能，否则不考虑任何介入因素将三个月期限设定为不容改变、不容增减、不容延迟的固定期限而认定犯罪，是不符合客观事实和刑事司法规律的。

笔者认为，应在超过三个月未还型挪用资金（公款）罪中引入时效中止理论，在特定因素消灭后继续计算三个月期限并不会使犯罪嫌疑人逃避法律制裁。借鉴民事诉讼时效中止制度，以下三项事由可导致三个月期限中止。

一是不可抗力使挪用人不知归还、不能归还。主观不知归还，如案例一，挪用人挪用后发生交通事故失去记忆，超过三个月后单位报案被抓获，此时因挪用人失去记忆导致其未在三个月内归还所挪单位资金或公款，如果从挪用之日起连续计算三个月期限而不将失忆时间排除，显然是不合理的。客观不能归还，如挪用人因危害国家安全罪被国家安全部门立案调查，人身自由丧失，与外界完全隔绝，其不具备三个月归还的现实可能性，因此三个月期限必须中止。

二是被害单位的承诺。例如，案例二中，被害单位与挪用人之间的约定是否能阻却三个月期限的计算呢？笔者认为应当是可以的。在刑法理论中，被害人承诺历来是被作为犯罪阻却事由，特别是违法性阻却事由来加以运用。虽然大多数国家的刑法中均无被害人承诺的明文规定，理论上也通常将其作为超法规的违法性阻却事由予以论述，但并不能否认被害人承诺的理论价值和实践意义。对于超过未还型挪用资金（公款）罪，因在三个月期间内被害单位与挪用人约定一定的还款期限，挪用人基于对单位承诺的信任，选择在从挪用之日起超过三个月但在约定期限内归还挪用资金或公款，此时基于被害单位的承诺实际上使被挪用资金或公款的不法状态得以停止下来，因约定而使挪用人在约定期间使用被挪用资金（公款）具有了合法性，待约定期间届满后挪用人不予归还的，应当将之前挪用后约定前与约定期限期满后不予归还的期限合并计算。这里还要解决两个问题：一是是否因这种约定使得挪用的违法行为转化为民事债权债务关系。笔者认为不能，理由在于后者的约定行为并不能否定之前的违法性质，因此这种约定在民事法律上也是无效力的，无法获得法院的支持。二是对于被害单位是国家机关、国有公司、企业、事业单位的，所作出的承诺或与挪用人达成的约定是否具有刑法上的效力或者对其是否具有刑法上的约束力。笔者认为应当是可以的，理由在于国家机关、国有公司、企业、事业单位是国家财产的使用者和代表者，其与挪用人还款的约定目的是尽快追回被挪款项，挪用人基于这种约定在约定最后期限之前还款但超过三个月期间的，同样因被挪款项不法侵害状态的停止而使得其阻却违法。当然，对于双方串通恶意约定还款期限逃避法律责任的，不能阻却违法。

三是司法机关的介入。一种情形是司法机关对挪用资金未超过三个月未还的介入，因司法机关的介入，挪用人被采取强制措施，从而使得其挪用资金的不法状态得以暂时停止，所以三个月的时效期限也应当中止。待司法机关经审查后发现挪用人未构成挪用资金罪作出撤案决定时，因此时强制措施被取消，挪用人又可以通过不归还被挪资金的方式继续对单位资金或公款实施侵害，故此时应当将挪用之日后司法介入前的时间与司法机关撤案后挪用人未还的时间合并计算，而不是司法机关一经介入，挪用时效就完全终止，这显然容易造成挪用人借机逃避法律制裁的后果。另一种情形，如案例三中，因挪用资金（公款）其他事由进入刑事司法阶段，此时能否导致挪用三个月的时效中止呢？对此，笔者认为，案例三中司法机关是对同一起挪用事实进行的立案、逮捕、审查起诉，同一起事实是指挪用的主体、客体、对象、被害人等均是一致的。因同一事实介入，挪用人被采取强制措施，不再具备继续危害被挪用单位资金安全的不法状态。本案中司法机关以丙挪用五万元单位资金（公款）这一事实进行立案、移送审查起诉、审查起诉、刑事审判，因针对同一案件事实，只是适用的理由不一样，司法机关采取强制措施已然对这种挪用行为进行了有效制止，挪用人被限制人身自由，挪用人的财产被冻结或限制使用，这使得挪用资金（公款）罪的客体遭受侵害的状态不再持续，所以挪用三个月未还的时效应当中止计算，不能在被侵害客体侵害行为状态已然停止后仍计算侵害时效。所以，本案在非法活动型挪用资金罪因证据不足不能成立时，检察机关应当作出存疑不起诉的决定，而不能以超过三个月未还的超过未还型挪用资金罪直接替代。如果不中止计算可能会产生以下问题：一是公安机关在移送审查起诉时挪用人并未超过三个月期限，但审查起诉阶段如果挪用人不还肯定超过，于是移送审查起诉，可以吗？二是检察机关在审查起诉阶段发现挪用人未超过三个月，但在审判阶段可能超过，以超过未还型挪用资金罪移送审判可以吗？三是在审判阶段，非法活动型挪用资金罪因证据不足难以成立，能否以在审判阶段挪用人已超过三个月未还为由直接判定挪用资金罪呢？出于对公平与公正的价值追求，这些问题的答案显然都是否定的。但对于如案例四的情形，司法机关的介入并不能阻断三个月期间的计算。理由在于：虽然犯罪嫌疑人被以某罪采取强制措施，但这种强制措施是针对该罪的，并不能完全使其他犯罪的不法状态得以停止。以其他罪对犯罪嫌疑人丁进行逮捕，虽然对丁人身自由进行了一定限制，但不意味着限制其在其他方面的权利和活动，丁还可以通过其他人员对被挪用单位的资金进行使用，这一不法行为因为未被司法机关发现而并未受到有效制止，因此挪用资金的不法状态依然持续，在被采取强制措施内的时间应当计算到三个月期限内。

同时，必须注意的是，挪用三个月时效中止后待特定事由消灭后是可以继续计算的，这也避免了挪用人借时效中止逃避法律制裁。特定事由消灭后，挪用人不归还被挪用单位资金的行为又开始持续，对被挪用单位资金或公款权益的侵害继续进行，其性质与挪用之后未还的行为和状态是同一的，因此应当合并计算。

（五）挪用资金（公款）罪三个月期间的终止

在民事诉讼时效制度中并未规定时效的终止，但其实际上也是存在的，如义务人在诉讼时效期间内履行了义务，使双方之间的债权债务关系彻底消灭，从而使诉讼时效彻底终止。在超过未还型挪用资金（公款）罪中也有这样的内容。笔者认为，以下情形可以导致三个月期限的终止计算。

一是挪用人在三个月期限内归还所挪款项。因在刑法规定期限内归还，不再具有对被害单位资金或者公款侵害的严重不法状态，所以不符合犯罪的社会危害性、刑事违法性和应受惩罚性特征，不应再以犯罪论处。

二是被挪用单位的承诺。正如之前所言，被害人承诺是阻却犯罪违法性的一项超法规事由，因此被害人的意见和态度理应受到尊重和重视。以案例五为代表，被害单位在挪用之日起三个月内承诺放弃对所挪款项的所有权或者以奖金的方式发给挪用人的，笔者认为应当区分单位所有权性质进行判断。对于被挪用单位为非国有公司企业的，单位作出的承诺有效，从而也彻底终结了挪用人对所挪钱款的不法侵害状态，因此应当彻底阻断三个月期限的计算；而对于国家机关、国有企业、事业单位承诺将所挪款项作为奖金发给挪用人的，也应当有效，是一种财产的变相使用；而对于放弃追回的，因这些单位只是国家的代表者，是国家财产的使用者，因此放弃承诺无效，也就不能产生阻却违法的效力。

三是挪用人死亡。挪用人死亡的，法律责任也就失去了追究对象，因此必然导致三个月期间彻底终止。当然，对于所挪用的资金或公款仍应当予以追回。

五、两种帮助他人揽储挪用公款行为的司法认定

实践中有这样两个真实案例值得研究和讨论：

案例一：[①] 被告人江某系县属中学（国有事业单位）出纳员。2005 年6 月20 日至6 月24 日，在未经单位领导同意的情况下，江某分 5 次将从学生处收取的学费、住宿费、择校费等费用共计人民

① 案件来源于浙江省常山县（2007）常刑初字第 180 号。转引自杨日洪、曹宏：《为帮他人揽储而公款私存之行为构成挪用公款罪》，载《法律适用》2008 年第 12 期，第 84 页。

币4万元存入本县邮政储蓄所的个人账户内。2005年6月28日，江某将上述款项从该账户中取出存入学校财政专户。其间，江某未就该账户所结算利息设置账本登记，也未将利息上交单位或向单位有关领导汇报，但同时也未将该账户中的利息支取使用，而是将利息一直存在该账户上。2007年2月27日，江某又以个人名义在本县邮政城南储蓄所开设新的账户（重新开户是因为为他人揽储需要新账户），并将原账户销户，账户内全部款项（含原所有利息）移至新设账户。2007年2月27日至6月29日，在未经单位领导同意的情况下，分13次将从学生处收取的各项费用共8万余元存入本县邮政城南储蓄所的前述账户内。2007年3月29日、2007年6月28日、2007年7月25日，江某分三笔将上述8万余元从该账户中取出存入学校财政专户，并于2007年7月25日将有利息清单的销户利息67.94元一并上交到学校财政专户，剩余利息270余元既未上交单位也未向单位领导汇报。

案例二：李某在担任某国有公司会计期间，为达到使其弟进入民生银行某支行工作的目的，于2000年9月未经请示单位领导，私自以本单位的名称在该银行开设账户，自同年9月6日开始陆续将本单位存于工商银行某支行账户内的10006万余元公款转存至该银行。其间公司正常业务往来需要支取公款时，李某先将公款从该银行移至工行再进行支取，并采取虚假记账等手段隐瞒转移的事实（账目已销毁无法取证），至2007年案发时单位领导均不知公司在民生银行的账户情况，其中1085万余元公款在该银行的账户上存留时间超过三个月。其弟因为拉到大额存款被该民生银行录用。

这两个案例都是为帮助他人揽储而将公款挪用，不同的是前者是以个人名义私存，后者是以单位名义私存。

首先，这两个案例都涉及一个共同的问题，即是否将公款挪用存入银行或邮政储蓄所便是“用于营利活动”？就第一个案例来看，行为人挪用私存的每一笔公款都未超过三个月，且公款存入邮政储蓄所显然也不属于非法活动，因此本案的焦点便是行为人帮助朋友揽储而擅自将公款以个人名义存入银行的行为，是否属于挪用公款进行营利活动。第二个案例与此类似，即以单位名义擅自将公款存入其他银行的行为是否属于挪用公款进行营利活动，司法解释似乎已经给出了答案。1998 年颁布的《最高人民法院关于审理挪用公款案件具体应用法律若干问题的解释》规定，挪用公款存入银行、用于集资、购买股票、国债等，属于挪用公款进行营利活动；挪用公款数额较大、归个人进行营利活动的构成挪用公款罪。正是依照该司法解释，一审法院以挪用公款罪判处被告人江某有期徒刑 3 年，缓刑 4 年。对于该解释的认识，刑法学界和实务部门长期以来较为一致的意见是只要将公款存入银行或储蓄所就认定是“用于营利活动”，不论行为人的主观意图如何，犯罪动机和目的如何，也不论其是否营利。近年来对此解释的认识出现了一种新观点，即对挪用公款存入银行的行为不能一概而论，认定营利活动的，当事人主观上必须具有营利的故意，同时在客观上没有得利的，不应认定为挪用公款进行营利活动，只有那些主观上为了获取利息等个人利益的才能视为进行营利活动。[①] 其理由在于：一是挪用公款进行营利活动是指用挪用的公款进行利益活动；二是挪用公款存入银行的行为是否属于进行营利活动，应全面考察其主、客观方面的情况；三是《最高人民法院关于审理挪用公款案件具体应用法律若干问题的解释》所称“存入银行属于进行营利活动”，指的就是当事人获取所挪用公款孳息的行为，如果当事人主观上不是为了获取公款孳息，客观上也未得利，就谈不上营利活动。该作者进一步建议在原规定基础上增加“为谋取个人经济利益”的前提。笔者对这种细致入微的研究方法和实践观点深表赞同，司法实践的丰富发展促进了刑法理论研究的不断修正和推进，认识源于实践又

① 乌云巴特尔：《挪用公款存入银行不宜一律认定为进行营利性活动》，载《人民检察》2006 年第 2 期（下），第 61 页。

反过来指导实践。在认定行为是否属于营利活动时，应当坚持主客观一致原则，主观上没有追求经济利益的意图，即使客观行为用于存入银行、用于生产经营等营利活动，也不应当认定行为属于进行营利活动，否则势必是一种客观归罪。在司法实践中，行为人将公款或资金存入银行的情形很多，并不是都具有营利目的的，诸如："1. 因特殊原因没有来得及入账或不便于入账（如账户被查封等），暂时将公款存入银行；2. 为给银行工作人员完成储蓄任务而短时存款，且未获利的；3. 虽以个人名义存入银行，但未占有利息，利益属于单位的；4. 挪用公款后以单位名义存入银行，不计利息或利息归单位的；5. 为存取方便而将有些机动款项或即将使用的款项就近暂存银行的。"① 而挪用公款罪、挪用资金罪中"用于经济活动"要件所要规制和惩戒的是那些中饱私囊、以权谋私、获取不法经济利益的行为，因此不以营利为目的也就使得存入银行的行为不具有营利性。但是值得注意的是，如果主观上具有存入银行获取利息的意图，虽然客观上尚没有将公款或资金存入银行或储蓄所的行为，仍然可以认定其属于"进行营利活动"，原因在于挪用资金罪、挪用公款罪主要是对挪移行为的否定评价，是否使用不是定罪要考虑的问题，而是量刑要考虑的问题，因此"挪而未用"既是犯罪成立又是犯罪既遂。此外，对于挪移时没有营利意图，使用时或使用后产生营利意图，或者挪移时对存入银行获取利息不支持也不反对的，都应当认定为属于"进行营利活动"。案例一显然属于上述情形中的第二种情况，案例二属于第二种情况或第四种情况。行为人虽有存入银行的客观行为，但并没有公款私存和公款公存获取利息的意图和实际行为，因此不应当属于"用于经济活动"，也就不符合营利活动型挪用公款罪和营利活动型挪用资金罪的构成要件。

其次，案例二还涉及另一个问题，即为帮他人揽储以单位名义

---

① 乌云巴特尔：《挪用公款存入银行不宜一律认定为进行营利性活动》，载《人民检察》2006 年第 2 期（下），第 61 页。

将公款存储的行为认定。从表面上看，行为人将公款从工商银行中提出又以单位名义将公款存入民生银行，似乎不存在公款用途的变更，不属于公款私用，以单位名义存入民生银行也不存在对单位财产所有权的真实侵害，同时不以获取利息为意图，客观上也没有获取相应的利息收益，不能认定为属于“进行营利活动”，因此难以成立超过未还型挪用公款罪，如以 1085 万元作为挪用公款罪的犯罪数额，显然会导致量刑与行为社会危害性程度的严重背离。此外，将公款存于民生银行的单位账户是否还存在归还可能，也是值得考虑的问题。对此，笔者认为：第一，行为人的公款公存行为符合“公款私用”挪用行为本质。从行为来看，行为人利用职务便利擅自将单位公款从工商银行挪出又以单位名义存入民生银行，是擅自转移挪用公款的行为，虽以单位名义存入民生银行，且未获取任何利息收益，但应该看到无论是以单位名义存入还是以个人名义存入本质上并无差别，只要符合将公款挪作他用的本质特征就是挪用行为。第二，将公款从单位工商银行的账户中挪出，即对公款所有权的切实侵害，单位因不知晓公款被挪用的情形，公款的所有权实际已然受到损害。第三，至于不具有“归还”可能的问题，因民生银行的账户为行为人自己设立的账户，单位并不知晓，单位知晓的是工商银行账户内的公款，因此即使其他人也知道该单位在民生银行账户内有公款，也仍然不能否定该单位对公款失去了控制管理，行为人应当将挪出的公款归还单位账户或直接归还该单位，或明确告知该单位。这种告知也是一种归还，一旦告知，被挪用的公款自然归还单位。第四，对于认定行为人挪用公款 1085 万元的犯罪数额会导致量刑与行为社会危害性严重背离的担心，笔者认为行为人挪用行为的社会危害性已然相当严重，将 1085 万元作为量刑依据罚当其罪。行为人为给亲属谋利，将 1 亿多元擅自秘密挪用，虽只是揽储并未对公款造成损失，但这种挪用行为已然对单位对公款的占有、使用、收益、处分权造成切实侵害，使单位失去了对此笔巨额公款的有效控制，理应受到应有惩罚。第五，同理，如行为人为掩盖贪污意图和逃避刑事打击，擅自将单位公款挪出后又存入另一银行内以单位名义新开设的账户，这笔公款已然实际脱离了单位的控制和管理。若行为人不断从该银行中支取公款挥霍，在案发时是以支取的公款认定贪污罪的数额还是新账户内的所有公款呢？笔者认为，只要有证据证明行为人是想侵吞这笔公款，则该行为只是一种逃避刑事惩罚打击的掩盖方式或伎俩，应当将后者认定为贪污罪的犯罪数额。第六，假如在单位两个银行账户之间挪用的，是否构成挪用公款罪呢？例如，行为人也是为帮助他人揽储，擅自将单位在工商银行账户内的公款挪到单位在民生银行的账户内。对此，笔者认为这种情况应属于一种违反财经纪律的行为，类似于为收受他人好处将用于购买机器的公款挪作购买原材料，不会切实侵害到单位对公款的所有权，社会危害性很小，通过单位内部自行处理即可。

六、对特定款物被挪用的一种扩展假想

1979 年刑法和 1997 年刑法对挪用特定款物罪的规定基本一致，加上司法实践中特定款物被挪用的现象数量有限和手法较为固定，因此长期以来学界对于该罪构成要件的认识较为统一且难有新的突破。反映在客观方面，学界立足刑法规定一般认为，该罪客观方面表现为违反国家财经管理制度，挪用用于救灾、抢险、防汛、优抚、扶贫、救济款物，情节严重，致使国家和人民利益遭受重大损失的行为。具体而言，一是七类特定款物都是国家财政专门拨付的；二是特定款物的挪用是对“国家财政专款专用制度”的违反和侵害；三是特定款物被挪用分为公用与私用，前者构成本罪，后者构成挪用公款罪。挪用特定款物罪也更多地被认为是一种渎职犯罪，而不是普通的侵犯财产犯罪，有一些学者甚至认为应当将该罪归属于渎职犯罪，其主要理由是本罪侵犯的客体是“国家”对前述七项款物专款专用的财经管理制度，是“国家机关”的正常财经管理活动，而不仅仅是公共财产所有权。掌握这些特定款物的国

家机关或者国家机关工作人员负有保证其正确使用、专款专用的职责，违反这一职责，将专款挪作他用，无疑是滥用职权，妨碍了国家机关的正常活动。[①] 可见，我国学界对挪用特定款物罪的构成要件和功能定位并未有实质改变，将特定款物仍然主要或全部认定为来自国家的财政拨款，将特定款物的挪用也通常认为是一种渎职行为，将该罪的"挪用"限定为"挪作公用"，挪作私用的构成挪用公款罪，相互补充，形成惩治特定款物被挪用行为的完整体系。这与当时的立法背景以及挪用特定款物罪设立之后的司法适用现状不无关系，是一种现实的真实反映，应无可厚非。只是笔者在此假想这样一个问题——将民间捐赠的物资挪作"公用"的能否以本罪适用呢？能否对挪用特定款物罪的适用范围进行一定的扩展呢？

首先，我们来看一下现实中是否具有这种可能性。长期以来，国家财政拨款是救灾、抢险等事件中特定款物的主要来源，但随着经济社会的发展和国际交往的扩大，面对发生的自然灾害、重大事故，来自国内外各种单位和个人的捐款逐渐成为特定款物的重要来源。据统计，自汶川地震发生以来截至 2009 年 9 月 30 日，全国共筹集社会捐赠款物 797.03 亿元（含"特殊党费"）。具体情况是：按形态划分，资金 687.90 亿元，物资 109.13 亿元；按捐赠意向划分，定向 291.93 亿元，非定向 505.10 亿元；按捐赠渠道划分，境内捐赠 723.05 亿元，国际组织、海外华侨等国外捐赠 40.48 亿元，港澳台地区捐赠 33.50 亿元。[②] 对于这些物资一旦捐赠到国家和各省市开设的账户或地点后，主管、经手、管理这些特定款物的人员挪作公用的，以挪用特定款物罪定罪处罚。但是在之前呢？是否完全不存在以挪用特定款物定罪的情况呢？例如，某非国有大型公司

---

① 蒋毅：《挪用特定款物罪的立法缺陷与完善》，载《西南政法大学学报》2008 年第 5 期，第 86 页。

② 参见《汶川地震社会捐赠款物审计结果》（2010 年 1 月 6 日公告）。

在汶川地震发生后向公司员工号召捐款，获得捐款 200 万元，此后公司面临资金困难，公司领导研究决定将 200 万元捐款先用于支付货款，对这种行为如何看待呢？从现实及今后的社会发展来看，在捐款个人与接收捐款的国有单位之间存在一些“中介”，这些“中介”及内部人员为单位利益或个人利益挪用捐赠款物的情形是现实存在的。

其次，从刑法目的和挪用特定款物罪保护的利益来看，也应当对这种行为以挪用特定款物罪定罪处罚。刑法之所以规定挪用特定款物罪，目的在于规范特定款物正常使用的行为，打击擅自使用致使国家和人民利益遭受重大损失的行为，以及时使救灾等物资到达被救助的对象处，真正保护国家和人民利益。社会捐赠物资的挪用从本质上看也是延误了救灾等物资的及时发放，延误了对被救助对象的及时有效救助，也会造成国家和人民利益因社会捐赠物资没有及时到达而遭受重大损害，因此凡是在经手社会捐赠物资环节中擅自挪用的都应当受到应有的惩治，而不仅限于进入国家账户内由国家工作人员实施的挪用行为。所以，笔者大胆设想，在个人捐赠和进入国家账户的中间环节，一些组织、单位擅自挪用所募捐的救灾等物资归本单位使用的，也应当以挪用特定款物罪定罪处罚。一般认为，挪用特定款物罪要求行为人必须将特定款物挪作公用，如挪作私用便只能构成挪用公款罪。笔者认为，这一内涵可以有所扩大，将“公用”理解为单位使用，便可以将募捐单位挪用募捐物资归单位使用的行为纳入其中。同时，应当看到，“特定款物”不限于国家的财政拨款，只要意图用于救灾等事件中的社会捐赠就已经是特定款物了，“中介”组织或单位擅自挪用的，对象上也符合要求。

再次，从刑法立法和司法规定来看，刑法从没有将该罪限定为国家专款专用物资的挪用。无论是 1979 年刑法还是 1997 年刑法中的挪用特定款物罪，立法者都没有将该条文适用的对象限定为对国家专款专用物资的挪用，学界一般也认为该罪侵犯的客体是公共财产的所有权，最高司法机关制定的该罪入罪标准也没有限定。2001

年 4 月 18 日发布的《最高人民检察院、公安部关于经济犯罪案件追诉标准的规定》第 77 条规定："挪用用于救灾、抢险、防汛、优抚、扶贫、移民、救济款物，涉嫌下列情形之一的，应予追诉：1. 挪用特定款物价值在五千元以上的；2. 造成国家和人民群众直接经济损失数额在五万元以上的；3. 虽未达到上述数额标准，但造成人民群众的生产、生活严重困难的。"这就为其他环节的特定款物挪用问题提供了适用可能。

最后，从罪刑均衡来看。"中介"组织或单位将募捐的救灾等物资挪作私用的，以挪用资金罪定罪处罚，挪作本单位使用的以挪用特定款物罪定罪处罚，这样可以实现罪刑均衡。理由是：前者"中介"组织或单位以及内部人员挪作私用的，主观恶性和社会危害性更大，因此适用法定刑较高的挪用资金罪；而后者毕竟是将所募集的资金用于单位使用，为单位谋取了利益，因此以法定刑较低的挪用特定款物罪定罪处罚更为合适。

当然，这仍然只是一种假想，需要进一步的论证。

第二节　自然人挪用犯罪的数额问题

一、自然人挪用犯罪与数额犯

挪用资金罪、挪用特定款物罪和挪用公款罪是对权利人财产法益的侵害，而衡量财产法益受侵害的程度大小离不开一定的数额标准，犯罪数额也就成为自然人挪用犯罪的重要定量要素，又因为三种挪用犯罪立法设计模式上的特殊性，数额问题也就成为研究自然人挪用犯罪必不可少的内容。而是否可以由此得出自然人挪用犯罪是数额犯的结论呢？要回答这一问题显然并没有想象的那样简单。

依照传统和通行的数额犯判断标准，三种挪用犯罪都不是数额犯。关于数额犯的判断标准也即数额犯的概念，理论上众说纷纭，主要有以下几种观点：一是法条说。该说认为，数额犯是在法律条文中直接规定构成犯罪及不同处罚的各种具体数额或以“数额较大”作为构成犯罪的要件内容，以“数额巨大”、“数额特别巨大”、“情节特别严重”作为加重处罚的要件内容的犯罪。① 二是犯罪构成要件说。该说认为，在我国刑法中，以一定的数额作为犯罪构成要件的犯罪形态是数额犯。② 三是既遂说。该说认为，数额犯是指以法定的犯罪数额的发生作为犯罪的成立或犯罪既遂标准的一种犯罪类型。③ 四是基本犯既遂形态说。该说认为，数额犯是指以法定的数额作为基本犯既遂形态犯罪构成的定量因素的犯罪。④ 五是定罪量刑说。该说认为，数额犯是指以法定数额作为犯罪构成要件定量标准的犯罪。⑤ 此外还有其他一些主张。概览这些主张，我们不难发现，数额犯必须以立法上的明确规定为前提，即或者明确规定犯罪的具体数额，或者规定犯罪的概括数额，也就是说数额“法定”是数额犯的首要形式要件，数额犯也就仅仅被认为是一个立法上的概念了。依照这种认识，挪用特定款物罪明显不是数额犯，从其“情节严重，致使国家和人民利益遭受重大损失”的规定看，显然属于情节犯；而挪用资金罪、挪用公款罪中只有营利活动型和超过未还型规定了数额较大要件，非法活动型并没有“数额法定”，只要挪用公款用于非法活动便构成犯罪，因此理论界通常将非法活动型挪用资金罪、挪用公款罪视为行为犯。因此，挪用

---

① 周骏如：《论数额数量犯罪的立法模式》，载《法学》1997 年第 1 期，第 21 页。

② 陈兴良著：《刑法哲学》（修订二版），中国政法大学出版社 2000 年版，第 703 页。

③ 童伟华：《数额犯若干问题研究》，载《华侨大学学报》（人文社科版）2001 年第 4 期，第 57 页。

④ 王志祥：《数额犯基本问题研究》，载《中国刑事法杂志》2007 年第 2 期，第 43 页。

⑤ 刘之雄著：《犯罪既遂论》，中国人民公安大学出版社 2003 年版，第 128 页。

资金罪、挪用公款罪只能说是不完整、不典型或不周延的数额犯。1998 年通过的《最高人民法院关于审理挪用公款案件具体应用法律若干问题的解释》也规定，“挪用公款归个人使用，进行赌博、走私等非法活动的，构成挪用公款罪，不受‘数额较大’和挪用时间的限制。”显然，依照传统和通行的“数额法定”观点，三种挪用犯罪不完全是典型、周延的数额犯。

而现实是司法解释又以规范性文件的方式肯定了非法活动型挪用资金罪、挪用公款罪的数额标准，这也引起了刑法学界对“挪用公款进行非法活动”是否应有数额标准问题的争论。虽然立法者没有将数额法定，相关司法解释也进一步指出挪用公款用于非法活动的没有数额和时间的限制，但恰恰在同一个司法解释中，最高人民法院紧随其后规定了非法活动型挪用公款罪的数额标准，即“挪用公款归个人使用，进行非法活动的”，以挪用公款 5 千元至 1 万元为追究刑事责任的数额起点，以挪用公款 5 万元至 10 万元以上为“情节严重”的情形之一，并规定“挪用救灾、抢险、防汛、优抚、扶贫、移民、救济款物归个人使用的数额标准，参照挪用公款归个人使用进行非法活动的数额标准”。同样，相关司法解释也规定了挪用本单位资金数额在 5000 元至 2 万元以上，进行非法活动的，才能以挪用资金罪论处。这样一来，自相矛盾的规定就出现在最高司法机关的同一个司法解释当中，成为解释上的悖论。相比营利活动型、超过未还型挪用公款罪、挪用资金罪，非法活动型挪用公款罪、挪用资金罪的数额标准低、追诉标准低、入罪门槛低，但也是以数额多少作为定罪量刑的标准，作为犯罪成立的实质条件，与行为犯、举动犯、情节犯等在犯罪成立条件上有本质的不同。对挪用资金、挪用公款用于非法活动是否应有数额限制，立法条文的形式否定和司法解释的实质肯定之间的矛盾终于引发了刑法学界在此问题上的长久争论。否定说立足“数额法定”立场，认为挪用公款归个人使用，进行非法活动的，立法并未规定数额大小，这就意味着除了刑法第 13 条规定的情节显著轻微，不认为是犯罪的情况外，都应以犯罪处罚。挪用公款后进行非法活动，其社会危害性要比一般挪用公款行为严重，因此立法中没有规定数额较大。只要挪用了公款，并进行了非法活动，数额一般，也可以作为犯罪处理；如果挪用公款数额虽小，但利用所挪用的公款进行了严重的违法活动或者犯罪活动，也应以犯罪论处。① 肯定说从协调的角度出发，认为社会危害性较大的盗窃罪、诈骗罪都有数额较大的限制，而社会危害性较小的挪用公款罪反而无数额限制，这在立法上是不协调的，因而主张挪用公款归个人使用进行非法活动的，应该有一个数额限制，而不能不论数额大小均以犯罪论处。② 还有学者认为，如果对“挪用公款进行非法活动”不规定具体的数额标准，也会导致挪用公款罪的三种具体行为方式方面的不协调与不平衡，相比于贪污罪的数额标准规定，社会危害性较小的挪用公款罪却没有数额要求，显然会出现法律条文之间的不协调。③ 而更多的学者和研究者在此问题上选择了沉默，一方面他们明知立法没有规定数额要求的非法活动型挪用资金罪、挪用公款罪应是行为犯，行为人一经实施犯罪即告成立并既遂；另一方面现实是司法解释又突破了立法与司法的界限，将数额标准实质引入非法活动型挪用公款罪、挪用资金罪的刑事责任追究当中。因此，有学者对这种状况进行了尖锐的批评，指出虽然司法解释在一定程度上解决了现行法律条文之间的不协调，却产生了新的更大的不协调，即司法解释与立法规定相背离，违背了罪刑法定的原则。④

---

① 赵秉志主编：《渎职犯罪疑难问题司法对策》，吉林人民出版社 2000 年版，第 289 页。

② 侯国云、白岫云著：《新刑法疑难问题解析与适用》，中国检察出版社 1998 年版，第 357 页。

③ 孟庆华著：《挪用公款罪研究新动向》，北京大学出版社 2006 年版，第 141 ~ 142 页。

④ 田肇树：《挪用公款罪客观要件设置的瑕疵刍议》，http://review.jcrb.com/zyw/n781ca169028.htm。

挪用资金、挪用公款用于非法活动应当具备数额标准，挪用资金罪、挪用公款罪也属于数额犯。依照形式主义判断，既然立法没有规定“数额较大”是非法活动型挪用资金罪、挪用公款罪的成立要件，那么司法机关就不应当以“解释”的方式规定其刑事责任追究的数额标准，挪用资金罪、挪用公款罪的此种情形也不属于数额犯。但现实是挪用资金、挪用公款用于非法活动必须要有犯罪数额上的要求。首先，侵犯财产罪的本质决定了必须要有数额标准。挪用资金罪、挪用公款罪本质上都是侵犯权利人财产权益的犯罪，而财产权益侵害的大小突出表现在财产对象的经济价值上，受侵害财产价值的大小直接决定了行为社会危害性的大小，因此挪用价值很小的资金或公款，即便是用于非法活动，也难以“扩大”行为对权利人财产权益侵害的社会危险性。所以，刑法中普通侵犯财产罪都规定了数额标准。其次，从社会危害性严重程度考虑，以非法使用为目的的挪用型犯罪社会危害性明显低于以非法占有为目的的侵占型犯罪。在普通侵占型犯罪中，如贪污罪、盗窃罪、抢劫罪、诈骗罪等，社会危害性明显大于以非法使用为目的的挪用型犯罪，前者尚且将数额大小作为罪与非罪、罪轻与罪重的标准，何况后者以日后归还为意图的使用行为。再次，从刑法谦抑角度来看，挪用资金罪、挪用公款罪是一类社会危害性较小的犯罪，不同于危害国家安全犯罪等社会危害性严重的犯罪，刑法没有必要将此类犯罪规定为行为犯，即使是将公款或资金挪用于非法活动，挪用数额不大的公款或资金完全可以通过行政法和民法调整规范，不论挪用的数额大小只要用于非法活动便一概以犯罪论处也不符合宽严相济的刑事政策要求。最后，从非法活动的内容和惩治来看，一方面非法活动除了包括犯罪活动外，还包括嫖娼、吸毒等违法活动，将少量资金或公款挪作这些用途的显然并没有十分严重的社会危害性；另一方面非法活动本身还有刑法规制的条文，并不是说挪用资金或公款用于非法活动便不再追究行为人利用资金或公款从事走私、抢劫、开设赌场等犯罪活动的刑事责任，挪用资金或公款数额的多少才是挪用资金罪、挪用公款罪所要评价的内容。因此，笔者赞同挪用资金、挪用公款用于非法活动应当设定数额标准，但正如批评者指出的那样，笔者不赞同目前司法解释的“权宜之计”，应当通过修改立法的方式将“数额法定”，从而将挪用资金罪、挪用公款罪正式归入数额犯之中。

在目前情况下只有从宏观和全面的角度对数额犯进行修正才能实现上述意图。长期以来，认定数额犯的前提条件是“数额法定”，没有刑法条文明确规定的犯罪便不是数额犯。对此，近年来有研究者提出了质疑，试图对数额犯的认定和分类提出修正。吉林大学刑法学专业赵威博士在分析了数额犯的众多概念之后指出，应从本质上宏观而又全面地把握数额犯的概念。所谓本质是概念背后的共性东西；所谓宏观是不仅仅站在立法层面，更应该去思考它在司法实践中的意义；所谓全面则是必须将数额犯放置在犯罪论中给予全面把握。他认为，数额犯不仅仅是立法上的概念，更应该强调的是它司法上的含义，将数额犯区分为立法上（显性）的数额犯和司法上（隐性）的数额犯，后者是指在立法上没有明示数额在定罪量刑中的决定作用，但在司法实践中又必须以数额作为定罪量刑考量的数额犯形态。他的理由是借助数额犯的本质分析，认为数额犯的本质是犯罪数额所凸显的社会危害的程度达到了刑罚对社会危害性的量的选择，尽管立法者试图将这一本质规定在刑法分则之中，但是立法还是没有也不可能将这种犯罪数额所凸显的社会危害的程度在刑法分则中一一予以表述。他坚定地指出，从刑罚的角度看待数额犯不但可以阐释数额犯立法的缘由，也可以解释司法解释的合理性。[①] 笔者认为这种观点是值得肯定的，也是对现有中国立法定罪、司法定量模式的正面回应，从刑罚目的出发对数额犯进行实质判断能够有效破解“数额法定”的数额犯判断前提，正视犯

① 赵威：《数额犯研究》，吉林大学 2005 年刑法学博士学位论文，第 21～23、96～97 页。

罪成立的数额要求，为犯罪构成、犯罪既、未遂形态的认定以及罪与非罪的区分提供合理解释。实际上，数额犯中的“数额”涵盖了此类犯罪中与定罪量刑相关的所有数额和数量因素，而不论这种因素来源于立法还是司法，只要具备了划分罪与非罪、罪轻与罪重的功能，反映行为社会危害性的大小和程度的，便应当认定为数额犯。因此，依照这种宏观和全面的本质判断方法，挪用资金罪、挪用公款罪都应当认定为数额犯。①

从数额犯的分类来看，挪用资金罪、挪用公款罪应属于行为数额犯、单一数额犯，挪用特定款物罪是选择数额犯。依照犯罪数额体现的危害社会关系的形式的不同，数额犯可分为行为数额犯和结

---

① 在刑法中还有这样一类犯罪，立法和司法都没有规定此类犯罪的数额标准，但司法人员在办理案件过程中又不得不考虑犯罪数额的多少，可以说这是相对于司法上有明确规定的隐性数额犯更为隐性的数额犯。为从本质上反映行为社会危害性的差异性，统一定罪量刑标准，准确适用刑罚，至少应当在司法层面上规定此类犯罪刑事责任追究的数额起点及法定刑加重的数额标准，如刑法第312条掩饰、隐瞒犯罪所得、犯罪所得收益罪规定：“明知是犯罪所得的赃物而予以窝藏、转移、收购或者代为销售的，处三年以下有期徒刑、拘役或者管制，并处或者单处罚金。”从立法上判断，该罪显然是行为犯，没有数额或情节要求，最高司法机关也没有通过司法解释予以规定；但是从该罪的社会危害性程度考察，该罪显然没有像危害国家安全罪中行为犯、举动犯那样具有特别严重的社会危害性，相反实践中为谋取蝇头小利收赃、销赃的现象比较常见，如废品回收站、烟酒商店等为获取些小额利益，明知是犯罪所得的赃物还予以窝藏、转移、收购或者代为销售，显然这些主体实施的这种行为并没有多大的社会危害性，因此司法办案人员在具体办理案件中基于公平正义和保护人权的刑法目的和价值考虑，隐蔽或默示地、自觉或不自觉地设定了该罪的入罪数额标准。同时，作为前罪的盗窃、抢劫、诈骗等对权利人财产权益直接侵害的犯罪行为都有数额标准，而将作为间接侵害权利人财产权益、对社会管理秩序也并未造成如组织、领导、参加黑社会性质组织罪那样严重社会危害程度的后罪却规定为行为犯，显然是严重有失公平的。

果数额犯。行为数额犯，是指一定的犯罪数额并不体现行为的实际损害，而体现为行为本身的属性及程度，简单来说反映行为本身危害程度的犯罪便是行为数额犯，又称实行数额犯。结果数额犯，是指一定的犯罪数额体现为行为的实际损害，即一定的危害结果，简而言之，结果数额犯是反映行为达到或造成结果的犯罪。结果数额犯的判断，通常会在罪状中使用表明结果要件的词语，如“造成……”、“致使……”、“违法所得”、“获取非法利益”，等等。在刑法中，盗窃、抢夺、诈骗等普通侵财类犯罪都是行为数额犯，数额成了行为程度的量化表现。交通肇事罪、非法经营同类营业罪以及刑法第九章的渎职罪等犯罪是结果数额犯。挪用资金罪、挪用公款罪中的数额作为行为对象反映的行为内容和危害程度，而不是行为结果，与敲诈勒索、诈骗、抢夺等普通侵财类犯罪相同，是以一定的数额作为犯罪构成行为要件定量的标准，因此属于行为数额犯。又因这两个罪将数额标准作为唯一的入罪标准和量刑标准，因此挪用资金罪、挪用公款罪又是单一型数额犯，又称纯正数额犯，普通侵财类犯罪都是单一型数额犯。与单一型数额犯相对应的是选择型数额犯。选择型数额犯是指在构成要件中，数额因素是选择性要件，具备数额要件独立成立该罪，不具备该数额要件，但具备其他情节要件也可构成该罪的数额犯类型，也就是说这种类型中数额要件只是成立犯罪可供选择的一个要件。我国刑法中的虚报注册资本罪，擅自发行股票和公司、企业债券罪，侵犯著作权罪，盗窃罪，聚众哄抢罪等都是这一类型。应当说，挪用特定款物罪也属于这一类型。刑法第 273 条规定：“挪用用于救灾、抢险、防汛、优抚、扶贫、移民、救济款物，情节严重，致使国家和人民群众利益遭受重大损害的，对直接责任人员，处三年以下有期徒刑或者拘役；情节特别严重的，处三年以上七年以下有期徒刑。”依照该规定，挪用特定款物罪应是情节犯，同时现行司法解释对情节内容进行了解释，从而使数额成为成立该罪的一个可供选择的要件。根据《最高人民检察院、公安部关于经济犯罪案件追诉标准的规定》第

77条规定：“挪用用于救灾、抢险、防汛、优抚、扶贫、移民、救济款物，涉嫌下列情形之一的，应予追诉：1. 挪用特定款物价值在五千元以上的；2. 造成国家和人民群众直接经济损失数额在五万元以上的；3. 虽未达到上述数额标准，但造成人民群众的生产、生活严重困难的。”因此，既然坚持了从本质出发，坚持宏观、全面的立场，就不应当仅承认立法上的选择型数额犯，也应当承认司法上的选择型数额犯，否则又回到了“数额法定”的法条说立场。[①] 数额犯应当是一个广义的犯罪种类，“除了这198个涉数额罪名外，还存在着很多在刑法相关条文和司法解释中规定有‘数额较大’、‘数额巨大’而没有明确规定相关犯罪数额的罪名，以及大量的在刑法条文和司法解释中有‘严重后果’、‘后果特别严重’等表述情节的规定而相关情节也需要以适当的犯罪数额加以说明的罪名……如果再加上这两类犯罪，我国现行刑法规定的罪名中大部分犯罪都可以通过犯罪数额来衡量其犯罪结果的严重程度，即都属于数额犯”。[②] 除此之外，既没有在立法条文又没有在司法解释中规定而只是在司法实践中由司法人员“自由”考虑的涉数额罪名也应当考虑纳入数额犯之中，如掩饰隐瞒犯罪所得罪。

二、自然人挪用犯罪的数额计算与量刑

既然自然人挪用犯罪在实质上是数额犯，那么数额犯中的数额计算及由此带来的量刑问题也就成为研究自然人挪用犯罪必不可少

---

① “然而面对复杂的各罪，立法者还是感到数额并不能全面彻底地反映有些犯罪的社会危害性，在数额之外还需要用情节的条件对犯罪加以规制，这就是立法上出现的选择型数额犯。”赵威：《数额犯研究》，吉林大学2005年刑法学博士学位论文，第105页。赵威博士在介绍选择型数额犯时显然并没有坚持之前的主张，只注意到了立法上的选择型数额犯，而没有注意到司法解释带来的变化，对数额犯的判断仍应坚持本质的、宏观的、全面的立场。

② 张伟：《数额犯若干问题研究》，载《中国刑事法杂志》2010年第3期，第52页。

的内容。同时，挪用资金罪、挪用公款罪特殊的犯罪成立模式和独立的数额定罪量刑标准使得此类犯罪在遵循一般数额犯数额计算原则的同时又有自身的特殊数额计算问题，由于缺少相应的立法规定和司法解释，刑法理论上又较少有相应研究，这一问题已然成为司法实践中“说不清、理还乱”的问题。为实现刑法的基本正义价值，符合罪责刑相适应原则的要求，发挥刑法惩治犯罪与保障人权的双重功能，有必要对自然人挪用犯罪，尤其是挪用资金罪、挪用公款罪中的数额问题进行系统分析和深入研究，哪怕只是揭示其中的真正问题和原因以引起学界和相关部门的重视，就已足够。

（一）自然人挪用犯罪数额计算的特殊性

在自然人挪用犯罪中，挪用特定款物罪只有一种入罪情形和相应的追诉标准，因此该罪犯罪数额的计算只依照数额犯的一般计算原则即可，问题的关键在挪用资金罪与挪用公款罪上。首先，该两罪有三种独立的入罪情形。挪用资金罪、挪用公款罪依照资金或公款的用途不同分为非法活动型、营利活动型和超过未还型，行为人只要将挪出的资金或公款用于其中之一用途的即可构成挪用资金罪或挪用公款罪。非法活动、营利活动、其他活动，这三种用途并行不悖，并没有顺序谁优先于谁的问题，[①] 三种入罪情形也相互独立，不存在谁包含谁的问题。其次，这三种独立的入罪情形又规定了各自独立的数额标准。依照 1998 年通过的《最高人民法院关于审理挪用公款案件具体应用法律若干问题的解释》第 3 条的规定：“挪用公款归个人使用，‘数额较大、进行营利活动的’，或者‘数

---

① 司法实践中在认定挪用用途时往往先看这种用途是否是非法活动，如果不是，再看是否是营利活动，如果也不是，最后才认定为其他活动。这主要是因为非法活动、营利活动判断较为容易，且在证据收集上也要比“其他活动”少，同时非法活动型、营利活动型挪用资金罪、挪用公款罪的数额标准都比超过未还型挪用资金罪、挪用公款罪低，同等数额的犯罪前者量刑偏高，因此从诉讼方便和“从重惩处”的角度才有了这一认定顺序。

额较大、超过三个月未还的’，以挪用公款一万元至三万元为‘数额较大’的起点，以挪用公款十五万元至二十万元为‘数额巨大’的起点……‘挪用公款归个人使用，进行非法活动的’，以挪用公款五千元至一万元为追究刑事责任的数额起点。挪用公款五万元至十万元以上的，属于挪用公款归个人使用，进行非法活动，‘情节严重’的情形之一。挪用公款归个人使用，进行非法活动，情节严重的其他情形，按照本条第一款的规定执行。”我们再来看看挪用资金罪各种入罪情形的数额标准，《最高人民检察院、公安部关于经济犯罪案件追诉标准的规定》第76条规定：“公司、企业或者其他单位的工作人员，利用职务上的便利，挪用本单位资金归个人使用或者借贷给他人，涉嫌下列情形之一的，应予追诉：1. 挪用本单位资金数额在一万元至三万元以上，超过三个月未还的；2. 挪用本单位资金数额在一万元至三万元以上，进行营利活动的；3. 挪用本单位资金数额在五千元至二万元以上，进行非法活动的。”从这些规定可以看出，非法活动型的数额标准低于营利活动型和超过未还型，后两者数额标准一致；而数额标准又直接影响到定罪与量刑，这就带来了挪用资金罪、挪用公款罪三种入罪情形之间的矛盾与冲突。简单来说，入罪情形性质不同决定了三者格格不入，数额标准不同又加剧了挪用资金罪、挪用公款罪在数额计算尤其是多次挪用数额计算上的困难。这种特殊性使得数额犯数额累计的通常情形难以解决该两罪的数额计算问题。数额犯中数额应当累计计算的情形有学者总结为四种：一是一个行为侵害数个对象的犯罪，如违规披露、不披露重要信息罪；二是复合性犯罪，行为人基于一个非法目的，而在一定期间内，向不特定的对象实施了一个复合性的犯罪行为的罪名，如非法吸收公众存款罪等；三是徐行犯、连续犯等理论；四是法律的特别规定。[①] 依照这种观点，以概括故

---

① 张伟：《数额犯若干问题研究》，载《中国刑事法杂志》2010年第3期，第55页。

意连续挪用资金或公款用于单一用途的连续犯，或者以一个故意，徐行实施单一行为的徐行犯，与其他侵财类犯罪相同，适用数额累计计算方法是没有争议的。下面我们对实践中经常出现的几种典型形态逐一分析，从中归纳出具体可行的计算方法。

（二）一次或多次挪用行为多种用途的数额计算

实践中经常会出现这种情况，即行为一次挪用一笔资金或公款分别用于非法活动、营利活动和其他活动，此种情况如何计算挪用资金罪、挪用公款罪的犯罪数额，以及如何定罪量刑呢？根据追究刑事责任数额起点的不同，挪用类型可分为“够与不够起点的非法活动型”、“够与不够起点的营利活动型”、“够与不够起点的超过未还型”，将这六种类型再按二类或三类一组进行组合，可排列出几十种情形。对于此种情况下如何计算数额，刑法理论界和司法实务界主要有以下观点：一是相加说，该说认为数额应当以实际挪用的数额认定，对不同用途的数额应采取简单相加原则。二是由先及后说，该说认为可以根据“非法活动型”、“营利活动型”、“超过未还型”的先后顺序，采用先分别计算各类型的总额，再将前类的数额归于后类型的方法。[①] 三是是否超过三个月说，该说认为对于数额均未达到起点标准的情况，只要每一种用途的挪用时间都“超过三个月未还”，可以相加，其总额达到一万元以上的，可以“超过三个月未还”挪用公款罪论处，对于三种用途均未“超过三个月”的，此种情况不能相加。[②] 四是区分说，该说主要针对一种情形成立犯罪、另一种情形不构成犯罪，或者两种情形都不构成犯罪的情况下数额能否累计的问题。该种观点主张将非法活动区分为营利性非法活动与非营利性非法活动，在非法活动型犯罪成立、营

① 刘家琛主编：《新刑法新问题新罪名通释》，人民法院出版社 1998 年版，第 978 页。

② 陈川：《挪用公款罪若干问题研究》，西南政法大学 2008 年刑法学硕士学位论文，第 25 页。

利活动型犯罪未成立时，区分非法活动是营利性非法活动还是非营利性非法活动，如是营利性非法活动可与营利活动型累计计算；如是非营利性非法活动则只能以非法活动型犯罪定罪处罚，用于营利活动部分的，作为量刑情节考虑。非法活动型犯罪未成立、营利活动型犯罪成立的数额计算方法与此类似。① 五是综合说，即将区分说和超过未还说综合运用。② 六是“举重以明轻”说，该说认为可以根据“举重以明轻”的方法进行认定，即重行为的数额可以计算在轻行为的数额之中，但轻行为的数额不能计算至重行为的数额之中，三个月之内归还的数额不能计算在“超过三个月未还”的挪用行为中。③ 就这些观点来看，相加说看到了挪用资金罪、挪用公款罪的本质是对权利人财产权益的侵害，“挪”的行为才是两罪的实行行为，“用”只是事后的使用，并不具有犯罪认定与量刑上的意义，因此犯罪数额应当是挪出的资金或公款数额，而不是每种用途之后的数额。应当说这种观点是值得肯定的，也是学界主张废除挪用资金罪、挪用公款罪三种具体用途统一定罪量刑标准的重要原因之一。但现实是在立法没有修改之前，挪用资金罪、挪用公款罪的“用途”要件依然存在，依然要发挥作用，并适用不同的数额标准。这样一来，如将三种用途的数额直接相加，那么相加后的犯罪数额是按照三种入罪情形中的哪种定罪处罚呢？或者说将该犯罪数额认定为哪种情形下的犯罪数额呢？如果认定为非法活动型，因为数额标准较低，因此量刑会偏高；如果认定为营利活动型、超过未还型又会因数额标准较高，出现量刑偏轻的情况。这样一来，

---

① 龚培华：《挪用公款罪若干问题研究》，载《犯罪研究》2001 年第 3 期，第 12 ~ 13 页。通过对比发现，研究挪用公款罪数额计算的有限成果基本上都“摘录”或“照搬”了该学者在本文中的观点，甚至文字，难有创新。

② 翁云卫：《挪用公款犯罪的数额认定》，载《华东政法学院学报》2004 年第 6 期，第 95 ~ 96 页。

③ 王骏杰：《挪用资金罪司法疑难问题研究》，贵州大学 2007 年刑法学专业硕士学位论文，第 12 页。

虽然总量上实现了公平，但又无法将这种公平贯彻下去，没有操作可能的公平也就无法实现。再来看由先及后说，这种观点最大的问题是人为划定了非法活动型、营利活动型、超过未还型在挪用资金罪、挪用公款罪中适用的先后顺序，但这种顺序是否真的存在呢？目前学界很少对此问题表明态度，而实际上学界很少讨论和研究三种用途先后顺序问题的事实也从侧面回应了这一问题，即绝大多数学者不认为三种用途在适用上存在先后关系，而更多地认为三者是或然关系，是择一关系，认定的先后判断顺序只是司法实践中的例行做法，即判断的顺序是“是否用于非法活动——是否用于营利活动——是否用于其他活动”。立法上的先后顺序并不具有“标签”意义，否则挪用资金罪三种用途的顺序与挪用公款罪正好相反，是否可以据此理解为三种入罪情形适用的先后顺序倒置呢？显然不能。另外，这三种类型是相互独立的，在性质上迥然不同，将前类型中的数额统计到后类型中甚为勉强，或者是格格不入，虽然在一定程度上解决了挪用资金、挪用公款的数额计算问题，但从根本上免除不了反对者的诟病。是否超过三个月说，实际上是由由先及后说的部分内容构成，其弊端也与前者相同，不再赘言。区分说最大的问题是这种区分实际上是没有意义的，因为目前理论界通行的观点认为，非法活动包括营利性非法活动和非营利性非法活动，营利活动是非法活动之外的营利性活动，也即营利活动是合法活动，所以营利性非法活动的数额不能与营利性合法活动的数额相加，营利性非法活动的数额也就不能以营利活动型挪用资金罪、挪用公款罪调整和评价。综合说只是对是否超过三个月说和区分说的简单整合，并未有新的创新与突破。而“举重以明轻”说看起来似乎有道理，但这样一来，似乎三种入罪情形也就没有独立存在的必要，因为重行为不论成立犯罪与否其数额都可以被累计到轻行为中去，重行为也就不复存在。从本质来看，这种主张与由先及后说相同。

对这一问题的认识和解决，笔者曾反复思考，多次与同仁探讨，也曾试图引入数罪并罚的方法解决这一问题，直到 2011 年 3 月 16 日在检查和阅读此部分内容时才发觉数罪并罚的方法并不能完全解决这一问题，有些结论甚至是难以让人接受的，因此这一解决办法并不科学，并不是不可推翻的。陈瑞华教授在其著作《论法学研究方法》中非常推崇经济学家张五常教授的一句名言："科学不是求对，而是求不被推翻。"陈瑞华教授进一步指出，在提出理论时就要善于运用证伪的方法证明这一理论不会被推翻，具体说来，证伪的方法有两种：一种是对自己提出的理论假说进行演绎推理，看是否会推导出错误和虚假的结论；另一种是针对可能存在的对自己理论的反驳，进行逻辑上的分析，证明反驳无法成立。[①] 正是运用了这种证伪方法，笔者才推翻了先前的结论，重新思考和寻找出路。

下面是笔者在之前对该问题的看法。

"对此问题，笔者认为应当从主客观相一致原则和罪责刑相适应原则出发，坚持入罪情形的独立性，在三种情形数额都达到入罪标准的情况下可引入'数罪并罚的处理方法'。具体而言：

第一，应坚持入罪情形的独立性。虽然挪用资金罪、挪用公款罪都是以非法使用为目的的犯罪，'挪'的行为才是其实行行为，但立法者同时在条文中明确规定了用途要件，用于表明不同用途下行为人主观恶性的轻重程度差异，也表明不同用途下犯罪的社会危害性和可罚性大小差异，司法解释规定的具体数额标准也体现了这种不同。依照主客观相一致原则，客观行为与主观意图是相互对应，主观意图支配客观行为，客观行为是主观意图的外化，这就使得不同意图支配下的挪用行为具有了相对独立性，具有了独立的犯罪属性，非法活动型、营利活动型和超过未还型便成为挪用资金罪、挪用公款罪三种独立的入罪类型，彼此之间不是包含与被包含

---

① 陈瑞华著：《论法学研究方法》，北京大学出版社 2009 年版，第 78 ~ 79 页。

的关系、交叉与被交叉的关系，而是界限明显、‘互不往来’的关系，是‘是此非彼、非此即彼’的择一关系，因此不存在谁吸收谁的数额，谁的数额被谁吸收的问题。与此极为相似的是受贿罪。现行刑法第385条第1款规定：‘国家工作人员利用职务上的便利，索取他人财物的，或者非法收受他人财物，为他人谋取利益的，是受贿罪。’第386条规定：‘对犯受贿罪的，根据受贿所得数额及情节，依照本法第三百八十三条的规定处罚。索贿的从重处罚。’依照上述规定，受贿罪分为索贿型和收受贿赂型，索贿的应从重处罚。与挪用资金罪、挪用公款罪三种入罪类型不同的是，立法者和司法者并没有对索贿型和收受贿赂型规定高低不同的数额标准，这样就使得既然索贿与收受贿赂性质都是受贿，数额标准又没有差异，就可以合并计算；反之如果立法者或司法机关为二者规定数额不同的定罪量刑标准，那么也就不可能将二者的受贿数额相加，因为二者具备了完全独立的数额标准及相应的定罪量刑幅度，按照受贿总额再予以定罪量刑已然没有可适用的标准。除了上述罪名之外，刑法中还规定了一些其他罪名，也是同一罪名多种入罪情形，这些入罪情形因立法的特殊规定也具有独立性，某一种情形不能被其他情形吸收，即使是犯罪数额也不能累加。

第二，依照上述标准进行具体判断。首先，对于行为人一次挪用行为用于多项用途且都已成立犯罪的情况，笔者认为可引入‘数罪并罚的处罚方法’。例如，行为人一次挪出公款5万元，其中1万元用于非法活动，营利活动和其他活动各使用2万元；又或者行为人一次挪出公款20万元，其中4万元用于非法活动，1万元用于营利活动，15万元用于其他活动。对于这种情况司法实践中如何处理，笔者咨询了承办过此类案件的北京市海淀区人民检察院杨崇华检察官，他介绍说他们的做法是将三种情况在起诉书中都列明，法院在判决书中也列明，不进行数额相加，量刑时比较三种类型的量刑高低。例如，在上述案例中，用于非法活动的数额已经达到‘情节严重’的标准，应判处5年以上10年以下有期徒刑，而营利活动型和超过未还型的犯罪数额只符合‘数额较大’的标准，应判处5年以下有期徒刑或拘役。这样一来，就在5年以上10年以下酌定量刑，挪用公款用于营利活动和其他活动的行为只作为酌定从重情节考虑。对此，笔者认为这一做法实在是不得已的选择，虽然承认了三种挪用类型自身的独立属性，但显然对被害人财产权益缺乏全面的保护，并且将用于营利活动或其他活动的事实作为非法活动型挪用资金罪、挪用公款罪定罪量刑的酌定从重情节，又显失公允，因为对非法活动型挪用资金罪、挪用公款罪的量刑只应考虑与之相关的情节，诸如因此公款被挪用造成被害单位的重大损失，又如挪用的公款是用来救灾抢险等，与之无关的其他使用公款的事实显然不应作为评价此种情形犯罪量刑轻重的情节考虑。笔者认为，既要承认三种入罪情形的独立属性，又要全面反映行为的社会危害性，全面保护被害人财产权益，实现罪责刑相适应原则，做到不枉不纵，引入‘数罪并罚的处理方法’应该是个可行的方法。我国刑法中的数罪并罚，是指人民法院对犯罪人在法定期间内所犯数罪分别定罪量刑后，依照刑法所规定的并罚原则决定应当执行的刑罚制度。数罪并罚的适用条件是一人犯有数罪和所犯数罪发生在法定期间内，以及不同种数罪。虽然非法活动型、营利活动型和超过未还型是挪用资金罪、挪用公款罪中的三种入罪类型，但这三种类型有独立的主客观要件和独立的追诉标准，因此可以视为不同的犯罪，并且行为人一次挪出分别用于三种用途与行为人分次挪用资金或公款用于三种用途并无实质不同，而数罪并罚的方法较之实践中以罪重的类型确定量刑幅度的方法和评价依据更为全面，也更为科学。我们来对比一下两种方法在量刑上的差别，如行为人一次挪用公款30万元，其中用于非法活动2万元，用于营利活动和其他活动各14万元，如果按照相加观点，依照任何一种用途的标准该数额都达到了‘数额巨大’或‘情节严重’，应当判处5年以上有期徒刑；如果依照上述实践中的做法，那么三种类型数额都未达到‘数额巨大’或‘情节严重’的标准，所以此种情形的最高量刑也仅为5年；而按照‘数罪并罚’的处理方法，总和刑期为15年，数刑中最高刑为5年，那么在5年至15年之间判处有期徒刑是较为合适的，更符合罪责刑相适应原则。这种方法同样可以在其他多种入罪情形的犯罪量刑中得到运用，如《刑法修正案（八）》新修订的盗窃罪，入户盗窃、携带凶器盗窃以及扒窃的情形应当与盗窃财物数额较大的情形一样适用数罪并罚的方法，在数罪最高刑以上总和刑期以下判处相应的刑罚，而不是将前者的财物数额累计入后者的财物数额之中，以数额大小决定刑罚幅度。此外，应当注意的是，营利活动型与超过未还型的数额标准一致，类似于受贿罪中的索贿型和收受贿赂型，因此只有在这两种情况出现并都构成犯罪时，犯罪数额才可合并计算，并可以此作为量刑的依据。例如，行为人挪用20万元分别用于营利活动和其他活动，每份数额都没有达到升格法定刑的标准，在计算时将两份数额相加作为量刑的依据更符合罪责刑相适应原则，但是在事实认定上仍然需要一一列明。其次，依照入罪情形独立性的观点，其部分或全部入罪情形数额没有达到刑事责任追诉数额起点的，原则上不应累计或相加到构成犯罪的情形中去。例如，用于非法活动4000元，用于营利活动5000元，用于其他活动5000元，或者用于非法活动1000元，用于营利活动和其他活动各4000元，虽然总额已达到定罪标准或一种情形达到入罪标准，但不能合并计算。有学者认为，对于用于非法活动和营利活动的（数额均未达到追诉标准——笔者注），只要‘超过三个月未还’当然可以包括在‘超过三个月未还型’挪用公款罪中，将这两种用途的被挪用的公款数额与之相加，是符合刑法第384条规定的。[①] 笔者不赞同此观点，理由仍然是挪用资金罪、挪用公款罪三种入罪情形的独立性主张，在此不再重复。

---

① 翁云卫：《挪用公款犯罪的数额认定》，载《华东政法学院学报》2004年第6期，第95页。

至于多次挪用公款用于不同用途的情况，与上述一次挪用行为多次用途的情况一样，数额计算的方法是：一是同种用途可累计计算；二是非法活动型与营利活动型、超过未还型不能累计计算，都成立犯罪的依照数罪并罚的方法量刑；三是营利活动型与超过未还型只有都成立犯罪，在量刑时才可合并计算，犯罪数额作为量刑依据，但仍要在事实部分一一列明；四是未成立犯罪的某种入罪情形不能将该情形数额累加到其他情形中去，如果三种情形数额都未达到追诉标准，同样不能累加。那种不分情形一概累加的观点，只能将不同性质的犯罪行为混同，同时在司法适用时无所适从。[①] 当然，即使是同一用途的累计计算也并不是没有问题，同一用途下的各次行为都成立犯罪的数额累计自然不存在问题，但每次数额都没有达到入罪标准，或其中有没有达到入罪标准的情况，如连续5次分别挪用2000元用于非法活动，不是出于一个概括的挪用故意，此时通说认为应当累计，如有学者认为‘为了单一的用途多次挪用公款，不论每次挪用数额是否达到立案标准，只要累计数额达到立案标准的，就应定罪处罚……多次挪用公款罪用于单一用途的数额计算是最简单的一种情况，几无争议’。[②] 对此，笔者并不敢苟同，如果不是徐行犯、连续犯，笔者找不出可以累计计算的理由和深层次的理论依据。接下来第二个问题是累计计算的时间跨度到底有多大，是一年、两年，还是五年、十年。第三个问题是已经给予行政处罚的违法行为数额是否还累计计算，累计计算的理由是什么，不累计计算的原因又是什么？这些问题显然不是一句

---

① 有研究者在是否累加计算问题上，对多次挪用公款的数额计算不论何种入罪情形，也不论每种入罪情形数额是否达到入罪标准，还不论数额是“数额较大”还是“数额巨大”，一概累加，以累加的数额作为多次挪用资金、公款定罪处罚的依据。参见刘金林、于书峰：《多次挪用公款的数额计算》，载《中国刑事法杂志》2005年第1期，第65页。

② 刘金林、于书峰：《多次挪用公款的数额计算》，载《中国刑事法杂志》2005年第1期，第64页。

话两句话能说得清的，其也是诈骗罪、抢夺罪、敲诈勒索罪等侵犯财产类犯罪的共性问题，限于篇幅和文章主题在此不再展开，留待之后再作研究。”

运用数罪并罚的方法解决挪用资金罪、挪用公款罪的定罪量刑问题，会引发下列问题：一是量刑可能会过重，显失公平。例如，分别挪用公款1万元用于非法活动、营利活动和其他活动，运用数罪并罚方法量刑的幅度便是5年以上15年以下有期徒刑，而事实上无论是挪用3万元公款用于非法活动还是用于营利活动和其他活动，最高刑罚也不过5年有期徒刑，数罪并罚显然会使量刑过重。二是对因数额未达到入罪标准而均不成立犯罪的情况，运用数罪并罚方法难以处理，而对入罪情形独立性的绝对坚持也会带来此种情形的绝对非犯罪化，这显然也是不合理的。例如，行为人一次挪用公款2万元，4000元用于非法活动，8000元各用于营利活动和其他活动，依照数罪并罚原则无法处理，坚持入罪情形的绝对独立势必又会使该行为得不到刑法追究。挪用公款2万元用于非法活动或营利活动或其他活动等单一活动的应当依法追究刑事责任，用于不同活动则不能追究，这显然是不公平的，也是不合理的，毕竟后者与前者相比，犯罪对象同一，对被害人的实质侵害也同一。

对这一问题的分析和出路，笔者认为：

首先，挪用资金罪、挪用公款罪三种入罪情形具有独立性特征，同时实质意义上的数额犯属性决定了对数额合并计算的可能。

在坚持同一罪名下不同入罪情形独立性的同时，也要在其中发现一致性。同一罪名下不同入罪情形因要素、内容不同而具有独立性特征，彼此独立，不能将此种情形作为彼种情形定罪和量刑的条件或情节。例如，2011年2月25日通过的《刑法修正案（八）》第39条除保留数额较大、多次盗窃等盗窃罪传统入罪情形之外又增加了入户盗窃、携带凶器盗窃、扒窃等情形，这些情形都具有自身入罪的独立性，盗窃犯罪行为人一次盗窃财物数额较大，一次携带凶器盗窃的，无论后次盗窃数额多少都不应作为数额标准考察的内容算人最后盗窃总额之中。挪用资金罪、挪用公款罪中的三种入罪情形同样具有这种独立性，只不过从实质上看这三种情形在入罪标准上都采用了数额标准形式。虽然立法者将挪用资金罪、挪用公款罪规定为三种入罪情形或行为表现，且从形式上看非法活动型属于行为犯，营利活动型和超过未还型属于数额犯，但是司法解释为非法活动型挪用资金罪、挪用公款罪设定了数额入罪标准，这实际上就使非法活动型挪用资金罪、挪用公款罪由立法上的行为犯变为司法上的数额犯，从形式上的行为犯变为实质上的数额犯。如此一来，数额多少俨然成为挪用资金罪、挪用公款罪三种入罪情形的定罪量刑标准，挪用资金或公款数额的多少便成为衡量和评价三种行为表现社会危害性程度的唯一标准，这就是三种入罪情形的一致性或相同之处，这也使得挪用资金罪、挪用公款罪从实质上归属于数额犯。如果没有这种一致性，类似于上述盗窃罪的多种情形，既有数额犯又有行为犯，也只能依照数罪并罚的方法进行处理，而不能再将数额折抵或合并计算作为定罪量刑的依据。挪用资金罪、挪用公款罪从本质属性看属于财产犯罪，犯罪对象数额的多少直接决定着行为危害性程度的大小，因此所挪用赃款数额的多少才是衡量和评价挪用犯罪行为的唯一标准。因此，准确确定和计算犯罪对象数额的多少才是解决挪用资金罪、挪用公款罪三种入罪情形之间关系以及准确定罪量刑的关键。

其次，司法解释对挪用资金罪、挪用公款罪三种入罪情形数额标准的规定，使得只能将不同情形下的数额进行换算或折抵。司法解释对于挪用资金罪、挪用公款罪三种入罪情形轻重不同追诉标准的规定，从根本上源于立法上对三种不同入罪情形要件的规定及社会危害程度的评价。刑法第 272 条第 1 款、第 384 条第 1 款规定挪用资金、公款用于非法活动的没有数额较大的要求，而用于营利活动的没有超过三个月的要求。鉴于立法的这种规定，《最高人民法院关于审理挪用公款案件具体应用法律若干问题的解释》第 3 条规定："挪用公款归个人使用，'数额较大、进行营利活动的'，或者'数额较大、超过三个月未还的'，以挪用公款一万元至三万元为'数额较大'的起点，以挪用公款十五万元至二十万元为'数额巨大'的起点……'挪用公款归个人使用，进行非法活动的'，以挪用公款五千元至一万元为追究刑事责任的数额起点。挪用公款五万元至十万元以上的，属于挪用公款归个人使用，进行非法活动，'情节严重'的情形之一。挪用公款归个人使用，进行非法活动，情节严重的其他情形，按照本条第一款的规定执行。"《最高人民检察院、公安部关于经济犯罪案件追诉标准的规定》第76条规定："公司、企业或者其他单位的工作人员，利用职务上的便利，挪用本单位资金归个人使用或者借贷给他人，涉嫌下列情形之一的，应予追诉：1. 挪用本单位资金数额在一万元至三万元以上，超过三个月未还的；2. 挪用本单位资金数额在一万元至三万元以上，进行营利活动的；3. 挪用本单位资金数额在五千元至二万元以上，进行非法活动的。"所以，既然上述司法解释对非法活动型挪用资金罪、挪用公款罪的入罪标准规定低于营利活动型和超过未还型挪用资金罪、挪用公款罪，那么将前者以一定比例进行折抵或者换算，进而将折抵或换算来的数额与后者数额相加并作为营利活动型和超过未还型挪用资金罪、挪用公款罪的数额评判标准，进而作为多次挪用或一次挪用分别使用情形定罪量刑的依据。

再次，因各地具体追诉标准的不同，折抵率只能依照各地标准具体确定。虽然司法解释确定了挪用资金罪、挪用公款罪追究刑事责任的数额起点，但只是一个界限幅度，并未明确一个具体统一的数额标准，而具体标准交由各地掌握和确定。从司法解释规定的数额幅度我们难以得出一个统一具体的折算率，只能寄希望于各地方具体的数额标准。以北京为例，营利活动型和超过未还型挪用资金罪的追诉标准是3万元，非法活动型挪用资金罪的追诉标准是1万元。依照这种比例，如果行为人挪用3万元用于营利活动和其他活动，挪用1万元用于非法活动，那么将用于非法活动的1万元换算成用于营利活动和其他活动的3万元，实际以行为人挪用6万元在营利活动型或超过未还型挪用资金罪定罪量刑幅度内定罪处罚。这种换算实际上体现了将公款或资金用于非法活动的实际社会危害程度，如果以挪用4万元定罪处罚则不能与犯罪行为的社会危害程度相适应，也与行为人所应承担的刑事责任不能相适应。这种折抵或换算方法实际上也比以一种情形定罪处罚、其他情形作为酌定从重量刑情节的处理方法更为合理。

最后，用折抵或换算方法可以有效解决之前提出和讨论的各种问题。一是三种情形都成立犯罪的定罪量刑问题，二是三种情形都因数额不成立犯罪的定罪量刑问题，三是三种情形有因数额不成立犯罪的定罪量刑问题，等等。这些问题都可以通过折抵或换算的方法进行解决，将挪用公款、资金用于非法活动的行为社会危害性通过数额多少表现出来，进而在定罪量刑上反映出来。

（三）以后次挪用归还前次的数额问题

对于多次挪用公款的数额计算，1998年发布的《最高人民法院关于审理挪用公款案件具体应用法律若干问题的解释》第4条作了一些规定。该条规定："多次挪用公款不还，挪用公款数额累计计算；多次挪用公款，并以后次挪用的公款归还前次挪用的公款，挪用公款数额以案发时未还的实际数额认定。"因多次挪用公款的数额计算问题本节上述部分已经展开论述故在此不再赘言，这里着重讨论该条规定中的另一问题——以后次挪用归还前次的数额计算问题。对于这一规定，学界形成两种截然相反的意见，支持与反对的都大有人在。目前学界持反对意见的占主流，形成众多观点。累计说反对最为彻底，认为以后次挪用的公款归还前次挪用的公款的，也应累计计算挪用公款的数额，而不能以案发时实际未还的数额认定。"由于其前期挪用行为一旦挪用就可以认定其暂时使用的目的已经实现，故即使其通过后期挪用行为获得的钱款来抵偿前期挪用行为形成的欠款，也无法补偿或者抵消其前期挪用行为的社会危害后果，因此，其挪用数额应当累计计算。"① 末次说认为应当以末次挪用的实际数额认定挪用公款罪的数额，多次挪用公款及案发前已部分或全部归还的情节，在量刑时予以考虑。② 具体分析说认为应根据各种具体不同的情况区别对待，不能笼统地加以规定。依照这种观点，多次挪用公款进行非法活动或营利活动，数额较大，以后又挪用公款来归还前次挪用的公款，至案发时，挪用的公款全部归还的，应当按照其用于上述活动的公款数额，依法追究其刑事责任；如果后次挪用的数额超过前次挪用的公款，则应当按照前次挪用的数额加上后次挪用尚未归还的数额来定罪处罚；多次挪用公款用于个人生活消费，数额较大，以后又挪用公款来归还前次挪用的公款，各次挪用的时间应分别计算。③ 此外还有其他观点。也有学者对该条规定提出了支持意见。一种意见认为该解释第 4 条仅指"以后次挪用公款归还前次挪用公款，至案发时未归还"的情形。"行为人……前清后欠直到案发，不可能全部还清，肯定有未归还的部分……此时未归还的公款数额是行为人实际占用的公款数额，因而以案发时未还的实际数额认定是恰当的。《解释》第 4 条的规定是合理的、恰当的。"④ 另一种意见也认为，只有当前次挪用的公款与后次挪用用于归还的数额产生差额时，并且在案发时仍未归还的，才能认定为其实际挪用公款的数额。⑤

---

① 张伟：《数额犯若干问题研究》，载《中国刑事法杂志》2010 年第 3 期，第 57 页。

② 刘金林、于书峰：《多次挪用公款的数额计算》，载《中国刑事法杂志》2005 年第 1 期，第 65 页。

③ 王作富：《挪用公款罪司法认定若干问题研究》，载《政法论坛》2001 年第 4 期，第 86 页。

④ 刘金林、于书峰：《多次挪用公款的数额计算》，载《中国刑事法杂志》2005 年第 1 期，第 66 页。

⑤ 龚培华：《挪用公款罪若干问题研究》，载《犯罪研究》2001 年第 3 期，第 14 页。

在对这一规定进行评价之前，应先从应然意义上看一下以后次挪用归还前次挪用数额的数额计算以及犯罪认定问题。从应然意义上看，行为人以后次挪用数额归还前次挪用数额的，依照用途的不同，前次挪用行为可以分为用于非法活动或营利活动型和用于超过未还型两种情况。首先来看第一种情况，前次挪用是将公款用于非法活动或营利活动。如果数额达到入罪标准，那么犯罪已然成立，事后归还所挪用的公款也只是行为人应当履行的义务，不应认为行为人将前次挪用的公款归还便不具备犯罪性，否则这样一来行为人以后次贪污的财物归还前次贪污的款物以掩盖前次贪污的事实，便否定前次的贪污行为性质和犯罪成立，这显然是不合理的。并且，归还所挪用的公款本身就是挪用人应尽的义务，并不能因此而否定已经成立和既遂的犯罪事实的存在。因此，最后的处理应当是非法活动型或营利活动型挪用公款罪与超过未还型挪用公款罪（如果后者构成犯罪）一并追究。如果用于非法活动或营利活动的数额没有达到入罪标准，那么用后次挪用的公款归还前次的，便只能看后次挪用的数额是否达到超过未还型挪用公款罪的入罪标准，如果达到依然应当追究后罪的刑事责任。如果后次是指多次，那么以概括故意实施的多次挪用应累计计算数额，当然所累计的数额都要符合“三个月未还的条件”。其次，第二种情况是前次所挪用的公款用于其他活动。如果前次行为人将公款用于其他活动成立犯罪，以后次挪用的公款进行归还，如果后次所挪用的公款用于其他活动且成立犯罪，那么从应然意义上看应当累计计算所挪用的数额，而不是以案发时未还的实际数额认定，反之如果后次所挪用的公款用于其他活动不能成立犯罪的，不应累加计算。如果后次所挪用的公款用于非法活动且成立犯罪的，应运用换算方法计算犯罪数额，而用于营利活动型因与超过未还型挪用公款罪入罪和量刑标准相同，可累加计算数额。

从实然意义上看《最高人民法院关于审理挪用公款案件具体应用法律若干问题的解释》中的规定。没有该司法解释的规定，依照犯罪构成理论和合理性价值要求，以后次挪用公款归还前次挪用公款的数额认定会得出应然意义的结论，即上述结论。该司法解释如此规定，显然是出于刑事政策的考虑，促使行为人早日归还单位被挪用的公款，同时考虑到行为人最后真正控制和使用的是案发时未归还的实际数额，单位最后被侵害的也只是这些数额，所以才以案发时未归还的数额来计算犯罪数额。对此，笔者认为即使是出于刑事政策的考虑，也应当符合最基本的原则和规律以及最基本的合理性。用于非法活动和营利活动的，属于数额行为犯，只要数额达到入罪标准便已然成立犯罪，日后归还的本来也是挪用犯罪的应然内容，况且非法活动型和营利活动型犯罪行为人的主观恶性和行为的社会危害性都相对于超过未还型要大，并且采用再一次挪用公款的方式归还之前所挪用的公款，实质上又对单位公款所有权进行了一次侵害，理应分别定罪处罚。前次挪用公款用于其他活动的与上述情形类似，我们反对客观归罪，也不赞同客观消罪；反对司法造法，更不赞同司法废法，否则便是对犯罪行为的放纵，对犯罪行为人的纵容，对立法权威的破坏，将更不利于国家公款所有权的保护。因为刑法已然在法定刑设置上考虑了挪用行为与贪污、职务侵占行为的差异性，已在法定刑设置上有所“衡平”，所以完全没有必要再在司法层面为一时的功利“破法”，否则势必最终导致“法破”的结局。刑法之父贝卡里亚曾经说过，刑法的本质不在于刑罚的严厉性，而在于刑罚的不可避免性。同时，挪用公款罪的实行行为是“挪”而不是“用”，对国家公款法益侵害的行为也是“挪”，只要有“挪”的行为和事实已然足够，现实侵害后果已然发生，不论事后是否归还都是无法被抹杀的，而新的挪用又将是一次新的违法犯罪行为。因此，我们只能最狭义地理解该司法解释的含义，即只能指这种情况——前次都不成立犯罪，后次挪用归还前者，以案发时未还的实际数额认定——而不能作广义的理解，这也符合罪刑法定原则和罪责刑均衡原则。当然实践中无论是挪用了三次、四次还是八次、十次，都应当按照上述原则结合同类数额累计的原则认定和处理。例如，行为人第一次挪用公款 10 万元用于个人消费，后每次挪用 1 万元归还 10 万元，共计 10 次，此时如每次都超过三个月则将后者累计为 10 万元，再与前者累计后定罪量刑。若 10 次挪用 1 万元的行为中最后几次没有超过三个月，则按超过三个月的数额累计。

基于挪用资金罪与挪用公款罪在客观方面、主观方面的同一性，上述观点和处理意见同样适用于挪用资金罪的后次挪用归还前次的数额和犯罪认定。

第三节 自然人挪用犯罪的不退还和转化犯问题

自然人挪用犯罪是一类以非法使用为目的的犯罪类型，日后归还是行为人主观意图中的应然内容，而客观上还与不还以及不退还的原因最终影响到犯罪的成立与否以及量刑的轻重甚至犯罪性质的转化。因此，还与不还以及不退还的原因问题也就成为立法者和司法者重要的考察对象，成为自然人挪用犯罪研究中不可回避的问题。对这一问题的理解和认识不同以及对立法和司法相关规定的理解和认识不同不仅将最终决定自然人挪用犯罪的成立与否、量刑轻重、犯罪性质的转化，更将决定自然人挪用犯罪的立法和司法能否符合罪刑法定和罪责刑相适应的原则，符合刑法最基本的公平正义。基于此，在考察自然人挪用犯罪不退还和转化犯相关规定之后，借助犯罪构成理论和转化犯原理对退还与不退还以及不退还原因的刑法意义进行反思和重新审视，以试图重新理解退还与否的刑法价值，重新界定转化犯的条件和情形。

一、不退还和转化犯的规范轨迹及演变

鉴于挪用资金罪、挪用公款罪是区别于职务侵占罪、贪污罪等以非法占有为目的的非法使用型犯罪，因此立法者和司法者一直以来都将资金或公款的退还与否作为认定犯罪成立、量刑轻重甚至犯

罪性质是否转化的重要内容进行规定，还与不还在立法和司法上都具有特殊的刑法意义。

在挪用公款罪立法之前，司法机关已经注意到了退还与否的司法意义。中国工商银行发布的《关于中国工商银行系统工作人员经济违法犯罪案件的处理意见》规定："挪用银行各项费用用款，供个人使用，超过六个月不还或挪用公款进行非法活动的，以贪污论处。私自动用银行库款、营业款和金银的，从动用时起，就以贪污论处。"从该规定看，行为人在 6 个月内退还所挪用的公款便不成立犯罪，如在 6 个月内不退还便成立贪污罪，用于非法活动的不论是否归还都以贪污罪论处，这种模式一直延续至今。1985 年发布的《最高人民法院、最高人民检察院关于当前办理经济犯罪案件中具体应用法律的若干问题的解答（试行）》，对归还与否的性质和意义进行了较为全面的解答，即"首先应区别是否归还。如果归还了，则性质是挪用，除刑法第一百二十六条规定应判刑的外，一般属于违反财经纪律，应由主管部门给予行政处分。如果不归还，在性质上则是将国家和集体所有的公共财产转变为私人所有，可以视为贪污。但确定挪用公款是否归还、是否构成贪污在时间上需要有一个期限，在金额上需要达到一定数量"。该解答同时根据公款具体使用用途的不同融入一些道德因素而赋予归还不同的司法意义，即"挪用公款归个人使用，超过六个月不还的，要根据每个案件的具体情况，具体分析。例如，挪用公款供个人（包括本人或借给他人）进行营利活动，或者挥霍享受等，金额达到追究贪污罪刑事责任的数量，超过六个月未还的，应以贪污罪论处。如果因家庭生活困难、为亲人治病等原因，挪用公款归个人使用，虽然金额已达到追究贪污罪刑事责任的数量，但被发现前已归还，或者确实准备归还，而暂时尚未归还的，可不以贪污罪论处；由主管部门追回挪用公款，并酌情予以行政处分"。随即最高人民法院、最高人民检察院就将案发后归还公款酌情可不以贪污罪论处的司法意见推向一般化。1987 年 3 月 14 日发布的《最高人民法院、最高人民检察院“关于挪用公款归个人使用或者进行非法活动以贪污论处的问题”的修改补充意见》规定：“（一）……挪用时间虽已超过六个月，但在案发前（指被司法机关、主管单位或者有关单位发现前）归还的，一般不以贪污罪论处。（二）挪用公款归个人使用，数额巨大……在案发前归还，给国家和集体造成损失不大的，一般不以贪污罪论处。（三）挪用公款供个人进行投机倒把、走私、赌博等非法活动……在案发前归还的，可以从轻、减轻处罚；其中挪用时间较短，危害不大的，也可以免除处罚……”从挪用公款罪正式立法之前的司法解释规定看，司法者已然注意到了归还与否在挪用公款行为处理上的定罪与出罪意义，案发后归还被认为是一种从轻的情节，一种出罪的酌定情节，而案发时不退还的使行为性质发生了变化，在性质上则是将国家和集体所有的公共财产转变为私人所有，行为性质也由挪用变为贪污，应当说这是将挪用公款不退还按照贪污罪论处的最早规定。

挪用公款罪、挪用资金罪被正式立法之后，归还与否的刑法意义有所转变，不退还的转化犯规定也由此出现。在挪用公款罪被正式立法之前，挪用公款行为以贪污罪论处，因此不存在转化犯的问题，同时在案发前退还所挪用的公款被认为是出罪的一般性酌定情节。在挪用公款罪以及挪用资金罪正式立法之后，不退还逐渐开始被认为是从重量刑的情节，而在案发后退还类似于盗窃后的归还被作为普通量刑情节考虑，不再作为一般性的出罪情节考虑。1988年通过的《全国人民代表大会常务委员会关于惩治贪污罪贿赂罪的补充规定》首次将挪用公款行为单独立法化，并首次规定了挪用公款转化为贪污罪的情形。该补充规定认为，挪用公款数额较大不退还的，以贪污论处。1989年印发的《最高人民法院、最高人民检察院关于执行〈关于惩治贪污罪贿赂罪的补充规定〉若干问题的解答》对归还问题进行了一些说明。该解答认为，“‘未还’是指案发前（被司法机关、主管部门或者有关单位发现前）未还、如果挪用公款数额较大，超过三个月后在案发前已全部归还本息的，可不认为是犯罪，由主管部门按政纪处理；挪用公款在五万元以上，超过三个月后，虽在案发前已全部归还本息，只要属于依法应予追诉的，仍应按挪用公款罪追究刑事责任，可以视不同情况，从轻或者减轻处罚”。与之前案发前归还被大多作为出罪或从轻情节的规定不同，案发前归还开始被认为是普通从轻情节，即使案发前归还的，追究刑事责任是原则，不追究刑事责任是例外。而对于挪用公款转化为贪污罪的问题，该解答认为，“首先，退还是指挪用人或其家属在司法机关立案后将挪用款交换。不退还，既包括主观上不想还的，也包括客观上不能还的。不退还，使被挪用的这部分公款遭到不可弥补的损失，这种行为应‘以贪污论处’，定为贪污罪”。同时进一步指出，“在适用《补充规定》第三条时，应按照以下界限掌握：1. 挪用公款案发后，侦查终结前退还的，以挪用公款罪认定处罚。2. 挪用公款后，有退还能力而拒不退还的，或者将挪用的公款用掉，实际上已无退还能力的，以贪污罪认定处罚。3. 在一案中，挪用的公款一部分已退还，另一部分未退还的，如果二者均已达到犯罪数额，前者定挪用公款罪，后者定贪污罪，按数罪并罚的原则处罚。不退还的数额未达到追究贪污罪起刑数额的，不定贪污罪，以挪用公款罪从重处罚。退还的数额未达到追究挪用公款罪起刑数额的，不定挪用公款罪，只在定贪污罪时作为一个情节考虑”。该解释确立了以下原则：一是案发时是否退还在认定犯罪是否成立上具有决定意义；二是案发时没有退还，不论是主观不想退还还是客观不能归还都转化为贪污罪。1995 年通过的《全国人民代表大会常务委员会关于惩治违反公司法的犯罪的决定》首次将挪用资金行为犯罪化和立法化。该决定第 11 条规定：“公司董事、监事或者职工利用职务上的便利，挪用本单位资金归个人使用或者借贷给他人，数额较大、超过三个月未还的，或者虽未超过三个月，但数额较大、进行营利活动的，或者进行非法活动的，处三年以下有期徒刑或者拘役……” 对于挪用单位不退还的问题，规定依照该决定第 10 条规定的侵占罪论处。这显然与挪用公款罪的转化犯规定一致。

1997 年刑法修改后，挪用公款罪、挪用资金罪中的不退还被正式作为法定从重量刑情节评价，转化犯情形范围被大大缩小，转化犯的认定也由立法司法规定转入刑法理论和司法实践。现行刑法第 384 条规定的挪用公款罪与之前规定相比，一个重要的不同点便是将不退还作为从重量刑的情节，并没有在立法上规定挪用公款罪的转化犯，即“挪用公款数额巨大不退还的，处十年以上有期徒刑或者无期徒刑”，反倒是司法解释对不退还的内涵和挪用公款罪的转化犯情形进行了规定。1998 年发布的《最高人民法院关于审理挪用公款案件具体应用法律若干问题的解释》第 5 条规定，“挪用公款数额巨大不退还的”，是指挪用公款数额巨大，因客观原因在一审判决前不能退还的。第 6 条规定，携带挪用的公款潜逃的，依照贪污罪定罪处罚。而即使归还也不再具有出罪的一般意义，如该解释第 2 条规定：“……（二）挪用公款数额较大，归个人进行营利活动的，构成挪用公款罪，不受挪用时间和是否归还的限制。在案发前部分或者全部归还本息的，可以从轻处罚；情节轻微的，可以免除处罚……”与挪用公款罪相同的是，挪用资金罪在立法上也没有规定该罪行为人不退还的转化犯情形，只是将不退还作为从重量刑情节予以法定，即现行刑法第 272 条规定的“挪用本单位资金数额巨大的，或者数额较大不退还的，处三年以上十年以下有期徒刑”。同时司法机关在适用上也没有以司法解释的形式规定“携带挪用的资金潜逃的，以职务侵占罪或侵占罪处罚”。这样一来，挪用公款罪、挪用资金罪的转化犯问题也由法定走向非法定、统一走向非统一，同时交由学者讨论，实践中司法工作者依照犯罪构成原理和转化犯理论自由裁量。

二、对不退还与转化犯规定的学理论争及发展

刑法学界对于挪用公款罪以及挪用资金罪不退还和转化犯认识和理解的论争源于立法规定和司法解释，所以以 1997 年刑法修改

为基点，可以将这种论争分为两个阶段。

第一个阶段是自1988年至1997年，刑法学界主要对挪用公款不退还转化为贪污罪规定的理解与批判。对立法规定和司法解释对于挪用公款不退还以贪污罪论处的规定，不乏支持者，一种观点认为，挪用公款不退还行为，无非有两种情况，一是行为人客观上有退还能力，但主观上根本不打算退还；二是行为人由于客观上没有退还能力，于是主观上不打算退还。无论哪种情况，行为人所侵害的直接客体都已不是社会主义经济秩序，而是由此客体转化为公共财产所有权，犯罪的主观方面由故意侵害公共财物使用权转化为故意占有公共财物，使表现为挪用公款的犯罪行为侵害的客体同贪污罪的犯罪客体相同。① 另一种观点认为，“不退还”有两种情况：一是有能力退还而拒不退还，反映了行为人主观上发生了变化，由原先挪用之意，变为占有之意，以贪污论处无可非议；二是客观上不能还，是指不论其主观上是否想归还，终因挥霍或者经商赔本等原因，造成没有能力退还。前者体现出其主观上发生了变化想把挪用的公款占为已有，后者是由于客观原因造成事实上被挪用的部分公款遭到了不可弥补的损失，从而转化为贪污罪。② 从支持者的观点可以看出其出发点是法益保护的角度，不论行为人最终是非法所有了公款还是使公款灭失并无力归还都造成了国家财产的损失，应当从重处罚，所以“在无力退还的结果发生的情况下，以贪污论处，是符合我国刑法主客观相一致的原则的”。③ 然而，大多数学者和司法工作者对该立法规定和司法解释还是有所批评和诟病的，

① 杨志粤：《谈挪用公款以贪污罪论处的问题》，载《当代法学》1989年第4期，第51页。

② 李金庚：《论挪用公款不退还的贪污罪的认定》，载《法律适用》1993年第10期，第35页。

③ 李果：《关于挪用公款转化为贪污罪的探讨》，载《法学家》1990年第1期，第33页。

主要形成三种观点。一是主观不退还说，又称为限制说，该观点认为不退还的转化犯只限于主观不退还，“因为贪污罪与挪用公款罪最根本的区别就在于主观方面，前者有非法占有的目的，无归还之意；后者无非法占有的目的，有归还之意。如果行为人动用公款时就不想归还，或者动用之后，情况发生了变化，不想归还，产生了非法占有的目的，就完全具备了贪污罪的构成要件，其性质本来就是贪污，而不是挪用公款不退还”。这种观点和理由也成为1997年刑法修改后的通行观点和理由。二是修正说，该观点认为不能将挪用公款以后，不问出于何种原因不能退还的都以贪污论处，而要具体问题具体分析，即：（1）挪用公款进行非法活动或营利活动或者用于生活、挥霍，三个月或更长的时间，发案时尚未归还，只要有归还能力，一般都不应定贪污罪，而应定挪用公款罪，因为这种情况下要认定其不打算归还是很困难的。（2）挪用公款数额较大甚至巨大，大肆挥霍，长期不还，也没有能力归还，一般应按贪污罪处理。因为这种事实已足以证明其主观上不打算归还。（3）挪用公款数额较大，原准备归还，但因某种客观上的原因致使没有能力归还，如自然灾难，挪用公款给他人使用后被他人骗走等，如果没有证据证明挪用人主观上决意要占有公款，应按挪用公款罪论处，从重处罚。（4）挪用公款后，发案时有条件归还而拒绝归还，或者弄虚作假，掩盖挪用事实，逃避归还义务的，应按贪污罪论处。[①] 显然，这一观点更多的是从现实角度得出的结论，内容具体但难以得出一般性的结论。三是转化犯完全否定说，该种观点认为“客观上不能还的”以贪污论处，完全是“客观归罪”，因为行为人只有挪用的故意，而非非法占有的故意，“客观上不能归还”，是行为人意志以外的原因造成的；而“主观上不想归还”以贪污论处，是“主观归罪”，因为缺少贪污罪成立的其他构成要件。同

---

① 王作富、桑红华：《挪用公款罪问题研究》，载《法学》1993年第2期，第33页。

时这种观点认为，挪用公款不退还以贪污论处的并不是转化犯，因为都没有把犯罪手段的改变作为转化的条件，因此挪用公款不退还以贪污论处的规定违反犯罪构成的基本理论。[①] 应当说，这种观点虽然只是一家之言，但因符合犯罪构成理论，并切中挪用公款不退还以贪污论处的要害，因此引人深思。

第二个阶段是自1997年至今，主要围绕主观不想归还，挪用公款罪能否转化为贪污罪的论争。1997年刑法没有延续挪用公款不退还以贪污罪论处、挪用资金不退还以职务侵占罪论处的立法传统，而是采纳了完全否定说的意见，将挪用公款或资金不退还规定为法定从重量刑情节。而最高司法机关在司法适用中却采纳了限制说的主张，将挪用公款罪中的“挪用公款数额巨大不退还”界定为“客观原因不退还”，并同时以司法解释的形式对携带挪用的公款潜逃的规定以贪污罪定罪处罚。对此规定，刑法学界几乎所有学者都持肯定态度，认为挪用公款转化为贪污罪只限于主观不想退还。“无论从理论上还是从实践中看，挪用公款后行为人在主观上改变原先的暂时动用公款而后归还的主观故意，而代之以永久占有挪用的公款的故意，并在客观上非法占有了已被挪用的公款的情况是存在的，这是一种主客观相统一的贪污犯罪行为，理应按照贪污罪处理。”[②] 也有学者持反对意见，认为新刑法取消挪用转贪污的规定，在司法解释中只将挪用公款后携款潜逃一种情况按贪污处理，不利于打击和遏制该类犯罪，这样做太过轻率，是由一个极端走向另一个极端。其弊端在于：一是立法并未明确不退还仅限于客观不退还，司法解释有越权之嫌；二是司法实务中犯罪嫌疑人的犯意并不是那么泾渭分明，一味刻意强调办案人员的办案能力来解决

---

① 唐伯荣：《挪用公款不退还以贪污论处质疑》，载《法学研究》1995年第3期，第71～73页。

② 游伟、徐虹：《科学界定“挪用公款不退还”与“挪用转化为贪污”》，载《福建政法管理干部学院学报》2001年第2期，第15页。

此类问题而忽视立法上的漏洞显然是不妥的；三是忽视了我国新形势下发生的一系列的、大量的、新的犯罪情形中，犯罪行为人当时所持的心态以及给国家和社会带来的巨大危害后果。最后得出结论，具有下列情形的，在提起公诉前未退还的，应当认定具有“非法占有公共财物”的故意，按照贪污罪定罪处罚：（1）携带公款潜逃的；（2）挥霍公款，致使公款不能退还的；（3）使用公款进行违法犯罪活动（包括进行赌博或者从事毒品犯罪活动），致使公款不能退还的；（4）使用公款进行股票、期货等高风险投资，致使公款不能退还的。[①] 可以看出反对意见是1997年之前修正说的翻版，是对1997年刑法修改之前立法规定和司法解释的坚持，因此只是个别人的意见，但又因此种意见源于对司法实践中现实情况的了解和反思，应当说具有一定的现实意义。

肯定观点在两个问题上产生了分歧。

1. 在对是否需要贪污客观行为问题上形成不需要说和需要说

前者认为，行为人只要主观上由非法使用目的变为非法占有目的，就成立贪污罪，而不需要真实客观的贪污行为。“在挪用公款不想归还的情况下，行为人把本来应该还的公款占为己有，拒不归还，这本身就是一种不折不扣的侵吞行为。在这里，根本就不必要求行为人要有‘把挪用公款的情况从账面上消除’的行为。”[②] 这种观点是刑法学界的主流观点。后者认为不仅要有主观不归还的犯意转变，客观上还要有贪污的具体行为。“这种挪用公款犯罪向贪污罪的转化是主客观两方面的转化，主观故意需要有客观行为来体现，客观后果与主观故意又必须存在因果联系。也就是说，要确认行为人的犯罪故意已从暂时挪用转化为直接占有，必须有诸如

① 叶建勇：《新刑法在挪用公款罪设立中存在的弊端》，载《国家检察官学院学报》2002年第S1期，第55～56页。

② 吴平：《挪用公款不退还行为的定性之我见》，载《浙江师范大学学报》（社会科学版）1998年第3期，第13页。

‘携款潜逃’等客观行为去体现这种转化，且公款不能退还的后果必须是行为人不想归还并希望永久占有的结果。”[①]“在挪用公款罪转化为贪污罪的问题上，只要行为人挪用公款后的行为发生了变化，符合刑法第382条规定的关于贪污罪的构成条件，刑法适用者就可以对行为人以贪污罪处罚。但是，以行为人不归还挪用的公款，或者以所挪用公款的去向、用途来证明行为人的主观目的由暂时非法占有转化为永久非法占有，是不充分的……”[②]

2. 对于司法解释中“携带挪用的公款潜逃的，以贪污罪论处”的规定是否是转化犯规定的问题

肯定说认为，将挪用的公款携带潜逃，说明行为人没有归还公款的打算，形式上是占用，实际上是“占有”，符合贪污罪的条件，因而这一解释是合理的。[③] 同时认为该司法解释可以成为转化犯成立的“法定根据”，携带挪用的公款潜逃的，以贪污论处，这就是以司法解释作为基本依据而成立的转化犯。否定观点的理由主要有：一是转化犯应由立法规定，司法解释无权规定转化犯；二是凡是挪用公款后潜逃的一律以贪污罪定罪处罚，有客观归罪之嫌；三是“潜逃”内涵极为模糊，在适用上缺乏可操作性；四是会因潜逃与否导致不公平的局面。[④] 除此之外，否定说还有其他理由，如“在挪用公款拒不归还的情况下，挪用公款的行为早已经既遂，已经没有转化成贪污罪的可能了。因此，把拒不归还被挪用公款的

---

① 游伟、徐虹：《科学界定“挪用公款不退还”与“挪用转化为贪污”》，载《福建政法管理干部学院学报》2001年第2期，第15页。

② 郑厚勇：《挪用公款罪转化为贪污罪的条件》，载《武汉大学学报》（哲学社会科学版）2005年第4期，第558页。

③ 孙国祥著：《贪污贿赂犯罪疑难问题学理与判解》，中国检察出版社2003年版，第265页。

④ 孟庆华著：《挪用公款罪研究新动向》，北京大学出版社2006年版，第202～203页。

贪污行为看成是由挪用公款转化而来是不恰当的”。[①] 肯定说仍然是目前通行的看法。

三、对不退还、转化犯相关规定及学理论争的评析

从我国挪用公款不退还而转化为贪污罪的历次规定来看，实质上是挪用公款罪与贪污罪之间关系的不断梳理，是对挪用公款行为与贪污行为性质和本质认识不断深化的过程，而学界立足立法规定和司法解释，在解读理解的同时又从法理角度提出不断完善的修正意见，从而反过来推动了挪用公款罪和贪污罪立法和司法的完善。从演变轨迹来看，挪用公款罪是从贪污罪分离出来的罪名，以区别于将国家财物非法占有的贪污行为，这就使得挪用公款罪与贪污罪在立法和司法上都保持了较为密切的联系，体现在挪用公款不退还问题处理上便是由最开始的一概以贪污论处到后期“主观不归还”的才以贪污论，由将所挪用公款因客观原因不退还以贪污论到作为升格法定刑情节，排除了客观归罪的情形，体现了人们对挪用公款行为与贪污行为性质和本质认识的不断深化，反映了我国刑事法制的进步，也彰显了我国刑法理论的不断成熟。但是，应当说目前这种认识并未深入彻底，立法和司法上的规定仍有值得商榷之处，由此也引发了学界长久的争论。突出表现为：一是以司法解释规定挪用公款的转化情形，授人口实，有越权之嫌。二是将挪用公款数额巨大不退还界定为客观原因不退还，言外之意，即将主观原因不退还一概作为挪用公款转化为贪污的条件。三是没有规定完整系统的不退还法定刑体系，不同层次法定刑之间无法衔接，如现行刑法关于挪用公款罪的规定，只在最高档次法定刑中规定“挪用公款数额巨大不退还的，处十年以上有期徒刑或者无期徒刑”，对数额较大不退还的没有规定，相关司法解释也没有解释。与此相似，挪用

① 吴平：《挪用公款不退还行为的定性之我见》，载《浙江师范大学学报》（社会科学版）1998 年第 3 期，第 14 页。

资金罪罪状中也只将“数额较大不退还的”，规定处3年以上10年以下有期徒刑，对数额巨大不退还的情形没有规定，这就造成了法定刑体系结构上的不完整。四是“携带挪用的公款潜逃的，以贪污论处”的规定确有客观归罪之嫌。立法规定和司法解释问题的解决需要借助于今后刑法理论的成熟和不断进步。

基于立法规定和司法解释而产生的诸种观点，既有对规定的阐释解读，又有对规定的质疑建议。有了前者，人们对规定理解和认识得更为准确，保障了司法适用的统一性；有了后者，才使得立法和司法不断修正、发展和完善。在1997年刑法之前，立法规定和司法解释的支持者从国家财产权保护的视角切入，认为主观不退还和客观不退还都应当是挪用公款不退还转化为贪污的“不退还”内容。而事实上，行为人挪用巨额公款用于挥霍或赌博，虽主观有归还意图，但因数额巨大根本无力归还，对此确实貌似应当以贪污罪论处。假如行为人挪用公款数千万用于个人及情妇挥霍，至案发时已挥霍一空，此时行为人说只是挪用不是贪污而客观上行为人的工资等财产远不能归还，此时仍以挪用公款罪定罪量刑而不以贪污论处显然于理不符。对于此种情况应当从行为的实质考虑，而不是以挪用行为的形式或者单靠行为人的供述就简单认定挪用的性质，从实质出发直接以贪污罪定罪处罚更为合适。否定说的诸多观点中，修正说正是看到了客观原因不退还的严重社会危害性，出于国家利益的保护目的对立法和司法解释的主张进行修正解释，显然是一种进步。主观不退还说则是将客观不退还排除于立法规定之外，认为只有主观不退还的挪用公款才能转化为贪污罪，这已经成为后来的通行观点，获得立法、司法界以及学界的广泛支持。但是客观原因不退还也并不是没有问题，其中一个问题是在客观原因的判断上，公款被使用没有以现金归还，有其他财产而没有归还的算不算无力归还；连其他财产都不够归还的，那么可以向亲属朋友借款而没有借款归还算不算无力归还；再者自动放弃债权而导致无法归还算不算无力归还；使用人无能力归还挪用人有能力归还而不愿替使用人归还的又是不是客观原因不归还；等等，这些问题都值得进一步讨论和研究。完全废弃说的合理性在于看到了转化犯必须是行为与主观罪过的同时转化，只以客观原因不能归还便肯定行为性质的转化是客观归罪，只以主观原因不想归还便肯定行为性质的转化是主观归罪，这种观点因坚持主客观一致性立场，符合犯罪构成原理而具有相当大的合理性，被之后的一些学者所坚持。1997 年刑法修订之后，基于立法规定和司法解释，在对是否需要贪污客观行为问题上形成的不需要说和需要说，实质上也是延续了之前完全废弃说提出的问题。依照完全废弃说，不需要说将陷于主观归罪的误区，“因为‘主观上不想还’只是在主观要件上符合贪污罪的要求，要构成贪污罪，还必须同时具备犯罪构成的其他所有要件……因此，只有把犯罪手段的改变，即挪用公款后又实施了改变公款所有权性质的贪污行为作为转化的条件，才符合犯罪构成的基本理论”。[①] 应当说这种观点值得重视，犯罪性质的判断或转化应当是主客观要件的统一，只符合单方面构成要件的无法成立犯罪和发生转化，而司法解释中“携带挪用的公款潜逃的，以贪污罪论处”的规定显然便产生了这种问题。

四、挪用公款罪[②]不退还和转化犯问题的解构

应当说这一问题非常复杂，难以理出头绪，各种观点都有一定道理，但又无法全部自圆其说。笔者经过长时间的认真思考与反复研讨，认为问题出在没有正确理解和区分结果加重犯与转化犯上，对转化犯原理和条件缺乏全面深入的认识和适用，只停留在较浅层

---

① 唐伯荣：《挪用公款不退还以贪污论处质疑》，载《法学研究》1995 年第 3 期，第 73 页。

② 挪用资金罪与挪用公款罪在此问题上具有同一性，为写作的方便，这里只以挪用公款罪分析为对象，结论同样适用于挪用资金罪中的不退还和转化犯问题。

面作简单分析后便得出结论，至于为什么转化，为什么不转化，为什么不数罪并罚，为什么主观不退还就转化为贪污，为什么还需要客观的行为转化等这些问题深层次的原因并没有揭示。因此，试图揭示这些问题背后深层次的原因将是本书研究的出发点和落脚点。

为了更为直观、简捷地研究和分析挪用资金罪、挪用公款罪的不退还以及转化犯问题，笔者运用比较方法，选取了这样一组与上述问题较为相似的犯罪情形，以作为研究的样板和参照系，理解起来将更为容易，结论也更容易为人们所接受。这样一组犯罪情形是：（1）以故意伤害为目的致人重伤，见被害人不救助将死亡，遂展开救助，使被害人获救；（2）以故意伤害为目的致人重伤，见被害人不救助将死亡，遂展开救助，被害人经救助无效死亡；（3）以故意伤害为目的致人重伤，见被害人不救助将死亡，主观不想救助，自行离开，希望或放任被害人死亡；（4）以故意伤害为目的致人重伤，为防止他人救助将被害人杀死。上述四种情形分别对应的挪用公款罪的四种情形是：（1）挪用公款后归还公款的；（2）挪用公款因客观原因不退还的；（3）挪用公款因主观原因不退还但没有贪污实行行为的；（4）挪用公款因主观原因不退还并有贪污实行行为的。之所以选取上述故意伤害罪的情形作为挪用公款罪不退还和转化犯的对照情形，主要是因为二者在立法规定和转化情形上具有极大的相似性，具体而言：一是立法上都规定了结果加重犯情形，且行为人对危害结果发生的罪过形式都不是故意，如刑法第238条第2款规定的“犯前款罪，致人重伤的，处三年以上十年以下有期徒刑；致人死亡的，处十年以上有期徒刑”。与此相似，挪用公款罪也规定了结果加重犯，即“挪用公款数额巨大不退还的，处十年以上有期徒刑。”刑法理论上一般认为故意伤害致人死亡，行为人对被害人死亡的结果只能是过失，而“挪用公款数额巨大不退还的”，司法解释规定为客观原因不退还。二是从情形比照上，故意伤害罪与故意杀人罪侵害的法益都是人身健康法益，伤害结果在一定条件下可转化为死亡结果；挪用公款罪与贪污罪侵害的法益都是财产法益，只是在权利具体内容范围上有所不同，前者主要是占有、使用、收益权，而后者必然还包括处分权，挪用公款罪在一定条件下也可转化为贪污罪。如果在法益上不存在这种紧密关系，也就无法进行转化，只能依照数罪并罚，如行为人实施故意杀人行为后又实施故意毁坏财物行为，理应数罪并罚。

首先来看第一种情形。经过及时救治没有发生被害人死亡的结果，因此应当依照刑法规定，以故意伤害致人重伤判处行为人三年以上十年以下有期徒刑。同理，挪用公款后归还的，如果公款用于非法活动或营利活动或用于其他活动但已经超过三个月归还的，作为酌定从轻情节考虑，如果用于其他活动没有超过三个月未还，依照刑法规定不成立犯罪。此种情形较为简单，依照刑法规定和犯罪构成理论即可判断。

其次来看第二种情形。“以故意伤害为目的致人重伤，见被害人不救助将死亡，遂展开救助，被害人经救助无效死亡”，行为人的救助行为并没有阻断被害人死亡的结果，行为人虽然出于故意伤害的故意，但被害人死亡结果已然超出基本行为的伤害结果之外，由于法律的规定而成为结果加重犯。“结果加重犯，是指法律上所规定的行为人实施了一个基本的犯罪行为，但由于行为人的故意或者过失，又导致在危害性上超出基本犯罪行为所应产生犯罪结果的加重结果发生，因而加重犯罪人法定刑的情形。其中，犯罪人所实施的犯罪行为本应产生的犯罪结果称为基本犯，而相应的重于基本犯的犯罪结果则是结果加重犯。”① 一般认为结果加重犯的成立需要同时具备基本犯的基本行为和加重结果两个要素条件，“挪用公款数额巨大不退还的” 显然也具备该两个条件，挪用行为是基本

---

① 李晓明、杨俊：《结果加重犯之构成要件探析》，载《时代法学》2007 年第 3 期，第 32 页。

行为，数额巨大且不退还是加重结果。既然是以非法使用为目的的犯罪，行为人挪用公款成立犯罪后就应当日后归还所挪用的公款，而因客观原因无法归还或不能归还，就会使国家对公款的所有权权益遭受更大的损害，因此刑法加重这种应当归还而因客观原因无法履行归还义务致使国家利益遭受更大损失的行为的法定刑，所以“挪用公款数额巨大不退还，处十年以上有期徒刑”是相对于基本犯而言的结果加重犯。与转化犯不同，结果加重犯虽然出现了某种特定的加重结果，但是这种结果仍然能被原来的犯罪构成所概括，因为主观上行为对加重结果的出现是不希望的，之所以出现加重结果多是由于对还款能力的过于自信或归还可能性的疏忽大意，没有其他犯意的转化，客观上没有实施新的犯罪行为，只是一种消极的等待或积极补救后的无效后果，如故意伤害后的等待救援、挪用公款后的消极等待，故意伤害后救治的失败、挪用公款后积极筹钱还款的无果即这种情形。所以，一方面行为人挪用公款后，虽因客观原因使公款没有得到及时归还，但公款没有得到归还的后果是严重的，是超出挪用公款基本犯之外更为严重的后果，因此依照罪责刑相适应原则必须加重处罚，以避免此种行为和结果在现实中被纵容；另一方面从性质上看，行为人主观意图没有转变，又没有实施新的犯罪行为，因此是能被原来的犯罪构成所概括的，只是加重结果超出了原来的基本犯罪构成之外。所以，将客观原因不退还解释为“挪用公款数额巨大不退还”中的不退还内涵是合理的，符合犯罪构成理论和结果加重犯理论，因此获得了刑法学界绝大多数学者的支持。这也是立法将第二种情形及类似情形规定为结果加重犯的根本原因。

再次来看第三种情形。“以故意伤害为目的致人重伤，见被害人不救助将死亡，主观不想救助，自行离开，希望或放任被害人死亡”，此种情形依照犯罪构成理论，应当以故意杀人罪论处。因为行为人在故意伤害既遂之后，对被害人因伤死亡的结果不希望也不反对，也没有实施新的犯罪行为，只是因为没有采取积极的救助行为，没有履行先行行为之后的作为义务致使被害人死亡，应由故意伤害罪转化为故意杀人罪的不作为义务犯，属于转化犯。故意伤害中的此种情形与挪用公款犯罪成立后主观不想退还但又未实施新的犯罪实行行为甚为相似。通过对之前挪用公款罪不退还和转化犯立法和司法规范轨迹以及诸种观点的考察发现，司法解释曾将“挪用公款数额巨大不退还的，以贪污论处”中的不退还解释为主观不退还和客观不退还，虽然在之后的立法规定和司法解释中已然将“挪用公款数额巨大不退还”中的不退还限定为客观原因不退还作为结果加重犯，但主观不退还仍然被认为是挪用公款转化为贪污罪的条件，只是在需不需要新的“贪污行为”上产生了分歧。一种观点认为不仅要求有主观犯意的转化还要求有客观行为的转化，另一种观点则认为只要有主观犯意的转化即可，不需要有客观行为的转化，因为公款本来就在行为人控制之中，一旦犯意转化便构成贪污罪了。那么只有犯意转化是否可以成立贪污罪，或者是否发生挪用公款罪向贪污罪的转化呢？对这一问题，笔者认为实际上已然涉及不作为犯的义务来源问题，也即只有主观犯意转化的能否成立不作为的贪污罪问题。依照不作为犯义务来源理论，不作为犯罪的义务来源主要有法律上明文规定的义务、职务或业务要求的作为义务以及先行行为义务。其中，先行行为义务是指“由于自己的行为而引起刑法所保护的某种社会关系处于危险状态，行为人负有采取有效措施来排除这种危险或避免危害结果发生的特定义务”。[1] 而在何种行为属于先行行为问题上，一个重要争论是犯罪行为是否属于先行行为，是否引起作为义务。陈兴良教授认为，“先行行为包括犯罪行为，在先行行为是犯罪行为的情况下，先行行为与不作为

---

① 马克昌主编：《犯罪通论》（第三版），武汉大学出版社 2003 年版，第 170～171 页。

之间构成牵连犯”。[①] 张明楷教授认为，“先前行为是否包括犯罪行为，是值得研究的问题。本书认为，似应分清两种情况来讨论。其一，在刑法就某种犯罪行为规定了结果加重犯，或者因发生严重结果而成立重罪时，由于可以将加重结果评价在相应的结果加重犯或者另一重罪中，先前的犯罪行为并不导致行为人具有防止严重结果发生的义务……其二，在刑法没有就某种犯罪行为规定结果加重犯，也没有规定发生某种严重结果而成立其他严重犯罪的情况下，如果先前的犯罪行为导致另一法益处于危险状态，则宜认为该犯罪行为导致行为人具有防止另一法益受侵害的义务”。[②] 笔者认为张明楷教授的上述区分是有道理的，依照这种区分故意伤害罪和挪用公款罪都规定了结果加重犯情形，由于可以将加重结果评价在相应的结果加重犯中，因此因客观原因导致被害人死亡和公款无法归还的，只能以故意伤害罪和挪用公款罪从重处罚。同时应注意的是对于不符合结果加重犯条件的情形，即便产生这种义务，如果不履行导致危害结果发生的便成立不作为犯。例如，在第三种情形中，行为人以故意伤害为目的致人重伤，见被害人不救助将死亡，主观不想救助，自行离开，放任被害人死亡，且被害人因失血过多死亡。此种情形下行为人已经意识到不救助将产生被害人死亡的严重后果而采取了放任态度，实际上即因为未履行故意伤害先行行为引起的义务而导致其须承担故意杀人罪的刑事责任，成立故意杀人罪的不作为犯，但是又必须以一罪论处，因为其对死亡结果已经是希望或放任的，不是过于自信或疏忽大意，因此不能再以故意伤害致人死亡从重惩处，而应该由故意伤害罪转化为故意杀人罪。与此相应，挪用公款犯罪成立后行为人主观上产生不退还故意的，或者说因主观意图发生变化导致公款客观没有归还的，此种情形不符合挪用公

① 陈兴良著：《刑法哲学》，中国政法大学出版社 2000 年版，第 287 页。

② 张明楷著：《刑法学》，法律出版社 2003 年版，第 154 页。

款罪结果加重犯的条件，只能解释为对先行行为——挪用公款罪引起的归还义务的不履行，致使公款没有得到实际归还的结果发生，因此成立不作为的贪污罪。而主观非法占有意图的出现，可以通过行为表现和证据加以证明，如与多人讲过不再归还公款等。

最后来看第四种情形。这种情形下的犯罪转化最为纯正，是主客观要件的一并转化，因此刑法理论和司法实践中都并无多大争议。需要注意的是，什么样的行为是转化后的贪污行为。有学者认为挪用公款罪向贪污罪转化的标志就是行为方式的转化，即挪用公款的行为转化为贪污的行为……具体表现为行为人在非法占有公款时不会留下对证实贪污有关键意义的证据，即占有公款行为具有秘密性……如果行为人挪用公款后，想方设法将半公开性的只要一般财务核对就能确认责任人的挪用手段，改变成秘密性的未留任何明显挪用证据的贪污方法，就说明行为人不想归还公款的主观目的是永久非法占有公款。因此，他人在司法实践中这种转化的情节一般表现为两种形式，一是行为人挪用公款后，想方设法消除挪用的痕迹，二是采取虚报开支的手段，用假发票冲抵所挪用的公款。[①] 笔者认为此种观点有一定道理，但显然范围非常局限。贪污罪是以非法占有为目的，利用职务之便实施侵吞、窃取、骗取等行为手段获取国家财物的犯罪。而与一般贪污罪不同的是，挪用公款转化为贪污罪的情形，在非法占有公款之前，公款已然在行为人控制之中，因此便不需要再通过利用职务之便获取公款的行为，失去了利用职务之便获取财物的可能，而只要采取各种手段将公款隐匿使公款客观上不能退还，便可以转化，如谎称所挪用的公款被盗、被抢或被挥霍无法归还或掩盖挪用事实、虚假报账等。携款潜逃也是一种行为表现，但要综合各种证据全面考量，避免出现客观归罪的情况，因为不是任何携带挪用公款潜逃的行为人主观上都具

① 郑厚勇：《挪用公款罪转化为贪污罪的条件》，载《武汉大学学报》（哲学社会科学版）2005 年第 4 期，第 558～559 页。

有非法占有意图。

至于有人可能会提出此种情形不符合转化犯必须法定的条件，因此不是转化犯的质疑，笔者认为挪用公款主观不退还转化为贪污罪的情形符合这一条件。我国司法解释在事实上很大程度地扮演了立法的角色，其解释具有极大的法律效力，有时会突破或限制刑法条文的字面含义，也正因为司法解释在我国特殊的法律效力和功能，我国的司法解释应当可以成为转化犯成立的“法定根据”。1998 年通过的《最高人民法院关于审理挪用公款案件具体应用法律若干问题的解释》第 5 条规定，“挪用公款数额巨大不退还的”，是指挪用公款数额巨大，因客观原因在一审判决前不能退还的。该规定虽然没有明确规定挪用公款因主观原因不退还以贪污论，但从侧面已然承认了此种行为不能适用挪用公款数额巨大不退还的结果加重犯情形，因为主观原因不退还是相对于客观原因不退还性质更为严重、社会危害性更大的情形，因此必须以更加严厉的罪刑追究其刑事责任。而第 6 条规定（携带挪用的公款潜逃的，依照贪污罪定罪处罚——笔者注）显然以列举的方式表明了最高司法机关的态度，即因主观原因不退还的以贪污罪论处，从而确立了挪用公款因主观原因不退还以贪污罪论的转化犯情形。

还有一个问题需要研究，即转化犯与吸收犯的关系，也就是说为什么挪用公款不退还以贪污罪论是转化犯不是吸收犯。从概念看，转化犯通常是指刑法特别规定的，行为人在实施某一危害行为时，一定条件下转化为另一种更为严重的犯罪，并应当依照后一种犯罪定罪处罚的形态。① 而吸收犯通常被认为是数个犯罪行为，其中一个犯罪行为吸收其他的犯罪行为，仅成立吸收的犯罪行为一个罪名的犯罪形态。二者的相同和相似之处在于：一是均属于实质数罪；二是吸收犯两个犯罪行为之间存在吸收与被吸收的关系，最后以一罪论处，转化犯的两个犯罪行为之间在形式上表现为重罪吸收

① 孙国祥著：《刑法基本问题》，法律出版社 2007 年版，第 441 页。

轻罪、后罪吸收前罪；三是两种形态均有数个行为指向同一具体犯罪对象或行为对象的特点，因此具有多种犯罪行为的牵连性和衔接性。正是因为这些共同点，转化犯容易与吸收犯发生混淆，因主观原因挪用公款不退还以贪污罪论的规定从形式上也貌似吸收犯。但二者也具有显著的不同：一是转化犯是法定一罪，吸收犯是处断一罪；二是吸收犯数个吸收犯罪行为之间存在一定的吸收关系，存在主次、先后、轻重之分，而转化犯前后两个行为之间并不存在吸收关系；三是转化犯中重罪的形成不可能先于轻罪，总是轻罪转化为重罪，而吸收犯中重罪也可发生在前。虽然有这些不同，但是实际上仍很难将二者完全区分开，也正因为如此有人主张废除转化犯概念，认为该种犯罪形态研究对象不正确、理论基础不可靠、研究方法不科学、理论结构不合理，并认为转化犯涉及的九个条文中的七个都可以用转化犯以外的其他罪数理论来解释。[①] 笔者认为，区分的关键应当在于前后两罪之间的关系。转化犯是犯罪行为实施过程中或不法状态持续过程中行为人另起犯意，实施其他犯罪行为，前后两罪之间不存在依附与被依附的关系，前后行为也不符合吸收犯吸收关系的一般界定。张明楷教授认为，吸收犯中数行为之间的吸收关系是，前行为是后行为发展的所经阶段，后行为是前行为发展的当然结果，并认为“由于吸收犯的前后行为之间存在必经阶段与当然发展的关系，故只能以一罪论处，而不能认定为数罪”。[②] 例如，盗窃枪支后，私藏枪支的行为被盗窃枪支的行为所吸收，仅成立盗窃枪支罪。又如，伪造货币后又出售或者运输伪造货币的，由伪造货币的行为吸收出售、运输伪造货币的行为。反观转化犯情形，莫不是行为人在行为实施之中或行为实施完毕但不法状态持续

---

① 刘天虹：《转化犯概念废除论》，载《广西政法管理干部学院学报》2007 年 4 期，第 106 ~ 107 页。

② 张明楷著：《刑法学教程》（第二版），北京大学出版社 2010 年版，第 105 页。

中另起犯意实施新的犯罪行为，因后罪在保护的同类法益上较之前罪更为全面或更为重要，所以前罪转化为后罪不再单独评价。例如，刑法第238条第2款规定的非法拘禁罪转化为故意伤害罪、故意杀人罪情形，在非法拘禁行为实施过程中行为人使用暴力致使被害人伤残、死亡的，已然从主观意图和具体行为上都超出了非法拘禁罪的构成要件，因犯意发生转化，行为也进而由拘禁行为变为伤害、杀人行为，因此转化为故意伤害罪、故意杀人罪，对人身自由安全这一法益的保护也转变为对人身健康和生命安全法益的保护。挪用公款因主观原因不退还转化为贪污罪与此类似。可见，另起犯意和实施新的犯罪行为是转化犯成立的重要条件，也是区别于吸收犯的关键要件。吸收犯中行为人的犯意往往是前后一致的，或者是概括的故意，或者是前者故意的自然延伸，如前者盗窃枪支后私藏的，伪造货币后出售、运输的。而如果是在行为实施过程中或之后另起犯意，进而实施新的行为则只能是数罪，如伪造货币只是出于好奇，在大量伪造之后又另起犯意将假币出售、运输的，应当成立伪造货币罪和出售假币罪或运输假币罪的数罪并应当并罚。

这里还要建议最高司法机关将“挪用公款数额较大不退还”解释为“情节严重”，以保障量刑体系的完整。现行刑法第384条规定：“……情节严重的，处五年以上有期徒刑……”1998年通过的《最高人民法院关于审理挪用公款案件具体应用法律若干问题的解释》第3条规定的“情节严重”是指挪用公款数额巨大，或数额虽未达到巨大，但挪用公款手段恶劣；多次挪用公款；因挪用公款严重影响生产、经营造成严重损失的情形。笔者建议将“挪用公款数额较大不退还”解释到“情节严重”之中，以与“挪用公款数额巨大不退还的，处十年以上有期徒刑或者无期徒刑”的规定及法定刑档次相对应和形成体系。

·第四节　自然人挪用犯罪继续犯与状态犯之争及辨析

一、问题的提出

继续犯与状态犯因都表现为一定时间内行为对法益危害状态的持续，所以二者有时容易被混淆。而二者的正确区分对准确认定某些犯罪成立、既遂以及追诉时效起始点等问题具有重要意义。在刑法中，自然人挪用犯罪尤其是挪用资金罪、挪用公款罪便涉及这一问题，特别是对于“超过三个月未还”的超过未还型挪用资金罪、挪用公款罪是继续犯还是状态犯的问题认识不一。目前多数学者和研究者只是在研究挪用资金罪、挪用公款罪等问题时顺带指出超过未还型挪用资金罪、挪用公款罪是继续犯，并未说明为什么是继续犯，似乎继续犯已经成为理论界的共性认识，不存在任何争议之处，当然也有少数学者对这一问题进行了认真回答。王作富教授指出，挪用公款罪是具有一定特殊性的犯罪，其是否属于继续犯，不能简单地肯定或否定。因为挪用公款罪的客观行为的完整表述……即包含着把公款挪出控制在自己手中和对公款加以使用两种行为。那么……就会给本罪是否属于继续犯的确定带来一些复杂的问题：(1) 假如行为人只将公款挪出，但因某种原因未使用，公款暂存家中，应当说，挪动公款到自己手中的行为已经完成，公款控制在手则是挪动公款造成的不法状态，而不是挪的行为的继续，就像贪污、盗窃犯控制其所得赃物是不法状态的继续一样，具有结果犯的特征。(2) 假如行为人将公款挪出并加以使用，挪和用都是挪用公款罪的法定行为，那么使用公款期间就是挪用公款犯罪行为的继续，而非不法状态的继续，符合继续犯的特征。王作富教授最后总结道：如果我们承认上述现象的存在，那就很难笼统地谈本罪是或不是继续犯，而只能具体情况具体分析。① 孟庆华教授与王作富教授观点不同，认为挪用公款罪的三种表现形式符合继续犯的四个基本特征，其中最主要的特征是“都是挪用公款犯罪行为及其所引起的挪用公款不法状态同时处于持续过程中的犯罪”，所以他认为挪用公款罪整体上都是继续犯。② 从这些观点中我们不难发现，坚持挪用公款罪的实行行为是“挪和用”是得出上述结论的根本理由。依照这种理由，行为人不仅要完成挪的行为，还要将所挪的公款真实使用，而使用行为显然是与这种行为对国家财产权益侵害的状态是一并持续的，直到行为人将公款归还单位或使用行为被制止的情况发生，行为与危害状态并存并一同持续的犯罪形态才告终结。应当说，挪移和使用都是挪用公款罪以及挪用资金罪客观实行行为的观点已经因社会情势的变化而不再符合惩治犯罪、保护法益的现实需要，司法实践的发展为学界和司法实务界提出了新的问题，要求在坚持罪刑法定的同时立足客观解释立场对法条重新解读，对构成要件要素重新界定。在这种背景下，学界越来越多的学者修正了之前的观点，将“使用”排除于挪用公款罪、挪用资金罪客观行为要件之外，而划归到主观目的要件进行考察，司法实务部门也切实接受了这种观点。这样一来，原先认定继续犯的基础已然不存在，需要对挪用公款罪、挪用资金罪的犯罪形态理论进行重新修正，状态犯主张悄然而生。

二、继续犯与状态犯的理论界分

虽然继续犯与状态犯都表现为危害状态在一定时间内的持续，但二者仍然有显著的区别。

① 王作富：《挪用公款罪是否属于继续犯不能简单地肯定或否定》，载《检察日报》2003 年 6 月 2 日第 3 版。

② 孟庆华著：《挪用公款罪研究新动向》，北京大学出版社 2006 年版，第 272 ~ 273 页。

首先，继续犯与状态犯有不同的含义和特征。继续犯在理论上也称为持续犯、永续犯。目前对继续犯的概念表述多有不同，代表性的观点有：一是认为，“是指犯罪行为在一定时间内处于继续状态的犯罪”。[①] 二是认为，“是指危害行为已经实施，原则上就已经构成犯罪，且该犯罪的行为及不法状态必然在较长时间持续的犯罪”。[②] 三是认为，“是指行为人出于同一罪过，针对同一犯罪构成内的法益，从着手实施犯罪到犯罪终了的一段时间内，犯罪行为一直处于持续状态的犯罪形态”。[③] 四是认为，“是指行为从着手实行到由于某种原因终止以前，一直处于持续状态的犯罪”。[④] 从这些概念来看，无论是强调行为状态的持续还是行为与不法状态的持续，本质上都是一致的、同一的，对继续犯的实质内容是没有争议的。之所以会有些许不同，也只是停留在文字的多与少，内容的全面不全面而已，实质内容却是不可或缺的。因此，在概念共性认识基础上学者们归纳出的继续犯的主要特征也基本一致，即：(1) 继续犯必须是犯罪行为与不法状态的同时继续，而不仅仅是不法状态的继续；(2) 继续犯必须是犯罪行为在一定时间内不间断地持续存在；(3) 继续犯必须是一个行为侵犯了同一具体的法益，即犯罪行为自始至终都针对同一对象，侵犯同一法益；(4) 继续犯必须出于一个罪过。[⑤] 因此可以说，学界对继续犯的概念、特征的认识基本是一致的，继续犯的实质内容与最主要特征是行为与不法状态

---

① 陈兴良著：《刑法适用总论》（上卷），法律出版社 1999 年版，第 647 页。

② 陈忠林主编：《刑法总论》，高等教育出版社 2007 年版，第 94 页。

③ 曲新久等著：《刑法学》（第四版），中国政法大学出版社 2009 年版，第 75 页。

④ 张明楷著：《刑法学教程》（第二版），北京大学出版社 2010 年版，第 99 页。

⑤ 张明楷著：《刑法学教程》（第二版），北京大学出版社 2010 年版，第 99 页。

的同时持续。

理论界对状态犯的研究较少，这主要是因为状态犯从来不是一种独立且典型的罪数形态和犯罪既遂形态，有学者甚至认为“状态犯”并不是一种犯罪形态。“所谓‘状态犯’，并不是一种犯罪，犯罪后的不法状态，行为终了，已无犯罪要素，将犯罪后的不法状态分类为‘状态犯’是不确切的，‘状态犯’一词与犯罪状态一词并用，如不加具体说明，仅有字面含义似乎相同，常常有人将‘状态犯’解释为违法状态、不法状态、犯罪状态，易生误解。”① 我国台湾地区有学者也认为，状态犯一词欠妥，“因为各种犯罪分类，无论其本据为法文所明定，或系学理上的命名，凡是犯字者，原则都是因为涉及犯罪而然，状态犯既无犯罪可言，自不宜遽予使用”。② 应当说这种质疑不无道理，“状态犯”一词的使用确实会让人产生上述误解，包括它是否包括继续犯，因为继续犯也要求有一定不法状态的持续。从字面含义看凡是有状态内容的都应当是状态犯，状态犯只能这样理解，即以状态持续或状态存在为犯罪成立或既遂标准的犯罪，而这显然不是人们赋予“状态犯”的真正含义，因此应当对“状态犯”一词的名称进行修正以揭示其所代表的犯罪行为类型，或者从实质内容上把握，继续沿用这一约定俗成的称谓。对此，本书选择第二种做法。从实质内容看，“状态犯”是一种具有自身独立特征的犯罪形态，应属于犯罪形态的一种类型，区别于没有不法状态继续的即成犯和有不法状态继续但意义不同的继续犯。通常认为，状态犯是指犯罪达到既遂之后，其行为所造成的

① 马克昌主编：《犯罪通论》，武汉大学出版社 1999 年，第 624 ~ 625 页。

② 蔡墩铭主编：《刑法总则论文选辑》（下），五南图书出版公司 1984 年版，第 732 页。转引自张欣、喻伟：《论即成犯与状态犯》，载《河南政法职业学院学报》2003 年第 5 期，第 98 页。

不法状态仍然处于持续之中的犯罪形态；[①] 或者是指犯罪行为终了，仅有不法状态处于继续状态的犯罪形态，即在犯罪完成后的一种不法状态。[②] 小野清一郎指出，状态犯——这是德国刑法学中，尤其是李斯特喜欢使用的概念——是指构成要件上的结果发生以后，侵害法益的状态仍在继续着，但这又与构成要件无关。[③] 盗窃罪等财产犯罪通常被认为是状态犯。

其次，继续犯与状态犯的本质不同。基于继续犯与状态犯的不同内涵和外延，二者虽都有不法状态持续，在时间上表现为延续的特点，但二者仍有本质的区别。具体而言，主要有：一是继续犯是犯罪行为与由其引发的不法状态同时持续，而状态犯是行为实施终了后或犯罪既遂后不法状态的持续。二是继续犯的不法状态，是一种可罚性的不法状态，是犯罪构成要件的组成要素，是定罪量刑的依据，而状态犯的不法状态无论持续多久，都是不可罚的，不是犯罪构成的要件内容，也不能作为定罪量刑的依据。李斯特认为，“状态犯的情况下，一个完成了的行为所造成的状态，在刑法上不再认为是犯罪”。[④] 三是继续犯在行为与状态持续过程中因其他人的加入会成立共犯，而状态犯因行为已经实施终了，不会在不法状态持续过程中形成共犯。四是继续犯的不法状态持续过程中没有其他犯罪行为的介入，否则成立数罪或成立转化犯，而状态犯的不法状态持续过程中往往有不可罚的事后行为介入，不会影响行为的最后认定。五是继续犯的追诉时效从不法状态终止之日开始计算，状态犯的追诉时效从不法状态开始之日计算。

---

① 吴振兴著：《罪数形态论》，中国检察出版社 1996 年版，第 131 页。

② 林亚刚：《继续犯的若干争议问题探讨》，载《中国刑事法杂志》2003 年第 4 期，第 27 页。

③ ［日］小野清一郎著：《犯罪构成要件理论》，王泰译，中国人民公安大学出版社 1991 年版，第 107 页。

④ ［德］李斯特著，施密特修订：《德国刑法教科书》，徐久生、何秉松译，法律出版社 2000 年版，第 388 页。

三、自然人挪用犯罪中的纯正状态犯

自然人挪用犯罪的犯罪形态除了数额犯之外，依照其他标准，还可表现为其他犯罪形态，如状态犯。状态犯是行为实施终了之后，或犯罪既遂之后，行为对同一法益侵害的不法状态持续一段时间，直到行为人修复被侵害的法益或国家司法机关追究行为人的刑事责任的犯罪形态。因此，状态犯区别于行为实施终了或犯罪既遂后法益被侵害的状态不再持续的一般性即成犯。即成犯，一般认为是与继续犯有一定对应关系的犯罪形态，通常被认为是行为一经实行终了，即完全具备犯罪构成要件，成立犯罪既遂的犯罪形态，而继续犯要求实行行为要持续一段时间，犯罪才告成立和既遂。对于即成犯与状态犯的关系，学界有并列说和包含说。并列说认为二者是一种并列的犯罪形态。吴振兴教授认为包含于即成犯的状态犯，其不法状态继续过程中往往有不可罚的事后行为的介入，从而形成数行为（即本罪行为和不可罚的事后行为）按一罪处理的情况，所以应为科刑的一罪。“状态犯替代说”使继续犯把分别属于单纯的一罪和科刑的一罪的两种犯罪形态都归于即成犯，是不够科学的。而且，“状态犯替代说”使继续犯具有不法状态的继续这一点与即成犯的区别不再存在，徒增了理论上的混乱。① 包含说对针对并列说的理由提出了批判，认为两种理由都是不成立的。首先，不可罚的事后行为并不必然出现，不可罚行为是符合构成要件的行为，而状态犯中的不可罚行为不符合任何犯罪构成要件。即使介入，从而形成数行为按一罪处理的情况是否属于科刑的一罪理论上也有争议。其次，继续犯与即成犯的区别在于即成犯中犯罪行为实施完毕后，不法状态可能或必然持续，而继续犯是犯罪行为与不法

---

① 吴振兴著：《罪数形态论》，中国检察出版社 1996 年版，第 133 页。

状态不同步。[①] 包含说是学界的主流观点，认为状态犯是即成犯的两种情况之一。从犯罪行为实行终了，犯罪即行完成这一特征来看，状态犯也是具备的，所以将它作为即成犯的两种情况之一。[②] 笔者赞同包含说，认为即成犯是与继续犯相对应的犯罪形态，行为实施终了犯罪即告成立和既遂，而继续犯行为不是一经实施行为即告终了犯罪即告成立和既遂，行为还需要一定持续的时间犯罪才告成立和既遂。正如学者冈田庄作所言，“继续犯的重要之点在于以违法状态的继续为构成要件要素，伤害罪所产生的伤害结果这一违法状态通常会继续若干时日，但法律不要求以之为要素，只要发生伤害的事实就够了，所以伤害罪是即成犯，不是继续犯”。[③] 以犯罪成立和既遂后行为对法益的侵害状态是否持续为标准又可将即成犯分为两种类型，一种是行为实行终了犯罪成立和既遂后行为对法益的侵害状态不再继续的即成犯，可称之为非状态犯的即成犯或一般性即成犯，或第一类型即成犯；另一种是行为实行终了犯罪成立和既遂后行为对法益的侵害状态依然持续的即成犯，或暂时持续或永久持续，这种犯罪形态便是状态犯。

依照继续犯、即成犯与状态犯的含义与判断标准，我们来看一下自然人挪用犯罪中具体犯罪的形态。首先，挪用特定款物罪的行为人挪用特定款物的行为一经实行终了，只要符合情节严重的条件，犯罪即告成立和既遂，不需要行为与不法状态的同时持续作为犯罪构成的要件内容，因此该罪不是继续犯。同时，特定款物被挪用的后果是在归还之前或国家追究刑事责任之前所有权人对特定款

① 张欣、喻伟：《论即成犯与状态犯》，载《河南政法职业学院学报》2003 年第 5 期，第 98 页。

② 高铭暄、马克昌主编：《刑法学》，北京大学出版社、高等教育出版社 2000 年版，第 191 页。

③ ［日］冈田庄作著：《刑法原理总论》（第 22 版），明治大学出版部 1934 年版，第 437 页。转引自马克昌著：《比较刑法原理——外国刑法学总论》，武汉大学出版社 2002 年版，第 762 页。

物的所有权处于被持续的侵害状态之下，但是这种不法状态的持续不是犯罪构成要件的内容，因此挪用特定款物罪属于即成犯中的状态犯。其次来看一下挪用资金罪、挪用公款罪。二罪被设定了三种要求不同的入罪情形，使得不能对其简单一概认定为状态犯，需要具体分析。非法活动型和营利活动型挪用资金罪、挪用公款罪只是数额多少的限制，没有挪用时间的限制，因此该两种情形的犯罪如同盗窃罪、侵占罪、诈骗罪、抢夺罪、贪污罪等犯罪一样，挪用行为实行终了，数额达到标准，犯罪即告成立和既遂。同时，因挪用对权利人财产法益侵害的不法状态在行为实行终了之后开始计算，直到被挪用的资金或公款被归还或行为人被追究刑事责任，因此该两种情形的挪用资金罪、挪用公款罪也是典型且纯正的状态犯。而判断的难点是超过未还型挪用资金罪、挪用公款罪的犯罪形态问题，这也是学界重点关注和讨论的问题。

四、自然人挪用犯罪中的不纯正状态犯

现行刑法规定了挪用资金罪、挪用公款罪的三种入罪情形，与非法活动型和营利活动型不同，超过未还型的法定时间条件增加了人们判断这种犯罪形态的困难。刑法第 272 条规定：“公司、企业或者其他单位的工作人员，利用职务上的便利，挪用本单位资金归个人使用或者借贷给他人，数额较大、超过三个月未还的，或者虽未超过三个月，但数额较大、进行营利活动的，或者进行非法活动的，处……”第 384 条规定：“国家工作人员利用职务上的便利，挪用公款归个人使用，进行非法活动的，或者挪用公款数额较大、进行营利活动的，或者挪用公款数额较大、超过三个月未还的，是挪用公款罪……”从刑法规定可以看出，超过未还型挪用资金罪、挪用公款罪规定了“三个月”的时间条件，用于非法活动、营利活动之外用途的挪用资金、公款行为，只有从挪移行为实行终了之日起超过三个月犯罪才成立和既遂。正是立法者将三个月期限作为超过未还型挪用资金罪、挪用公款罪的构成要件要素，我国绝大多

数学者才将这种入罪情形认定为继续犯，甚至将挪用资金罪、挪用公款罪三种入罪情形都认定为继续犯，这当然也是因为立足于挪与用都是挪用资金罪、挪用公款罪实行行为的立场作出的结论。既然行为与不法状态同时持续，属于继续犯也就没有问题了。但现实仍然是如此吗？应当说，在刑法修改之初，学界基于立法规定将挪用资金罪、挪用公款罪的实行行为理解为挪移与使用无可厚非，因为刑法规定并没有明确标示该两罪的实行行为，同时司法实践中的绝大多数情况也表现为又挪又用的行为。但现实是，随着司法实践中"挪而未用"、"挪而不用"现象的大量出现，随着人们对权利人财产法益侵害真正行为的深入认识，一些学者开始修正自己的观点，"挪"的行为作为挪用资金罪、挪用公款罪实行行为的主张得到越来越多人的支持，尤其是得到了司法实务部门的有法律效力的司法文书的支持。而实行行为内涵的变化也带来了犯罪形态的变化。行为人将数额较大的公款或资金用于非法活动或营利活动，只要行为人在上述意图支配下完成挪移行为，不需要公款或资金被真正使用即可成立犯罪并达到既遂形态，因此属于纯正的状态犯。这种变化也影响到了超过未还型挪用资金罪、挪用公款罪犯罪形态归属的变化，而基于立法的规定这种类型的挪用资金罪、挪用公款罪不再是纯正的状态犯，而是不纯正的状态犯。

超过未还型挪用资金罪、挪用公款罪是不纯正的状态犯。首先，此种类型不符合纯正状态犯的全部特征。具体而言，一是从行为看，状态犯要求实行行为实行终了后犯罪即告成立和既遂，而这也是即成犯区别于继续犯的最重要特征；而超过未还型挪用资金罪、挪用公款罪的实行行为——"挪"的行为实行终了后，即将资金或公款挪出后犯罪并没有成立，更不可能达到既遂形态，因为还要满足挪出三个月的时间条件。二是从不法状态的意义看，继续犯与状态犯的一个重要不同之处在于不法状态由法律规定或司法解释规定，是犯罪构成要件的要素内容；而状态犯中的不法状态不是犯罪构成要件的要素内容，是构成要件之外的内容，是不可罚的。

"继续犯与状态犯的不同之处，如前所述，前者以该状态的继续为法的要素，后者不以之为要素，通常是事实上该状态的继续。"① 超过未还型挪用资金罪、挪用公款罪在"挪"的行为实行终了后，还规定行为对权利人财产法益侵害的不法状态持续三个月犯罪才告成立和既遂。三是从不法状态持续的时间规定看，继续犯中不法状态持续的时间通常是由立法规定的，即使没有立法规定，司法机关也会在司法解释规定或者在适用中考虑一定的时间，不能以立法没有规定持续时间便一概认为是即成犯，如非法拘禁罪、重婚罪等；而状态犯属于即成犯的一种，不可能在立法上和司法适用上规定时限条件。超过未还型挪用资金罪、挪用公款罪在立法上却规定了三个月期限，因此不符合状态犯的一般特征。其次，这种类型的挪用资金罪、挪用公款罪本质上仍是状态犯，但不是纯正的状态犯，是因立法原因形成的不纯正状态犯。其一，从行为与不法状态的关系看，是先有行为后有不法状态的，行为结束而不法状态开始持续或依然持续，这是状态犯行为与不法状态的最基本关系，而不是继续犯行为与不法状态的最基本关系，因此本质上这一类型的挪用资金罪、挪用公款罪仍然是状态犯而不是继续犯。其二，从是否成立共犯可能角度看，此种类型犯罪在不法状态持续过程中其他人介入不成立共犯，因为挪的实行行为已然结束，而继续犯如有其他人加入实施共同行为则可成立共犯，因为实行行为尚在继续。其三，从不法状态的立法规定意图来看，一般状态犯的不法状态不是构成要件要素，不具有可罚性，而超过未还型挪用资金罪、挪用公款罪不法状态却是构成要件要素内容，不法状态具有可罚性，其原因可解释为立法者基于刑事政策考虑作出的特殊抉择。挪用资金罪、挪用公款罪是一类以非法使用为目的的犯罪，行为人主观上具有日后归还

① ［日］冈田庄作著：《刑法原理总论》（第22版），明治大学出版部1934年版，第439页。转引自马克昌著：《比较刑法原理——外国刑法学总论》，武汉大学出版社2002年版，第762页。

的意图，因此行为的社会危害性与行为人的主观恶性都比贪污罪、职务侵占罪的低，为了促使行为人早日归还所挪用的资金或公款，也给行为人改过自新的机会，同时考虑到用于非法活动、营利活动之外其他活动的行为的社会危害性和行为人的主观恶性更低，因此立法者在行为之外规定了一定的时限条件，既给行为人一个恢复所侵害法益的机会，又作为考察行为社会危害性的一个标准。这样，基于立法上的特殊考虑，超过未还型挪用资金罪、挪用公款罪行为对法益侵害的不法状态便成为犯罪成立与既遂所要考虑的内容，具有了可罚性，三个月期限也成为此种类型犯罪的构成要件要素，此种类型也由应然的纯正状态犯变为实然的不纯正状态犯。这样一来，超过未还型挪用资金罪、挪用公款罪的犯罪成立和既遂之日便是从挪移行为实行终了之日起三个月后的第一日，而追诉时效也要从该日开始计算，不同于一般状态犯的犯罪成立、既遂以及追诉时效的成立和认定标准。

至于为何要选择三个月作为时限条件而不是两个月、一个月，学界很少有人作出解释，也有学者认为基本依据主要在于财经管理法规中的有关规定内容。按照中国工商银行、中国建设银行、中国银行等银行的规定，对企业定期存款的具体期限有：“人民币定期存款通常分为三个月、半年、一年三个利率档次；中资企业外汇定期存款可分为一个月、三个月、六个月、一年、二年五档；外商投资企业、国内外金融机构外汇定期存款分为七天通知、一个月、三个月、六个月、一年、二年六档。”① 对此问题，目前鲜有资料可查，上述学者的解释意见也无法得到考证。

① 孟庆华著：《挪用公款罪研究新动向》，北京大学出版社2006年版，第109页。

第五章　单位运用犯罪研究

第一节　单位运用犯罪概述

一、单位运用犯罪之立法由来

单位运用犯罪，又可称为单位运用财产罪，是本书作者对刑法中背信运用受托财产罪和违法运用资金罪的概括称谓，与挪用资金罪、挪用特定款物罪和挪用公款罪的自然人犯罪相对应。

单位运用犯罪是在大量和严重的单位运用违法行为基础上由立法者创制的。2006年立法者以修正案的形式创设了背信运用受托财产罪和违法运用资金罪，而在此之前商业银行、证券交易所、期货交易所、证券公司、期货经纪公司、保险公司或者其他金融机构，违背受托义务，擅自运用客户资金或者其他委托、信托的财产，严重损害委托人利益的违法违规行为，以及社会保障基金管理机构、住房公积金管理机构等公众资金管理机构，保险公司、保险资产管理公司、证券投资基金管理公司，违反国家规定运用资金，严重侵害公众利益和危及公众资金安全的违法违规现象已经大量出现，但立法者一直没有将其纳入犯罪圈，用刑法予以规制。直到2006年经过深入调研和广泛研讨，考虑到这两种行为的严重危害和现有法律体系调整的乏力以及人们对金融秩序法益安全的日益重视，立法者才将其纳入刑法调整范围，通过最严厉的惩罚手段打击和惩治此类不法现象，以完善法律规范体系，最大限度地维护金融市场正常秩序，切实保护客户以及社会公众的根本利益，这也就是单位运用犯罪立法的主要由来。

（一）单位运用违法现象的增多和日益严重

犯罪行为是社会危害性最为严重的违法行为，立法者往往将最严重的违法行为规定为犯罪，因此社会危害严重是单位运用犯罪增设的根本原因。

首先，单位运用违法现象出现和增多。随着我国社会主义市场经济的飞速发展，人民生活极大丰富，社会财富极大增多，委托理财业务由国外传入我国并得到迅速发展。委托理财，通常是指专业管理人接受资产所有者委托，代为经营和管理资产，以实现委托资产增值或其他特定目的的行为。一般特指证券市场内的委托理财，即投资于证券市场的股票、基金、债券、期货等金融工具的组合，实现委托资金增值或其他特定目的的中介业务。这一业务主要基于我国资本市场投资经营范围的扩大和投资人对投资收益的追求，在新兴的证券市场迅速崛起和发展，而且正在逐步成为中国金融市场开放过程中银行业、证券业、信托业以及二次创业赖以生存和发展的关键业务。目前，商业银行、证券交易所、期货交易所、证券公司、期货经纪公司、保险公司或者其他金融机构是中国内地委托理财的主要受托方。伴随着委托理财业务的迅速发展，金融机构及其工作人员违背受托义务，擅自运用或挪用受托财产以谋取私利的现象也大量出现。最为常见的是金融机构工作人员挪用资金或公款犯罪，如中国农业银行十堰市茅箭支行营业部清算员胡某利用工作之便，累计挪用公款 60 万元用于归还个人赌债；2003 年至 2009 年 10 月期间，新华人寿泰州市中心支公司原副总经理王某通过私自印制假保险凭证非法集资、截留挪用保费和退保资金等方式，诈骗、挪用和侵占资金约 35000 万元；国信证券有限责任公司西安市友谊东路证券营业部总经理助理雍某 2004 年至 2005 年间利用职务之便，先后挪用本单位客户资金 5787.2 万元用于炒股，导致 331.8 万元不能归还等，此类案件不胜枚举。虽然相比于个人挪用客户资金，商业银行、证券交易所、期货交易所、证券公司、期货经纪公司、保险公司或者其他金融机构挪用客户资金或擅自运用客户委托财产的现象较少，但也已经大量出现。2006 年 3 月中国证监会认定民安证券有限责任公司存在非法开展委托理财业务的事实。经查明，民安证券在不具有经营客户资产管理业务资格的情况下，自成立后即开始从事大量委托理财业务，对相关理财户许诺给予高额回报，仅 2004 年 9 月 30 日后发生的委托理财业务就涉及金额 35081.27 万元。[①] 针对近年来保险中介机构挪用侵占保费违法行为增多的情况，2008 年中国保险监督管理委员会专门发布了《关于遏制保险中介机构挪用侵占保费违法违规行为的通知》，要求各保监局从重从快处理对中介业务管控不力、引发或者纵容挪用侵占保费行为的保险公司和挪用、截留保费的保险中介机构及从业人员，对恶意挪用侵占保费、涉嫌经济犯罪的，要移交公安机关等单位，并要求通过典型案例的处理，增强威慑力，防止保险中介机构挪用保费成为行业潜规则。可见，在委托理财业务工作中，不仅存在金融机构工作人员挪用客户资金的情况，也存在金融机构自身挪用客户资金或擅自运用资金的情况，而且后者更不易被发现，危害性也更大。与此相似，公众资金领域近年来也多发频发挪用侵占社保基金、住房公积金等犯罪现象，上海社保基金案、广州社保基金案等众多案件暴露出公众资金被大量违规挪用和运用的事实，暴露出监管上的漏洞。除少数表现为公众资金管理机构内部人员擅自挪用公众资金或公款被以挪用资金罪或挪用公款罪定罪处罚之外，绝大多数案件表现为为单位利益、由单位意志决定、利益由单位人员共享

① 《民安证券四高管被罚 非法开展委托理财涉嫌犯罪》，http://www.chinaacc.com/new/184%2F186%2F2006%2F3%2Fwm6929225050111360021l752-0.htm。

的单位违规挪用或运用资金情形，如上海社保基金案、广州社保基金案以及其他地方出现的社保基金、住房公积金被违规挪用的情况，无一不是单位行为。

其次，单位运用违法现象日益严重。单位背信运用客户财产或违规运用资金的现象并不是近年来才出现的，只是近年来这种违法行为的社会危害性日益严重，终于引起了人们的重视。据报道，2005 年共有 17 家证券公司被中国证监会责令关闭，其主要原因便是挪用客户保证金以及超范围经营委托理财业务等违法违规行为。这 17 家被关闭的证券公司分别是大鹏证券、南方证券、亚洲证券、北方证券、汉唐证券、五洲证券、民安证券、闽发证券、德恒证券、恒信证券、武汉证券、甘肃证券、昆仑证券、广东证券、天勤证券、西北证券和兴安证券。有人指出，近年来，私自挪用客户资金或债券，似乎成了券商违规操作的一条捷径，国内倒闭的 90% 以上的证券公司无一例外是由此引起的，证券公司通过非法融资，违规买卖股票，一旦股票被套，无法偿还拆借来的资金，便会引发巨大的公司风险。此外，超范围经营委托理财业务导致的高风险也是券商倒闭的另一重要原因。[①] 在公众资金领域，公众资金管理机构违规挪用或运用资金的现象同样日益严重，所涉及的资金往往数额特别巨大，动辄几亿甚至十几亿元。例如，上海社保基金案，违规使用社保基金 32 亿元；广州社保基金案，违规使用社保基金 5 亿元；浙江省、河北省、山西省等地也先后出现巨额社保基金被违规使用的情况。据不完全统计，1998 年以来，全国清理回收挤占挪用基金 160 多亿元，至 2005 年年底，还有 10 亿元没有回收入账（不包括上海社保弊案可见的大批违规资金）。[②] 住房公积金也是近

---

① 陈英：《17 家券商被证监会关闭，挪用客户资金是主因》，http://stock.stockstar.com/SS2004090700788462.shtml。

② 劳动和社会保障部部长田成平在“中国科学与人文论坛”主题报告会上的讲话（2006 年 11 月 16 日）。

年来多被挪用挤占的公众资金类型。例如，湖南省衡阳市2005年发现2.53亿元住房公积金被违规挪用，甘肃省兰州市住房资金管理中心原主任陈某等挪用上亿元住房公积金，等等。此外，还大量存在保险公司、保险资产管理公司、证券投资基金管理公司违规运用资金的现象。金融机构以及社会公众资金管理机构擅自运用受托财产或违规运用资金的行为不仅严重破坏了正常的金融秩序和国家金融监管制度，而且严重损害了委托客户或社会公众的重大利益，因此其社会危害性已经相当严重，只有将其规定为犯罪，动用刑罚手段才能达到预防和惩治的效果。

（二）现有法律体系无法遏制和规范

从现实来看，金融机构擅自运用受托财产和社会公众资金管理机构违规运用资金的现象已经十分严重，行政法规、部门规章等行政法规范虽然进行了相应的限制和惩罚，但已难以遏制此种违法现象，金融安全和广大人民群众的利益亟须更严密的保护。尤其是社保基金、住房公积金等公众资金的安全，不仅关系到整个金融秩序的稳定，而且维系着最广大人民群众的根本利益，事关民生。从金融机构擅自运用受托财产和社会公众资金管理机构违规运用资金现象产生的原因看，应当承认确实有一定的客观原因，诸如目前中国市场经济环境下金融机构以及公众资金管理机构保值增值的压力巨大，保值增值渠道较为狭窄，资金快速增长和资金运用渠道狭窄之间的矛盾越来越突出等，而狭窄的资金运用渠道又限制了资金融通功能的发挥，一些金融机构和公众资金管理机构出于保值增值的目的，只能擅自运用客户资金或受托财产，或者违规运用。[①] 但同时也应当看到，这一原因不应完全成为擅自运用客户委托财产和违规运用资金的借口，因为一方面《全国社会保障基金投资管理暂行办法》、《住房公积金管理条例》、《证券法》、《保险法》、《证券投资基金法》、《证券投资基金管理公司管理办法》等相关法律规范是我国基于现有国情和市场环境制定的金融管理规范，是符合我国国情的，对维护我国金融安全发挥了积极作用，应当坚持和遵守。另一方面立法者为了适应社会的发展也在积极修订这些规范，拓宽资金运用渠道，创新资金运用方式，在保证资金安全的同时最大限度地实现资金的保值增值。所以，对金融机构擅自运用客户委托财产、公众资金管理机构以及一些金融机构违规运用资金的行为仍应进行惩罚和规制，避免形成潜规则，避免进一步破坏整个金融秩序的安全和损害客户、公众的财产权益。

从规范角度看，背信运用受托财产罪是挪用犯罪主体范围的完善。长期以来，在我国刑法中，挪用资金罪、挪用特定款物罪、挪用公款罪是仅有的以非法使用为目的的犯罪，其犯罪主体也多限于拥有一定管理权限的自然人，这就为金融机构内部工作人员挪用客户资金的行为提供了刑法规范。1997 年刑法原条文规定：“银行或者其他金融机构的工作人员利用职务上的便利，挪用本单位或者客户资金的，依照本法第二百七十二条的规定定罪处罚。国有金融机构工作人员和国有金融机构委派到非国有金融机构从事公务的人员有前款行为的，依照本法第三百八十四条的规定定罪处罚。”随

---

① 某保险公司资金运用中心的老总对记者说：“中心目前管理的资金已超过 1000 亿元，投资压力主要来自内外两方面，从公司内部来说，上半年带有保底利率的分红产品成为公司保费收入的主要来源，因此资金运用收益率一定要超过分红产品的保底利率，否则就要亏损；对外来说，目前国内市场卖的大多是投资型险种，谁的收益高、红利多，百姓就买哪个，保险公司之间的竞争已由产品的竞争转到了保险资金的投资。”参见曹海菁：《中国保险业 5000 亿资金运用余额出路何在》，载《中国证券报》2002 年 10 月 11 日第 3 版。

后，1999年《刑法修正案》第7条对该条进行了修订，区分了金融机构国家工作人员与非国家工作人员，前者挪用本单位资金或者客户资金的，构成挪用资金罪，后者则构成挪用公款罪。而在2006年以前，银行、证券交易所、期货交易所、证券公司、期货经纪公司、保险公司或其他金融机构擅自挪用或运用客户资金的行为却一直游离于刑法规范调整之外，虽然《保险资金运用管理暂行办法》等对金融机构运用资金的方式、途径进行了规定，但对金融机构违反规定运用资金的也只是规定予以行政处罚。例如，《保险资金运用管理暂行办法》第63条规定，保险集团（控股）公司、保险公司违反本规定运用保险资金的，由中国保监会依法给予行政处罚。这无疑是立法上的一个缺失，成为法律防控体系上的一个漏洞。正是认识到这一问题，在《刑法修正案（六）》征求意见时，有关部门提出，有些金融机构挪用客户资金的行为并不是其工作人员个人的行为，而是由单位决定实施的，对情节严重的，也应当追究刑事责任。[①] 事实上，金融机构作为有法人资格的单位，同自然人一样具有独立的人格，具有权利能力和行为能力，有条件、有可能实施破坏金融秩序的行为，将其完全排除在刑法调整范围之外将不利于金融秩序和安全的保护。立法者最终采纳了这种意见，从而使挪用犯罪的主体扩大到特定单位，体现了立法者对金融机构破坏金融管理秩序现象的重视。

与此同时，有些部门提出，负责经营、管理保险资金、社会保障基金、住房公积金等公众资金的单位，违反国家规定运用资金的，将会严重影响公众资金的安全，影响社会稳定，对情节严重的，应当追究刑事责任。立法者出于保护公众资金安全、保护民生的目的，在《刑法修正案（六）》中增设了违法运用资金罪，从而将刑法规范与行政法规范统一协调起来，构筑起维护公众资金安全

---

① 参见《全国人大法律委员会关于〈中华人民共和国刑法修正案（六）（草案）〉修改意见的报告》。

的法律体系，弥补了漏洞。

二、单位运用犯罪概念

单位运用犯罪是相对于传统的挪用资金罪、挪用特定款物罪、挪用公款罪而言的，是对背信运用受托财产罪和违法运用资金罪的概称，与后者是一般与特殊的关系。基于背信运用受托财产罪和违法运用资金罪的立法规定，简而言之，单位运用犯罪就是特定单位擅自运用受托财产和违规运用资金的情节严重的行为。可见，单位和运用是这一类型犯罪的共性要素，认知这一犯罪类型离不开对这两个共性要素的认识，单位代表了主体共性，运用反映了行为共性。

首先来看主体，背信运用受托财产罪与违法运用资金罪都是单位犯罪。依照刑法第 185 条之一第 1 款的规定，背信运用受托财产罪的主体是商业银行、证券交易所、期货交易所、证券公司、期货经纪公司、保险公司或者其他金融机构。从所有制性质看，这些金融机构都是非国有金融机构，从而将国有商业银行、证券交易所、期货交易所等国有金融机构排除在外。也就是如中国工商银行、中国农业银行、中国建设银行、中国银行、中国交通银行等国有金融机构即使是擅自运用受委托财产的也不成立本罪，只能依照各自系统内的行政法律规范及行业规则进行处罚，限定了单位范围。从刑法规定来看，该罪是典型的单位犯罪。而问题的关键是，违法运用资金罪的主体是否是单位呢？之所以提出这样的问题是因为刑法第 185 条之一第 2 款将受罚主体限定于社会保障基金管理机构、住房公积金管理机构等公众资金管理机构，以及保险公司、保险资产管理公司、证券投资基金管理公司的直接负责的主管人员和其他直接责任人员，单位并不承担刑事责任。依照我国刑法第 31 条的规定："单位犯罪的，对单位判处罚金，并对其直接负责的主管人员和其他直接责任人员判处刑罚。本法分则和其他法律另有规定的，依照规定。"依照这一规定，我国刑法学界一般认为，单位犯罪一般采取双罚制，既对单位判处罚金，又对其直接负责的主管人员和其他直接责任人员判处刑罚；刑法分则和其他法律另有规定的，实行单罚制，即只对单位判处罚金，或者只对其直接负责的主管人员和其他直接责任人员判处罚金。单位犯罪的这两种责任实现方式被称为双罚制和单罚制。可见，单罚制只是单位犯罪刑事责任实现的一种方式，有学者指出之所以在双罚制之外还存在单罚制，是因为“单位犯罪的情况具有复杂性，其社会危害程度差别很大，一律采取双罚制的原则，并不能全面准确地体现罪刑相适应原则和对单位犯罪起到足以警戒的作用”。[①] 但也有学者提出不同意见，认为将单罚制看做是对“单位犯罪”进行处罚之例外的观点，既缺乏法理根据，也与刑事立法精神相悖，且与司法解释的内容不符，并认为我国刑法中规定的所谓单罚制的“单位犯罪”，实际上属于自然人犯罪，并由此得出结论，包括违法运用资金罪在内的刑法中规定单罚制的12个罪名都是自然人犯罪。[②] 笔者坚持通行观点，认为上述主张难以成立，理由在于：一是单位主体与自然人主体在本质内容上是不同的，单位具有独立的人格，具有独立的权利能力和行为能力，不应抹杀其在法律上包括刑法上的独立地位和作用；二是采用单罚制是基于现实考虑，一些单位犯罪无法或不能或不宜实行双罚制；三是单罚制也是国外许多国家单位犯罪刑事责任实现的通行方式。也有学者在分析我国单罚制优劣势基础上提出完善意见。该学者认为，之所以采取单罚制，是因为对单位犯罪一律适用罚金刑具有某些不合理性：一是对非贪利性犯罪采用双罚制，与刑法惩罚单位的初衷不符；二是对犯罪单位一律适用罚金刑，可能会使犯罪单位中的无辜成员受到株连；三是对犯罪单位单纯适用罚金刑，

---

① 高铭暄、马克昌主编：《刑法学》，北京大学出版社、高等教育出版社2000年版，第104~105页。

② 刘宪权、周舟：《违法运用资金罪的刑法分析》，载《法学杂志》2010年第9期，第77~78页。

可能会导致罪责刑的不适应；四是罚金刑执行中也会遇到种种困难，难以执行对单位的罚金。之后该学者指出，在单位犯罪中采取单罚制，也会有不少缺陷，具体而言：一是将造成犯罪单位有罪不罚，难以从根本上遏制单位犯罪的发生和增长；二是单罚制实际上将单位犯罪中的单位和具体责任人员视为两个独立犯罪主体，从而将单位犯罪混同于数个主体的共同犯罪，这样必将造成刑法理论上的混乱；三是在单罚制情况下，如何在确保实体公正和程序公正的前提下对单位犯罪案件进行审理，对司法机关来说的确存在一系列理论与操作上的困惑；四是造成人民检察院对不起诉权的滥用。最后他认为，单罚制有利有弊，完全肯定和全盘否定都是不可取的，因此只能完善而不是取消：一是增加单位犯罪的刑罚种类，不再局限于罚金刑，不再将是否判处罚金作为区分双罚制和单罚制的唯一标准，可增设没收财产刑、资格刑；二是在程序上建立和完善单位犯罪诉讼制度；三是建立罪状认否制度，对单位犯罪实行简化审理。[①] 笔者认为，上述学者的分析意见是中肯的，是对我国单位犯罪单罚制的深刻认识和把握，其尖锐地指出了单罚制在刑法理论中存在的优劣势以及司法实践适用中的困难，其完善建议不仅可以有效破解理论上的障碍，更为司法实践中如何执行提供了非常合理可行的方案。综上，回到违法运用资金罪的主体问题，基于刑法原理，该罪的主体应当是特定单位，该罪也应当是单位犯罪而不是自然人犯罪。

再来看基本行为，背信运用受托财产罪和违法运用资金罪都是运用犯罪。自 1979 年刑法颁布以来的很长时间里，刑法中都没有犯罪基本行为为运用的罪名，即使是“运用”一词也没有在任何一个刑法条文中出现过。直至 2006 年《刑法修正案（六）》才首次规定了两种以运用为基本行为要素的犯罪，即背信运用受托财产

---

① 高珊琦：《论单位犯罪单罚制之弊端及矫正》，载《甘肃政法学院学报》2008 年第 3 期，第 99 ~ 103 页。

罪和违法运用资金罪，所不同的是前者是擅自运用，后者是违法运用。虽然金融领域运用犯罪立法上规定较晚，但运用违法行为以及运用一词却早已在其他金融法律规范及行业规范中广泛出现和被使用，这也是立法者之所以在刑法中选用运用而非挪用的根本原因。例如，2002年发布的《中国保险监督管理委员会关于修改保险公司资金运用表的通知》、2004年发布的《中国保险监督管理委员会关于印发〈保险资金运用风险控制指引（试行）〉的通知》、2004年发布的《保险外汇资金境外运用管理暂行办法》（已失效）等。2010年8月31日施行的《保险资金运用管理暂行办法》不仅在名称上使用了“运用”，而且在条文中明确规定了保险资金运用的范围、模式，如该法律规范第6条第1款规定，保险资金运用限于下列形式：（1）银行存款；（2）买卖债券、股票、证券投资基金份额等有价证券；（3）投资不动产；（4）国务院规定的其他资金运用形式。第7条规定，保险资金办理银行存款的，应当选择符合下列条件的商业银行作为存款银行：（1）资金充足率、净资产和拨备覆盖率等符合监管要求；（2）治理结构规范、内控体系健全、经营业绩良好；（3）最近三年未发现重大违法违规行为；（4）连续三年信用评级在投资级别以上。此外还有其他规定，凡是违反这些规定情节严重的，成立背信运用受托财产罪或违法运用资金罪。在我国台湾地区“法律规范”中也将运用与资金搭配使用，近年来先后制定施行了“预防接种受害救济基金收支保管及运用办法”、“渔业发展基金收支及运用办法”、“药疗药品基金收支保管及运用办法”、“石油基金收支及运用办法”、“医疗发展基金收支保管及运用办法”、“中华发展基金收支保管及运用办法”、“劳动保障基金管理及运用办法”等四十多个含有“运用”词语的“法律规范”，并在每一个“法律规范”中都规定了特定基金使用的用途及管理委员会设置。可见，资金或基金的“运用”已然成为约定俗成的使用方式。那么资金运用与资金使用，或者说运用与使用是什么关系呢？是否可以通用呢？依照现代汉语的一般理解，运用有两种含义，一是根据事物的特性加以利用，二是把某种东西用于预期适合的某一目的或某人。可以看出，运用与使用是近义词，但比使用内涵丰富，在一般意义上资金运用与资金使用可以共通，但从严格意义上看，资金运用包含了利用资金的特性使用和将资金用于预期的目的或人。而实际上无论是保险资金的使用还是我国台湾地区规定的各项特定基金的使用都有着严格的使用范围和对象以及方式，不是毫无目的、毫无约束地盲目使用，因此资金运用比资金使用更准确，也更符合运用的基本含义。同理，资金运用与资金挪用相比较而言，虽然早在新中国成立之初挪用一词就出现在刑事法律文件当中，且挪用资金罪、挪用公款罪在 1997 年刑法中正式确立，但是挪用与运用在基本含义上有着本质上的不同，挪体现了由内而外，由此到彼的动作过程；而运用没有这种含义，其旨在发挥事物本身的特性和价值，因此资金挪用不能替代资金运用，反之资金运用也无法表示资金被挪移使用的行为。当然，擅自运用和违规运用与挪用之间也有着密切的联系，前者行为表现中的许多情形便是改变用途的挪用行为，而后者在广义上也可以包含擅自运用和违规运用。

至于运用是否包括占有、侵占等非法所有意图下的行为，存在争议，形成肯定说、否定说和折中说。肯定说认为，背信运用受托财产罪与违法运用资金罪中的“运用”理应包括“占有”、“侵占”等侵犯财产所有权的行为，其理由在于：如果“运用”不包括“占有”、“侵占”等侵犯财产所有权的行为在内，那么就只能处罚侵犯财产使用权的犯罪行为，而对于危害更为严重的侵犯财产所有权的行为，则难以依法惩治。[①] 否定说认为，“运用”一词的关键在于“用”字，如果不是“用”财产，而仅仅是单纯占有、侵占财产则不应构成上述两罪。至于肯定观点“难以依法惩治”的担忧，否定说认为显然属于多余，因为完全可以根据刑法其他相

① 彭文华：《论擅自运用客户资产罪》，载《中国检察官》2006 年第 9 期，第 13 页。

关规定，对其直接负责的主管人员和其他直接责任人员以贪污罪或者职务侵占罪加以认定。[①] 折中说认为，“运用”应当包括“占有”、“侵占”等侵犯财产处分权的行为，不过这里的“运用”的落脚点应在于“用”，即“占有”、“侵占”的目的还是“用”，如果不是“用”客户的资产，而是单纯私自占有客户资产的，不能构成本罪。[②] 笔者赞同否定说的主张，即“运用”不应当包括“占有”、“侵占”等侵犯财产处分权的行为，虽然表面上表现为金融机构等特定单位对受托财产或资金的占有、使用、收益以及处分，但实际上这正是对受托财产或资金的运用，以发挥其经济价值，从而实现最终保值增值的目的，所以这里的占有、侵占不同于刑法中意图剥夺所有权的“侵占”和“占有”，只是擅自使用和违规使用，日后仍需要归还委托人本金和收益，而不是携款潜逃等彻底不予归还从而侵犯财产处分权的情形。简而言之，这里的“运用”包含形式上的处分行为，不包含实质上的处分行为。前者正是资金或受托财产的运用内容，而后者才是刑法上侵犯财产处分权的占有行为。如果承认“运用”包含实质上的处分行为，包含刑法上“占有”、“侵占”的行为，那么将无法解释行为人将单位资金或公款挪用于赌博、还债、炒股等目的后反以挪用资金罪或挪用公款罪定罪处罚而不以职务侵占罪或贪污罪定罪处罚的法律适用标准，因为将单位资金或公款用于赌博、还债、炒股等目的也是对资金或公款的形式处分。

这里还有一个问题，即运用犯罪成立是否需要利用职务上的便利，或者说利用职务上的便利是否应成为运用犯罪的客观构成要件内容呢？有学者指出，利用职务上的便利是具体实施背信挪用行为

---

① 刘宪权、周舟：《违法运用资金罪的刑法分析》，载《法学杂志》2010 年第 9 期，第 80 页。

② 涂龙科、胡建涛：《论背信运用受托财产罪的认定》，载《华东理工大学学报》2008 年第 3 期，第 96 页。

的法定代表、主管人员、直接责任人员和其他成员完成犯罪必须借助的条件，虽然它是法人代表等自然人行为时的客观要件，但是其行为是以单位名义，为了单位利用实施的有目的、有意识的行为，其行为就是单位行为，所以利用职务上的便利是单位实施背信运用受托财产行为的客观构成要件，基于此也就可以得出利用职务上的便利是背信运用受托财产罪的客观构成要件。[①] 笔者认为这种观点是值得商榷的，该观点主要是将直接负责的主管人员和直接责任人员的行为等同于单位行为。依照这种观点，凡是单位犯罪，利用职务上的便利都是其客观要件，因为直接负责的主管人员和直接责任人员都利用了自身职务上的便利，而这种职务实际上不是单位的职务，否则单位岂不成了职务犯罪的主体？这显然是荒谬的。当然也要看到，单位主体实施的犯罪行为依照是否与自身业务或事务有关可以分为单位业务犯罪和单位非业务犯罪。所谓单位业务犯罪，是指单位利用其在业务上的便利，如对他人或国家财物管理的便利，实施的犯罪行为。例如，刑法第 396 条规定的私分国有资产罪和私分罚没财物罪即此种情况，犯罪单位利用了其对国有资产或罚没财物的管理职权实施了犯罪行为。除此之外，违规制造枪支罪、强迫劳动罪、虚假破产罪等也都属于这类犯罪。所谓单位非业务犯罪，是指单位没有利用自身业务活动实施的犯罪行为，如刑法第 107 条的资助危害国家安全犯罪活动罪，第 120 条之一的资助恐怖活动罪，第 125 条的非法制造、买卖、运输、邮寄、储存枪支、弹药、爆炸物罪和非法制造、买卖、运输、储存危险物质罪等。可见，背信运用受托财产罪和违法运用资金罪都是特定单位利用其业务活动上的便利，即利用管理、运用受托财产或公众资金的便利实施的犯罪行为，属于单位业务犯罪。

---

① 罗猛：《挪用犯研究》，中国政法大学 2008 年刑法学博士学位论文，第 92 ~ 93 页。

第二节　背信运用受托财产罪研究

一、背信运用受托财产罪的罪名与概念

2006年6月29日，《刑法修正案（六）》在第十届全国人民代表大会常务委员会第二十二次会议上获得通过。此次修正案内容涉及惩治破坏金融管理秩序的犯罪、严重损害上市公司和公众投资利益的犯罪、妨碍信用卡和票证管理秩序的犯罪以及商业贿赂犯罪、军事犯罪等，其中第12条第1款规定的金融机构擅自运用受托财产罪是此次修正案中的重要条款，成为今后惩治和规制非法委托理财行为的重要刑法规范。

在《刑法修正案（六）》公布施行之后新罪名正式公布以前，学界对该犯罪的罪名进行了一些研究和讨论，即使在新罪名正式公布之后，仍有研究者提出了质疑。罪名，是根据犯罪行为的性质和特征所总结和归纳出的名称，是对犯罪行为本质特征的高度概括，反映了此罪与彼罪的本质区别。罪名的确立，也是为了司法实践中适用的简便。学界在总结和归纳《刑法修正案（六）》第12条第1款的犯罪行为罪名时也坚持了罪名确立的一般原则，归纳的罪名主要有擅自运用客户资金、受托财产罪，擅自运用客户财产罪或擅自运用客户资产罪。① 大部分学者没有在罪名中使用“背信”，主要是没有认识到此种犯罪行为是一种背信行为。但仍有个别学者透过现象看本质，将此类犯罪行为归纳为“金融机构背信罪”。刘艳红教授认为《刑法修正案（六）》第12条第1款规定的是违背忠实

---

① 何泽宏：《解读〈刑法修正案（六）〉》，载《现代法学》2006年第6期，第168页；王作富主编：《刑法分则事务研究》（第三版），中国方正出版社2006年版，第554页；彭文华：《论擅自运用客户资产罪》，载《中国检察官》2006年第9期，第12页。

义务破坏信任关系的背信犯罪，“违背受托义务”是其作为背信犯罪的明确表述，“商业银行……或其他金融机构”是此种背信犯罪的主体，“擅自运用客户资金或者其他委托、信托的财产”属于受托人违背其任务从而给委托人造成财产损失的背信行为。因此，她认为从反映本罪的本质特征出发并为了区别于上市公司高管背信罪，该罪的罪名宜定为“金融机构背信罪”。[①] 最高人民法院、最高人民检察院在确定该罪名时，显然采纳了这两种意见，一是此种犯罪是金融机构违背受托义务的行为，本质上是一种背信行为，与该修正案第 9 条上市公司高管违背对公司忠实义务损害上市公司利益行为在本质上是相同的，即对客户忠实义务的违背和对客户利益的损害，因此这一本质特征必须在罪名中得以反映，而擅自运用客户财产罪等罪名，从名称看难以体现出这一本质特征；二是单有“背信”还不准确，如“金融机构背信罪”这一犯罪名称显然所包含的内容非常广泛，在社会现实中表现形式也十分多样，如违背忠实义务操纵内幕交易、向客户传递虚假信息、夸大投资回报等行为，擅自运用客户资金或受托财产只是其中一种表现形式，如以金融机构背信罪“标示”这一犯罪行为显然“名不副实”。所以，最高人民法院和最高人民检察院将第 12 条第 1 款的罪名确定为“背信运用受托财产罪”，兼顾了两者。但在此之后，仍有研究者对最高人民法院、最高人民检察院确定的罪名提出反对。理由主要是：首先，《刑法修正案（六）》在罪名中首次采用了“背信”字眼，在立法上不具有用语的一贯性和统一性；其次，该犯罪行为应归于挪用型背信行为，将具有相同特质的行为部分在刑法中以不同的词语进行表述，而没有真正发现该行为与其他行为在相同特质以外的区别点；最后，该罪与挪用特定款物罪的不同点是行为发生的范围不一样，后者是处理公务过程中的行为，而背信运用受托财产罪是

① 刘艳红：《〈中华人民共和国刑法修正案（六）〉之解读》，载《法商研究》2006 年第 6 期，第 35 页。

平等主体中委托人和受托人委托事务中的行为，将具有相同罪质的行为规定不同的名称是不妥的。基于此，该研究者认为将此罪的罪名规定为金融机构挪用受托财产罪比较合适。首先，为了区别犯罪主体，本罪宜将犯罪主体纳入罪名之中以示区别；其次，因为违背受托义务擅自运用受托财产的行为是挪用实行行为的表现形式之一，所以将本罪的行为归纳为“挪用”；最后，将本罪的犯罪对象纳入罪名之中，区别于单位的其他挪用行为，使得此罪罪名更加完整。[①] 对此，笔者认为反对者的意见和理由一定程度上是中肯的，但并不能从根本上否定最高人民法院、最高人民检察院确定罪名的合理性和准确性，或者说他所提倡的“金融机构挪用受托财产罪”的罪名也并不能完全揭示《刑法修正案（六）》第 12 条第 1 款犯罪行为的本质特征。首先，驳论中第 1 条的反对理由难以成立，过去没有出现的词语是否今后就不能出现，显然不是这样的。正是对事物或行为本质的深刻了解与学界对背信犯罪立法的深入研究和大力倡导，“背信”一词以及“背信犯罪”才逐渐为人们所认识并最终上升到立法和司法的高度，立法上用语的一贯性和统一性并不是法制创新和司法进步的障碍。其次，该研究者提出该犯罪行为属于挪用型背信行为，其罪质与挪用特定款物罪罪质相同，因此将本罪行为归纳为“挪用”的观点是中肯的，是有一定道理的。在现实中，长期以来金融机构在受托理财过程中擅自使用受托财产的行为被普遍认为是“挪用”客户财产的行为，相关法律法规也将此种行为定性为“挪用”，如《客户交易结算资金管理办法》第 2 条规定“严禁挪用客户交易结算资金”；《期货交易管理条例》第 34 条规定“期货交易所、期货公司、非期货公司结算会员应当按照国务院期货监督管理机构、财政部门的规定提取、管理和使用风险准备金，不得挪用”，第 69 条规定了违反规定挪用保证金行为的处

---

① 罗猛：《挪用犯研究》，中国政法大学 2008 年刑法学博士学位论文，第 89 ~ 90 页。

罚；《信托投资公司管理办法》第34条规定，信托投资公司经营信托业务，不得有下列行为：“……（二）将信托财产挪用于非信托目的的用途。”而在现实中的资本市场，挪用客户交易结算资金、期货保证金、保险资金、信托财产的现象非常普遍，涉案金额往往十分巨大，[①] 因此立法者才将单位“挪用”行为规定为犯罪行为，动用刑罚力量保护委托人利益、维护金融市场安全。这样看来，该罪的罪质确实与挪用资金罪、挪用特定款物罪和挪用公款罪的罪质较为一致，均是挪用行为，擅自运用即未经允许使用，在一定意义上也可以理解为挪用，即挪作他用。所以，无论从词语含义，相关部门法规定，还是从现实中的真实违法状况看，挪用才是该犯罪行为的实质，或者退一步说是该犯罪行为中的主要内容，应当坚决地承认这一点。最后，罪名的概括和归纳始终离不开刑法条文，离不开罪刑规范，这是罪名科学准确的基础。《刑法修正案(六)》第12条第1款规定的基本犯罪行为是“违背受托义务，擅自运用”，可见立法者采用了擅自运用而没有使用“挪用”，反映了立法者的特定意图。而擅自运用在内涵上应当比挪用更为丰富，挪用只是其中最普遍最常见的一种，所以“运用”一词应当在罪

---

① 以实际案件为例，参见《中国证券监督管理委员会行政复议决定书》[2009] 5号。该决定书认为，2005年1月11日，华南期货经纪有限公司通过网上银行从其中国工商银行保证金0759账户划款400万元至其中国建设银行自有资金4233账户。证监会认为，华南期货经纪有限公司2005年1月11日从其保证金账户划款时，并无可供划转的自有资金，其所划的400万元为保证金，构成挪用客户保证金的行为，据此作出维持该会《行政处罚决定书》[2009] 12号对华南期货经纪有限公司总经理张海涛的行政处罚决定。参见中国证券监督委员会网站，http://www.csrc.gov.cn/n575458/n776436/n805040/n3745534/n11198041/11367481.html。

名中保留，至于“擅自”则由“背信”一词吸收。[①] 综上，最高司法机关将金融机构擅自运用受托财产的犯罪行为确定为“背信运用受托财产罪”是合适的，符合罪名确立的一般原则和规则。

至于该罪的概念，因立法者采用了叙明罪状的立法方式，因此学界观点基本一致，并无争议，即指商业银行、证券交易所、期货交易所、证券公司、期货经纪公司、保险公司或者其他金融机构，违背受托义务，擅自运用客户资金或者其他委托、信托的财产，情节严重的行为。

二、背信运用受托财产罪的主观要件

关于本罪的主观要件内容，学界的共识是故意，目的一般是获取非法利润。这里需要注意四个问题：

第一，该罪主观上具有图利或加害动机。背信运用受托财产罪是背信犯罪，而背信犯罪理论上一般认为其犯罪动机无外乎图利和加害。西田典之教授认为，要成立日本刑法的背信罪，“除了必须存在对违背任务以及财产性加害有认识这一故意之外，还必须是出于为自己或第三者谋取利益的目的（谋利目的）或者出于给本人造成损害的目的（加害目的）……因此，本罪具有利欲罪与毁弃罪的双重特性”。[②] 在资产市场，金融机构擅自运用客户财产主要是出于图利动机，获取不法利益，但也存在单纯出于损害客户利益的“损人不利己”动机的现实可能，应当引起注意。当然还有一种情况，即金融机构擅自运用客户委托财产只是出于保值增值的压力，将客户财产擅自用于他处，如炒买股票、回购国债等活动。事

---

① 但是也应看到，“运用”一词没有具体且容易操作的内涵标准，这给司法实践中认定什么是运用、什么是擅自运用带来了巨大困难，这也是目前尚无一例此类犯罪案件的根本原因。

② ［日］西田典之著：《日本刑法各论》（第三版），刘明祥、王昭武译，中国人民大学出版社 2007 年版，第 196 页。

实上没有获取不法利益，擅自运用客户资产数额不大，且没有给客户造成财产损失的，笔者认为可不作犯罪处理，由相应主管部门进行行政处罚即可。

第二，该罪主观上多是出于非法使用目的。犯罪主体主观上是非法使用目的还是非法占有目的，归根结底还是基于对客观行为——运用含义的理解不同。目前学界对于运用是否包括占有、侵占等非法所有意图下的行为，存在争议，遂形成肯定说、否定说和折中说。如果坚持肯定说，那么该罪不仅包括侵犯财产占有权、使用权、收益权的行为，还包括侵犯所有权的行为，犯罪主体主观上既可以是非法使用目的又可以是非法占有目的。如果坚持否定说，则该罪仅包括侵犯财产占有权、使用权和收益权的行为，主观意图上也仅限于非法使用目的。折中说却是对现实的回应，力图中间调和。实际上，在金融学和经济学理论中，对于委托理财的法律性质或者委托理财法律关系的内容一直认识不一，这也是对受托方“运用”内涵以及委托方与受托方财产关系认识分歧的重要原因。具体而言，主要有以下四种观点，但都无法揭示所有委托理财形式的共同本质：① 一是代理关系说，认为委托理财是代理关系，代理人以被代理人名义实施法律行为、法律后果由被代理人承担，代理主要基于代理权而存在，规范本人和代理人之间与第三人之间的关系。其不足之处是证券公司理财一般以自己的名义进行，不符合代理中代理人以被代理人名义为法律行为的特征。二是委托关系说，认为委托关系是内部关系，不涉及第三人，符合委托理财的特征。但委托理财合同中双方经常约定委托人不承担因受托人的理财行为所造成的损失，因此也难以完全适用委托关系来解决委托理财纠纷。三是行纪关系说，行纪是指一方接受他方委托，以自己的名义，为了获取利益，从事物品的卖出或买入并收取报酬的营业行

---

① 陈林：《委托理财法律性质辨析》，载《人民司法》2009 年第 19 期，第 75 ~76 页。

为。在委托理财关系中，受托人虽然以自己的名义对外进行资产交易，但交易后果由委托人承担，不符合行纪合同中由行纪人直接承受的特征。四是信托关系说，认为委托理财本质上是一种财产信托关系，在信托关系中，一方当事人拥有财产法律上的所有权，同时负有为另一方利益使用该财产的义务。但委托理财与信托关系仍然存在许多不同之处，主要是大多数委托理财并未取得财产的完全所有权，仍接受委托人的指示等。正是目前我国委托理财形式的多样性，使得对委托理财进行一种简单的性质上的判断是困难的。“因现今金融市场上之投资日益复杂，一般投资者往往不具有理财所需之个人时间与专业管理能力，故委托具有专业能力的证券公司等机构代为投资获利，一般采用传统上委托或代理行为或自英美法移植而来的信托方式为之。从这个意义来讲，委托、代理或信托应是委托人授权他人管理资产的诸多制度中一种选择而已。”① 有研究者据此提出委托理财法律关系是综合型法律关系的观点，认为委托理财兼具信托、委托、借贷等法律关系的特征。② 实际上，肯定说之所以认为运用包括侵占、占有等非法所有意图下的行为，主要是基于将委托理财法律性质认定为代理或委托，将委托理财法律关系认定为代理关系或委托关系，因为在这两种关系下，根据协议受托人并未拥有对受托财产的处分权，受托人未经委托人同意擅自处分财产的行为实际上便侵犯了委托人的财产处分权，也就侵犯了其财产所有权；或者将受托财产非法占有或侵占不予归还，可以从一定意义上理解为对受托财产的“擅自运用”，但这本质上已经超出了“用”的范畴。显然现实中的委托理财形式是多样的，关系是复杂的，应当透过事物的现象看本质。笔者认为，委托理财，简单理解

① 陈林：《委托理财法律性质辨析》，载《人民司法》2009 年第 19 期，第 76 页。

② 张怀启：《委托理财法律制度研究》，西南政法大学 2006 年经济法硕士学位论文，第 14 ~ 15 页。

就是委托管理使用，受托人按照委托人的要求对资金或受托财产的使用甚至处分实际上都是对资金或受托财产的“使用”，是发挥其使用价值或经济价值的使用，而不是真正意义上的处分，是对受托财产加以利用，如将受托资金投入房地产，或将资金购买国债。所以，这种财产处分行为只是形式上的处分行为或者称授权范围内的处分行为，与将受托资金携带潜逃、欺诈投资失败或者干脆直接占有拒不返还、将受托财产出卖给他人或赠与他人等占有受托资金的行为截然不同。所以，“运用”只包括授权范围内的财产处分行为，而这种行为多是财产的使用，是财产使用价值或经济价值的发挥，而不是刑法意义上的处分，因此“运用”也就难以包含占有、侵占等非法所有意图下的行为。“无论如何，这里的‘运用’的落脚点在于‘用’。如果不是‘用’客户的资产，而是私自占有客户资产的，不能构成本罪。”[①] 反映在主观方面，犯罪主体多出于非法使用目的实施擅自运用行为，而不能出于非法占有目的。当然，这里的“非法”是未经授权的不法，并不是真正意义上的“非法”，因为未经授权使用并不都是真正意义上的违法。

第三，该罪的主观方面只能是直接故意。对于该罪的主观罪过形式，学界有不同意见，一种意见认为是故意，目的一般是获取非法利润；[②] 另一种意见认为是故意，且在主观上明知且希望。[③] 从上述学界观点来看，对过失不能成为该罪主观罪过形式已然达成共识，这也是情节犯主观罪过形式的基本共识。我国刑法中情节犯的主观罪过形式通行观点是故意，认为情节犯是故意犯，过失犯因其

---

① 刘艳红：《〈中华人民共和国刑法修正案（六）〉之解读》，载《法商研究》2006 年第 6 期，第 36 页。

② 周道鸾、张军主编：《刑法罪名精释》（第三版），人民法院出版社 2007 年版，第 289 页。

③ 王作富主编：《刑法分则实务研究》（第三版），中国方正出版社 2007 年版，第 556 页。

以特定的犯罪结果为要件，自然排除构成情节犯的可能。[①] 但也有学者质疑，认为我国刑法分则中绝大部分情节犯的主观罪过为故意，但有例外，分别是第398条、第432条和第409条所规定的过失泄露国家秘密罪、过失泄露军事秘密罪和传染病防治失职罪，并进一步指出立法者之所以规定少量的过失情节犯，是基于利益衡量所作的价值选择，这种选择具有必要性和可行性。[②] 应当说，过失情节犯是现实存在的，一概称情节犯都是故意犯确有不妥之处，为严谨起见，应称除上述过失情节犯之外的情节犯为故意犯。依照通行的判断标准，背信运用受托财产罪属于情节犯类型，依照刑法条文规定判断，该罪不是过失情节犯，而是故意情节犯。而故意的内容究竟如何鲜有人讨论和研究，只是如上述在具体罪名中直接表达结论，并无逻辑分析与实证检验。而实际上，这是一个本源性的、重大的问题，涉及一类犯罪，而不仅仅限于某个个罪本身。从刑法中的故意情节犯来看，构成要件中是没有具体有形的危害结果或抽象、紧迫的危险状态的，有的只是客观要件，考察行为人的主观要件内容，也只能立足于客观行为而不是危害结果或危险状态。依照刑法规定，刑法学界通常认为行为人主观要件内容的判断要以危害结果为考察对象，而这实际上只适用于结果犯或危险犯，不适用于行为犯和构成要件中没有结果或危险状态内容的情节犯。对此，目前已有一些学者注意到这一问题并提出改造意见，如贾宇教授认为，“明知会发生违法的、构成要件的事实，并决意实施构成要件行为，以及希望、容忍或者放任构成要件的结果发生的心理状态就是犯罪故意”。[③] 这种主张实际上根据考察对象的不同将犯罪故意

---

① 叶高峰、史卫忠：《情节犯的反思及其立法完善》，载《法学评论》1997年第2期，第30页。

② 崔光同：《“过失情节犯”之称谓确立及立法探究》，载《黑龙江省政法管理干部学院学报》2009年第5期，第40~43页。

③ 贾宇著：《罪与刑的思辨》，法律出版社2001年版，第97页。

分为两种类型，即行为类型和结果类型，前者只要明知会发生违法的、构成要件的事实，并决意实施构成要件行为，便是犯罪故意；后者则表现为希望、容忍或者放任构成要件的结果发生的心理态度。与此相似，李兰英博士在肯定传统故意概念的基础上，主张犯罪故意是“明知自己的行为具有社会危害性，执意实施这种行为，或者明知自己的行为可能会发生某种危害结果，希望或者放任这种危害结果发生的心理态度”。[①] 而对于犯罪行为的主观态度，上述学者的表述为“明知会发生违法的、构成要件的事实，并决意实施构成要件行为”，“决意”或“执意”一词的使用似乎表明在意志因素上只能是积极追求的希望而不能是听之任之的放任。有学者对此进行了正面回应，“凡是行为人经自由意志选择的行为，行为人对之都是持积极的、肯定的态度，否则行为本身是无法得到实施的。‘放任’实质上是一种消极无为的态度，任何行为本身都不可能在这种态度下发生。放任只能是行为人对其目的行为的某种伴随结果的态度。因此，……行为人对其行为只能是希望故意”，[②] 并由此主张行为犯的主观态度只能是直接故意。[③] 对此种意见，笔者深以为然，行为犯的主观罪过形式应当只限于直接故意，[④] 情节犯中的定罪情节只是限度条件，是事后评价的独立要件，其实质上与行为犯相同，考察行为人的主观要件内容都须以犯罪行为自身为对象，而不是其他，也不可能是其他。据此，有学者将情节犯归入行为犯类型，把行为犯分为普通行为犯和情节行为犯，其中普通行为犯实质只要实施了刑法分则条文规定的行为就可以构成既遂的犯罪

---

① 李兰英：《间接故意概念及其定位的新理念》，载《法学评论》2004年第4期，第65页。

② 单民、史卫忠：《论行为犯主观方面的特征》，载《中国刑事法杂志》2000年第1期，第34页。

③ 持有此种观点的另参见叶伟民、徐林：《论行为犯之犯罪故意》，载《浙江公安高等专科学校学报》2005年第3期，第45页。

④ 在本章第三节违法运用资金罪研究主观要件部分专门论述。

形态；而情节行为犯，是指除了已经实施刑法分则规定的行为之外，还需要出现法定的严重情节才能成立的行为犯。[①] 该学者的这种观点是值得肯定的，其从本质上厘清了二者的关系，从而也解决了情节犯长期独立于行为犯、结果犯、危险犯、举动犯之外和不完全符合既遂形态划分标准的尴尬。综上，笔者认为故意情节犯的主观要件内容只能是直接故意，不能是间接故意，间接故意下的情节犯在现实中是不具有发生可能性的，继而作为故意情节犯的背信运用受托财产罪主观罪过形式也只能是直接故意。[②]

第四，单位意志的认定。通常认为，成立单位犯罪须符合三个条件，以单位名义、为单位利益、出于单位意志（或称由单位决定），其中单位意志被认为是单位犯罪与个人犯罪的关键区分标准。“单位意志具有区别于其他成员个人意志的整体性、独立性、程序性，亦即单位意志代表整个单位……至于是否以单位的名义、是否为了单位利益、是否超出单位业务范围等，都不是构成单位犯罪的决定性因素，它们只是单位意志的外在表现，仅可作为判断单位意志的辅助标准和参考因素。”[③] 而单位意志又始终与单位成员

---

① 郑飞著：《行为犯论》，吉林人民出版社 2004 年版，第 118 页。转引自李翔著：《情节犯研究》，上海交通大学出版社 2006 年版，第 177 页。

② 在思考过程中，笔者曾有过这样的想法，即能否根据定罪情节的具体内容不同在实践中具体考察行为人的主观态度，如实践中出现造成重大损失的严重情节，则认定行为人主观上可以是直接故意也可以是间接故意。但经过思考，发现这一想法显然是错误的，一是根据实践的不同情形判断主观态度难以得出一般性的结论，二是情节犯中的情节是立法者在基本构成要件之外附加上去的程度要件，不属于任何一个构成要件，行为人在主观上往往是无法认知或不用认知的，如因挪用特定款物罪造成重大伤亡后果的即是无法认知，如行为手段性质残忍或主观动机恶劣的，即是行为人主观上不用认知而由立法和司法判断和评价。因此，不能根据严重情节的具体表现来判断行为人的主观态度。

③ 赖正直：《论背信运用受托财产罪的若干基本问题》，载《社科纵横》2008 年第 4 期，第 108 页。

个人意志交织在一起，这给单位意志的判断带来了困难，给单位犯罪的认定带来了困难。实际上，单位意志是成员共同意志的体现，是为实现单位共同目标意志的反映，因此单位成员出于单位共同利益而不是自身个人利益的意志便成为单位意志。“所以，就是在这层意义上，我们将单位成员的这种行为看做了单位行为。”① 反之，无论是否以单位名义、无论侧面是否为单位谋取了利益，只要主要是出于追求个人利益的行为都只能认为是个人行为而不是单位行为，或者虽然出于个人名义但主要是为单位谋取利益也不能简单认定为个人行为。以挪用公款罪中“归个人使用”的理解为例，2002 年 4 月 28 日通过的《全国人民代表大会常务委员会关于〈中华人民共和国刑法〉第三百八十四条第一款的解释》规定：“有下列情形之一的，属于挪用公款‘归个人使用’：（一）将公款供本人、亲友或者其他自然人使用的；（二）以个人名义将公款供其他单位使用的；（三）个人决定以单位名义将公款供其他单位使用，谋取个人利益的。”这三种情形即体现的是个人意志，谋取的是个人利益，体现出片面性、单一性、私利性特征，是违背单位意志、损害单位利益的行为。因此，单位意志的形成只能有两种，一是经单位集体研究决定或由单位负责人决定，这是单位犯罪意志形成的主要形式，也是司法实务部门认定单位犯罪的主要依据之一；二是单位一般工作人员在职权范围内为了单位的利益作出决定。职权是单位赋予的，在职权范围内为了单位利益实施犯罪行为，也就变成了单位自身的行为。正如有的学者所言：“在判断某一个人的行为是否是单位自身行为时，不能仅仅根据该行为是否经过单位负责人的同意或单位集体的同意，有时尽管没有经过单位负责人同意，但该行为符合单位业务活动的政策、规定或操作习惯时，也应将该行

① 卢勇：《单位成员行为的双重性与单位犯罪》，载《华东政法学院学报》1999 年第 4 期，第 23 页。

为视为单位自身的行为。”① 因此，判断犯罪行为是否出于单位意志应坚持实质主义，从本质上准确认定单位犯罪抑或自然人犯罪。这种实质主义方法同样适用于背信运用受托财产罪与挪用资金罪、挪用公款罪的区分当中。

三、背信运用受托财产罪的主体要件

依照刑法第185条之一第1款的规定，背信运用受托财产罪的主体是商业银行、证券交易所、期货交易所、证券公司、期货经纪公司、保险公司或者其他金融机构。对于该罪的主体要件，可从三个方面认识：

一是主要金融机构单位的基本情况。商业银行，依照《商业银行法》的规定是指依照该法和《公司法》设立的吸收公众存款、发放贷款、办理结算等业务的企业法人。依照《商业银行法》第3条的规定，商业银行可以经营14项业务，即吸收公众存款；发放短期、中期和长期贷款；办理国内外结算；办理票据承兑与贴现；发行金融债券；代理发行、代理兑付、承销政府债券；买卖政府债券、金融债券；从事同业拆借；买卖、代理买卖外汇；从事银行卡业务；提供信用证服务及担保；代理收付款项及代理保险业务；提供保管箱服务；经国务院银行业监督管理机构批准的其他业务。

依照《证券法》第102条的规定，证券交易所是为证券集中交易提供场所和设施，组织和监督证券交易，实行自律管理的法人。证券交易所的设立和解散，由国务院决定。上海证券交易所是新中国成立以来的第一家证券交易所，于1990年11月26日经中国人民银行批准正式宣告成立。随后1991年7月3日经中国人民银行批准的第二家证券交易所——深圳证券交易所正式营业。除沪深两个交易所之外，在全国各主要城市还设有20多家证券交易中

① 黎宏：《单位犯罪的若干问题新探》，载《法商研究》2003年第4期，第47~48页。

心，各地投资者通过所在地的交易中心与沪深两个交易所进行交易。

依照《期货交易所管理办法》第 3 条的规定，期货交易所是指依照《期货交易管理条例》和《期货交易所管理办法》规定设立，不以营利为目的，履行《期货交易管理条例》和《期货交易所管理办法》规定的职责，按照章程和交易规则实行自律管理的法人。与证券交易所相似，期货交易所也主要是用来进行交易的专门场所。目前我国主要的期货交易所有上海期货交易所、大连商品交易所、郑州商品交易所以及中国金融期货交易所等。

证券公司，是指依照《公司法》和《证券法》规定设立的经营证券业务的有限责任公司或者股份有限公司。《证券法》第 125 条规定，经国务院证券监督管理机构批准，证券公司可以经营下列部分或全部业务，即证券经纪；证券投资咨询；与证券交易、证券投资活动有关的财务顾问；证券承销与保荐；证券自营；证券资产管理；其他证券业务。

期货经纪公司，通常是指依法设立，接受客户委托并按照客户要求，以自己名义为客户进行期货交易并收取交易手续费的中介组织。此类公司的设立须经中国证监会批准，并在国家工商行政管理局登记注册。按照《期货经纪公司管理办法》的规定，期货经纪公司应当遵循诚实信用原则，以适当的技能、小心谨慎和勤勉尽责的态度执行投资者的委托，维护投资者合法权益。

保险公司是从事保险业务的公司法人。而保险依照《保险法》的规定，是指投保人根据合同约定，向保险人支付保险费，保险人对于合同约定的可能发生的事故因其发生所造成的财产损失承担赔偿保险金责任，或者当被保险人死亡、伤残、残疾或者达到合同约定的年龄、期限等条件时承担给付保险金责任的商业保险行为。实践中较多出现的是保险公司工作人员挪用保费的案件，在该罪新增之前保险公司挪用保费案件多对主管人员和直接责任人员以挪用资金罪或挪用公款罪定罪处罚处理。

二是其他金融机构的范围理解。现行刑法除以列举方式规定该罪主体为商业银行、证券交易所、期货交易所、证券公司、期货经纪公司、保险公司之外，还以概括方式规定其他金融机构的主体地位。至于该其他金融机构的范围，是除上述具体金融机构之外的所有金融机构，还是限于有限种类的金融机构呢？金融机构是指专门从事货币信用活动的中介组织，具体而言泛指从事金融业务、协调金融关系、维护金融体系正常运行的机构。依照《金融机构管理规定》第3条的规定，本规定所称金融机构是指下列在境内依法定程序设立、经营金融业务的机构：（1）政策性银行、商业银行及其分支机构、合作银行、城市或农村信用合作社、城市或农村信用合作社联合社及邮政储蓄网点；（2）保险公司及其分支机构、保险经纪人公司、保险代理人公司；（3）证券公司及其分支机构、证券交易中心、投资基金管理公司、证券登记公司；（4）信托投资公司、财务公司和金融租赁公司及其分支机构，融资公司、融资中心、金融期货公司、信用担保公司、典当行、信用卡公司；（5）中国人民银行认定的其他从事金融业务的机构。因此，信托投资公司、财务公司、农村信用合作社、金融租赁公司、基金公司、金融资产管理公司、保险资产管理公司等也属于金融机构体系，是非银行金融机构。笔者认为，从金融机构的范围来看，并不是所有的金融机构都可以成为该罪的主体，要成为本罪的主体，前提条件是从事委托理财业务，或者说客户资金或其他财产由这些机构占有、管理、使用，而至少有些金融机构并不具有这项业务或这种权限。这些金融机构至少包括以下几种：

（1）政策性银行。银行金融机构依照业务分工不同分为政策银行和商业银行。政策银行或称政策性银行，一般是指由政府设立，以贯彻国家产业政策、区域发展政策为目的，在特定领域开展金融业务的专业性、非营利性金融机构。在我国，国家开发银行、中国进出口银行和中国农业发展银行是政策性银行。政策性银行因不开展受托理财业务也就不可能背信运用受托财产，所以无法成为该罪的主体。

(2) 金融资产管理公司。依照《金融资产管理公司条例》的规定，金融资产管理公司是指经国务院决定设立的收购国有银行不良贷款，管理和处置因收购国有银行不良贷款形成的国有独资非银行机构。此类公司的业务范围包括追偿债务，对所收购的不良贷款形成的资产进行租赁或者以其他形式转让、重组，债权转股权，并对企业阶段性持股，发行金融债券，向金融机构借款等中国人民银行、中国证券监督管理委员会批准的业务活动。

(3) 金融租赁公司。依照《金融租赁公司管理办法》的规定，金融租赁公司是指经中国银行业监督管理委员会批准，以经营融资租赁业务为主的非银行金融机构。而融资租赁，是指出租人根据承租人对租赁物和供货人的选择或认可，将其从供货人处取得的租赁物按合同约定出租给承租人占有、使用，向承租人收取租金的交易活动。既然主要是从事融资租赁业务，金融租赁公司也就不能接受客户的资金或其他受托财产。当然《金融租赁公司管理办法》规定经中国银行业监督管理委员会批准，金融租赁公司可以接受承租人的租赁保证金，但该保证金并不是所有金融租赁公司都有权收取，因此并不具有一般性特征。至于有权收取的金融租赁公司违背受托义务擅自运用租赁保证金的，可参考适用本罪。

因此，对其他金融机构范围的理解应当从金融机构的功能定位和具体业务进行考察，而不能一概而论。依照这种标准除刑法列举的六种金融机构外，该罪主体还包括信托投资公司、农村信用社、财务公司、保险资产管理公司、基金公司、典当行、信用卡公司等金融机构。

三是金融机构的非国有性质。依照刑法规定，本罪的主体是商业银行或其他金融机构，至于该罪主体的所有权性质刑法并没有明确规定。那么，该罪主体是不是包括所有从事证券、期货、信托等委托理财业务的国有金融机构和非国有金融机构呢？依照体系解释的方法，显然结论并不如此，本罪主体应当限于非国有金融机构。

从我国刑法规定来看，有些犯罪可以由所有金融机构工作人员实施，或所有金融机构都可以成为被害人，而有些犯罪只能由非国有金融机构或者其内部工作人员构成，利用体系解释的方法可以认识本罪主体的非国有性质。首先来看一下所有金融机构工作人员都可以成立的犯罪。刑法第186条规定："银行或者其他金融机构的工作人员违反国家规定发放贷款，数额巨大或者造成重大损失的……"成立违法发放贷款罪。与此相似，第187条的吸收客户资金不入账罪，第188条的违规出具金融票证罪，第189条的对违法票据承兑、付款、保证罪，刑法将这些罪名的犯罪主体规定为"银行或其他金融机构的工作人员"，从中可以看出立法者并没有限定这些犯罪主体的所有制属性。其次，刑法其他条文中的"银行或其他金融机构"也没有限定所有制属性。刑法原第264条规定："有下列情形之一的，处无期徒刑或者死刑，并处没收财产：（一）盗窃金融机构，数额特别巨大的……"；第263条规定："……有下列情形之一的，处十年以上有期徒刑、无期徒刑或者死刑，并处罚金或者没收财产：……（三）抢劫银行或者其他金融机构的……"这里的"银行或者其他金融机构"应既包括国有金融机构也包括非国有金融机构，而没有所有制的问题。再次，从一些刑法规定看，商业银行或其他金融机构仅指非国有金融机构。《刑法修正案》第7条对1997年刑法第185条规定的犯罪主体进行了修订，将"银行或者其他金融机构的工作人员"修改为"商业银行、证券交易所、期货交易所、证券公司、期货经纪公司、保险公司或者其他金融机构的工作人员"，将"国有金融机构工作人员和国有金融机构委派到非国有金融机构从事公务的人员"修改为"国有商业银行、证券交易所、期货交易所、证券公司、期货经纪公司、保险公司或者其他国有金融机构的工作人员和国有商业银行、证券交易所、期货交易所、证券公司、期货经纪公司、保险公司或者其他国有金融机构委派到前款规定中的非国有机构从事公务的人员”，从而前者利用职务之便挪用本单位资金或客户资金的成立挪用资金罪，后者构成挪用公款罪。可见，“商业银行、证券交易所、期货交易所、证券公司、期货经纪公司、保险公司或者其他金融机构”只能是非国有金融机构，只有非国有金融机构的内部工作人员挪用本单位资金或客户资金的才构成挪用资金罪。与此相似，刑法第183条规定，保险公司的工作人员利用职务上的便利，故意编造未曾发生的保险事故进行虚假理赔，骗取保险金归自己所有的，构成职务侵占罪，而同时规定国有保险公司工作人员和国有保险公司委派到非国有保险公司从事公务的人员有前款行为的成立贪污罪。该规定中将“保险公司”与“国有保险公司”并列，这种立法规定方式使得这里的“保险公司”只能被认为是非国有保险公司。因此，从这些规定可以总结出这样一条立法规律，在没有标明是否国有的情形下，“商业银行、证券交易所、期货交易所、证券公司、期货经纪公司、保险公司或者其他金融机构”仅应被理解为非国有金融机构，否则在刑法第185条之一第1款中规定的主体是非国有金融机构，而在同一条中同一主体内容却是所有金融机构，这显然是不符合立法的统一性和严密性精神的。最后，这种立法设计可以有效打击非国有金融机构擅自运用受托财产的行为。在委托理财业务中，绝大多数业务都是由非国有金融机构从事和开展的，其中包括国家控股和参股的股份制金融机构，纯粹的国有金融机构从事此类业务的很少，因此将该罪主体限定为非国有金融机构将有助于对金融市场擅自运用受托财产行为的专项打击和惩治，追究单位的刑事责任，切实保护委托人或客户的合法利益。

四、背信运用受托财产罪的客观要件

依照现行刑法的规定，本罪的客观要件内容是违背受托义务，擅自运用受托财产。其中违背受托义务是擅自运用受托财产的行为性质界定，擅自运用受托财产是违背受托义务的具体行为表现，二者在本罪客观要件内容中缺一不可。缺少受托义务违背的性质条

件，即使是未经委托人同意的擅自运用受托财产行为也不能构成本罪；反之缺少擅自运用的具体行为，本罪将失去核心行为要素，受托义务的违背也失去意义。

（一）违背受托义务

未经委托人同意擅自运用受托财产的行为从性质上看是受托人对委托人忠实义务的违反，是对自身约定或法定义务的违反，会使委托人的财产遭受损失或处于风险当中。

在委托法律关系中，依照约定或法定受托人对委托人负有一定的义务，受托人须诚实守信、忠实负责地履行自己的义务。依照《合同法》的规定，委托合同是委托人和受托人约定，由受托人处理委托人事务的合同。而受托人除履行委托合同约定的其他义务外，还须履行以下法定义务：（1）依照合同约定处理委托事务的义务；（2）报告的义务；（3）交付财产的义务；（4）承担损害赔偿的义务。这些义务成为任何委托法律关系中受托人都必须履行的法律义务。在委托理财法律关系中，除上述一般义务之外，相关法律根据特定需要还规定了其他义务。委托理财，作为一种资产经营方式，是指企事业单位或者个人将其自有资金委托给金融、非金融机构或者专业投资人员，由后者受托投资于证券期货市场，所获收益按双方约定进行分配的经营行为。[①] 在众多委托理财当中，金融机构的委托理财是专业化的理财服务，各类金融机构针对不同类型投资者的需要，通过设计格式化的委托理财产品，为投资者提供专业化的服务。这种专业化加上理财数额的巨大性、委托人参与的广泛性使得金融市场上的理财行为一般被认为是狭义的委托理财。为了进一步规范金融机构的委托理财行为，切实保护广大委托人的利益，《证券法》、《信托法》、《保险法》、《期货经纪公司管理办法》

① 李永祥主编：《委托理财纠纷案件审判要旨》，人民法院出版社 2005 年版，第 1 页。

等法律法规强化了受托人义务，除一般受托义务之外还规定了其他义务。以《信托法》为例，《信托法》要求受托人在信托业务从事过程中须履行下列义务：（1）按照委托人意志管理信托财产与处理信托事务的义务。（2）善良管理人的注意义务。《信托法》第25条规定："受托人应当遵守信托文件的规定，为受益人的最大利益处理信托事务。受托人管理信托财产，必须恪尽职守，履行诚实、信用、谨慎、有效管理的义务。"（3）忠实义务。所谓忠实义务，一般是指受托人必须以委托人或受益人的利益作为从事信托业务的唯一目的，不得在处理事务过程中为自己或第三人谋取利益。《信托法》第26条规定："受托人除依照本法规定取得报酬外，不得利用信托财产为自己谋取利益。受托人违反前款规定，利用信托财产为自己谋取利益的，所得利益归入信托财产。"（4）对信托财产亲自管理的义务。《信托法》第30条规定："受托人应当自己处理信托事务，但信托文件另有规定或者有不得已事由的，可以委托他人代为处理。受托人依法将信托事务委托他人代理的，应当对他人处理信托事务的行为承担责任。"（5）账簿制作义务、报告义务和保密义务。《信托法》第33条对此进行了规定。（6）向受益人交付收益权的义务。《信托法》第34条规定："受托人以信托财产为限向受益人承担支付信托利益的义务。"其他金融机构委托理财中受托人的受托义务与信托义务基本相似。这些义务构成了委托理财法律关系中受托人对委托人的责任体系，成为受托人从事理财业务行为规范中的重要内容。

未经委托人同意擅自运用客户资金或其他受托财产的行为，是对受托义务中按照委托人意志管理信托财产与处理信托事务的义务和忠实义务的违背。未经委托人同意擅自运用客户受托财产，违背了委托人意志，而私自谋利的行为是对委托人忠实义务的违反。对此，《信托法》第23条规定："受托人违反信托目的处分信托财产或者管理运用、处分信托财产有重大过失的，委托人有权依照信托文件的规定解任受托人，或者申请人民法院解任受托人。"《信托投资公司资金信托管理暂行办法》第9条规定，受托人制定信托合同或者其他信托文件，应当在首页右上方用醒目字体载明下列文字："受托人管理信托财产应恪尽职守，履行诚实、信用、谨慎、有效管理的义务。依据本信托合同规定管理信托资金所产生的风险，由信托财产承担，即由委托人交付的资金以及由受托人对该资金运用后形成的财产承担；受托人违背信托合同、处理信托事务不当使信托资金受到损失，由受托人赔偿。"

这里还有一个问题，即"义务"的内容。违背受托义务是否限于约定义务，不包括法定义务；还是这其中的"义务"既包括法定义务又包括约定义务。在刑法修正案征求意见时，有关部门和地方建议，在"违背受托义务"之后应当增加"违反国家有关规定"，理由是受托人实施了损害当事人的行为，有的是违反了国家规定，但其不一定在委托合同中有具体规定。对此，全国人大常委会法工委刑法室副主任黄太云撰文指出，立法机关研究后认为，本条所谓"违背受托义务"，不能简单地认为仅限于违背了委托人与受托人之间具体约定的义务，而首先应当包括违背法律、行政法规、部门规章规定的受托人应尽的法定义务。其理由主要是："因为法律、法规和有关部门规章针对受托人在受托理财实践中出现的损害委托人利益的突出问题，对受托人必须履行的职责和禁止行为作了明确规定。但普通委托人对受托人应当遵守的这些法定义务，难以了解得十分清楚，也难以在合同中约定得十分具体，但却是受托人必须严格依法履行的义务。"据此，他认为受托人违背法定义务或与受托人约定的具体义务动用资金，就属于本条规定的"违背受托义务，擅自运用客户资金或者其他委托、信托的财产"的行为。① 可见，被违背的"义务"内容应既包括委托人与受托人之间的具体约定义务，也包括法律规范规定的法定义务。

---

① 黄太云：《〈刑法修正案（六）〉的理解与适用》（下），载《人民检察》2006年第14期，第22页。

（二）擅自运用

在中外信托制度当中，受托人不得从信托中谋取利益是一项基本原则，这也是受托人忠实义务的核心。通常而言，忠实义务包含三个要素：其一，受托人不得将个人利益置于与受托财产利益相冲突的地位；其二，受托人在处理受托义务时，不得为自己谋取任何私利；其三，不得使第三人获取不正当利益。受托人在处理信托事务过程中，唯一需要考虑的利益是受益人的利益。而受托人不得从信托中谋取利益的原则具体又可分为三项内容：一是不得利用信托财产谋取私利；二是不得利用受托人的身份和地位谋取私利；三是不得利用信托信息或机会谋取私利。诸如证券、期货、基金等其他委托理财形式中同样存在与此相似的原则，受托人负有类似的义务。擅自运用受托财产行为，即是利用受托财产谋取私利的行为表现。法律认为这些关系的目标，一方在这种关系中充当的角色与进入这种关系的理由就是促进另一方的利益，不是自己的利益。[①] 利用受托财产谋取私利通常表现为将受托财产归自己使用或借贷给他人等通过发挥受托财产使用价值抑或经济价值的方法谋取私利。背信运用受托财产罪中只规定了“擅自运用”行为，没有规定谋取私利条件，这表明该罪的成立并不要求受托人主观上有谋取私利的意图或真正获取到私利，但现实情况是受托人往往是出于谋取私利擅自运用受托财产的，很少情况是出于加害和其他动机。

至于擅自运用的行为内容，需要借助词语含义以及与挪用行为的异同比较来分析。擅自，一般理解为未经允许或同意，在委托理财法律关系中表现为受托人未经委托人允许或同意作出某种决定或行为，或者作出的决定或行为超出了委托协议约定的授权范围。运

---

① 沈达明编著：《衡平法初论》，对外经济贸易大学出版社 1997 年版，第 200 页。

用的词义为将事物加以利用，基本上与“使用”同义。有学者指出“运用”包括“动用、动支、提取、挪用”等行为。[①] 这种观点成为学界的基本认识。笔者认为，对词语的理解不应超出其基本含义，否则必然不当扩大词语的内涵与外延范围，进而不当扩大罪名的适用范围，有违立法原意。出于这种立场，笔者认为“运用”一词落脚点在“用”，“运”并没有独立的实质行为意义，不同于“挪用”中的“挪”，“选用”中的“选”，因此可直接将其等同于“使用”。而“动用、动支、挪用”都超出了“使用”一词的语义范围，超出了人们的心理预期，尤其是“提取”，从任何方面都无法将其理解为“运用”，试想金融机构只是提取受托资金而不予使用的行为怎么能认定为擅自运用。因此，擅自运用便可以理解为“擅自使用”，“运用”一词的立法选用反而大大模糊了客观行为的内涵，使人难以一目了然，难以准确把握其行为的实质，从而大大增加了该罪客观行为认定上和司法机关适用上的困难。至于擅自运用与挪用的关系，有研究者认为“擅自 + 运用”就是挪用犯罪中的“挪用”行为，具有挪用行为的特点。笔者认为这种观点是有一定道理的，挪用资金罪、挪用公款罪、挪用特定款物罪中的挪用行为是未经允许的擅自使用行为，背信擅自使用受托财产的行为从实质内容看也是改变财产用途的挪移使用行为，只是前者更强调财物由内及外、由此及彼的动态挪移过程，后者更强调行为的有无授权。所以，擅用（笔者注：这样归纳更容易理解）与挪用在行为内容实质上基本是一致的，只是角度不同，关注的重点不同，这种关系也在相关法律规范和行业文件中得到了承认。例如，《期货交易所管理办法》第 69 条第 1 款规定：“……期货交易所应当在期货保证金存管银行开立专用结算账户，专户存储保证金，不得挪用。”《证券法》第 139 条第 2 款明确规定：“证券公司不得将客户

---

① 薛瑞麟主编：《金融犯罪再研究》，中国政法大学出版社 2007 年版，第 42 页。

的交易结算资金和证券归入其自有财产。禁止任何单位或者个人以任何形式挪用客户的交易结算资金和证券……”《客户交易结算资金管理办法》第 2 条规定：“……严禁挪用客户交易结算资金。”2000 年 6 月 26 日中国证券监督管理委员会下发了《关于申银万国证券股份有限公司等 81 家证券公司归还所挪用客户交易结算资金方案的批复》，对 81 家证券公司挪用客户交易结算资金的归还方案进行了批复。

这里还要注意一下擅自运用与违法运用的异同。擅自运用强调的是未经允许使用，强调的是对委托人忠实义务的违反；而违法运用强调的是违反法律规范的使用，这种使用是对法律法规规定的使用方式、使用程序、使用对象等内容的违反。擅自运用与违法运用往往存在交叉，一旦将不得擅自运用上升为禁止性法律规范，擅自运用也是违法运用，违法运用也是擅自运用；如果不得擅自运用没有上升为禁止性法律规范，那么擅自运用只是对忠实义务的违反，并不违反法律规定，反之经过委托人同意的运用违反法律规范属于违法运用而不是擅自运用。所以，如果行为人擅自运用又违反法律规定的，此时构成本罪，如《客户交易结算资金管理办法》中的“严禁挪用客户交易结算资金”和《期货交易所管理办法》中的“期货保证金，不得挪用”；如果行为人不是因擅自运用违反法律规定而是因运用程序、方式等违反法律规定的，则有可能构成违法运用资金罪。例如，《保险资金运用管理暂行办法》对保险资金运用的形式、保险资金存储银行的条件、保险资金投资证券和基金的要求、保险资金运用的禁止行为等方面进行了详细规定，这些规定构建了保险资金运用的规范体系。违反这些规定的运用行为，应以违法运用资金罪定罪处罚。至于虽有不予挪用客户委托财产的禁止性规定，但不符合违法运用资金罪主体要件的情形不能以该罪定罪处罚。

五、背信运用受托财产罪的客体要件

犯罪客体，依照法益侵害说，是指被犯罪行为所侵害的刑法所保护的利益。因此，背信运用受托财产罪的客体要件便是被背信运用行为侵害的为刑法所保护的利益。而利益，“一般是指人们为了满足生存和发展而产生的各种需要，是由社会客观条件决定的，并存在于具体的社会关系之中”。[①] 因此，认定该罪的客体要件，关键是考察该罪行为到底侵害了何种利益。

金融机构接受委托人的委托，占有、管理和使用资金及其他受托财产，在使受托财产保值增值的同时获取一定的佣金，因此金融机构应当保护客户受托财产的安全。如果违背委托人意图擅自运用受托财产，一方面会侵害受托财产所有者客户的合法权益，使受托财产遭受损失或者受托财产处于风险之中。即使事后并没有造成损失，且实现了受托财产的保值增值，这种行为仍然是对委托人意志的背叛，是对委托人合法权益的侵害。只有取得委托人同意的运用行为才是不违反受托义务的运用行为，即使是经营失败也不属于违反义务的运用行为。具体而言，这种合法权益包括受托财产被合理运用的权利、受托财产被运用安全的权利、受托财产被保值增值的权利以及委托人的知情权等权利，所以背信运用受托财产行为侵害的个人法益是客户的合法权益。另一方面金融机构等受托人违反受托义务擅自运用受托财产，是对受托理财管理制度的违反，这种行为不仅损害了客户的利益，而且会破坏受托财产的安全稳定状态和特定功能，如客户交易资金专门用来投资购买证券，这种滥用受托权限和受托优势的渎职行为必然有损金融机构正常业务的开展，破坏国家金融管理秩序。此外，一旦金融机构擅自运用受托财产致使

① 沈宗灵主编：《法理学研究》，上海人民出版社 1989 年版，第 58 页。转引自杨春洗、苗生明：《论刑法法益》，载《北京大学学报》（哲学社会科学版）1996 年第 6 期，第 14 页。

无法收回的，如投资失败、无法返还客户受托财产的，轻则因财务危机金融机构倒闭，重则会使广大投资者或客户丧失对金融机构的信任，严重损害我国金融市场的信用安全。因此，该罪侵害的公法益是金融秩序安全。①

至于该罪的犯罪对象，即客户的委托财产（或者称受托人的受托财产），依照刑法规定包括客户的资金或其他委托、信托的财产。在现代委托理财业务中，应当说一般只要有价值，可以计算、转让，并且在法律上不禁止流通的物品都可以充作委托财产，具体包括资金、动产、不动产以及其他财产。在当前的委托理财业务中，存放在各类金融机构中的客户委托财产主要有以下几种：(1) 客户交易结算资金。俗称客户保证金，是指证券经纪业务客户为保证证券足额交易，而在证券公司或者存管银行存入的资金以及出售或者持有证券所得到的收益。简而言之，客户保证金即是客户存放于证券公司或存管银行用于买卖证券的资金。(2) 期货保证金。在期货交易市场，交易者按照期货合约价格的一定比率缴纳少量资金作为履行期货合约的财力担保，作为参加期货交易的条件，这种资金就是期货保证金。在国际期货市场，期货保证金分为固定保证金和比例保证金，在我国分为结算准备金和交易保证金两大类。结算保证金，一般是由会员单位按固定标准向期货交易所缴纳，为交易结算预先准备的资金；交易保证金，是指会员单位或客户在期货交易过程中因履行期货合约而实际支付的保证金，它又分为初始保证金和追加保证金。前者是交易者新开仓时所需交纳的资金，后者是在保证金账面余额低于维持保证金时，会员单位在规定时间内补充的保证金。(3) 信托财产。《信托法》第 14 条规定："受托人因承诺信托而取得的财产是信托财产。受托人因信托财产的管理运用、处分或者其他情形而取得的财产，也归入信托财产。

① 公法益和私法益是法益理论中的一项重要分类，是依据法益保有人的不同进行的分类。

法律、行政法规禁止流通的财产，不得作为信托财产。法律、行政法规限制流通的财产，依法经有关主管部门批准后，可以作为信托财产。”依照该规定，资金、动产和不动产都可以成为委托财产。（4）保险费。保险费，是指被保险人参加保险时，根据其投保时所订的保险费率，向保险人交付的费用，一般由保险金额、保险费率和保险期限构成。保险费的数额同保险金额大小、保险费率高低和保险期限长短成正比。交纳保险费的方式一般有四种：一次交纳、月份交纳、季度交纳和年度交纳。（5）证券投资基金。这种基金是通过公开发售基金份额募集的客户资金，客户购买基金的性质是客户委托基金公司管理财产。此外受托财产还包括商业银行、信用社、财务公司等经营管理的客户资金。

这里要注意将客户委托财产与受委托金融机构自有资金或财产区分开。许多从事委托、信托等业务的金融机构除了对受托资金、财产占有、使用和管理外，主要对自有资金进行使用、收益和处分，从事各种投资经营活动，以此获取经济收益。所谓自有资金，一般是指企业为进行生产经营活动经常持有并可以自行支配使用而无须偿还的那部分资金，是与借入资金对称的。公司企业所有制形式不同，自有资金来源渠道也不同，主要渠道有国家财政拨款、公民集体投资以及股东投资、企业的未分配利润。因此，在认定受托财产范围及数额时，应将受托财产与受托金融自有资金区分开。为防止受托人擅自运用受托财产，将受托财产与自有资金混同，《客户交易结算资金管理办法》等法律法规规定在银行设立不同的账户，由存管银行和结算公司共同监督使用。

六、背信运用受托财产罪的认定

（一）背信运用受托财产罪的立案标准

依照刑法规定，成立背信运用受托财产罪须具备“情节严重”的条件。至于情节严重的内容，《最高人民检察院、公安部关于公安机关管辖的刑事案件立案追诉标准的规定（二）》对此进行了明确。该标准第40条规定："商业银行、证券交易所、期货交易所、证券公司、期货公司、保险公司或者其他金融机构，违背受托义务，擅自运用客户资金或者其他委托、信托的财产，涉嫌下列情形之一的，应予立案追诉：（一）擅自运用客户资金或者其他委托、信托的财产数额在三十万元以上的；（二）虽未达到上述数额标准，但多次擅自运用客户资金或者其他委托、信托的财产，或者擅自运用多个客户资金或者其他委托、信托的财产的；（三）其他情节严重的情形。"该条标准将擅自运用的犯罪行为与违法行为区别开来，为今后背信运用受托财产罪的刑事责任追究提供了标准，当然这些标准仍需细化。这些情节达到特别严重程度的，刑法规定了升格法定刑。

（二）非金融机构或个人擅自运用受托财产行为的处理

除了金融机构从事受托理财业务之外，非金融机构或个人依照民法等法律规范的规定也可以从事受托理财业务活动，如几人将个人财产委托给某个人进行炒股，双方也签订了委托协议，受托人从收益中抽出部分作为个人报酬。因此，在社会经济日益发展的今天，非金融机构或个人从事受托理财活动是现实存在的，对于这些机构或个人擅自运用受托财产谋取个人利益的，只能依照《民法通则》和《合同法》承担民事违约责任，不能成立背信运用受托财产罪。这是因为非金融机构和个人接受委托，占有、管理和处分受托财产的，其受托财产数额往往不大、涉及人员有限，并且擅自运用是以非法使用为目的而不是以非法占有为目的，因此无论是行为的社会危害性还是主观罪过的恶性都没有达到犯罪行为的危害程度。所以只要求其承担民事上的违约责任即可。与此相似，在我国刑法中盗用、抢用、骗用等行为因没有达到犯罪行为的危害程度通常也不以犯罪处理，只追究其相应的行政法律责任即可，这体现了刑法的谦抑性精神。

同时，对于没有委托理财资质的非金融机构或个人擅自吸收委托理财财产或以此方式实施诈骗行为的，构成其他犯罪的，以其他犯罪处理。在实践中，尤其是在涉众型经济犯罪案件中，行为人往往采用“委托理财”或“投资理财”的名义，吸收社会公众资金或客户资金，或实施诈骗行为，对于这些非法的理财活动，可成立其他犯罪。涉众型经济犯罪，是指涉及众多的受害人，特别涉及众多不特定受害群体的经济犯罪，主要包括非法吸收公众存款、集资诈骗、传销、非法销售未上市公司股票等经济犯罪活动。涉众型经济犯罪是我国近十年来司法实践中新出现的一类经济犯罪形式。此种犯罪多表现为通过夸大宣传或虚假宣传“高回报”、“高收益”，欺骗社会公众投资于各种产品或股票，采用传销式经营方法，涉案数额往往十分巨大。例如，辽宁营口东华集团以养殖蚂蚁为名，以给予投资者35%～60%不等的高额利息为诱饵，通过设立的13家分公司及代办点，向3万余名群众非法集资近30亿元；湖南长沙市中天行房车俱乐部有限公司采取虚增公司注册成本、捏造和虚夸投资项目、承诺高额回报等手段向群众非法集资16700多万元；浙江“富姐”吴英以非法占有为目的，用个人或企业名义，采用高额利息为诱饵，以注册公司、投资、借款、资金周转等名义非法集资4亿元，所得款项用于偿还本金、支付高息、购买房产、汽车及个人挥霍等；此外还有北京“亿霖木业案”，受广告宣传的诱惑，全国共有2万余人缴纳了购买林地款，共计16亿元，等等。2006年12月28日公安部总结的16种涉众经济犯罪行为中便有许多属于利用非法理财投资手段进行的。① 这种行为基本上是抓住了投资人急于理财投资、获取暴利的心理和对理财投资知识不熟悉的现实，夸大或虚构理财投资的高回报率和高收益率，取得投资人的信任，短时间积聚巨额资金，社会危害性十分严重。因此，涉众型经济犯罪成为近年来司法机关严厉打击和重点惩治的犯罪类型。对于此种借助理财投资形式谋取或骗取巨额投资款的行为，司法机关通

---

① 参见《公安部召开新闻发布会通报涉众型经济犯罪情况》，http://www.gov.cn/gzdt/2006-11/23/content_451900.htm。

常以非法吸收公众存款罪、集资诈骗罪、非法经营罪或组织、领导传销活动罪对犯罪人定罪处罚。

（三）背信运用资金罪司法适用意见的纠正

在司法实践中，背信运用受托财产罪极少被适用，究其原因主要是司法人员对金融机构背信运用受托财产的现象不能准确认识、对该罪构成要件内容不能准确把握，无法有效区分正当的运用财产行为、违法的运用财产行为和犯罪的运用财产行为的界限，所以该罪基本上成为了被“束之高阁”的“死罪”。但极少被适用并不代表完全没有适用，经过认真仔细查找，笔者终于找到一例背信运用受托财产罪的案件。《贵州日报》2008 年 11 月 8 日综合新闻报道：2007 年 4 月至 2008 年 1 月期间，贵阳市云岩区合作银行支行行长王燕利用职务上的便利，将储户杨某、白某等人在银行的存款共计 100 多万元采取强制挂失或销户、挂失、伪造存单等手段，转存到其母亲账户或自己账户，将钱提取。2008 年 2 月 27 日王燕因涉嫌背信运用受托财产罪被公安机关刑事拘留。云岩区法院经审理认为，王燕挪用储户资金，数额巨大，情节特别严重，其行为已构成背信运用受托财产罪，据此以背信运用受托财产罪判处王燕有期徒刑 8 年，判处罚金 5 万元。对于本案法院的判决意见，笔者认为值得商榷。从主体看本案主体不是单位而是个人；从客观行为看本案不是背信运用受托财产罪“违背受托义务，擅自运用”的行为，因为王燕个人不是客户的委托主体；从侵害的客体来看，该案显然是个人行为，直接侵害的是所在单位利益，间接侵害了储户利益，而背信运用资金罪的客体是客户或委托人的利益，不是金融机构自身的利益。所以，该案法院认定被告人王燕成立背信运用受托财产罪并以此判处刑罚显然是不当的，应予纠正。从案情来看，被告人王燕的行为并不代表单位意志，不是为了单位利益，因此属于违反职务廉洁性的个人职务行为，其利用职务之便将储户存款转移提取的行为实属个人贪利行为，根据意图的不同涉嫌成立侵占类犯罪或挪用类犯罪。假如被告人王燕以非法占有为目的转移存款，其从事的职务是公务行为的成立贪污罪，从事的职务是非公务行为的成立职务侵占罪；假如被告人王燕以非法使用为目的转移存款，其从事的职务是公务行为的成立挪用公款罪，从事的职务是非公务行为的成立挪用资金罪。

第三节　违法运用资金罪研究

一、违法运用资金罪的罪名与概念

违法运用资金罪也是以运用为基本行为要素的犯罪，因此与背信运用受托财产罪归类为运用犯罪，又因二者都是单位犯罪，亦可归类为单位运用犯罪。此类犯罪是2006年《刑法修正案（六）》增设的犯罪类型，而在此之前我国刑法中以“使用”为基本行为要素的罪名只有挪用资金罪、挪用特定款物罪和挪用公款罪。单位运用犯罪类型的出现大大扩大了传统挪用犯罪的种类范围，扩大了挪用行为的主体范围，也扩大了行为要素内容。与背信运用受托财产罪相比，后者的立法初衷是对委托方与受托方信任关系的重视和保护，受托方违背忠诚义务擅自运用受托财产是对委托方信任的背叛，因此属于一种背信犯罪，只是立法者将委托理财活动中的犯罪主体限定为金融机构，其他非金融机构的背信行为则由民法规范和行政法规范调整。而违法运用资金罪增设的着眼点在于运用行为对于法律法规的违反，这是该罪必须具备的要件特征，也就是说该罪的行为内容为违法运用而不是背信运用，虽然违法运用一般情况下也是背信运用，但也可能存在经委托人同意的违法运用情形。因此，违法运用资金罪主要是对法的保护，对法背后利益、社会秩序的保护，而不限于特定的委托人或客户利益。

围绕《刑法修正案（六）》第12条第2款的罪名，最高司法机关和学者的意见有些许不同。在最高司法机关出台具有法律效力的罪名标准之前，学界一些学者对该条款的罪名提出了自己的观点。刘艳红教授认为，本罪的本质特征是“违反国家规定运用资金”，可谓简单明了，因此，本罪的罪名宜定为“违规运用公众资金罪”。[①] 在王作富教授主编的《刑法分则实务研究》第三版中使用了“违规运用资金罪”，这与《最高人民法院、最高人民检察院关于执行〈中华人民共和国刑法〉确定罪名的补充规定（三）》中确立的罪名只有一个字不同，后者确定的罪名为“违法运用资金罪”。一字之差，是否真有背后深意？首先，我们来看一下最高司法机关确立罪名的基本原则：首先是罪名应正确反映刑法中所规定罪状的行为特征，尽量避免在罪名中出现犯罪主体、罪过；其次是应尽量引用法条罪状中的文字，只有当法条中无合适的文字，为了概括准确时才可以使用法条以外的文字；最后是确定罪名时，应注意选择性罪名的确立应以行为手段互相联系或者行为对象具有相似性为准。[②] 应当说，这也成为学界研究和归纳罪名的通行原则。在该条罪状中，立法者使用了“违反国家规定”作为“运用资金”的修饰语或限定语，所以学者依照上述罪名确立的通行原则，将该罪状罪名归纳为“违规运用资金罪”或“违规运用公众资金罪”应该是无可厚非的，那为什么最高司法机关将其改为“违法运用资金罪”呢？

最高司法机关对此并没有给出解释，我们只能借助于相关规定和方法进行讨论和分析。一是从“违反国家规定”含义的刑法规定看。刑法总则第96条规定了“违反国家规定”的含义，即“本法所称违反国家规定，是指违反全国人民代表大会及其常务委员会制定的法律和决定，国务院制定的行政法规、规定的行政措施、发布的决定和命令”。依照该规定，“违反国家规定”指违反法律规

---

① 刘艳红：《〈中华人民共和国刑法修正案（六）〉之解读》，载《法商研究》2006年第6期，第36页。

② 刘树德、梁洁：《刑法罪名：按什么标准确立》，载《检察日报》2006年8月3日第3版。

范和行政法规范，国家规定包括法律规范和行政法规范。依照法律效力的位阶关系，效力自高到低分别是宪法、法律、行政法规、地方性法规、自治条例和单行条例、规章。因此，作为通行全国的法律规范和行政法规、规定属于国家规定的内容范围，而其他规范不属于国家规定。所以用“违法”概括“违反国家规定”是适宜的。二是从刑法分则含有“违反国家规定”用语的罪状和罪名看。除了违法运用资金罪之外，刑法分则还有其他一些条文中使用了“违反国家规定”的用语，并且罪名中使用了“违法”而不是“违规”。例如，刑法第 186 条规定：“银行或者其他金融机构的工作人员违反国家规定发放贷款，数额巨大或者造成重大损失的……银行或者其他金融机构的工作人员违反国家规定，向关系人发放贷款的，依照前款的规定从重处罚。”又如刑法第 405 条第 2 款规定：“其他国家机关工作人员违反国家规定，在提供出口货物报关单、出口收汇核销单等出口退税凭证的工作中，徇私舞弊，致使国家利益遭受重大损失的，依照前款的规定处罚。”最高司法机关将上述两罪状的罪名分别确定为违法发放贷款罪和违法提供出口退税凭证罪。三是从刑法分则中含有“违反规定”词语的“违规”罪名看。最高司法机关确立的刑法分则罪名中，使用“违规”一词的罪名有第 126 条的违规制造、销售枪支罪，第 161 条的违规披露、不披露重要信息罪，第 188 条的违规出具金融票证罪。其中刑法第 126 条的罪状中使用了“违反枪支管理规定”，第 161 条使用了“不按照规定”，第 188 条使用了“违反规定”，作为基本行为要素的修饰语或限定语。而对于什么是“不按照规定”和“违反规定”，立法机关和司法机关都未作出明确说明。四是从“违法”与“违规”的基本区别看。依照法的一般理论，法分为广义上的法和狭义上的法，广义上的法包括法律、行政法规、部门规章和地方性法规；狭义上的法仅指法律。规，一般解释为规则、规范，广义上的规指除了法律之外的一切社会规则；狭义上的规仅指法规，指除了法律之外的行政法规、部门规章、地方性法规。因此，违法不同于违规，有其特定的内涵与外延。五是结合刑法规定、罪名确立基本原则、词语基本含义以及刑法其他罪状条文看。从刑法规定看，凡是分则条文中将“违反国家规定”规定为基本行为修饰语或限定语的犯罪，最高司法机关依照罪名确立原则都将其在罪名中归纳为“违法”，这当中的“法”既不是法学理论中广义上的法也不是狭义上的法，而是既包括一般性法律又包括行政法规。所以可以这样理解，凡是规定“违反国家规定”的条文罪状，违反法律或违反行政法规都符合该条文罪状要求。当然，最高司法机关确立的罪名中也有将违反专门性法律归纳为“违法”的情形，这是狭义上的“法”。例如，刑法第 407 条规定：“林业主管部门的工作人员违反森林法的规定，超过批准的年采伐限额发放林木采伐许可证或者违反规定滥发林木采伐许可证，情节严重，致使森林遭受严重破坏的，处三年以下有期徒刑或者拘役。”最高司法机关将该条罪状的罪名确立为“违法发放林木采伐许可证罪”。此外，刑法第 189 条的对违法票据承兑、付款、保证罪也属此种情形。而“违规”在刑法中的应然含义，在缺少有权解释的情况下，学者一般认为“规”应是最广义的行为规范，既可以包括法规，又可以包括行业内部行为规范。例如，刑法第 126 条的“违规制造、销售枪支罪”中“违反枪支管理规定”主要是指违反《中华人民共和国枪支管理法》第 16 条、第 18 条、第 19 条的规定，而枪支管理法是经由全国人民代表大会常务委员会通过的一般性法律；又如刑法第 188 条的“违规出具金融票证罪”中的“违反规定”，有学者指出，此处的“违反规定”是指违反有关金融法律、行政法规、规章和银行或者其他金融机构内部的有关制度规定。① 可见，在刑法中“规”比“法”的范围更广，“规定”比“国家规定”内涵更丰富，外延范围更广。最高司法机关考虑到“违反规定”与“违反国家规定”的含义不同，为使罪名更加科学、准确，《关于执行〈中华人民共和国刑法〉确定罪名的补充规定（三）》将刑法第185条之一第2款的犯罪罪名确立为“违法运用资金罪”，而不是“违规运用资金罪”。

至于该罪的概念，因立法采用了叙明罪状方式，所以学界观点较为一致。与背信运用受托财产罪的罪状形式相同，违法运用资金罪的罪状也是叙明罪状，而叙明罪状的罪名概念通常源于对条文的直接概括。刑法第185条之一第2款违法运用资金罪的罪状为：“社会保障基金管理机构、住房公积金管理机构等公众资金管理机构，以及保险公司、保险资产管理公司、证券投资基金管理公司，违反国家规定运用资金的，对其直接负责的主管人员和其他直接责任人员，依照前款的规定处罚。”由此，学界将该罪的概念通常界定为“社会保障基金管理机构、住房公积金管理机构等公众资金管理机构，以及保险公司、保险资产管理公司、证券投资管理公司，违反国家规定运用资金的行为”。

二、违法运用资金罪的主观要件

违法运用资金罪的目的多是谋取各种利益，这当中又尤以谋取经济利益为多。至于该罪的罪过形式，学界一般认为是故意，至于是直接故意还是间接故意，还是都包括，并没有具体指出。依照表

① 周道鸾、张军主编：《刑法罪名精释》（第三版），人民法院出版社2007年版，第298页。“这里的规定是指《商业银行法》、《票据法》以及其他出具信用证、保函、票据、存单、资信证明等应当遵守的有关金融法律、法规以及金融机构内部制定的有关规章制度。”参见王作富主编：《刑法分则实务研究》（第三版），中国方正出版社2007年版，第566页。

述习惯判断，没有具体指出直接故意抑或间接故意而概括认为犯罪主观要件为故意的，该犯罪主观要件应既可以是直接故意又可以是间接故意，那么是否意味着违法运用资金罪的主观要件包括直接故意和间接故意呢？答案显然并不像想象的那样简单，这主要是由违法运用资金罪行为犯的特殊既遂形态类型决定的。

（一）违法运用资金罪属于行为犯

在大陆法系国家，行为犯被认为是犯罪既遂和犯罪成立的一种类型，与结果犯对应。除了行为犯与结果犯类型之外，理论上对于犯罪既遂的诸多类型意见分歧较大。在我国，主要形成二分说、三分说、四分说、五分说、其他说。[①] 二分说主张将犯罪既遂的形态分为行为犯与结果犯，“根据行为要素与结果要素之间关系的不同，区分出行为犯与结果犯，就可以将基本犯的所有类型概括无遗”。[②] 三分说当中又主张不同，一种意见认为将犯罪既遂的形态分为行为犯、结果犯和结果加重犯，另一种意见主张分为结果犯、行为犯和危险犯。四分说中，一种意见认为将犯罪既遂形态分为阴谋犯、行为犯、危险犯、结果犯，另一种意见认为应分为结果犯、行为犯、危险犯和举动犯。五分说认为应分为阴谋犯、行为犯、危险犯、结果犯和情节犯。除此之外，还有学者主张将犯罪既遂类型分为三种对比形态，即行为犯与结果犯、危险犯与实害犯以及结果加重犯与情节加重犯。在众多分类主张当中，行为犯是公认的犯罪既遂类型，只是在内涵与外延范围上主张有所不同。行为犯除了是犯罪既遂的一种类型，也是犯罪成立的一种类型。因此，行为犯在我国刑法中有两种不同的理解：“既遂说”的行为犯是指只要实施了符合刑法分则规定的某种基本构成要件行为就既遂，而无须发生

---

① 王志祥、贾政：《行为犯、结果犯二分法之提倡》，载《河北大学学报》（哲学社会科学版）2006 年第 2 期，第 79 页。

② 王志祥、贾政：《行为犯、结果犯二分法之提倡》，载《河北大学学报》（哲学社会科学版）2006 年第 2 期，第 81 页。

特定的犯罪结果或有该犯罪结果发生的法定危险的犯罪类型；[①] 相应的，“成立说”的行为犯则是指只要实施了符合刑法分则规定的某种基本构成要件行为便成立犯罪，而无须发生特定的犯罪结果或有该犯罪结果发生的法定危险的犯罪类型。应当说这两种含义在我国和大陆法系国家刑法理论中是统一的，因为大陆法系国家尤其是我国是以处罚既遂为原则、以处罚未遂为例外，刑法分则规定的构成要件不仅是犯罪成立的要件，也是犯罪既遂的要件。特别是在行为犯类型中，刑法分则构成要件行为的完成既是犯罪成立的标志又是犯罪既遂的到达，因此两种理解和观点是统一的。因此，行为犯“是指以侵害行为的实施为构成要件的犯罪，或者以其侵害行为实施完毕而成立犯罪既遂形态的犯罪”。[②]

违法运用资金罪是行为犯。判断某一犯罪是否是行为犯的通行标准，要看刑法分则中除规定了行为要件之外是否还规定了其他诸如危害结果、情节严重或法定危险的构成要件。除行为犯之外，其他犯罪类型不仅要求实施作为犯罪构成要件的客观行为还要求该行为引起的危害结果或法定危险，或者具有其他严重情节，犯罪才告成立或既遂。同时，行为犯又与举动犯不同，要有一个实施过程，要达到一定程度，才能完成行为。因此，依照这种判断标准，违法运用资金罪属于行为犯类型。刑法第 185 条之一第 2 款规定：“社会保障基金管理机构、住房公积金管理机构等公众资金管理机构，以及保险公司、保险资产管理公司、证券投资基金管理公司，违反国家规定运用资金的，对其直接负责的主管人员和其他直接责任人员，依照前款的规定处罚。”由该刑法分则规定可以看出，犯罪客观要件中除了犯罪行为要件之外并无危害结果、法定危险或情节严重等其他构成要件内容，同时犯罪主体实施违法运用资金的行为事

---

① 李邦友、魏修臣：《行为犯既遂后“中止”探讨》，载《中国刑事法杂志》2009 年第 10 期，第 30 页。

② 苏惠渔主编：《刑法学》，中国政法大学出版社 1999 年版，第 83 页。

实上有一个行为过程，不属于举动犯类型。因此，该罪属于行为犯。

（二）行为犯的主观要件只能是直接故意

行为犯的主观罪过首先不能是过失，这是由我国刑法中的过失犯都是结果犯决定的。现行刑法第15条规定，应当预见自己的行为可能发生危害社会的结果，因为疏忽大意而没有预见，或者已经预见而轻信能够避免，以致发生这种结果的，是过失犯罪。因行为犯中没有结果要件，因此不能属于过失犯罪。

至于行政犯主观要件内容是直接故意还是间接故意，还是都包括的问题需要逐步分析。

首先，故意的规定和概念受到质疑。我国理论和实践中的故意的概念源于刑法总则的规定。刑法第14条第1款规定："明知自己的行为会发生危害社会的结果，并且希望或者放任这种结果发生，因而构成犯罪的，是故意犯罪。"据此，学界普遍将故意界定为"所谓犯罪的故意，就是指行为人明知自己的行为会发生危害社会的结果，并且希望或者放任这种危害结果发生的一种主观心理态度"。[①] 故意的规定和概念的显著特点是以危害结果作为考察对象的，不仅要求行为人对自己的行为有认识，而且要求行为人认识到这种行为发生危害社会结果的可能性。对于该故意的规定和概念，长期以来便受到众多学者的质疑，除了词语含糊错误之外，[②] 主要是对危害结果的考察对象和评判标准提出了质疑。储槐植教授早在1991年就发表文章指出，根据刑法的规定，明知会发生危害结果

---

① 高铭暄、马克昌主编：《刑法学》，北京大学出版社、高等教育出版社2002年版，第109页。

② （1）"明知自己的行为会"的"会"字，理解有分歧；（2）直接和间接故意的认识因素都是"明知"，两者的认识程度到底有无区别存在争议。赵秉志主编：《两岸刑法总论比较研究》，五南图书出版公司1999年版，第159页。

才能构成犯罪，这表明所有故意犯罪只能是结果犯，与刑法分则所规定的故意犯罪的多种形态不符。① 贾宇教授早期也撰文指出，将社会危害性的认识作为犯罪故意的评判标准并不科学，应该以违法性认识代替社会危害性认识。② 应当说，质疑的意见是中肯的，因为无论是采用具体有形的危害结果还是法益侵害的危害结果主张，将危害结果作为考察和评判主观态度的对象都是不当的。③ 其结果是，一方面正如储槐植教授所说所有故意犯罪只能是结果犯，其他犯罪形态将不复存在；另一方面便是所有故意犯罪主观罪过都既包括直接故意又包括间接故意，直接故意与间接故意无法单独存在于某一犯罪中，二者的区分也就失去了理论和实际意义。举例来说，即使是具有非法占有目的的侵犯财产犯罪，如果按照故意的规定和概念，行为人明知自己的行为会发生侵害他人财产权益的结果，在意志因素上对危害结果的发生显然既可以是希望也可以是放任，并且大多数表现为放任，依照这种逻辑，如盗窃罪、诈骗罪等侵犯财产罪的主观要件便既可以是直接故意也可以是间接故意，并且间接故意是常态。这显然与我国刑法理论以及大陆刑法理论中盗窃罪等侵犯财产罪主观要件为直接故意的通行主张背道而驰。再举一例，刑法第144条的生产、销售有毒、有害食品罪，行为人违反食品卫生管理法规，在生产、销售的食品中掺入有毒、有害的非食品原料或者销售明知掺有有毒、有害的非食品原料的食品，其对社会公众人身权益遭受侵害的危害后果是明知的，并且只能是放任的意志因素，否则如果是希望的意志因素，那么将成立危害公共安全犯罪而

① 储槐植：《建议修改故意犯罪定义》，载《法制日报》1991年1月24日第5版。

② 贾宇：《犯罪故意概念的评析与重构》，载《法学研究》1996年第4期，第129～131页。

③ 我国学界一般认为，危害社会的结果是一般意义上的对法益或社会关系侵害的结果，是广义上的危害结果。马克昌主编：《犯罪通论》，武汉大学出版社1999年版，第331页。

不能是产品质量犯罪，所以该罪的主观要件只能是间接故意，这种结论在我国理论和实践中都是无法想象的。

其次，故意的规定和概念的重构。在对传统故意的规定和概念质疑的基础上，一些学者提出了自己的重构设想。贾宇教授主张，“明知会发生违法的、构成要件的事实，并决意实施构成要件行为，以及希望、容忍或者放任构成要件的结果发生的心理状态就是犯罪故意”。[①] 这种主张实际上根据考察对象的不同将犯罪故意分为两种类型，即行为类型和结果类型，前者只要明知会发生违法的、构成要件的事实，并决意实施构成要件行为，便是犯罪故意；后者则表现为希望、容忍或者放任构成要件的结果发生的心理态度。与此相似，李兰英博士在肯定传统故意概念的基础上，主张犯罪故意是“明知自己的行为具有社会危害性，执意实施这种行为，或者明知自己的行为可能会发生某种危害结果，希望或者放任这种危害结果发生的心理态度”。[②] 从构造看，这种观点与前种主张大同小异。这种观点应当予以肯定，其正视了不同犯罪类型特定的构成要件内容，将危害结果限定为具体有形的后果和法定危险，从而破解了所有犯罪都是结果犯的悖论，使得不同犯罪类型主观要件内容得到了正确认识。这种观点在丰富和发展犯罪故意理论的同时，也将促进司法实践中刑法罪名的准确适用。

最后，行为犯的主观要件只能是故意，且只能是直接故意。依照重构后的故意的规定和概念，行为犯构成要件中因无具体有形的危害结果和法定危险内容，因此只能与举动犯属于第一种情形，即行为类型，即以行为本身作为考察和评判对象的故意类型。只要行为人认识到了自身行为的社会危害性或违法性，决意或者执意实施的，便是犯罪故意。而至于行为犯故意的内容，则只能是直接故

---

① 贾宇著：《罪与刑的思辨》，法律出版社 2001 年版，第 97 页。

② 李兰英：《间接故意概念及其定位的新理念》，载《法学评论》2004 年第 4 期，第 65 页。

意。一是行为犯的主观要件只能是故意，不能是过失。与结果犯强调犯罪行为对具体法益的侵害结果不同，行为犯强调的是犯罪行为自身的危害性和违法性，“行为犯的核心是现实的实行行为”。① 在违法性本质上，结果犯是结果上的无价值，而行为犯的违法性本质主要体现为行为上的无价值，即行为对规范价值的违反而不是单纯注重对法益的侵害结果。“行为本身的违法性，虽然是从行为本身所具有的性质着眼而作出的法的无价值的判断，但应当将行为理解为主观和客观的统一体。因此在作出判断时必须对行为的意义有足够的认识，必然地必须将意思也作为判断材料。”② 显然过失犯不能是行为犯，行为犯也不能是结果犯，因为对于行为的实施，行为人主观上无论如何不可能是出于疏忽大意的过失和过于自信的过失。有学者经研究后指出，尽管日本关税法已存在所谓“过失犯之举动犯”，我国台湾地区个别学者亦据此认为过失犯不仅单纯限于结果犯形态，而且还可以存在举动犯形态，但是目前在我国现行刑法中尚没有关于“过失行为犯”的立法例，将来也不宜作出这种规定，行为犯只能是故意犯罪，这是由行为犯的性质和过失犯罪责任原则而得出的当然结论。③ 过失犯是结果犯的观点在大陆法系尤其是在我国仍然是通行观点。二是间接故意不能成为行为犯的主观罪过形式。直接故意与间接故意的区别在于主观意志因素的不同态度，而判断的立足点仍然是危害社会的结果。而对于放任意志因素是否可以成为行为犯的意志因素问题，理论界形成两种观点，肯定观点认为，“所谓放任，不仅指主体对危害结果发生与否漠不关心，而且首先是对可能导致危害结果发生的行为持放纵态度”，

---

① 姜伟著:《犯罪形态通论》，法律出版社 1994 年版，第 116 页。

② 转引自［日］野村埝著:《刑法总论讲义案》，有斐阁 1995 年版，第 162 页。

③ 单民、史卫忠:《论行为犯主观方面的特征》，载《中国刑事法杂志》2000 年第 1 期，第 28 ~29 页。

"从理论上看，刑法分则规定的行为犯（须有特定目的构成的行为犯除外）放任故意也可以构成"。[①] 否定观点认为，"凡是行为人经自由意志选择的行为，行为人对之都是持积极的、肯定的态度，否则行为本身是无法得到实施的。'放任'实质上是一种消极无为的态度，任何行为本身都不可能在这种态度下发生。放任只能是行为人对其目的行为的某种伴随结果的态度。因此，……行为人对其行为只能是希望故意"。[②] 笔者赞同否定观点，放任是一种听之任之的态度，是一种对两种以上结果听之任之的态度，而行为犯中的行为是由一个个行为动作组成的动作集合，需要付出积极且主动的努力去追求和实现，消极被动地等待不会出现任何行为过程和行为效果，因此不能成立诬告陷害罪、强奸罪、偷越国（边）境罪等行为犯，将放任故意或间接故意认定为行为犯的罪过形式也只能是空洞的臆想或不切实际的一相情愿。间接故意犯罪只能是结果犯和既遂犯，不能是行为犯。那种认为间接故意可以是行为犯主观要件内容的观点，实质上仍然停留在对危害结果的主观态度，而不是对行为自身的态度的考察上。比如，警察将犯罪嫌疑人抓捕，后经查证犯罪人不是该人，应当依法立即释放，该警察没有将人立即释放而是拖延很长时间才释放。也许会有人说，该警察对拘禁他人行为至少是放任的，因此可成立间接故意的非法拘禁罪，从而推导出间接故意可成立行为犯的主观要件内容。但是笔者认为，此种观点实际上将该问题偷梁换柱，立法原先规定的是"非法拘禁"，重心在"拘禁"，而后者观点实际上将重心转向了"非法"，这样一来评判行为人主观态度的内容也就发生了变化。我们可以说行为人对于拘禁他人行为是否是"非法"的当然可以是希望的意志因素，也可

---

① 储槐植：《建议修改故意犯罪定义》，载《法制日报》1991 年 1 月 24 日第 5 版。

② 单民、史卫忠：《论行为犯主观方面的特征》，载《中国刑事法杂志》2000 年第 1 期，第 34 页。

以是放任的意志因素，而对“非法拘禁”的行为则只能是执意为之，不可能是放任。引起这种分歧的原因，实际上是将非法拘禁罪的行为犯“偷换”为结果犯，而对于结果犯，间接故意一般都可成为其主观罪过形式。可见，上述观点是不当的，其实际上改变了非法拘禁罪的犯罪性质，也错误理解了此类行为犯区别于结果犯的本质，所以上述案例中的警察也只能成立渎职犯罪而不能构成间接故意的非法拘禁罪。因此，行为犯的主观要件内容应是明知行为的性质且希望完成构成要件所要求行为的主观态度。

综上，依照上述逻辑分析，违法运用资金罪的主观要件应是直接故意，不包括间接故意，其具体内容是明知违法运用资金的行为会侵害公众资金安全，并且希望或放任这种行为实施的主观态度。

当然，我们要在该罪中区分这样两个概念，即“违反国家规定运用资金”与“运用资金违反国家规定”，立法者在刑法条文中采用了第一种表述方式。正如之前所说，行为犯的核心在于犯罪行为，在于行为的启动、实施和完成，在于行为过程的一步一步，而不是结果，其体现的是行为上的无价值，而不是结果上的无价值，所以第一种表述方式中“违反国家规定”是对“运用资金”的修饰和限制，二者共同组成了违法运用资金罪的基本行为。而第二种表述方式实际上落脚点在于“违反国家规定”，后者实际上是一种“结果”，是一种行为的作用体，实际上采用此种表述方式的犯罪也只能是一种结果犯，行为人对于行为违反国家规定的结果当然可以是放任的。这是笔者最初的逻辑分析，随后经过思考和讨论发现即使采用第二种表述方式，也难以认为是结果犯。因为运用资金行为本身并不是犯罪行为，“运用资金违反国家规定”才是犯罪行为，而刑法上的行为与结果显然是指犯罪行为与犯罪结果，具有独立的内涵与功能，显然上述“运用资金”不是独立的犯罪行为，“违反国家规定”也不是独立的犯罪结果。因此，即使采用第二种表述方式，其表述的也是一个完整的犯罪行为，不属于结果犯，而是纯正的行为犯，行为犯主观罪过形式也只能是直接故意。

三、违法运用资金罪的主体要件

该罪的主体要件主要涉及两个问题：一是本罪是单位犯罪还是自然人犯罪，二是主体的内涵与外延界定。

（一）单位犯罪抑或自然人犯罪

对于该罪的主体类型，学界绝大多数学者观点较为一致，主张为单位犯罪，且认为是采取单罚制的单位犯罪。不过也有学者提出了质疑并认为凡是采取单罚制的"单位犯罪"实际上都属于自然人犯罪，"将单罚制看做是对'单位犯罪'进行处罚之例外的观点，既缺乏法理依据，也与刑事立法精神相悖，且与司法解释的内容不符。我国刑法中规定的所谓单罚制的'单位犯罪'，实际上应当属于自然人犯罪"，并由此主张违法运用资金罪的主体是社会保险基金管理机构、住房公积金管理机构等公众资金管理机构，以及保险公司、保险资产管理公司、证券投资基金管理公司中直接负责的主管人员和其他直接责任人员。① 由此引发了本罪到底是单位犯罪抑或自然人犯罪的论争，同时也引发了单罚制的"单位犯罪"究竟是单位犯罪还是自然人犯罪的本源性论争。

1. 单罚制"单位犯罪"的主体论争

单位犯罪，亦称法人犯罪，大陆法系与英美法系国家对单位犯罪的处罚，通常以双罚制为原则，单罚制为例外。我国刑法第 31 条规定："单位犯罪的，对单位判处罚金，并对其直接负责的主管人员和其他直接责任人员判处刑罚。本法分则和其他法律另有规定的，依照规定。"通常认为，该条确立了我国对单位犯罪实行双罚制为主、单罚制为辅的处罚原则。对单位或单位成员单独处罚的，是为单罚制，其中只处罚单位的为转嫁制，只处罚单位成员的为代

① 刘宪权、周舟：《违法运用资金罪的刑法分析》，载《法学杂志》2010 年第 9 期，第 77～78 页。

罚制，我国刑法中只有代罚制的规定而无转嫁制的规定。而对于刑法中究竟规定了多少单位犯罪，学界一直有不同的统计结论。有学者对此尖锐地指出，“不同的单位犯罪数字的统计除了立法（也可能是司法解释）变化之外，其中最重要的因素就是对于单罚制情况下是否为单位犯罪存在疑问”。[①] 对此，主要形成三种意见：肯定说认为单罚制“单位犯罪”仍应是单位犯罪，主要理由是刑法第31条规定单位犯罪处罚原则中的“本法分则和其他法律另有规定的，依照规定”的表述，则证明了立法者认定单位犯罪双罚制原则的例外，即在单罚制的情况下，仍然不否定单位犯罪属性，[②] 此外对所有单位都实行双罚制具有某些不合理性。否定说认为，所有单罚制“单位犯罪”实际上都属于自然人犯罪，主要理由是：首先，理论上认为单位中直接负责的主管人员和其他直接责任人员对于单位的刑事责任是具有一定依附性的，因而如果将这种仅仅追究单位中成员刑事责任的情况也视为单位犯罪，明显缺乏法理根据；其次，我国刑法体现着“以处罚自然人犯罪为原则，处罚单位犯罪为例外”的精神，如果在刑法没有规定自然人犯罪的情况下，就将某种情况视为“单位犯罪”，必然与有关单位犯罪的刑事立法精神相违背；再次，从新旧刑法对比来看，1979 年刑法中也有使用“直接责任人员”用语的犯罪规定，但因当时并未有单位犯罪的规定，因此如果将现行刑法中单罚制的“单位犯罪”视为单位犯罪的话，就必然会得出 1979 年刑法中就已经存在单位犯罪规定的结论，这显然是矛盾的；最后，将所谓单罚制的“单位犯

---

① 李翔：《论单位犯罪主体归责二重性》，载《法学》2010 年第 10 期，第 145 页。

② 李翔：《论单位犯罪主体归责二重性》，载《法学》2010 年第 10 期，第 145 页。

罪”视为单位犯罪与相关司法解释相矛盾。[①] 折中说先是对单罚制进行利弊分析，指出刑法对某些单位之所以采用单罚制，是因为对单位犯罪一律适用罚金刑具有某些不合理性：其一，对政治性犯罪、过失犯罪和渎职犯罪等非贪利性犯罪适用双罚制具有犯罪与刑罚的不相适应性；其二，对犯罪单位一律适用罚金，可能会造成犯罪单位中无辜成员受到株连；其三，对犯罪单位单纯适用罚金，可能会导致罪责刑的不适应；其四，罚金刑在实际执行中也会遇到种种困难。因此，作为处罚单位犯罪原则的一种例外，对个别单位犯罪采用单罚制，对于克服双罚制存在的缺陷来讲，是有其合理性的。同时折中说又指出单罚制的弊端：一是造成犯罪单位有罪不罚；二是造成理论上混乱；三是造成司法上审理单位犯罪的困惑；四是造成人民检察院对不起诉权的滥用。因此折中说认为应当通过完善单位犯罪的刑罚种类，建立单位犯罪诉讼制度对单罚制进行完善。[②] 笔者认为，折中说的主张和理由是十分中肯的。之所以造成单罚制“单位犯罪”主体的论争主要有以下原因：一是单位犯罪刑事责任根据、责任构造等基本理论问题尚未完全厘清和研究透彻。我国刑法理论界对单位犯罪处罚的根据长期以来存在争论，形成单罪双主体论、双层机制说、内容形式统一说、连带刑事责任说、对立统一说五种观点，[③] 并且没有任何一种观点取得绝对支配地位。理论上的认识不一必然给实践中的具体判断带来困难。“关于单位犯罪立法与司法之间的冲突困境，刨根问底，与我国刑法理

---

① 刘宪权、周舟：《违法运用资金罪的刑法分析》，载《法学杂志》2010年第9期，第77~78页。

② 高珊琦：《论单位犯罪单罚制之弊端及矫正》，载《甘肃政法学院学报》2008年第3期，第98~103页。

③ 赵星：《单位犯罪双罚制问题研究》，载《国家检察官学院学报》2008年第1期，第67~68页。

论界关于单位犯罪的责任基础及结构形态的认识不无关系。”① 二是立法条文的含混。从刑法对于单位犯罪的相关规定看，条文中含有“单位犯……罪”用语的较为容易判断，而对于条文中不含“单位犯……罪”但又有“单位”，“公司、企业”，“直接责任人员”等用语的，其规定究竟是单位犯罪还是个人犯罪，实在难以判断。这些条文罪名包括资助危害国家安全犯罪活动罪、重大劳动安全事故罪、教育设施重大安全事故罪、消防责任事故罪、强迫劳动罪等。立法条文的含混是造成单位犯罪抑或自然人犯罪性质判断困难的根本原因。三是单位犯罪单一责任承担形式的局限。在我国刑法分则中，单位作为犯罪主体承担责任的形式只有罚金刑，而实际上罚金刑存在自身使用局限，如对非贪利性犯罪无法适用，而这种局限最后竟成为判断单位犯罪的障碍。

综上，应当承认单一制单位犯罪立法规定有利有弊，应通过完善立法条文和创设单位犯罪刑事责任的种类，扩大使用双罚制，限制使用单罚制。

2. 违法运用资金罪的主体及意志认定

笔者认为，该罪应是采取单罚制的单位犯罪，理由在于：一是从立法初衷来看，增设该罪的目的是惩治和规制社会保险基金管理机构、住房公积金管理机构等公众资金管理机构，以及保险公司、保险资产管理公司、证券投资基金管理公司自身挪用、不按照规定运用等违法运用资金的行为，是对单位行为的规范。而这些单位中的个人利用职权挪用或违法使用资金的，则构成挪用资金罪、挪用公款罪或其他犯罪，而不能成立单位犯罪。二是从立法规定看，该罪条文采用了“……机构……公司，违反国家规定运用资金的”模式，依照一般判断方法和逻辑结构看，单位才是行为的主体，依照罪责自负原则，该罪主体也只能是单位而不能是自然人个人。三

① 叶良芳：《单位犯罪责任构造的反思与检讨》，载《现代法学》2008年第1期，第99页。

是从司法实践看，存在单位违法运用资金的行为，这为司法机关适用该罪提供了实践基础。

既然是单位犯罪，准确判断行为是出于单位意志还是自然人意志便成为关键，因为意志自由不仅是自然人承担刑事责任的根据，而且是单位承担刑事责任的根据。“尽管我们并不否认，意志是人脑特有的一种机能，并且作为一种社会组织体的单位也无法表现为生物意义上的人，因为具备纯心理上的意志，但只要超脱因拘泥于生理角度而固守只有自然人才有意志的僵化思想，立于系统矛盾论的角度，充分意识到单位构造中人、财产与制度的系统性与矛盾性而将之视作一个人格化的组织体，那么，不仅单位意志是客观存在的，而且单位意志自由也将得到全面的揭示。”[①] 通常认为，单位意志具有依附性、程序性、整体性等特征。而对于单位意志的判断往往存在一定困难，以违法运用资金罪为例，单位内部人员未经单位许可，虽为单位利益违法，但未经单位决定实施的，是否一概认为是自然人意志，不构成该单位犯罪呢？判断单位意志，实际上就是否定自然人意志，而自然人意志的确定便否定了单位意志。对此，挪用公款罪“归个人使用”的相关解释及其他指导性意见可以作为参考。2002 年 4 月 28 日发布的《全国人民代表大会常务委员会关于〈中华人民共和国刑法〉第三百八十四条第一款的解释》规定：“有下列情形之一的，属于挪用公款‘归个人使用’：（一）将公款供本人、亲友或者其他自然人使用的；（二）以个人名义将公款供其他单位使用的；（三）个人决定以单位名义将公款供其他单位使用，谋取个人利益的。”2003 年 11 月 13 日印发的《全国法院审理经济犯罪案件工作座谈会纪要》规定，经单位领导集体研究决定将公款给个人使用或者单位负责人为了单位的利益，决定将公款给个人使用，不以挪用公款罪定罪处罚。从中可以看到这样两

---

① 周建达、马荣春：《论单位犯罪刑事责任的根据：单位意志自由》，载《金陵法律评论》2008 年春季卷，第 155 页。

个问题：一是自然人意志上须谋取个人利益，而这种利益不是为单位谋取利益后的利益再分配，而是独享利益，这是区分自然人意志与单位意志的关键；二是单位集体决策是体现单位意志最直接最简单的方式，但实践中较为疑难的是不由单位集体决策而由个人决策的意志主体判定。在个人决策当中由单位负责人决定被公认为是单位意志的表现形式之一，而问题的关键在于单位一般工作人员决策行为的意志主体判定。长期以来，刑法学界通说认为单位犯罪意志的形成形式有两种，一种是由单位领导集体决策的形式，另一种是由单位法定代表人或者负责人个人决策的形式，这种观点也获得了立法机关的支持。近些年来随着对单位犯罪基础理论研究的深入和司法实践中个人决策现象的大量出现，一些学者注意到了除了单位负责人之外，一般工作人员个人决策也可能反映单位意志。例如，石磊博士认为，单位犯罪意志的形成形式只能是如下两种：一是经单位研究决定或者由单位负责人员决定，二是单位一般工作人员在职权范围内为了单位的利益作出决定。他认为之所以第二种情形也反映单位意志是因为：一是单位一般工作人员在其职权范围内为了单位的利益所实施的行为是职务行为；二是单位组织决策可分为高层决策、中层决策与基层决策，如果将单位意志的形成形式只限定为单位决策机构或者负责人员决定这一种，那么就可能会缩小单位犯罪的范围；三是将单位一般工作人员在职权范围内为了单位的利益决定实施犯罪的情形，要求事后经单位决策机关或负责人认可，无非是想让这种情形与单位的整体犯罪意志相联系。① 笔者认为，这种观点不无道理，首先单位内部人员在职权范围内是为了单位利益而不是为了个人利益，也就是说是于公而不是于私；其次这是授权范围内的行为，而对于该授权单位应承担相应的责任后果，即使是不利后果，最后从上述“个人决定以单位名义将公款供其他单

① 石磊：《单位犯罪意志研究》，载《法商研究》2009 年第 2 期，第 70～71 页。

位使用，谋取个人利益”的规定可以看出，立法机关也支持“个人决定以单位名义供其他单位使用，谋取单位利益的不属于自然人犯罪”。但是我们这里仍要注意以下两个问题：一是对于“职权范围内”的理解。显然挪用、侵吞、骗取等违法行为通常不是合法单位内部人员职权范围内的工作，即使是为了单位利益，也不能成立单位犯罪，由单位承担刑事责任，如国家机关一般工作人员为单位谋取利益，将自己掌管的财物未经单位负责人同意划入单位管理账户的，应当成立滥用职权罪，而不应追究单位私分国有资产的刑事责任。反之，对于单位自身从事违法犯罪活动、授权单位内部人员实施的，单位内部人员在单位不知晓的情况下为单位利益实施授权内违法犯罪活动的，便应当追究其单位刑事责任，如某单位生产、销售假酒，某分支机构经理见卖其他高档酒更赚钱，未经请示擅自生产、销售的，其行为便反映了单位意志，应当追究单位生产、销售伪劣产品罪的刑事责任，而不是个人的刑事责任。二是为单位谋取利益应是判断单位意志的关键，个人决定谋取个人利益的，反映的是典型自然人犯罪；个人决定谋取单位利益的，或者成立单位犯罪，或者不构成任何犯罪。依照上述法院系统的会议纪要，即使单位负责人不是为了单位利益而是为了个人利益，也是自然人意志，不是单位意志。

（二）该罪主体的内涵与外延

依照刑法第 185 条之一第 2 款的规定，本罪的主体是社会保障基金管理机构、住房公积金管理机构等公众资金管理机构，以及保险公司、保险资产管理公司、证券投资基金管理公司。依照罪状条文的结构，该罪主体可分为两类：一是公众资金管理机构，二是保险公司、保险资产管理公司和证券投资基金管理公司。

1. 公众资金管理机构

公众资金管理机构是对一类单位主体的概称，没有任何法律规范对其进行界定。“公众”一词在汉语中有广义与狭义之别。广义上，公众是除自己以外的所有人，具有排己性；狭义上，公众是除自己及与自己有相当关系或一定交往的人以外的人群，具有排他性。刑法中也有使用“公众”一词的罪名，即非法吸收公众存款罪，该公众应是狭义上的公众，吸收亲属、朋友、同学等人群存款的行为不成立该罪。而违法运用资金罪中的公众也应采狭义理解，是指特定关系人之外的特定或不特定的多数人或人的群体组织。

（1）社会保障基金管理机构。社会保障基金管理机构可以解释为管理社会保障资金的机构。社会保障基金一般是指国家按照法律法规和政策规定建立、运营，并且用于社会保障事业的一种专用基金。① 社会保障基金根据性质、来源、用途的不同可以进一步划分。② 第一，根据基金的不同用途，可分为社会保险基金、社会福利基金、社会救济基金、社会优抚基金等，其中社会保险基金又由养老保险基金、医疗保险基金、失业保险基金、工伤保险基金、生育保险基金构成。社会福利基金包括职工福利基金和公共福利基金，社会救助基金包括扶贫基金、救灾基金、居民“低保”金、农民“五保”金。第二，根据基金的不同筹资模式，分为社会统筹基金和个人账户基金。第三，按照基金的所有权不同，可分为公众基金、个人基金和机构基金。

至于该基金的管理机构，因社会保障基金种类不同，管理机构也较为不同。

全国社会保障基金理事会负责全国社会保障基金的管理。依照2001年《全国社会保障基金投资管理暂行办法》的规定，全国社会保障基金是指全国社会保障基金理事会负责管理的由国有股减持划入资金及股权资产、中央财政拨入资金、经国务院批准以其他方式筹集的资金及其投资收益形成的由中央政府集中的社会保障基

① 张思锋等主编：《社会保障概论》，科学出版社、武汉出版社2003年版，第74页。

② 宋晓梧主编：《中国社会保障体制改革与发展报告》，中国人民大学出版社2001年，第13页。

金。《全国社会保障基金理事会基金年度报告（2008 年度）》显示其职责是：①受托管理全国社会保障基金、基本养老保险个人账户基金和原行业统筹企业基本养老保险基金等（以下统称基金）。②制定基金的投资经营策略并组织实施。③选择并委托基金投资管理人、托管人，对基金委托资产进行投资运作和托管，对投资运作和托管情况进行检查；在规定的范围内对基金资产进行直接投资运作。④负责基金的财务管理与会计核算，定期编制会计报表，起草财务会计报告。⑤定期向社会公布基金的资产、负债、权益和收益等财务情况。⑥根据财政部、人力资源和社会保障部共同下达的指令和确定的方式拨出资金。⑦承办国务院交办的其他事项。全国社会保障基金理事会现设办公厅、基金财务部、投资部、境外投资部、股权资产部（实业投资部）、法规及监管部、信息研究部、机关党委（人事部）和机关服务中心等职能部门。

地方社会保险基金管理局负责各地区社会保险基金的管理。该机构虽名称不同，还有的称社会保险事业局、社会保险管理事业局，但隶属关系和职责基本一致。以深圳市社会保险基金管理局为例，该机构为市人力资源和社会保障局下属的行政事务机构，负责全市社会保障基金的征收和管理。其具体职责是：①制定全市养老保险、医疗保险、工伤保险、失业保险、少儿医疗保险、生育保险、机关事业单位职工补助基金及家属统筹医疗工作计划和年度计划，经批准后组织实施。②负责各项社会保险基金的征收、待遇审核、支付、服务工作。③受市人力资源和社会保障局的委托办理工伤认定工作，并监督用人单位对其非参保工伤员工按规定偿付工伤待遇；负责参保员工的工伤救治和伤残康复管理。④选定定点医疗机构和药店并依据合同的约定对其进行管理。⑤对用人单位参保情况进行稽核检查。[①]

---

①　参见深圳市社会保险基金管理局官方网站，http://www.szsi.gov.cn/sbjxxgk/zcfggfxwj/zcjd/201008/t20100811_2930.htm。

地方民政部门负责社会福利基金、社会救济基金、社会优抚基金的管理。1996 年制定的《社会福利基金使用管理暂行办法》第 2 条规定："本办法所称社会福利基金，是指根据国家有关规定发行中国福利彩票筹集的专项用于发展社会福利事业的预算外资金。"第 3 条规定："各级民政部门按规定管理和支配的社会福利基金，适用本办法。"

作为社会保险基金的监管部门，也可成为该罪的主体，如近年来频繁发生的社会保险基金被挪用的情况，多是由作为基金运用监管部门的劳动和社会保障部门或其内部人员实施的。例如，1999 年劳动和社会保障部办公厅《关于齐齐哈尔市挤占挪用社会保险基金问题处理意见的函》（劳社厅函［1999］130 号）指出，经审计，齐齐哈尔市劳动局先后挪用养老保险基金 3874. 27 万元、失业保险基金 260 万元、就业经费 869 万元，共计 5003. 27 万元，至检查结束仍有 2898. 27 万元尚未收回，其中养老保险基金 1969. 27 万元、失业保险基金 260 万元、就业经费 669 万元。同年劳动和社会保障部、财政部《关于四川省职工社会保险事业管理局和辽宁省鞍山市社会保险总公司挤占挪用社会保险基金问题的通报》（劳社部发［1999］4 号）通报称：四川省职工社会保险事业管理局为建社保大厦，采取直接挪用、以存代贷、违规担保等手段，先后动用养老保险基金 7839 万元。其中，直接挪用 2099 万元，委托银行贷款、提供贷款担保 5740 万元。因此，对于监管部门违反国家规定运用资金的，也可成立违法运用资金罪。

（2）住房公积金管理机构。依照 2002 年实施的《住房公积金管理条例》的规定，住房公积金是指国家机关、国有企业、城镇集体企业、外商投资企业、城镇私营企业及其他城镇企业、事业单位、民办非企业单位、社会团体及其在职职工缴存的长期住房储金。至于该项资金的管理原则，该条例规定，实行住房公积金管理委员会决策、住房公积金管理中心运作、银行专户存储、财政监督的原则。该条例同时规定了住房公积金的管理机构：

住房公积金管理委员会。《住房公积金管理条例》第 8 条规定："直辖市和省、自治区人民政府所在地的市以及其他设区的市（地、州、盟），应当设立住房公积金管理委员会，作为住房公积金管理的决策机构……" 第 9 条规定了该委员会的职责，即：①依据有关法律、法规和政策，制定和调整住房公积金的具体管理措施，并监督实施；②根据本条例第 18 条的规定，拟订住房公积金的具体缴存比例；③确定住房公积金的最高贷款额度；④审批住房公积金归集、使用计划；⑤审议住房公积金增值收益分配方案；⑥审批住房公积金归集、使用计划执行情况的报告。

住房公积金管理中心。《住房公积金管理条例》第 10 条规定："直辖市和省、自治区人民政府所在地的市以及其他设区的市（地、州、盟）应当按照精简、效能的原则，设立一个住房公积金管理中心，负责住房公积金的管理运作。县（市）不设立住房公积金管理中心……住房公积金管理中心是直属城市人民政府的不以营利为目的的独立的事业单位。" 第 11 条规定了该机构的职责，即："①编制、执行住房公积金的归集、使用计划；②负责记载职工住房公积金的缴存、提取、使用等情况；③负责住房公积金的核算；④审批住房公积金的提取、使用；⑤负责住房公积金的保值和归还；⑥编制住房公积金归集、使用计划执行情况的报告；⑦承办住房公积金管理委员会决定的其他事项。"

（3）其他公众资金管理机构。从词语含义和逻辑关系分析，该罪条文中的"等"应当是"等外"而不是"等内"，即公众资金管理机构不限于社会保障基金管理机构和住房公积金管理机构，应当还包括其他公众资金管理机构，如中华社会救助基金会。该机构是全国性公募基金会，2009 年 1 月经民政部批准设立登记，其业务范围主要是：①依法组织、开展常年和专项社会募捐，接受海内外各类社会捐赠；②根据社会救助对象实际，开展生活救助、医疗救助、教育救助等社会救助工作；③通过各种方式，资助城乡贫困人员改善生产和生活条件；④支持社会救助研究和宣传，开展社会救助工作国际交流与合作，为相关公益活动提供社会救助咨询服务；⑤组织表彰为社会救助事业作出突出贡献的团体和个人；⑥对资金的募集和使用予以管理，依法进行基金保值增值等。该业务范围决定了其公众资金管理机构的性质。推而广之，管理公众资金的基金会都可以成为该罪主体。我国《基金会管理条例》第2条规定，基金会是指利用自然人、法人或者其他组织捐赠的财产，以从事公益事业为目的，按照本条例的规定成立的非营利性法人。第3条规定，基金会分为面向公众募捐的基金会和不得面向公众募捐的基金会。因此，只有面向公众募捐的基金会才能属于该罪公众资金管理机构范畴。

由于精力所限，笔者无法穷尽列举所有公众资金管理机构，只能试图提出几点一般性的判断标准。一是“公众”，应当坚持狭义的理解，即特定或不特定多数的人或人的群体组织，对于管理特定且为数不多的人或单位资金的，不宜认定为“公众资金”；二是“管理”，即对资金拥有“管辖”和“处理”的权力；三是“机构”，可以包括机关、事业单位以及营利性组织。

2. 保险公司、保险资产管理公司、证券投资基金管理公司

保险公司，依照一般理解，是从事保险业务的公司。依照《保险法》的规定，保险是指投保人根据合同约定，向保险人支付保险费，保险人对于合同约定的可能发生的事故因其发生所造成的财产损失承担赔偿保险金责任，或者当被保险人死亡、伤残、疾病或者达到合同约定的年龄、期限等条件时承担给付保险金责任的商业保险行为。我国《保险法》对保险公司的成立条件等问题进行了详细规定。

保险资产管理公司，依照《保险资产管理公司管理暂行规定》，是指经中国保监会会同有关部门批准，依法登记注册、受托管理保险资金的金融机构。至于保险资金的内容，该暂行规定指出，是指保险公司的各种保险准备金、资本金、营运资金、公积金、未分配利润和其他负债，以及由上述资金形成的各种资产。

证券投资基金管理公司，依照《证券投资基金管理公司管理办法》的规定，是指经中国证券监督管理委员会批准，在中华人民共和国境内设立，从事证券投资基金管理业务的企业法人。而证券投资基金是指按照共同投资、共担风险、共享收益的基本原则，运用现代信托关系机制，通过发行证券投资基金单位，将投资者的分散资金集中起来，并委托基金托管人管理，由专业的基金管理人运用资金从事股票、外汇、货币等金融工具投资，以实现预期投资目的的一种投资组织。① 依照募集方式不同，证券投资基金分为公募基金和私募基金；依照是否能在证券交易所挂牌交易，分为上市基金和非上市基金；依照运作方式不同，分为封闭式基金和开放式基金；依照投资对象不同，分为股票基金、债券基金、混合基金、货币市场基金、期货基金、期权基金等，此外还有其他分类。

这里有一个问题要特别注意，即是否违规运用资金的“保险公司、保险资产管理公司、证券投资基金管理公司”均可成为本罪主体。目前尚没有权威机关作出权威解释，只能从相关信息探寻其外延范围。一是《关于〈中华人民共和国刑法修正案（六）（草案)〉的说明》。该说明指出，有些部门提出，负责经营、管理保险资金、社会保障基金、住房公积金等公众资金的单位，违反国家规定运用资金的，将会严重影响公众资金的安全，影响社会稳定，对情节严重的，应当追究刑事责任。可见立法初衷是对公众资金的保护，是对公众资金经营管理单位的规制，因此经营负责公众资金的保险公司、保险资产管理公司、证券基金管理公司不能成为本罪主体，经营管理非公众资金的保险公司、保险资产管理公司、证券基金管理公司则可能成为背信运用资金罪的主体。二是《刑法修正案（六)》的权威解读。全国人大常委会法工委刑法室副主任黄

① 何孝星著：《证券投资基金运行论》，清华大学出版社 2003 年版，第 2 页。

太云撰文指出，其他“公众基金管理机构”是指根据我国目前以多元分散型和专门机构集中管理模式，接受社会保障基金管理机构委托对社会保障基金进行资产管理的保险公司、保险资产管理公司、证券投资管理公司等机构。① 从中可以看出，立法者意图将“其他公众基金管理机构”限定为接受社会保障基金管理机构委托对社会保障基金进行资产管理的保险公司、保险资产管理公司、证券投资管理公司，而不是包括所有管理保险资金、证券投资基金的保险公司、证券投资基金管理公司。三是司法判决。2009 年山东省郯城县法院审理了一起郯城县保险支公司吸收客户资金不入账案。山东省郯城县人民法院经审理认为，被告单位郯城保险支公司作为金融机构，为了逃避国家金融监管，将已收取的客户保费不计收入或少计收入，属吸收客户资金不入账，数额巨大，构成吸收客户资金不入账罪；被告人徐志伟作为该单位实施上述犯罪的直接负责的主管人员，为单位谋取不正当利益，在单位犯罪中起了重要作用，其行为也构成吸收客户资金不入账罪。对于该案不应判处违法运用资金罪的理由，法院认为，违法运用资金罪针对的是目前金融机构公众资金经营、管理领域出现的问题，侵犯的客体是公众资金的安全管理，犯罪对象是社会保障资金、住房公积金等公众资金。本条列举的保险公司是指接受社会保障基金管理机构委托对社会保障基金进行资产管理的保险公司。从本案来看，所涉资金并不属于该罪犯罪对象的范畴，保险公司并非该罪犯罪主体中的“保险公司”，故该行为从主客观要件上均不符合该罪犯罪特征，不构成违法运用资金罪。② 四是学界观点。有学者指出，如果保险公司、保

① 黄太云：《〈刑法修正案（六）〉的理解与适用》（下），载《人民检察》2006 年第 14 期，第 23 页。

② 徐开志：《保险公司收取保险费不入账如何定罪——山东郯城法院判决郯城保险支公司吸收客户资金不入账案》，载《人民法院报》2010 年 7 月 29 日第 6 版。

险资产管理公司、证券投资基金管理公司等金融机构，违背受托义务，擅自运用除公众资金以外的客户资金或其他委托、信托的财产，应当对相关单位以背信运用受托财产罪认定……但如果保险公司、保险资产管理公司、证券投资基金管理公司等金融机构，违反国家规定，运用社会保障基金、住房公积金以及其他一些公众资金，则应对相关单位直接负责的主管人员和其他直接责任人员以违法运用资金罪认定。[①] 综上所述，只有经营管理社会保障基金、住房公积金等公众资金的保险公司、保险资产管理公司和证券投资基金公司才能成为本罪主体，而不是任何保险公司、保险资产管理公司、证券投资基金公司都可成为本罪主体。

四、违法运用资金罪的客观要件

现行刑法第 185 条之一第 2 款将本罪的客观要件表述为“违反国家规定运用”。对于该客观要件的理解，笔者认为可从以下三方面展开，其中重点是违反国家规定运用行为的表现形式的分析和归纳。

（一）“国家规定”的内容

“国家规定”在我国刑法中有特定所指。刑法第 96 条规定：“本法所称违反国家规定，是指违反全国人民代表大会及其常务委员会制定的法律和决定，国务院制定的行政法规、规定的行政措施、发布的决定和命令。”依照该规定，“违反国家规定”指违反法律规范和行政法规范，国家规定包括法律规范和行政法规范。依照法律效力的位阶关系，效力自高到低分别是宪法、法律、行政法规、地方性法规、自治条例和单行条例、规章。因此，作为通行全国的法律规范和行政法规、规定属于国家规定的内容范围，而其他

---

① 刘宪权、周舟：《违法运用资金罪的刑法分析》，载《法学杂志》2010 年第 9 期，第 80 页。

规范不属于国家规定。具体到本罪中，“违反国家规定运用资金”中的“国家规定”至少应当包括以下两方面内容：一是国家对运用社会保障基金、住房公积金等公众资金的管理和运用的规定。社会保障基金方面，有《全国社会保障基金投资管理暂行办法》、《全国社会保障基金境外投资管理暂行规定》、《社会保障基金财政专户管理暂行办法》、《社会保险法》、《中央社会保障基金财政专户管理实施办法》等法律法规；住房公积金方面，有《住房公积金管理条例》、《住房公积金会计核算办法》等；此外，还有其他公共资金的管理规定，如《基金会管理条例》等；还有具体保险基金的管理规定，如《社会福利基金使用管理暂行办法》等。二是国家对保险公司、保险资产管理公司、证券投资基金公司运用资金的专门规定。保险方面，如《保险法》、《保险资金运用管理暂行办法》、《保险资金投资不动产暂行办法》、《保险资金投资股权暂行办法》、《保险资金间接投资基础设施项目试点管理办法》、《保险公司资本保证金管理暂行办法》、《保险资产管理公司管理暂行规定》等；证券投资基金方面，如《证券法》、《证券投资基金法》、《证券投资基金评价业务管理暂行办法》、《证券投资基金管理暂行办法》等。

（二）违反国家规定运用的表现形式

违反国家规定运用，即运用违反国家规定，从实然意义上看，它主要表现为两种形式：一种是运用形式违反国家规定，另一种是运用资金比例违反国家规定。

1. 运用形式违反国家规定

公众资金都有着特定的运用形式，或者称为投资范围，不按照国家规定的运用形式使用或者擅自改变用途挪用的，都属于此种类型，这是现实中最常见的违法运用资金方式。（1）社会保障基金运用形式违反国家规定。《全国社会保障基金投资管理暂行办法》第25条规定：“社保基金投资的范围限于银行存款、买卖国债和其他具有良好流动性的金融工具，包括上市流通的证券投资基金、股票、信用等级在投资级以上的企业债、金融债等有价证券。理事会直接运作的全国社保基金的投资范围限于银行存款、在一级市场购买国债，其他投资需委托社保基金投资管理人管理和运作并委托全国社保基金托管人托管。”《社会保险法》第64条规定：“社会保险基金包括基本养老保险基金、基本医疗保险基金、工伤保险基金、失业保险基金和生育保险基金。各项社会保险基金按照社会保险险种分别建账，分账核算，执行国家统一的会计制度。社会保险基金专款专用，任何组织和个人不得侵占或者挪用。”第69条第2款规定：“社会保险基金不得违规投资运营，不得用于平衡其他政府预算，不得用于兴建、改建办公场所和支付人员经费、运行费用、管理费用，或者违反法律、行政法规规定挪作其他用途。”（2）住房公积金运用形式违反国家规定。《住房公积金管理条例》第40条规定：“住房公积金管理中心违反本条例规定，有下列行为之一的，由国务院建设行政主管部门或者省、自治区人民政府建设行政主管部门依据管理职权，责令限期改正；对负有责任的主管人员和其他直接责任人员，依法给予行政处分：……（三）未按照规定使用住房公积金增值收益的；（四）委托住房公积金管理委员会指定的银行以外的机构办理住房公积金金融业务的……（七）未按照规定用住房公积金购买国债的。”（3）保险资金运用形式违反国家规定。《保险资金运用管理暂行办法》第6条规定：“保险资金运用限于下列形式：（一）银行存款；（二）买卖债券、股票、证券投资基金份额等有价证券；（三）投资不动产；（四）国务院规定的其他资金运用形式。保险资金从事境外投资的，应当符合中国保监会有关监管规定。”同时该办法第15条规定：“保险集团（控股）公司、保险公司、保险资产管理机构从事保险资金运用，不得有下列行为：（一）存款于非银行金融机构；（二）买入创业板股票，或者被交易所实行‘特别处理’、‘警示存在终止上市风险的特别处理’的股票；（三）投资不具有稳定现金流回报预期或者资产增值价值、高污染等不符合国家产业政策项目的企业股权和不动产；（四）直接从事房地产开发建设；（五）从事创业风险投资；（六）将保险资金运用形成的投资资产用于向他人提供担保或者发放贷款，个人保单质押贷款除外；（七）中国保监会禁止的其他投资行为。”（4）证券投资基金运用形式违反国家规定。《证券投资基金法》第5条规定：“基金合同应当约定基金运作方式。基金运作方式可以采用封闭式、开放式或者其他方式。采用封闭式运作方式的基金，是指经核准的基金份额总额在基金合同期限内固定不变，基金份额可以在依法设立的证券交易场所交易，但基金份额持有人不得申请赎回的基金。采用开放式运作方式的基金，是指基金份额总额不固定，基金份额可以在基金合同约定的时间和场所申购或者赎回的基金。采用其他运作方式的基金的基金份额发售、交易、申购、赎回的办法，由国务院另行规定。”

2. 运用比例违反国家规定

为保障公众资金的运用安全，许多法律法规规定了公众资金运用的比例，如果超过该资金比例运用，即是违反国家规定。《全国社会保障基金投资管理暂行办法》第28条规定：“划入社保基金的货币资产的投资，按成本计算，应符合下列规定：（一）银行存款和国债投资的比例不得低于50%。其中，银行存款的比例不得低于10%。在一家银行的存款不得高于社保基金银行存款总额的50%。（二）企业债、金融债投资的比例不得高于10%。（三）证券投资基金、股票投资的比例不得高于40%。”第29条第1款规定：“单个投资管理人管理的社保基金资产投资于一家企业所发行的证券或单只证券投资基金，不得超过该企业所发行证券或该基金份额的5%；按成本计算，不得超过其管理的社保基金资产总值的10%。”第30条规定：“委托单个社保基金投资管理人进行管理的资产，不得超过年度社保基金委托资产总值的20%。”《保险资金运用管理暂行办法》第16条规定：“保险集团（控股）公司、保险公司从事保险资金运用应当符合下列比例要求：（一）投资于银行活期存款、政府债券、中央银行票据、政策性银行债券和货币市场基金等资产的账面余额，合计不低于本公司上季末总资产的5%；（二）投资于无担保企业（公司）债券和非金融企业债务融资工具的账面余额，合计不高于本公司上季末总资产的20%；（三）投资于股票和股票型基金的账面余额，合计不高于本公司上季末总资产的20%；（四）投资于未上市企业股权的账面余额，不高于本公司上季末总资产的5%；投资于未上市企业股权相关金融产品的账面余额，不高于本公司上季末总资产的4%，两项合计不高于本公司上季末总资产的5%；（五）投资于不动产的账面余额，不高于本公司上季末总资产的10%；投资于不动产相关金融产品的账面余额，不高于本公司上季末总资产的3%，两项合计不高于本公司上季末总资产的10%；（六）投资于基础设施等债权投资计划的账面余额不高于本公司上季末总资产的10%；（七）保险集团（控股）公司、保险公司对其他企业实现控股的股权投资，累计投资成本不得超过其净资产。”《基金会管理条例》第29条规定：“公募基金会每年用于从事章程规定的公益事业支出，不得低于上一年总收入的70%；非公募基金会每年用于从事章程规定的公益事业支出，不得低于上一年基金余额的8%。基金会工作人员工资福利和行政办公支出不得超过当年总支出的10%。”《保险资金投资不动产暂行办法》第14条规定：“保险公司投资不动产（不含自用性不动产），应当符合以下比例规定：（一）投资不动产的账面余额，不高于本公司上季度末总资产的10%，投资不动产相关金融产品的账面余额，不高于本公司上季度末总资产的3%；投资不动产及不动产相关金融产品的账面余额，合计不高于本公司上季度末总资产的10%。（二）投资单一不动产投资计划的账面余额，不高于该计划发行规模的50%，投资其他不动产相关金融产品的，不高于该产品发行规模的20%。”

综上，从相关法律法规看，公众资金运用违反法律规定的情形主要是这两种，但事实上还有其他情形，如《保险资金投资不动产暂行办法》第16条规定：“保险公司投资不动产，不得有下列行为：……（六）运用借贷、发债、回购、拆借等方式筹措的资金投资不动产，中国保监会对发债另有规定的除外”。对于违反国家规定运用资金的具体表现形式，还需要对相关法律法规的分析和归纳以及司法实践经验的总结。

（三）违法运用与擅自运用、挪用的异同

从区别来看：（1）侧重点各不相同，违法运用强调行为对法律规定的违反，擅自运用强调的是未经允许，是对委托人信任的违反，挪用强调的是从某一用途移转到其他用途。（2）词语性质不同，违法与擅自都是运用的状语和修饰语，是对运用行为的限定，而挪与用是可以分离的动态词语，前者不是对后者的修饰或限定。（3）基本行为不同，依照前面的分析，违法运用和擅自运用的基本行为是“用”，而挪用的基本行为是挪和用。（4）侵害内容不同，违法运用是对一般性法律规范的违反，是对法律背后秩序的破坏，擅自运用和挪用是对信任关系的破坏。（5）表现形式不同，违法运用的表现形式有许多，包括运用主体违法、运用形式违法、运用程序违法、运用对象违法等，而擅自运用和挪用的表现形式较为单一。

从统一性来看：（1）三者落脚点都在“用”，直接目的都是使用，行为表现都落脚在用。（2）三者性质上存在交叉，擅自运用可以是挪用也可以是违法运用，挪用也可以是擅自运用、违法运用，而违法运用可以包括擅自运用和挪用。（3）三者是对前置条件的违反，违法运用是对法律规定的违反，擅自运用是对约定内容的违反，而挪用是对原定用途的改变。

正是三者既具有极大的统一性又有各自的差别，挪用资金罪、挪用特定款物罪、挪用公款罪和背信运用受托财产罪、违法运用资金罪才共同构建了我国非法使用型犯罪的基本体系。

五、违法运用资金罪的客体要件

(一)违法运用资金罪的客体

违法运用资金罪所侵犯的客体应当是公众资金的安全和管理秩序。

目前，在投资领域，公众资金已成为不法分子觊觎和犯罪的重要对象。公众资金，是特定或不特定多数人或组织的资金，往往数额十分巨大，动辄几百万、上千万、上亿元，因此公众资金安全关乎众多投资者和投资组织的切身利益；而资金数额十分巨大、所有者众多，因此公众资金安全又关乎整个国家经济发展的稳定，关乎金融市场的安全和金融秩序的井然。因此，任何一个国家都重视对公众资金经营管理活动的监管、对公众资金安全的制度保障。但是，又因为公众资金的数额十分巨大这一特点，公众资金遂成为近年来不法机构和不法分子觊觎和犯罪的对象。因公众资金所有者人数众多，司法实践中遂将以公众资金为犯罪对象、以被害人众多为典型特点的一类犯罪概称为涉众型经济犯罪。2006 年 11 月 23 日公安部就防范和打击涉众型经济犯罪举行新闻发布会，会上公安部经济犯罪侦查局副局长高峰首先对涉众型经济犯罪的概念、范围进行了界定。他指出，涉众型经济犯罪是指涉及众多的受害人，特别是涉及众多不特定受害群体的经济犯罪，主要包括非法吸收公众存款、集资诈骗、传销、非法销售未上市公司股票等经济犯罪活动。另外，在证券犯罪、合同诈骗犯罪、假币犯罪、农村经济犯罪活动中也有类似涉众因素存在。至于此类犯罪的社会危害性，高峰指出，以非法吸收公众存款和集资诈骗案件为例，2006 年 1 月份至 10 月份共立案 1210 起，涉案金额 175.1 亿元人民币，占同期全部经济犯罪涉案金额的22.2%。[①] 此类犯罪类型的主要特点是：(1) 金额巨大，涉及面广。例如，辽宁营口东华经贸（集团）公司以发展养殖蚂蚁为名，非法面向公众集资，至案发时，共非法集资近30亿元；山东公安机关侦破的“蝶贝蕾”传销案，共涉及全国16个省、市的50余万名群众。(2) 手法多样，不断翻新。主要有以养殖、种植、合作造林等为名目的“联营入股返利”、租养、代养、托管、代管；以投资展位、铺位、公寓式酒店经营权等为名目的“购后返租”；以促销为名的“消费返利”；以教育储备金办学、造林投资“绿色银行”等为名目的集资；以专卖、代理为名进行的传销；以利用互联网为中介进行的“网络传销”；以即将在国内或海外上市、届时可获得成倍投资收益为名的非法公开销售“原始股”；以互联网为炒汇平台，大肆实施的非法外汇买卖活动等。(3) 虚假许诺，高利回报。不法分子为吸引更多的群众，往往许诺投资者高额回报，有些回报率甚至高达120%。例如，湖南省株洲市发生的一起非法吸收公众存款案中，犯罪嫌疑人黄某等利用设立的8家投资公司、担保公司、典当行，以对存款者除支付正常利息外再当场给付5%～12%的现金回报等方式，非法吸存1.5亿元。(4) 合法掩护，编织光环。为给犯罪活动披上合法外衣，不法分子往往成立公司，办理完备的工商执照、税务登记等手续，以实际经营活动掩盖其非法行为。[②] 目前，涉众型经济犯罪已经成为我国一类涉案数额十分巨大、涉及被害人众多、损失追回十分困难、诉讼过程十分复杂的社会危害十分严重的犯罪现象。当然，值得注意的是，综观此类犯罪案件，我们发现，这种现象基本都发生在投资领域，即不法分子或单位采用高回报、高收益

---

① 中华人民共和国公安部“在线访谈”节目，http://www.mps.gov.cn/n16/n1312/n4588/n4723/n1807929/1818921.html。

② 《公安部召开新闻发布会通报涉众型经济犯罪情况》，http://www.gov.cn/gzdt/2006－11/23/content_451900.htm。

的欺诈方法诱使公众或机构参与投资，以获取或占有巨额资金。而近年来，公众资金的管理领域也频繁出现严重威胁或损害公众资金安全的案件。

近年来，公众资金管理领域频繁发生威胁公众资金安全的犯罪案件，严重侵害了公众资金的安全和管理秩序。在我国，不同种类公众资金的管理由不同机构负责，国家为了规范这些机构经营管理公众资金的行为、切实保证公众资金的保值增值、维护广大公众的根本利益，制定了较为严格的法律法规，建立了较为严密的监督机构和制度，从而使得公众资金在管理领域的安全得到了很大保障。但近年来公众资金管理领域频繁发生公众资金被挪用或违规使用的案件，揭示出法律法规在公众资金管理安全中存在的巨大漏洞和不足，亟待完善立法，加强法律规制，遏制不法行为。较为突出的案件有：上海社保基金案，上海市劳动和社会保障局局长祝某违规挪用、侵占社会保障基金数百亿元的案件，广东省广州市社会劳动保障公司经理刘某滥用职权、违规审批社保基金 7 亿元用于非法投资的案件，湖南省郴州市住房公积金管理中心原主任李某利用职务之便贪污、挪用住房公积金共计 11801.5 万元、被称为“全国住房公积金第一案”的案件，广东省湛江市住房公积金中心原主任满某涉嫌挪用 4 亿元买卖证券被调查的案件①等。除了自然人挪用之外，管理机构违反国家规定运用资金的案件也开始出现，如河北省保定市住房公积金管理中心挪用住房公积金 3 亿元，荆州市住房公积金管理中心监利、公安县办事处挪用住房公积金 1914.3 万元。②1999 年劳动和社会保障部办公厅《关于齐齐哈尔市挤占挪用社会

① 《广东湛江公积金中心原主任挪用 4 亿买卖证券被查》，http://news.xinhuanet.com/politics/2010-01/03/content_12745272.htm。

② 《荆州市住房公积金历年被挤占挪用资金全部清收结零》，http://www.jingzhou.gov.cn/jingzhou/infodetail/Default.aspx? infoid=3717705c-4144-43e6-a2c1-a7e763ad79ec&siteid=1&categoryNum=001007。

保险基金问题处理意见的函》（劳社厅函［1999］130号）指出，经审计，齐齐哈尔市劳动局先后挪用养老保险基金3874.27万元、失业保险基金260万元、就业经费869万元，共计5003.27万元，至检查结束仍有2898.27万元尚未收回，其中养老保险基金1969.27万元、失业保险基金260万元、就业经费669万元。同年劳动和社会保障部、财政部《关于四川省职工社会保险事业管理局和辽宁省鞍山市社会保险总公司挤占挪用社会保险基金问题的通报》（劳社部发［1999］4号）通报称：四川省职工社会保险事业管理局为建社保大厦，采取直接挪用、以存代贷、违规担保等手段，先后动用养老保险基金7839万元。其中，直接挪用2099万元，委托银行贷款、提供贷款担保5740万元，等等。对于自然人利用职权挪用公众资金的行为，刑法适用挪用资金罪、挪用公款罪和挪用特定款物罪调整和规范，而对于管理机构挪用或其他违法运用行为的刑法规制则长期处于缺位状态，因此违法运用资金罪应运而生。

综上，无论是自然人个人还是作为单位的管理机构，无论是投资领域还是管理领域，无论是挪用还是其他违法运用方式，都是对公众资金安全和管理秩序的破坏和侵害。

（二）违法运用资金罪的对象

违法运用资金罪的对象应当是公众资金，对此笔者已在本节违法运用资金罪主体要件的最后部分有所论述，在此只作简要概括：一是从立法初衷看是出于对公众资金安全的保护；二是从权威解释看也是为了保护公众资金安全；三是从司法角度看司法机关也是这样认为的。至于公众资金的范围，正如无法列举全部公众资金管理机构一样，笔者也无法列举全部公众资金的种类，只能有待理论的研究和实践的探索，但社会保障基金、住房公积金无疑是其主要种类，也是违法运用资金罪的主要犯罪对象。而用于救灾、抢险、防汛、优抚、扶贫、移民、救济用途的款物被挪用，情节严重，致使国家和人民群众利益遭受重大损害的，则以挪用特定款物罪定罪处罚，不以该罪处罚。

这里需要注意两个问题：一是挪用或违法运用社会救助基金的行为认定。在国内外，社会保障基金根据用途不同，分为社会保险基金、社会福利基金、社会救济基金、社会优抚基金等，其中社会救助基金包括扶贫基金、救灾基金、居民“低保”金、农民“五保”金。这就带来这样一个问题，即社会救助基金管理机构挪用或违法运用扶贫基金、救灾基金的，是成立挪用特定款物罪，还是成立违法运用资金罪？应当说，在《刑法修正案（六）》出台之前不会存在这一问题，同时刑法关于挪用特定款物罪条文中的特定款物只标明款物的用途，并未列明其他条件，确实难以得出一个直接的答案。对此，笔者认为在挪用行为之外违法运用的，成立违法运用资金罪，而挪用扶贫、救灾基金的行为，则只能择一重罪，以违法运用资金罪定罪处罚。二是《刑法修正案（六）》出台之前的司法解释意见是否还有效。2003 年 1 月 28 日公布的《最高人民检察院关于挪用失业保险基金和下岗职工基本生活保障资金的行为适用法律问题的批复》指出，挪用失业保险基金和下岗职工基本生活保障资金属于挪用救济款物。挪用失业保险基金和下岗职工基本生活保障资金，情节严重，致使国家和人民群众利益遭受重大损害的，对直接责任人员，应当以挪用特定款物罪追究刑事责任。在《刑法修正案（六）》新增违法运用资金罪之后，该司法解释意见是否仍然具有效力呢？失业保险基金和下岗职工基本生活保障资金管理机构挪用这些基金的，是成立挪用特定款物罪还是违法运用资金罪呢？笔者认为，这确实存在一定的罪名适用难题，亟待立法和司法及时协调和明确意见。在立法和司法没有明确意见之前，笔者认为之前的司法解释意见是在原先立法上挪用特定款物罪没有规定这一对象，而现实中又急需对这两类对象及时进行保护，才由司法机关作出的权宜变通。从对象共性特征来看，失业保险基金和下岗职工基本生活保障基金与救灾、抢险、防汛、优抚、扶贫、移民、救济等款物相比，并不具有使用用途的紧迫性，而更多地体现为公益性、公众性，因此将其纳入违法运用资金罪的对象更为合适。当然，对于非公众资金管理机构挪用这两项基金的仍应以成立挪用特定款物罪为宜。同时，与此相似，公众资金管理机构挪用优抚资金、扶贫基金以及救济基金也宜以违法运用资金罪定罪处罚，而非公众资金管理机构挪用上述基金的则宜以挪用特定款物罪定罪处罚。

六、违法运用资金罪的认定：立法上的行为犯与司法上的情节犯

在大陆法系刑法理论中，行为犯、结果犯、情节犯、危险犯、举动犯等犯罪形态是从属于犯罪既遂理论的，是对犯罪既遂类型的理论概括。对于犯罪既遂的类型，理论上分歧较大，有学者经简单归纳后便列举出七种不同观点，如一种观点是行为犯与结果犯、危险犯与实害犯、结果犯与情节加重犯；一种观点是行为犯、结果犯和结果加重犯；一种观点是阴谋犯、行为犯、危险犯、结果犯，等等。① 其中行为犯，通说认为是指既遂的成立不以发生危害结果为条件，而是以犯罪实行行为的完成为标志的犯罪。② 所谓结果犯，是指“不仅要实施具体犯罪构成客观要件的行为，而且必须发生法定的犯罪结果才构成既遂的犯罪，即以法定的犯罪结果的发生与否作为犯罪既遂与未遂区别标志的犯罪”。③ 依照该判断标准，违法运用资金罪条文中并未规定危害结果，因此该罪的既遂形态不要求必须发生法定的犯罪结果，仅仅以犯罪实行行为的完成即可，所

---

① 王志祥、贾政：《行为犯、结果犯二分法之提倡》，载《河北大学学报》（哲学社会科学版）2006 年第 2 期，第 79 页。

② 高铭暄、马克昌主编：《刑法学》（上编），中国法制出版社 1999 年版，第 265 页。

③ 高铭暄、马克昌主编：《刑法学》，北京大学出版社、高等教育出版社 2000 年版，第 150 页。

以该罪的既遂形态类型应是行为犯，这一点显然毋庸置疑，同时这一结论也符合既遂形态类型判断的两个基本点要求。在大陆法系国家，犯罪既遂形态类型的判断有两个基本点：一是刑法规定。刑法规定了法定的犯罪结果便认定为结果犯，规定了严重情节便认定为情节犯，规定了抽象危险或具体危险便认定为危险犯，相应地没有规定这些要素，便认定为行为犯或举动犯，司法机关的立案标准以及其他法律适用意见不能作为判断的依据。二是基本罪。基本罪是指“刑法分则规定的由决定犯罪基本性质的条件所构成的并且作为设定犯罪的罪质和刑罚层次的基础或中介的犯罪”。① 基本罪的犯罪构成是普通的犯罪构成，是指刑法条文对具有通常社会危害性程度的行为所规定的犯罪构成，派生罪是由基本罪衍生出来的，是指以普通的犯罪构成为前提，因为具有较重或较轻的社会危害性程度而从普通的犯罪构成中衍生出来的犯罪构成，它包括加重的犯罪构成和减轻的犯罪构成两种情况。② 刑法理论界一般都是围绕基本罪讨论犯罪的既未遂形态类型而不是派生罪，所以结果加重犯与情节加重犯一般不认为是犯罪既遂形态的典型类型。所以，立法上的违法运用资金罪应是行为犯类型，但仍然是“司法上的行为犯”。

虽然立法者将违法运用资金罪规定为行为犯，但在司法适用中该罪已成为情节犯。既然是行为犯类型，则只要行为人完成了法定实行行为犯罪即告既遂，而无需具备其他如结果、情节等要件，反之则是结果犯、情节犯了。违法运用资金罪的罪状条文中并未规定结果、情节等其他要件，由此我们判断该罪为行为犯，而事实上该罪并不同于强奸罪、抢劫罪等典型行为犯，在法律适用过程中需要

① 转引自王志祥、贾政：《行为犯、结果犯二分法之提倡》，载《河北大学学报》（哲学社会科学版）2006 年第 2 期，第 79 页。

② 王志祥、贾政：《行为犯、结果犯二分法之提倡》，载《河北大学学报》（哲学社会科学版）2006 年第 2 期，第 79 页。

一定的情节要件，由此也改变了其行为犯的本质属性。《最高人民检察院、公安部关于公安机关管辖的刑事案件立案追诉标准的规定（二）》第41条规定："社会保障基金管理机构、住房公积金管理机构等公众资金管理机构，以及保险公司、保险资产管理公司、证券投资基金管理公司，违反国家规定运用资金，涉嫌下列情形之一的，应予立案追诉：（一）违反国家规定运用资金数额在三十万元以上的；（二）虽未达到上述数额标准，但多次违反国家规定运用资金的；（三）其他情节严重的情形。"而这些内容通常被解释为"情节严重"的情形，如该追诉标准第40条规定："商业银行、证券交易所、期货交易所、证券公司、期货公司、保险公司或者其他金融机构，违背受托义务，擅自运用客户资金或者其他委托、信托的财产，涉嫌下列情形之一的，应予立案追诉：（一）擅自运用客户资金或者其他委托、信托的财产数额在三十万元以上的；（二）虽未达到上述数额标准，但多次擅自运用客户资金或者其他委托、信托的财产，或者擅自运用多个客户资金或者其他委托、信托的财产的；（三）其他情节严重的情形。"事实上，在法律适用过程中真正发挥作用的恰恰是这些追诉标准，追诉标准的内容实际上也真正成为此类犯罪成立与否、既遂与否的关键要件，最高司法机关也不仅仅是在解释法律而实际是在创设法律，增设法定要件。这显然是立法与司法的错位，也是我国并未彻底实现"立法定性、司法定量"模式的典型写照。行为犯的立法模式并不能彰显犯罪行为的社会危害性程度和不同违法运用行为的现实差异，而法律适用中又必须遵循罪责刑相适应原则和刑法谦抑精神，因此也只能由司法机关越俎代庖了，最终却成为众矢之的。"管中窥豹，可见一斑"，从中可以看出我国立法水平仍有待提高，应进一步明确立法与司法的功能定位，切实发挥职能作用，使司法机关进一步去立法化，真正履行适用法律的应有职责。[①]“法律语言最好是确切的、简洁的、冷峻的和不为每一种激情行为左右的，最好的法律文本是出色的文学作品，它们用精确合适的词语模塑出一种世界经验，并帮助我们通过同样精确得富有美学意义的语言模式，把人类的共同生活调控到有秩序的轨道上。”[②]

因此，违法运用资金罪应是立法上的行为犯，司法上的情节犯，形式上的行为犯，实质意义上的情节犯。但又不同于形式上的情节犯，因为形式上的情节犯仍需以刑法规定为基本点。所谓情节

---

① 这种立法缺位而司法越位的现象现实中还有许多，虽然司法机关是出于细化立案标准、防止打击面过宽的良好初衷，但实际上也是无奈之举，责任应在立法层面。一方面尚未厘定立法与司法的权属配置和职责分工，另一方面立法技术有待提高，构成要件内容的缺失，使得司法机关为适用法律只能被迫越权补充构成要件内容，说明立法定性、司法定量的模式实际上并未贯彻全面。

此外值得注意的是，现实中不仅立法与司法之间出现错位，立法之间也存在许多衔接不紧密或相互冲突的情况。比如，依照刑法规定容留他人卖淫罪是行为犯，而依据治安管理处罚法的规定该罪是情节犯，这就造成司法适用上的困难。对此，为正确处理刑法与治安管理处罚法对引诱、容留、介绍他人卖淫行为在罪与非罪界定方面法律规定上的不协调，确保准确、及时地对引诱、容留、介绍他人卖淫行为的刑事追究，有人建议在司法解释中应明确规定“情节严重的情形”。参见杨琦：《容留他人卖淫是行为犯还是情节犯》，载《人民检察》2006年第12期，第35～36页。这实际上仍然会导致立法与司法的错位，这一做法也将被广为诟病。根本的解决方法应是由立法者对不同犯罪行为的社会危害程度进行评估，对于行为本身社会危害程度已十分严重的犯罪规定为行为犯，司法机关无需也不能再附加其他追诉条件；而对于行为本身社会危害程度尚达不到十分严重的程度，需要具有其他情形的，则应果断将行为犯修改为情节犯，如违法运用资金罪，而不是交由司法机关越位代权。

② ［德］阿图尔·考夫曼、温弗里德·哈斯默尔主编：《当代法哲学和法律理论导论》，郑永流译，法律出版社2002年版，第293页。

犯，是指以刑法分则中明确规定的“情节严重（情节恶劣）”作为基本犯既遂形态犯罪构成的定量因素的犯罪，[①] 但这并不妨碍实质情节犯类型的认定。应坚持实质主义判断方法，而不能仅停留在形式上。从实质上看，该罪与情节犯的背信运用受托财产罪相比，并无本质的不同。在应然意义上，“根据罪刑法定原则：立法制约司法，立法不禁止合理的能动司法”。[②]

① 王志祥：《情节犯基本问题研究》，载《保定学院学报》2008 年第 1 期，第 49 页。

② 储槐植：《刑法契约论》，载《中外法学》2009 年第 4 期，第 808 页。

结　论

挪用犯罪在我国是一个走向独立并且不断发展的犯罪类型。此类犯罪不仅在行为本质、行为结构、行为要素上显著区别于其他犯罪，而且特殊的立法模式、层出不穷的司法适用难题，使得对于此类犯罪的研究不仅具有刑法理论上的究原价值、刑事立法上的规范和完善价值，而且具有积极的刑事司法上的适用与指导价值。本书从类型研究的角度，采用理论思辨、逻辑分析和案例研究等方法，对以挪用行为和运用行为为基本行为样态的犯罪展开系统研究，力求研究新问题，研究疑难问题，研究深层次问题，以突出本书研究的创新性与前瞻性特征。

我国古代律法对官员挪用公款公物行为进行了较为细致的规定。进入现代，挪用公款公物的行为多被纳入侵占罪、职务侵占罪的规范和惩治范围之中，这为挪用犯罪的现代立法和研究提供了宝贵的本土法律资源。而我国挪用犯罪的现代立法经历了四个阶段：延续根据地立法阶段、初步立法阶段、确立阶段、发展阶段。在对国外挪用犯罪行为规范和惩治的立法考察后发现，不同国家对挪用公款公物行为或独立规定为犯罪，或通过盗窃罪、盗用公款罪、侵占罪、职务侵占罪、贪污罪等罪名予以规制，与我国挪用犯罪立法既有相似性又有很大不同。

随着社会的发展，背信运用受托财产罪和违法运用资金罪被立法者创设，由此使得传统的挪用犯罪范围在一定程度上得以扩大。背信运用受托财产罪和违法运用资金罪的行为方式之中也包含单位挪用的情形，这使得该两罪得以纳入广义挪用犯罪范围之中。与现代汉语中的“挪用”相比，刑法中的挪用在内涵、对象、挪与用的关系以及词性等方面都有显著不同，依照折中说主张，挪用犯罪的本质是对所有权人财产法益的侵害和行为职责廉洁性的违反。此外，在挪用犯罪的立法司法过程中，刑事政策同样是连接社会犯罪态势和刑事法律规范的桥梁，并且发挥着更为积极主动的特殊作用。

依照主体的不同，挪用犯罪又可分为自然人挪用犯罪和单位运用犯罪。挪用资金罪在“归个人使用”、三种使用用途的认定、多次挪用资金数额的计算、挪用资金犯罪的追诉时效等问题上类比适用挪用公款罪的相关立法解释或司法解释，而对于挪用资金又受贿、挪用资金又携款潜逃等问题从有利于被告人角度和文意射程合理性角度，不宜类比适用。自然人挪用犯罪的主观方面须具有非法使用为目的，主体是主管、经手或管理款物的人员，客体只能是所有人的财产法益，即所有权，而不能是所有权的具体权能，也不包括职务廉洁性。在客观方面，立足客观解释立场，自然人挪用犯罪的实行行为逐渐由复合行为演变为单一行为，即由挪和用的复合行为演变为“挪”的单一行为。在挪用资金罪、挪用公款罪三个月未还认定问题上，引入民法中的时效制度原理或精神来破解现实中三个月认定的各种困难，因具体因素的介入三个月期限会发生中止和终止的情形，以符合罪责刑相适应原则要求和刑事法治的基本正义。随着主管、经手或管理特定款物的人员或单位范围越来越大，从有效保护特定款物安全的角度考虑，可适当扩大挪用特定款物罪的适用范围。对于自然人的数额计算问题，应当从主客观相一致原则和罪责刑相适应原则出发，在坚持入罪情形独立性的同时，将用于非法活动的公款、资金数额折抵或换算成用于营利活动或其他活动的公款、资金数额后与后者累加，作为处理三种入罪情形关系和挪用犯罪定罪量刑的基准。挪用公款不退还以贪污论从形态上看符合转化犯特征，应是转化犯而不是吸收犯或者数个犯罪，而转化犯与吸收犯具有本质上的不同。最后，依照继续犯、状态犯等犯罪形态原理，挪用特定款物罪，非法活动型、营利活动型挪用资金罪、挪用公款罪是纯正的状态犯，入罪情形一旦达到，犯罪即告成立和既遂，不需要行为与不法状态的同时持续作为犯罪构成的要件内容。而超过未还型挪用资金罪、挪用公款罪是不纯正的状态犯。

单位运用犯罪是《刑法修正案（六）》增设的犯罪类型，其出现有特定的现实背景和立法背景。两罪主观罪过形式只能是直接故意，主体为金融机构或公众资金管理机构，违法运用资金罪的主体为单罚制的单位犯罪而不是自然人。客观方面的违背受托义务擅自运用行为和违反国家规定运用行为有其特定的含义，客体是金融管理秩序和客户委托财产安全或公众资金安全。从形态上看背信运用受托财产罪属于情节犯，而违法运用资金罪属于立法上的行为犯、司法上的情节犯。

参考文献

图书文献：

1. ［德］马克斯·韦伯著：《社会学的基本概念》，顾忠华译，广西师范大学出版社2005年版。

2. ［法］迪尔凯姆著：《社会学方法的准则》，狄玉明译，商务印书馆2004年版。

3. ［美］E. H. 萨瑟兰著：《白领犯罪》，赵宝成、徐静磊、胡旭、于国旦译，中国大百科全书出版社2008年版。

4. ［法］亨利·莱维·布津尔著：《法律社会学》，许钧译，上海人民出版社1987年版。

5. ［日］大塚仁著：《刑法概说》（各论），冯军译，中国人民大学出版社2003年版。

6. ［美］本杰明·卡多佐著：《法律的成长·法律科学的悖论》，董炯、彭冰译，中国法制出版社2002年版。

7. ［日］西田典之著：《日本刑法各论》（第三版），刘明祥、王昭武译，中国人民大学出版社2007年版。

8. ［韩］吴昌植编译：《韩国侵犯财产罪判例》，清华大学出版社2004年版。

9. ［意］杜里奥·帕多瓦尼著：《意大利刑法学原理》，陈忠林译，法律出版社1998年版。

10. ［日］大谷实著：《刑法讲义总论》（第2版），黎宏译，中国人民大学出版社 2008 年版。

11. ［德］汉斯·海因里希·耶赛克、托马斯·魏根特著：《德国刑法教科书》(总论)，徐久生译，中国法制出版社 2001 年版。

12. ［德］冈特·施特拉腾韦特、洛塔尔·库伦著：《刑法总论 I——犯罪论》，杨萌译，法律出版社 2006 年版。

13. ［德］李斯特著，施密特修订：《德国刑法教科书》，徐久生、何秉松译，法律出版社 2000 年版。

14. ［意］加罗法洛著：《犯罪学》，耿伟、王新译，中国大百科全书出版社 1996 年版。

15. ［美］汉米尔顿著：《公司法概要》，李存捧译，中国社会科学出版社 1998 年版。

16. ［日］大谷实著：《刑事政策学》（新版），黎宏译，中国人民大学出版社 2009 年版。

17. ［德］拉仑兹著：《法学方法论》，陈爱娥译，五南图书出版公司 1996 年版。

18. ［德］亚图·考夫曼著：《类推与“事物本质”》，吴从周译，学林文化事业有限公司 1999 年版。

19. ［意］杜里奥·帕多瓦尼著：《意大利刑法学原理》，陈忠林译评，中国人民大学出版社 2004 年版。

20. ［日］野村稔著：《刑法总论》，全理其等译，法律出版社 2001 年版。

21. ［德］亚图·考夫曼著：《类推与“事物本质”》，吴从周译，法律出版社 2004 年版。

22. ［日］西原春夫著：《犯罪实行行为论》，戴波、江溯译，北京大学出版社 2006 年版。

23. 沈之奇撰：《大清律辑注》（上），李俊、怀效锋点校，法律出版社 2000 年版。

24. 睡虎地秦墓竹简整理小组编：《睡虎地秦墓竹简》，文物出版社 1990 年版。

25. 张家山二四七号汉墓竹简整理小组编：《张家山汉墓竹简》，文物出版社 2001 年版。

26. 张晋藩主编：《中国法制史通史》（第七卷），法律出版社 1999 年版。

27. 薛瑞麟主编：《金融犯罪再研究》，中国政法大学出版社 2007 年版。

28. 高绍先著：《中国刑法史精要》，法律出版社 2001 年版。

29. 周其华著：《中国刑法罪名释考》，中国方正出版社 2000 年版。

30. 章一鸣鉴定：《白话笺注中华民国刑法详解》（中册），中华法学社 1929 年版。

31. 宣炳昭著：《香港刑法导论》，陕西人民出版社 2008 年版。

32. 高铭暄著：《中华人民共和国刑法的孕育和诞生》，法律出版社 1981 年版。

33. 于宏著：《挪用犯罪论》，中国检察出版社 2005 年版。

34. 章辉美著：《社会转型与社会问题》，湖南大学出版社 2004 年版。

35. 欧阳涛等主编：《中华人民共和国新刑法注释与适用》，人民法院出版社 1997 年版。

36. 高铭暄、马克昌主编：《刑法热点疑难问题探讨》（下册），中国人民公安大学出版社 2002 年版。

37. 《英国刑事制定法精要》（1351—1997），谢望原译，中国人民公安大学出版社 2003 年版。

38. 储槐植著：《美国刑法》（第二版），北京大学出版社 2006 年版。

39. 林山田著：《刑法各罪论》（修订五版），元照出版有限公司 2005 年版。

40. 洪永红主编：《非洲刑法评论》，中国检察出版社 2005 年版。

41. 外交部条约法律司编译：《联合国反腐败公约及相关法律文件》，法律出版社 2004 年版。

42. 赵秉志主编：《刑法学各论研究述评》，北京师范大学出版社 2009 年版。

43. 张明楷著：《刑法学》（第三版），法律出版社 2007 年版。

44. 王作富主编：《刑法分则实务研究》（第三版），中国方正出版社 2007 年版。

45. 孟庆华著：《挪用公款罪研究新动向》，北京大学出版社 2006 年版。

46. 郑厚勇著：《挪用型职务犯罪新论》，中国检察出版社 2005 年版。

47. 《德国刑法典》，徐久升、庄敬华译，中国法制出版社 2000 年版。

48. 刘明祥著：《财产罪比较研究》，中国政法大学出版社 2001 年版。

49. 高铭暄、马克昌主编：《刑法学》（下编），中国法制出版社 1999 年出版。

50. 陈忠林著：《刑法散得集》，法律出版社 2003 年版。

51. 张明楷编：《外国刑法纲要》，清华大学出版社 1999 年版。

52. 张明楷著：《法益初论》，中国政法大学出版社 2000 年版。

53. 王安异著：《刑法中的行为无价值与结果无价值研究》，中国人民公安大学出版社 2005 年版。

54. 高铭暄、王作富、曹小丹主编：《中华法学大辞典　刑法学卷》，中国检察出版社 1996 年版。

55. 卢建平等编：《挪用公款罪专题整理》，中国人民公安大学出版社 2007 年版。

56. 周道鸾、张军主编：《刑法罪名精释》（第三版），人民法院出版社 2007 年版。

57. 赵秉志、吴振兴主编：《刑法学通论》，高等教育出版社

1993 年版。

58. 高铭暄主编:《刑法专论》(下编),高等教育出版社 2002 年版。

59. 赵秉志主编:《刑法分则问题专论》,法律出版社 2004 年版。

60. 周振想、李汝川主编:《刑法各论》,当代世界出版社 2000 年版。

61. 张明楷著:《刑法的基本立场》,法制出版社 2002 年版。

62. 高铭暄、马克昌主编:《刑法学》,北京大学出版社、高等教育出版社 2000 年版。

63. 黄太云、藤伟主编:《中华人民共和国刑法释义与适用指南》,红旗出版社 1997 年版。

64. 唐世月著:《贪污罪研究》,人民法院出版社 2002 年版。

65. 刘树德著:《挪用公款罪判解研究》,人民法院出版社 2005 年版。

66. 周振想主编:《公务犯罪研究综述》,法律出版社 2005 年版。

67. 马克昌主编:《犯罪通论》(修订版),武汉大学出版社 2001 年版。

68. 范德繁著:《犯罪实行行为论》,中国检察出版社 2005 年版。

69. 孙国祥著:《贪污贿赂犯罪疑难问题学理与判解》,中国检察出版社 2003 年版。

70. 陈兴良著:《刑法哲学》(修订版),中国政法大学出版社 2000 年版。

71. 贾宇著:《罪与刑的思辨》,法律出版社 2001 年版。

72. 李永祥主编:《委托理财纠纷案件审判要旨》,人民法院出版社 2005 年版。

73. 沈达明编著:《衡平法初论》,对外经济贸易大学出版社

1997 年版。

74. 陈兴良著:《刑法方法论研究》,清华大学出版社 2006 年版。

75. 储槐植著:《刑事一体化论要》,北京大学出版社 2007 年版。

76. 张文著:《人格刑法导论》,法律出版社 2005 年版。

77. 张明楷著:《司法工作人员犯罪研究》,中国人民大学出版社 2008 年版。

78. 余振华著:《刑法深思·深思刑法》,世一文化事业股份有限公司 2005 年版。

79. 林钰雄著:《新刑法总则》,中国人民大学出版社 2009 年版。

80. 北京大学法学百科全书编委会编:《北京大学法学百科全书·刑法学 犯罪学 监狱法学卷》,北京大学出版社 2003 年版。

期刊文献:

1. 高维俭:《刑事一体化思想若干问题研究》,载《当代法学》2006 年第 2 期。

2. 王胤颖:《刑法中应增设挪用公物罪》,载《法学》2005 年第 10 期。

3. 张晋藩:《中国古代惩贪治吏的历史借鉴》,载《政法论坛》1990 年第 4 期。

4. 张明楷:《盗窃与抢夺的界限》,载《法学家》2006 年第 2 期。

5. 王作富:《挪用公款罪司法认定若干问题研究》,载《政法论坛》2001 年第 4 期。

6. 黄太云:《〈刑法修正案(六)〉的理解与适用》(上),载《人民检察》2006 年第 14 期。

7. 王炜:《论擅自运用客户财产罪——〈刑法修正案(六)〉

第十二条第一款述评》，载《金融法苑》2008 年第 1 期。

8. 刘宪权：《〈刑法修正案（六）草案〉评析》，载《法学》2006 年第 2 期。

9. 肖中华：《刑法目的解释和体系解释的具体运用》，载《法学评论》2005 年第 5 期。

10. 田宏杰：《挪用公款罪司法认定中的疑难问题研究》，载《人民检察》2001 年第 7 期。

11. 北京市东城区人民检察院：《王作富教授谈挪用公款罪的认定》，载《检察日报》2002 年 12 月 11 日。

12. 陈兴良：《社会危害性理论——一个反思性检讨》，载《法学研究》2000 年第 1 期。

13. 张明楷：《新刑法与法益侵害说》，载《法学研究》2000 年第 2 期。

14. 王安异：《法益侵害还是规范违反》，载《刑法论丛》第 11 卷。

15. 刘孝敏：《论法益侵害说与规范违反说》，载《法学论坛》2006 年第 1 期。

16. 周光权：《行为无价值论之提倡》，载《比较法研究》2003 年第 5 期。

17. 张国轩：《经济犯罪、商业犯罪、财产犯罪的罪刑关系研究》，载《政治与法律》2003 年第 2 期。

18. 陈洪兵、安文录：《背信行为的刑法探究》，载《法治论丛》2005 年第 5 期。

19. 彭文华：《论擅自运用客户资产罪》，载《中国检察官》2006 年第 9 期。

20. 涂龙科、胡建涛：《论背信运用受托财产罪的认定》，载《政治与法律》2008 年第 3 期。

21. 童伟华：《财产罪的法益——修正的“所有权说”之提倡》，载《安徽大学法律评论》2009 年第 1 辑。

22. 曲新久：《中国刑法现代化的基本走向》，载《政法论坛》2007 年第 4 期。

23. 蒋毅：《挪用特定款物罪的立法缺陷与完善》，载《西南政法大学学报》2008 年第 5 期。

24. 刘明祥：《论刑法学中的类推解释》，载《法学家》2008 年第 2 期。

25. ［德］埃尔马·邦德：《类推：当代德国法中的证立方法》，吴香香译，载《求是学刊》2010 年第 3 期。

26. 吴学斌、俞娟：《论我国刑法中的“以非法占有为目的”》，载《当代法学》2005 年第 2 期。

27. 刘明祥：《刑法中的非法占有为目的》，载《法学研究》2000 年第 2 期。

28. 石鹏：《认定非法占有目的的几个问题》，载《人民司法》2008 年第 23 期。

29. 蔡雪冰：《以“国家公职人员”取代“国家工作人员”——“国家工作人员”立法解释辨析》，载《国家检察官学院学报》2001 年第 3 期。

30. 石磊：《单位犯罪意志研究》，载《法商研究》2009 年第 2 期。

31. 肖中华、闵凯：《职务侵占罪认定中的三个争议问题剖析》，载《政治与法律》2007 年第 3 期。

32. 洪波：《挪用资金罪若干问题研究》，载《同济大学学报》（社会科学版）2002 年第 5 期。

33. 周振想、韩哲：《关于挪用公款罪犯罪客体的探讨》，载《国家检察官学院学报》2003 年第 4 期。

34. 郭竹梅、秦鹏：《挪用有价证券及代金卡能否构成挪用公款罪》，载《人民司法·应用》2009 年第 5 期。

35. 宣炳昭、江献军：《挪用公款罪法律适用研究》，载《法律科学》2002 年第 2 期。

36. 韩济魁、李明见、张帆：《挪用债权行为是否构成挪用公款罪》，载《中国检察官》2010 年第 2 期。

37. 王良顺：《论挪用公款罪中的“将公款供其他单位使用”》，载《法学》2010 年第 1 期。

38. 何荣功：《论实行行为的危险及其判断》，载《法律科学》（《西北政法学院学报》）2007 年第 1 期。

39. 聂立泽、孙海龙：《论刑法中的实行行为》，载《法商研究》2004 年第 4 期。

40. 何荣功：《论实行行为的概念构造与机能》，载《当代法学》2008 年第 2 期。

41. 缪树权：《如何理解挪用公款罪中的“归个人使用”》，载《检察实践》2004 年第 5 期。

42. 郑思科、谢财能：《挪用资金超过三个月未还的认定》，载《人民司法·案例》2009 年第 12 期。

43. 杨日洪、曹宏：《为帮他人揽储而公款私存之行为构成挪用公款罪》，载《法律适用》2008 年第 12 期。

44. 乌云巴特尔：《挪用公款存入银行不宜一律认定为进行营利活动》，载《人民检察》2006 年第 2 期（下）。

45. 王志祥：《数额犯基本问题研究》，载《中国刑事法杂志》2007 年第 2 期。

46. 张伟：《数额犯若干问题研究》，载《中国刑事法杂志》2010 年第 3 期。

47. 翁云卫：《挪用公款犯罪的数额认定》，载《华东政法学院学报》2004 年第 6 期。

48. 刘金林、于书峰：《多次挪用公款的数额计算》，载《中国刑事法杂志》2005 年第 1 期。

49. 郑厚勇：《挪用公款罪转化为贪污罪的条件》，载《武汉大学学报》（哲学社会科学版）2005 年第 4 期。

50. 王作富：《挪用公款罪是否属于继续犯不能简单地肯定或

否定》，载《检察日报》2003 年 6 月 2 日。

51. 刘宪权、周舟：《违法运用资金罪的刑法分析》，载《法学杂志》2010 年第 9 期。

52. 刘艳红：《〈中华人民共和国刑法修正案（六）〉之解读》，载《法商研究》2006 年第 6 期。

53. 陈林：《委托理财法律性质辨析》，载《人民司法》2009 年第 19 期。

54. 赖正直：《论背信运用受托财产罪的若干基本问题》，载《社科纵横》2008 年第 4 期。

55. 黎宏：《单位犯罪的若干问题新探》，载《法商研究》2003 年第 4 期。

56. 王志祥、贾政：《行为犯、结果犯二分法之提倡》，载《河北大学学报》（哲学社会科学版）2006 年第 2 期。

57. 李邦友、魏修臣：《行为犯既遂后“中止”探讨》，载《中国刑事法杂志》2009 年第 10 期。

58. 李兰英：《间接故意概念及其定位的新理念》，载《法学评论》2004 年第 4 期。

59. 单民、史卫忠：《论行为犯主观方面的特征》，载《中国刑事法杂志》2000 年第 1 期。

60. 李翔：《论单位犯罪主体归责二重性》，载《法学》2010 年第 10 期。

61. 赵星：《单位犯罪双罚制问题研究》，载《国家检察官学院学报》2008 年第 1 期。

62. 叶良芳：《单位犯罪责任构造的反思与检讨》，载《现代法学》2008 年第 1 期。

63. 周建达、马荣春：《论单位犯罪刑事责任的根据：单位意志自由》，载《金陵法律评论》2008 年春季卷。

64. 徐开志：《保险公司收取保险费不入账如何定罪——山东郯城法院判决郯城保险支公司吸收客户资金不入账案》，载《人民法院报》2010 年 7 月 29 日。

65. 李翔：《刑事政策视野中的情节犯研究》，载《中国刑事法杂志》2005 年第 6 期。

66. 刘之雄：《刑罚根据完整化上的犯罪分类——侵害犯、危险犯、结果犯、行为犯的关系论纲》，载《中国法学》2005 年第 5 期。

67. 储槐植：《刑法契约论》，载《中外法学》2009 年 4 期。

68. 《贪污贿赂犯罪刑事政策研究》课题组：《贪污贿赂犯罪刑事政策论纲》，载《华东刑事司法评论》2003 年第 3 期。

博士硕士论文：

1. 李燕兵：《上市公司高管职务犯罪问题研究——论违反忠实义务行为的犯罪化》，对外经济贸易大学 2006 年刑法学博士学位论文。

2. 唐稷尧：《论经济犯罪行为的界定》，西南政法大学 2005 年刑法学博士学位论文。

3. 罗猛：《挪用犯研究》，中国政法大学 2008 年刑法学博士学位论文。

4. 张艳：《一人公司犯罪主体资格研究》，中国政法大学 2009 年刑法学硕士学位论文。

5. 高庆国：《增设背信罪的立法建议》，郑州大学 2004 年刑法学硕士学位论文。

6. 郑磊：《背信罪立法研究》，广西民族大学 2009 年刑法学硕士学位论文。

7. 王瑞：《试论背信损害上市公司利益罪》，上海社会科学院 2008 年刑法学硕士学位论文。

8. 刘东：《挪用公款罪法益新论——兼论挪用公款罪构成要件重塑》，山东大学 2006 年刑法学硕士学位论文。

9. 蒲伟：《职务侵占罪研究》，四川大学 2002 年刑法学硕士学位论文。

10. 石磊：《单位犯罪关系论》，中国人民大学2004年刑法学博士学位论文。

11. 赵胜军：《情节犯若干问题研究》，西南政法大学2008年刑法学硕士学位论文。

12. 刘莉：《情节犯问题研究》，西南政法大学2008年刑法学硕士学位论文。

13. 黄毅：《基于与证券投资基金比较的我国社会保障基金管理研究》，南京理工大学2005年产业经济学硕士学位论文。

14. 韩俊：《我国社会保障基金监管制度研究》，武汉科技大学2008年社保基金投资与管理专业硕士学位论文。

后 记

2010年1月16日下午，随着最后一个标点符号的画定，博士论文初稿终于完成。无数个思考反复的夜晚，无数个加班加点的周六日，无数个焦虑烦躁的心情，于今都有了结果，有了归宿。心情轻松地，欢快地，似出笼的小鸟跃然脸上。电话打给妻子，两只出笼的小鸟在冬日的夕阳中欢叫。通完电话后，在好心情的引领下，信马由缰，不觉间登录了母校网站，但见一片肃穆，一片黑白。人大新闻栏目最新更新的一条新闻惊呆了我：著名法学家、法学教育家曾宪义教授逝世。心情的轻松戛然而止，随之而来的是胸闷、失落和伤心。这种心情我知道不是来自曾老师与我的最直接师生情谊，也不是来自曾老师与我的最简单校友关系，而是来自我对老一辈法学教育家的尊敬与爱戴，来自我对中国法学、中国人民大学法学院奠基人和开拓者的尊敬与爱戴，来自我对一位慈祥老人的尊敬与爱戴，这份心情如同2005年著名文学家巴金老人逝世时的心情一样。我想这也是我的导师——田宏杰教授以及众多老师和学子在曾老师追悼会上痛哭失声、深切缅怀的原因所在。就这样，心情最终还是在失落与伤心中沉到了底。

博士学位论文，是4年博士生学习的最终成果，也是24年校园学习生涯的最后工作。从1987年9月第一天上学开始到2010年7月走出校园，24个春秋与书本相伴，与课桌、讲台、黑板相伴，与老师、同学相伴。随着岁月的流逝，我走过小学、中学、大学，从小学生成长为中学生、大学生、硕士研究生、博士研究生，也从懵懂少年步入了而立之年。“书山有路勤为径，学海无涯苦作舟”，这一励志名句，现在品来多少有些心酸，也多少有些怅然与茫然。这是因为我不是一个头脑聪明的人，在学习的征途上走得并不平坦，一路走来靠的唯有坚持，唯有对父母的感恩之心。曾几何时，我也想放下读书的艰辛，早日步入社会，尽早回报父母的养育之恩。但在家人、老师的坚持与鼓励下，我还是走了过来，通过一个个考试，学习一个个知识，最终掌握生存的技能。于今，终于画上句号了，学生时代终于彻底终结了，等待我的将是长达三十多年的职场生涯，父亲口中的“好好学”也变成了“好好干”。

博士学位的攻读，首先要感谢我的导师田宏杰教授。田宏杰教授也是我硕士研究生阶段的导师。正是在老师的教诲、指导以及无私的关心下，我顺利通过了硕士研究生阶段的学习和各项考核，从而夯实了刑法理论功底，开阔了法律视野，提高了思辨能力，掌握了一些行之有效的司法技能；也正是因为老师的鼓励和指导，我才鼓起勇气抛开一切顾虑决定攻读我校刑法学博士学位；又是在老师的爱护与关心下，我才能步入2007年中国人民大学刑法学专业博士研究生的行列；更是在老师的宽容与支持下，我由不定向培养博士研究生转换为定向委培博士研究生，使我得以及早参加工作，缓解家庭经济压力。我的刑法之路，应当说启蒙于我本科院校——天津南开大学的刑法学副教授张心向老师，正是张老师精彩的授课才让我对刑法产生了浓厚的兴趣。而硕士阶段第一年的时延安老师，则是我刑法学研究和思考的领路人，他开阔的视野、缜密的思维以及对刑法精神的探寻、对司法实务问题的关注都深深影响了我。从2006年开始至今的5年时间，我有幸师从年轻有为的青年刑法学者田宏杰教授，也正是在这长达5年的时间里，我真正成为了一名刑法学人：以刑法研究和适用为毕生方向，以司法实务工作者为毕生职业，以实现刑事法治为毕生理想。应当说，是诸位老师指引了我，教育了我，也塑造了我。我记得田宏杰老师曾给我讲过这样一个故事：在日本刑法学家西原春夫教授的帮助下，犯了罪的朋友的儿子被相对不起诉，后来这个朋友的儿子成为了一名著名律师。西原春夫教授据此想到：刑法应当为犯罪人留下最后一滴眼泪。这才是刑法的温情、刑法的文明和刑事法治的精神。正是这种温情，使刑法不再是冷冰冰的教条，刑罚也不再是无情的监狱和牢房。应该说正是刑法的这种温情与人性才终于让我真正爱上这门学科，真正用心去学习、研究这门学科，也让我选择了检察官作为毕生职业。在5年的硕博学习期间，田宏杰教授循循善诱、谆谆教诲，既强调刑法基础理论研究又强调刑法应用理论研究，既强调刑法基本问题研究又强调开阔视野，引入其他学科的学习方法研究刑法或探寻刑法与其他学科的联系与衔接问题，体现了一名青年刑法学者的胸怀与追求。作为学业的最后工作，在我的硕博学位论文指导上，田宏杰老师投入了相当多的精力，从选题到开题报告，从写作到最后修改，都倾注了老师太多心血。硕博学位论文的完成不仅是学生自己的成果，更是老师辛劳的结晶。在此请允许我对老师5年来学业上无私的教诲、指导、帮助、包容和生活上无微不至的关心深表谢意，学生会在今后的工作中，努力进取，勤奋工作，学以致用，为中国刑事法治的进步贡献自己的力量。

其次，要感谢中国人民大学法学院刑事法律科学研究中心的各位老师，各位师兄师姐师弟师妹以及各位同窗好友。高铭暄教授、王作富教授、谢望原教授、黄京平教授、刘明祥教授、张小虎教授、冯军教授、肖中华教授、时延安副教授等老师精彩的讲解、高尚的师德师风给我留下了深刻的记忆，使我既学到了丰富的法学理论知识，又感受到了法律的精神和魅力。在学习与工作中，谢望原教授、刘明祥教授、冯军教授、肖中华教授、时延安副教授等老师给了我很多指导和帮助，我在办案中遇到法律适用难题甚至直接打电话请教诸位老师，诸位老师都不厌其烦地答疑解惑。在4年的学习中，许多师兄师姐师弟师妹在学习上、工作上和生活上给予我许多帮助和支持，从他们身上所学到的、所感受和体会到的一切，必将成为我人生中的一笔巨大财富。他们是：赵子强师兄、刘宇宙师兄、张果师兄、但未丽师姐、关振海博士、王海桥博士、陈衫博士、王利宾博士、尚爱国博士、罗璨博士、聂慧苹师妹、王然师弟、章秉辉师弟、徐翠翠师妹等。请允许我对上述师长、同窗好友以及其他支持和帮助过我的朋友表示由衷的感谢。特别感谢我的硕士导师时延安副教授，是他引领我进入了刑法学研究的殿堂。特别感谢聂慧苹师妹、王然师弟在论文写作过程中为我承担了许多事务性工作，我在与他们的交流探讨中获益良多。

再次，要特别感谢我所在单位的各位领导、各位同事以及北京市检察系统的各位好友。2007年7月从学校毕业后，鉴于我又通过了中国人民大学刑法学博士研究生考试，有希望继续深造的愿望，北京市朝阳区人民检察院的院领导经过研究后破例同意我的请求，这样也使我成为该院首位刚参加工作便开始博士生学习的在职博士研究生。因此，要特别感谢各位院领导，让我在学习与工作之间寻找到了结合点，既解决了我攻读博士学位面临的经济压力问题，也没有使我在学习与工作之间作出艰难抉择。此外，为了让我有更多更自由的时间到学校听课、读书、查阅资料和通过考试，也为了更好地使我将理论与实践联系起来，院领导将我安排在检察系统的理论研究部门——法律政策研究室。在3年多的工作时间里，部门领导和同事以及北京市检察系统的好友给予了我很多支持和帮助，也提供了很多便利，在此深表感谢。他们是：傅强主任、温军副主任、齐迹副主任、李翊、李佳、刘涛、谢财能、喻小川、郭鑫，以及北京市人民检察院的王志坤、王志国、梁景明等同志。

借此机会，我要把最诚挚的祝福和谢意献给我的父母。父母一直以来是我学习进步、工作努力的动力源泉，他们为我安心学业提供了最好的物质保障，也给了我健康的体魄、吃苦耐劳的精神和正直的品格，他们是我不断努力上进的精神支柱。已是而立之年的儿子无以为报，唯有继续努力、勤奋工作，怀着一颗感恩之心回馈社会，以实现自己的人生价值，才能回报二老。最后祝愿父母身体健康，心情愉快！

黄福涛

北京市朝阳区人民检察院1009号办公室

2011年3月11日